TKINTER

DESARROLLO DE INTERFACES
GRÁFICAS CON PYTHON

Tomás Domínguez Mínguez

TKINTER

DESARROLLO DE INTERFACES GRÁFICAS CON PYTHON

Tomás Domínguez Mínguez

Tkinter. Desarrollo de interfaces gráficas con Python

Primera edición, 2022. Título: *Desarrollo de interfaces graficas en Python 3 con Tkinter*
Segunda edición, 2025

© 2025 MARCOMBO, S. L. www.marcombo.com
      Gran Via de les Corts Catalanes 594, 08007 Barcelona
      Contacto: info@marcombo.com

Ilustración de cubierta: Jotaká
Maquetación: cuantofalta.es
Correctores: Anna Alberola y Mónica Muñoz
Revisor técnico: Ferran Fàbregas
Directora de producción: M.ª Rosa Castillo

ISBN: 978-84-267-4014-4
D.L.: B 6666-2025

Impreso en Servicepoint
Printed in Spain

Libro ecológico
Impreso con papel procedente de bosques gestionados de manera eficiente, libre de cloro

A mi hijo

TABLA DE CONTENIDO

Unidad 1
INTRODUCCIÓN

Las interfaces de usuario son el medio de interacción entre las aplicaciones y las personas. Dependiendo de la forma en la que se lleve a cabo esta comunicación, se distinguen diferentes tipos: desde las de línea de comandos (en las que el intercambio de información se realiza utilizando únicamente texto), pasando por las interfaces gráficas, hasta las sofisticadas interfaces de voz (en las que el usuario ni siquiera necesita usar las manos).

Si conoce Python, sabrá que la forma más sencilla de intercambio de datos con un programa escrito en este lenguaje es mediante la *shell* de su entorno de desarrollo o la línea de comandos proporcionada por una ventana de símbolo del sistema en Windows, la aplicación Terminal en macOS o una consola de Linux (también llamada "terminal" o *shell*). Se trata, por lo tanto, de una interfaz textual.

> *i*
> Si no conoce Python, al final del libro dispone de un amplio anexo en el que se describen los fundamentos de este lenguaje. Allí se dan todos los conocimientos necesarios para poder seguir las prácticas propuestas.

Por sus características, este tipo de interfaces son muy limitadas, por lo que su utilización puede resultar difícil y engorrosa, aparte de poco atractiva, lo que puede provocar el rechazo de la aplicación. Por ese motivo, salvo casos excepcionales, la mayoría disponen de una interfaz gráfica. Los programas escritos en Python no iban a ser una excepción, y existen diversos paquetes para su desarrollo con los que podrá usar todo tipo de controles gráficos. Entre ellos, destacan:

- Tkinter. Librería estándar de Python. Viene integrada en el propio entorno.

- PyQT. Creada por Riverbank, proporciona un puente de acceso al conocido *framework* QT de desarrollo de interfaces gráficas de usuario. Incluye un entorno gráfico (*PyQt5 designer*) con el que incluso se podrían construir de forma sencilla, mediante el método de arrastrar y soltar (*drag and drop*) los controles gráficos. Se distribuye con una licencia GPL (GNU General Public License – Licencia Pública General de GNU) y otra comercial.

- PySide. Similar a la anterior, también proporciona un puente de acceso a QT; pero, a diferencia de PyQT, está disponible bajo la licencia LGPL (Lesser General Public License – Licencia Pública General Reducida de GNU). Surge como respuesta de Nokia (propietaria de QT) a la negativa de Riverbank de liberar PyQt bajo esta licencia, al requerir el pago de la comercial en caso de que la aplicación también lo sea (algo que no sucede con la licencia LGPL).

- Kivy. Se trata de un paquete de código abierto con licencia MIT (Massachusetts Institute of Technology – Instituto Tecnológico de Massachusetts), para el desarrollo rápido de interfaces gráficas multiplataforma. No solo funciona en Windows, Linux o macOS, sino también en Android e iOS. Los gráficos se procesan a través de OpenGL ES 2, en lugar de controles gráficos nativos, lo que hace que su apariencia sea similar, independientemente del sistema operativo en el que se ejecute.

i El nombre del paquete QT juega con la forma en la que se pronuncia en inglés, similar a la palabra *cute* ("bonito" o "lindo").

i El término *framework* se puede traducir como "marco de trabajo." En el contexto de QT, representa un entorno de desarrollo específico para interfaces de usuario.

i OpenGL (Open Graphics Library) es un estándar que define una API multilenguaje y multiplataforma para el desarrollo de gráficos 2D y 3D.

Cada uno de estos paquetes tiene sus puntos fuertes, por lo que decidirse por uno u otro dependerá de las necesidades del proyecto en el que se vaya a emplear, la plataforma donde se ejecute y/o las preferencias del programador. De todos ellos, se ha elegido Tkinter, por ser el estándar de Python.

1.1 QUÉ ES TKINTER

Como se acaba de indicar, Tkinter es el paquete estándar de Python para el desarrollo de interfaces gráficas de usuario. Por ese motivo, se incluye al instalar el propio entorno, sin que sea necesario importar nada adicional para empezar a utilizarlo. Fue escrito por Fredrik Lundh y su nombre procede de la interfaz Tk en la que está basado. En realidad, se trata de una API (Application Programming Interface – interfaz de programación de aplicaciones) creada específicamente para utilizar Tk desde Python.

Tk es un *framework* multiplataforma de *software* libre, que proporciona una biblioteca de controles gráficos para el desarrollo de interfaces de usuario en Tcl. Al igual que Python, este sencillo lenguaje de propósito general es interpretado y soporta múltiples paradigmas de programación, incluyendo el orientado a objetos y el imperativo o tradicional.

Por lo tanto, Tkinter es un recubrimiento de Tcl que permite usar Tk desde Python, motivo por el que el intérprete de Tcl está incrustado en el de Python.

Tkinter ofrece una gran variedad de componente gráficos (a los que se conoce como *widgets*) con los que construir las interfaces de usuario. Para su diseño, se emplea una estructura jerárquica, en cuya parte superior está la ventana principal, donde se sitúan tanto los *widgets* sencillos (por ejemplo, botones, menús, campos de texto, etc.) como aquellos que a su vez contienen otros *widgets* (por ejemplo, *frames*, paneles, etc.).

Los *widgets* disponen de multitud de opciones con las que se determina el aspecto del componente gráfico (como, por ejemplo, el tamaño, el color, etc.), además de métodos que sirven para configurar dinámicamente dicha apariencia, situarlos en la posición que deban tener en pantalla, establecer su comportamiento, etc.

> *i* A lo largo del libro, no se describe la lista completa de atributos o métodos de todos los *widgets*. La documentación de esta librería se encuentra en https://docs.python.org/3/library/tkinter.html.

Cuando un usuario hace algo con alguno de estos controles gráficos (como, por ejemplo, pulsar un botón, seleccionar la opción de un menú, etc.), se genera un evento. Dichos eventos son capturados por la aplicación, lo cual provoca la ejecución de las funciones encargadas de responder de la forma deseada a cada uno de ellos. A estas funciones se las conoce como "controladores de eventos", y son las que realmente permiten la interacción (intercambio de información) entre la aplicación y el usuario.

Algunos eventos también podrían dispararse por sucesos que no hayan sido causados por el usuario como, por ejemplo, un temporizador.

En el viaje que emprenda con la lectura de este libro, aprenderá a usar las clases que representan cada uno de los *widgets* que necesite, así como a gestionar los eventos que se produzcan cuando el usuario interactúe con ellos, creando interfaces gráficas atractivas y fáciles de manejar. Comencemos este recorrido con la más sencilla de todas.

1.2 SU PRIMERA INTERFAZ DE USUARIO CON TKINTER

Como no podía ser de otra manera, la primera interfaz de usuario que desarrollará será una que muestre el mensaje "¡Hola Mundo!" en una ventana. Su código es el siguiente:

```
from tkinter import Tk, Label


root = Tk()
etiqueta = Label(text="\n  ¡Hola Mundo!  \n")
etiqueta.pack()
```

En primer lugar, se importan las clases Tk y Label del paquete Tkinter. Con la primera se mostrará la ventana principal y, con la segunda, la etiqueta que contiene el texto "Hola Mundo":

```
from tkinter import Tk, Label
```

A continuación, se crea la instancia de la clase Tk, que representa la ventana principal (root). Una aplicación solo puede tener una ventana principal, a la que se la suele llamar "raíz", porque es la que está en el nivel superior de la jerarquía de *widgets*; es decir, la que los agrupa a todos (en el siguiente apartado, se explicará en detalle este aspecto). En cualquier caso, siempre tendrá la posibilidad de crear otras ventanas independientes de la principal:

```
root = Tk()
```

Después, se crea la etiqueta con el texto correspondiente:

```
etiqueta = Label(text="\n  ¡Hola Mundo!  \n")
```

Al texto se le ha añadido un retorno de carro y un espacio al principio y al final, para separarlo de los bordes de la ventana. Más adelante aprenderá cómo hacer esto mismo de una forma más adecuada.

La última sentencia sitúa la etiqueta en la ventana:

```
etiqueta.pack()
```

Ejecute este programa. Obtendrá el resultado que puede ver a continuación:

A título informativo, otra forma de programar una interfaz de usuario sería tratarla como un objeto. De esta forma, el código anterior también se podía haber escrito así:

```
from tkinter import Tk, Label


class Interfaz:
    def __init__(self):
        self.etiqueta = Label(text="\n  ¡Hola Mundo!  \n")
        self.etiqueta.pack()


root = Tk()
mi_interfaz = Interfaz()
```

Como puede observar, se declara la clase `Interfaz`, que representa a la interfaz de usuario de la aplicación. Su constructor será el encargado de situar la etiqueta en la ventana principal.

Las sentencias que siguen a la declaración de la clase anterior son las encargadas de crear la ventana principal (`root`) y, a continuación, la instancia de la clase que representa la interfaz (`mi_interfaz`).

> ℹ️ El estilo de programación seguido en todas las prácticas de este libro será el primero. Se ha incluido este segundo estilo (deliberadamente simplificado) porque lo encontrará también con frecuencia en los foros y webs dedicados a Tkinter.

Unidad 2
LA VENTANA PRINCIPAL

Los *widgets* de una interfaz gráfica se organizan en una estructura jerárquica, cuyo nivel superior está ocupado por la ventana principal (*main window* en inglés), donde se encuentran todos ellos. En Tkinter, esta se representa mediante la clase Tk, cuyo constructor es:

```
Tk()
```

> ℹ La forma más común de invocar este constructor es sin argumentos, aunque dispone de screenName, baseName, className y useTk.

La ventana principal contendrá tanto *widgets* elementales (por ejemplo, etiquetas, botones, etc.) como *widgets* contenedores (por ejemplo, *frames*, paneles, etc.). Estos últimos podrán incluir, a su vez, otros *widgets* básicos y/o contenedores, en cuyo caso se añadiría un nuevo nivel a la jerarquía.

La siguiente imagen muestra, de forma esquemática, una interfaz compuesta de una etiqueta y un *frame* que, a su vez, contiene otra etiqueta y un botón:

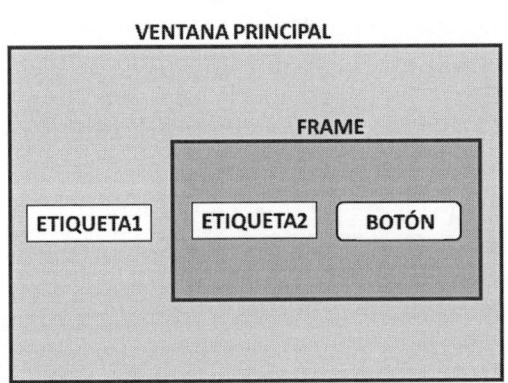

El diseño de esta interfaz se representa como una jerarquía de *widgets* con una estructura en árbol, tal como puede ver en la siguiente imagen:

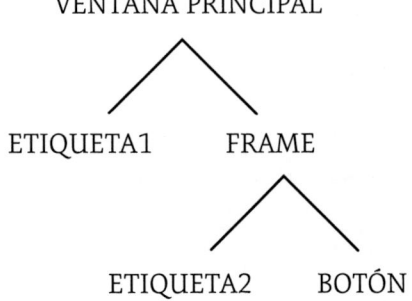

> **i** Curiosamente, en informática las estructuras en árbol tienen la raíz en la parte superior y las ramas en la inferior (crece hacia abajo).

> **i** Solo puede haber una instancia de la clase Tk, es decir, una ventana principal. Si su aplicación requiriese varias ventanas, tendría que hacer uso de la clase Toplevel (se estudia más adelante).

El método principal de la clase Tk es:

```
mainloop()
```

Este método es el encargado de arrancar el bucle que atiende los eventos que se producen en la interfaz de la aplicación (como, por ejemplo, la pulsación de un botón, la selección de la opción de un menú, etc.).

> **i** El método mainloop() hace que la aplicación entre en un bucle infinito de espera y atención de eventos. Hasta que no se cierre la ventana principal, no se saldrá de él y, por lo tanto, no se ejecutará el código que hay a continuación de la sentencia que lo llama. Por ese motivo, se suele poner al final del programa. Si en un momento dado quisiera forzar la salida de este bucle, debería invocar el método quit().

Para poner un texto en la barra de título de la ventana, la clase Tk ofrece el método:

```
title(texto)
```

Si desea que la ventana tenga un tamaño determinado, use el método:

```
geometry("anchoxalto")
```

Tanto el ancho como el alto vendrán dados en píxeles; por ejemplo, para que una ventana tenga un tamaño de 200 píxeles de ancho y otros tantos de alto, el argumento de este método tendría el valor "200x200".

> (i) Si no se indica un tamaño concreto, este se adapta al de los *widgets* que contiene.

Dicho tamaño podrá ser fijo e inmutable, o podrá ser modificado por el usuario a su gusto (comportamiento predeterminado). En este último caso, se podrá establecer que solo sea posible cambiar el ancho de la ventana, el alto o ambas dimensiones. La forma de hacerlo será invocando el método:

```
resizable(ancho, alto)
```

Ambos argumentos son de tipo booleano; uno permite modificar el ancho (primer argumento) y otro el alto (segundo argumento). Si su valor fuera `True`, podría hacerse; en caso contrario, no. Por lo tanto, si no quiere que el usuario redimensione la ventana, ambos argumentos deberán tomar el valor `False`.

Si se pudiera redimensionar la ventana, con los siguientes métodos se limitaría el tamaño mínimo y el máximo en cualquiera de sus dimensiones:

```
minsize(ancho, alto)
```

```
maxsize(ancho, alto)
```

También en el caso de que sea posible cambiar el tamaño de la ventana, cuando la lógica del programa requiera saber sus dimensiones con objeto de ajustar su contenido, la forma de conocer el ancho y alto que tiene en un determinado momento sería mediante los métodos:

```
winfo_height()
winfo_width()
```

Para mostrar la ventana a pantalla completa, el método empleado sería:

```
attributes("-fullscreen", 1)
```

Por el contrario, si lo que quiere es hacerla desaparecer de la pantalla (sin cerrarla), tendría que emplear alguno de estos métodos:

```
withdraw()
iconify()
```

La diferencia entre ambos es que el primero hace desaparecer cualquier rastro de la ventana en la pantalla, mientras que el segundo la minimiza (se puede acceder a ella, por ejemplo, desde la barra de tareas de Windows).

Para volver a mostrarla, se usaría el método:

```
deiconify()
```

Cuando en la lógica de la aplicación fuera necesario conocer el estado de la ventana, el método empleado sería:

```
state()
```

El valor devuelto por este método es:

- "`normal `". La venta se muestra en pantalla de la forma habitual.
- "`iconic`". La ventana se muestra como un icono en la barra de tareas.
- "`withdrawn`". La ventana ha desaparecido de la pantalla, aunque no se ha cerrado.
- "`zoomed`". La ventana ocupa toda la pantalla.

Este método también se podría usar para establecer el estado de la ventana si se incluyera la opción `newstate` como argumento (sus valores serían los indicados anteriormente); por ejemplo, para maximizar la ventana de la aplicación, el método al que tendría que llamar de dicha ventana es:

```
state(newstate="zoomed")
```

> *i* Como habrá podido deducir, los métodos `withdraw()` e `iconify()` son equivalentes a `state(newstate="withdrawn")` y `state(newstate="iconic")`. Por la misma razón, `deiconify()` es equivalente a `state(newstate="normal")`.

Si lo que quiere es cerrar la ventana (por ejemplo, cuando se ha pulsado un botón o la opción de salir de la aplicación), se llamaría al método:

```
destroy()
```

De todos modos, la forma más común de cerrar una ventana es pulsando en el icono con forma de aspa que hay en su parte superior derecha. Para modificar ese comportamiento estándar (por ejemplo, avisando al usuario de que no se han guardado los cambios realizados en un fichero que se estaba editando), puede capturar el evento y realizar las tareas requeridas con el método:

```
protocol("WM_DELETE_WINDOW", función)
```

En ese caso, en vez de cerrarse la ventana directamente, se ejecutaría la función cuyo nombre ha indicado en el segundo argumento.

El método `protocol()` se utiliza para la interacción entre la aplicación y el gestor de ventanas de su ordenador. Proporciona un mecanismo que intercepta eventos del sistema (primer argumento) para procesarlos de forma personalizada mediante una función, a la que se denomina "controlador de protocolo" (segundo argumento). De todos los posibles eventos que podrían capturarse, en los foros se indica que `WM_SAVE_YOURSELF` está obsoleto (evento que se lanza cuando la aplicación necesita guardar datos) y que tampoco es posible manejar correctamente `WM_TAKE_FOCUS` (la ventana coge el foco). Por lo tanto, solo se aconseja usar `WM_DELETE_WINDOW`.

A modo de ejemplo, el siguiente programa modifica su primera interfaz, con el fin de que la ventana principal tenga un tamaño inicial, que no podrá ser redimensionado a lo alto. Aunque sí podrá hacerlo a lo ancho; solo tendrá un margen entre 50 y 400 píxeles:

```
from tkinter import Tk, Label

root = Tk()
root.geometry("200x50")
root.resizable(True, False)
root.minsize(50, 50)
root.maxsize(400, 50)

etiqueta = Label(text="\n  ¡Hola Mundo!  \n")
etiqueta.pack()
```

Como se ha comentado, el programa se basa en el desarrollado anteriormente (¡Hola Mundo!), por lo que solo se explicarán los cambios realizados sobre este. El primero es la incorporación de la sentencia que llama al método `geometry()` para establecer el tamaño inicial de la ventana en 200 × 50 píxeles:

```
root.geometry("200x50")
```

A continuación, se invoca el método `resizable()`, cuyo segundo argumento tiene el valor `False`, lo que indica que la ventana no se puede redimensionar en el eje Y (a lo alto):

```
root.resizable(True, False)
```

Las dos últimas sentencias que se han añadido establecen el ancho y el alto máximo y mínimo que puede tener la ventana principal. Puesto que con la sentencia anterior solo se permite redimensionarla a lo ancho, con estas limitará el tamaño entre 50 y 400 píxeles:

```
root.minsize(50, 50)
root.maxsize(400, 50)
```

Ejecute el programa y pruebe que, efectivamente, el comportamiento de la ventana principal es el esperado.

Unidad 3
POSICIONAMIENTO Y DISEÑO

En el programa anterior, la interfaz se componía de un único *widget*. Pero, en la práctica, hasta la aplicación más sencilla que desarrolle requerirá más de uno. En ese caso, ¿cómo se indicaría la posición que debe ocupar cada uno de ellos en la ventana principal? La respuesta es haciendo uso de alguno de los tres gestores de geometría proporcionados por Tkinter:

- pack. Organiza los *widgets* horizontal o verticalmente (por defecto, de arriba hacia abajo).

- grid. Distribuye los *widgets* en cuadrícula, con una estructura similar a una tabla. Es el recomendado en interfaces gráficas complejas.

- place. Coloca los *widgets* en coordenadas concretas.

> *i* Los gestores de geometría se utilizan tanto para distribuir los *widgets* en la ventana principal como dentro de otros *widgets* contenedores (por ejemplo, los *frames* y los paneles que conocerá más adelante).

Veamos en detalle cómo funciona cada uno de ellos.

3.1 EL GESTOR DE GEOMETRÍA *PACK*

Este gestor de geometría distribuye los *widgets* en horizontal o en vertical. Para utilizarlo, se tiene que invocar el siguiente método, común a todos ellos:

```
pack(opciones)
```

Las opciones disponibles son las siguientes:

- expand. Establece el espacio que el gestor de geometría asignaría al *widget* dentro de la ventana principal (o *widget* contenedor). Si su valor fuera True, sería el máximo disponible.

- fill. Determina si el *widget* debe ocupar todo el espacio asignado por el gestor de geometría o mantiene sus propias dimensiones. En el último caso, el valor que tomaría esta opción sería NONE (predeterminado). Por el contrario, si pudiera crecer/disminuir para ocupar el área máxima disponible, se debería indicar si lo haría a lo ancho (X), a lo alto (Y), o en ambas direcciones (BOTH).

- side. De forma predeterminada, este gestor de geometría ubica los *widgets* de arriba hacia abajo (su valor es TOP). Aquí se puede cambiar esta forma de organizarlos para que se coloquen de abajo hacia arriba (BOTTOM), de izquierda a derecha (LEFT) o de derecha a izquierda (RIGHT).

i

Recuerde que, para usar cualquier constante, previamente deberá haberla importado del módulo Tkinter. También puede usar directamente el valor que tiene cada una de ellas (por ejemplo, el de BOTTOM es "bottom", a TOP le correspondería "top", etc.).

Para que pueda entender el funcionamiento conjunto de estas opciones, en las siguientes imágenes (tomadas de https://stackoverflow.com/questions/28089942/difference-between-fill-and-expand-options-for-tkinter-pack-method) se aprecia el efecto que producen sobre una etiqueta, cuyo texto indica los valores asignados a cada una de ellas.

En la primera, el valor de la opción expand es False:

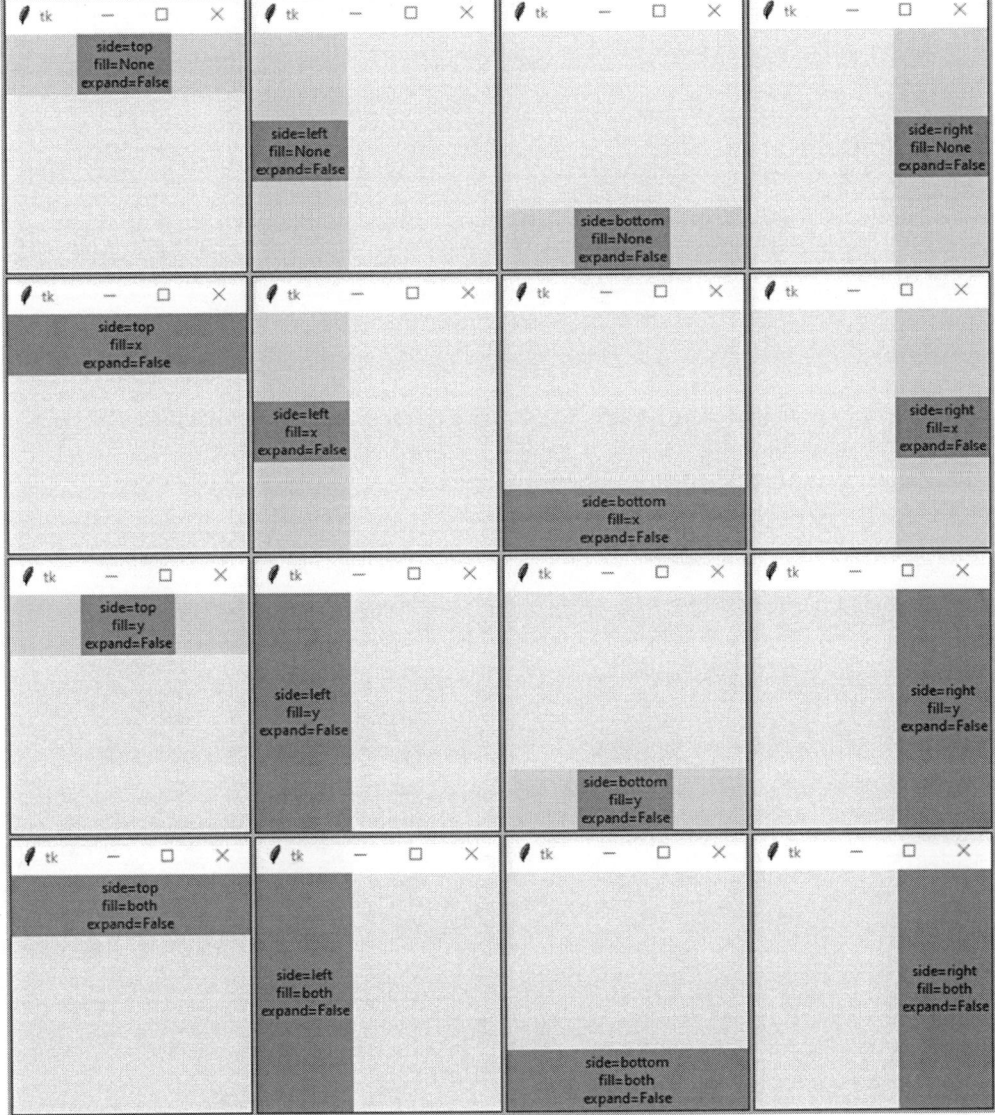

En esta segunda, el valor de la opción expand es True:

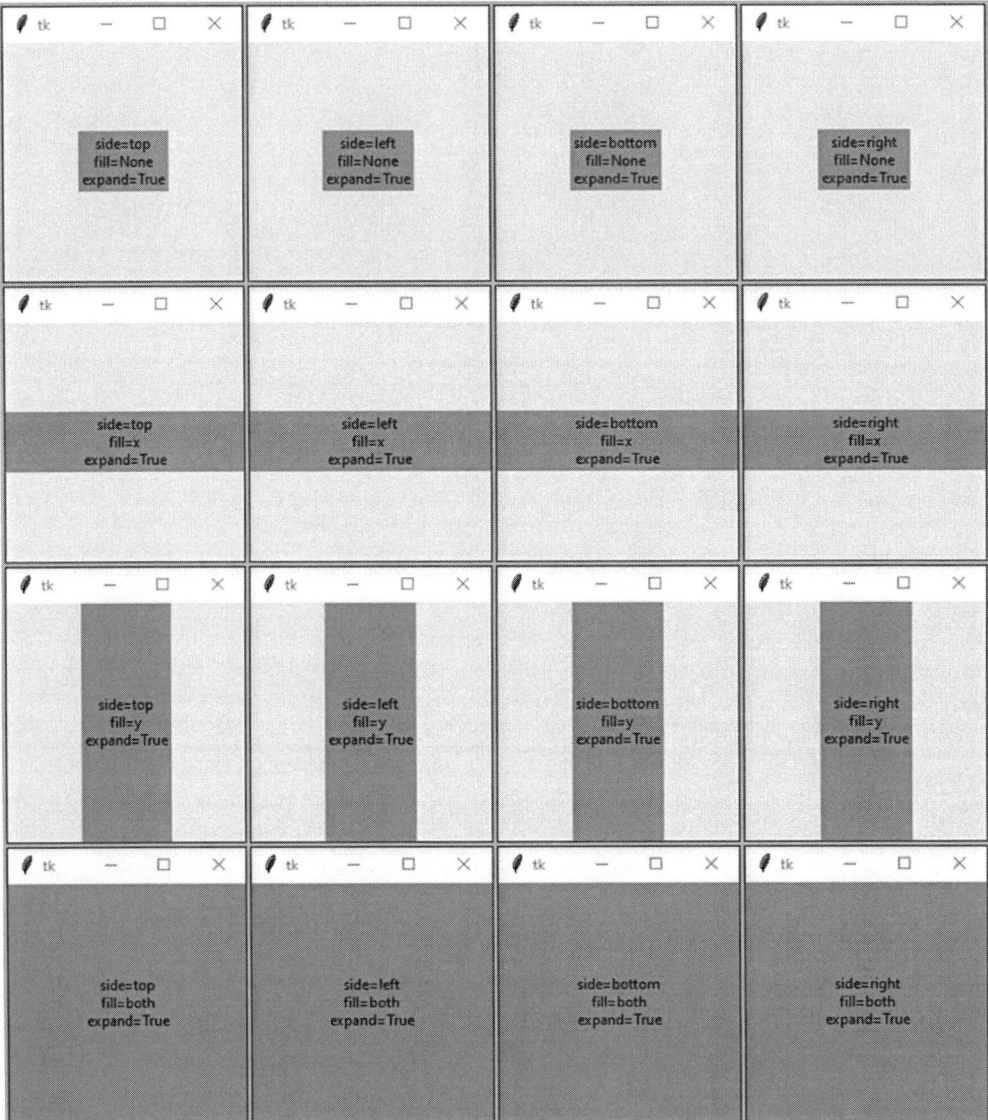

Como puede observar, muchas de las combinaciones de las tres opciones dan los mismos resultados, lo que indica que podrían obviarse. Así, por ejemplo, el resultado de la primera fila, en el que la etiqueta aparece centrada en la ventana, se podría conseguir utilizando únicamente la opción:

```
expand=True
```

Además de las opciones anteriores, las siguientes opciones permiten separar un *widget* de los límites de la ventana principal (o *widget* contenedor) y del resto de los *widgets*:

- `ipadx`. Número de píxeles con los que se rellena el *widget* horizontalmente, dentro de sus bordes.

- `ipady`. Número de píxeles con los que se rellena el *widget* verticalmente, dentro de sus bordes.

- `padx`. Número de píxeles con los que se rellena el *widget* horizontalmente, fuera de sus límites.

- `pady`. Número de píxeles con los que se rellena el *widget* verticalmente, fuera de sus límites.

En la siguiente imagen, puede ver gráficamente cómo afectan estas opciones a la posición de una etiqueta (situada en la esquina superior izquierda de la ventana principal) y al texto que contiene (justificado a la izquierda). Se supone que, al crear tanto la ventana como la etiqueta, se han fijado sus dimensiones de forma explícita:

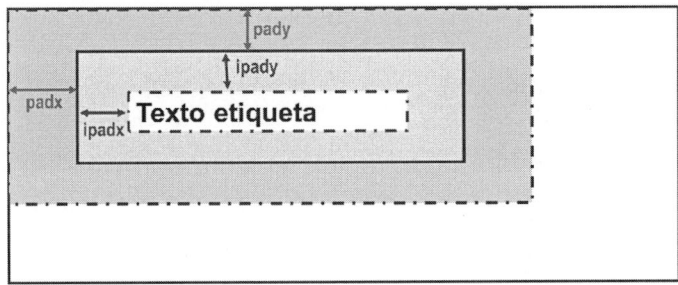

Si no se hubieran indicado las dimensiones de la ventana, esta se ajustaría a las de los *widgets* que contuviera (en este caso, a las de la etiqueta). Por el mismo motivo, si no se hubiera especificado el ancho y el alto de la etiqueta, su tamaño correspondería al del texto que contuviera. La imagen de más abajo muestra gráficamente el resultado obtenido en ese caso:

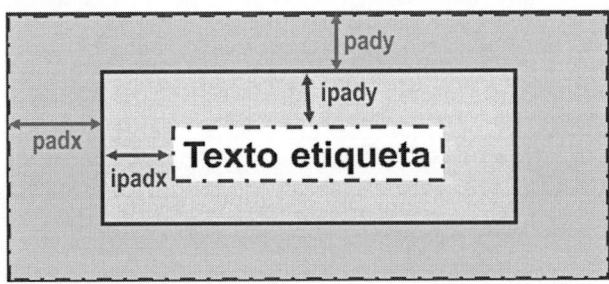

Por último, para dejar de mostrar un *widget* en la ventana principal (o *widget* contenedor), se debe ejecutar el método:

```
pack_forget()
```

Si quisiera volver a mostrar dicho *widget*, seguramente que no lo haría en la misma posición donde se encontraba antes de desaparecer, sino en aquella que le asigne el gestor de geometría una vez invocado el método pack() del resto de *widgets*.

Con el fin de probar el funcionamiento de este gestor de geometría creará cuatro etiquetas que distribuirá de dos formas diferentes. En primer lugar, lo hará según el comportamiento por defecto, es decir, de arriba hacia abajo:

```
from tkinter import Tk, Label


root = Tk()


etiqueta1 = Label(text="Etiqueta1")
etiqueta2 = Label(text="Etiqueta2")
etiqueta3 = Label(text="Etiqueta3")
etiqueta4 = Label(text="Etiqueta4")


etiqueta1.pack(padx=10, pady=5)
etiqueta2.pack(padx=10, pady=5)
etiqueta3.pack(padx=10, pady=5)
etiqueta4.pack(padx=10, pady=5)
```

Lo primero que se debe hacer es importar las clases que se van a utilizar del paquete Tkinter (Tk y Label):

```
from tkinter import Tk, Label
```

Luego, se crea la ventana principal:

```
root = Tk()
```

Acto seguido, se hace lo mismo con las cuatro etiquetas:

```
etiqueta1 = Label(text="Etiqueta1")
etiqueta2 = Label(text="Etiqueta2")
etiqueta3 = Label(text="Etiqueta3")
etiqueta4 = Label(text="Etiqueta4")
```

Finalmente, se muestran en la ventana con el método `pack()`. Estas se rodean con un borde de un grosor de 10 píxeles de ancho y 5 de alto. Eso hace que la primera etiqueta se aleje del límite superior de la ventana 5 píxeles (tal como se indicó en la opción `pady`), al igual que la última etiqueta del borde inferior. Sin embargo, la separación vertical entre etiquetas es de 10 píxeles (5 del superior y 5 del inferior). Con los límites derecho e izquierdo de la ventana también se mantiene un espacio de 10 píxeles, tal como se ha establecido en la opción `padx`:

```
etiqueta1.pack(padx=10, pady=5)
etiqueta2.pack(padx=10, pady=5)
etiqueta3.pack(padx=10, pady=5)
etiqueta4.pack(padx=10, pady=5)
```

El resultado, como cabía esperar, son las cuatro etiquetas colocadas unas debajo de otras. La imagen de la izquierda muestra el resultado de la ejecución del programa, mientras que la imagen de la derecha muestra gráficamente el efecto de las opciones `padx` y `pady`, con las que se han separado las etiquetas de los límites de la ventana principal y entre sí:

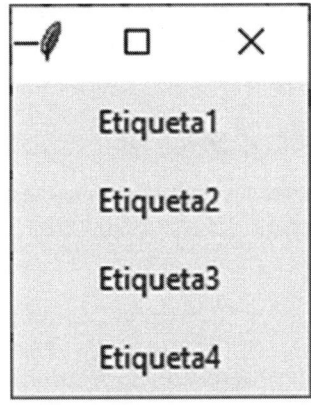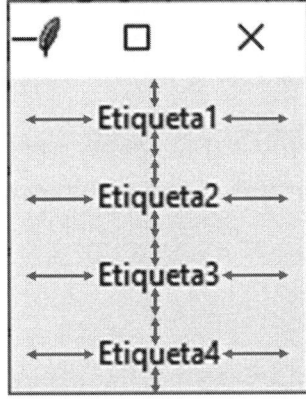

ⓘ Al utilizar las opciones `padx` y `pady`, ya no es necesario incluir los retornos de carro (carácter '\n') ni los espacios en el texto de la etiqueta.

ⓘ Para que el espacio que se establezca a la derecha de un *widget* sea diferente que el de la izquierda, asigne una tupla con dos valores a la opción `padx`. Esto mismo es igualmente válido para la opción `pady`.

En el siguiente programa, se utiliza la opción `side` para situar las etiquetas en cada uno de los lados de la ventana:

```python
from tkinter import Tk, Label, TOP, BOTTOM, LEFT, RIGHT

root = Tk()
root.geometry("200x200")

etiqueta1 = Label(text="Etiqueta1")
etiqueta2 = Label(text="Etiqueta2")
etiqueta3 = Label(text="Etiqueta3")
etiqueta4 = Label(text="Etiqueta4")

etiqueta1.pack(side=TOP, pady=10)
etiqueta2.pack(side=BOTTOM, pady=10)
etiqueta3.pack(side=LEFT, padx=10)
etiqueta4.pack(side=RIGHT, padx=10)
```

De nuevo, se importan las clases `Tk` y `Label` de la librería Tkinter, pero, en este caso, también se hace lo mismo con las constantes `TOP`, `BOTTOM`, `LEFT` y `RIGHT`, que determinarán la posición de cada una de las etiquetas:

```python
from tkinter import Tk, Label, TOP, BOTTOM, LEFT, RIGHT
```

Para que el efecto sea más visible, una vez creada la ventana principal, esta se configura con un tamaño de 200 × 200 píxeles:

```python
root = Tk()
root.geometry("200x200")
```

Las etiquetas se crean de la misma forma que en el programa anterior, por lo que no se van a dar explicaciones adicionales.

El principal cambio se produce al mostrarlas en la ventana principal con el método `pack()`, ya que ahora se añade la opción `side` para fijar la posición en la que se va a situar cada una de ellas. Además, dependiendo del lado de la ventana en el que se coloquen, se utilizarán las opciones `padx` o `pady` para separarlas del borde:

```python
etiqueta1.pack(side=TOP, pady=10)
etiqueta2.pack(side=BOTTOM, pady=10)
etiqueta3.pack(side=LEFT, padx=10)
etiqueta4.pack(side=RIGHT, padx=10)
```

Ejecute el programa. Obtendrá el resultado mostrado en la siguiente imagen:

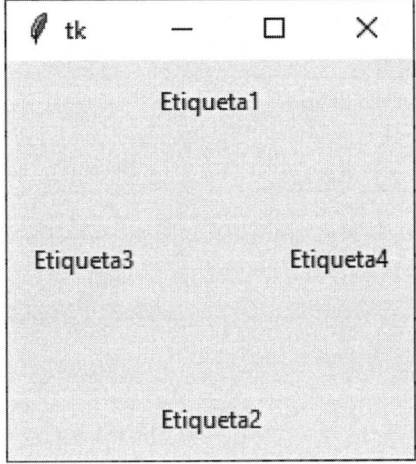

3.2 EL GESTOR DE GEOMETRÍA *GRID*

Cuando el diseño de una interfaz es complejo, puede resultar difícil y engorroso trabajar con el gestor de geometría *pack*. Por este motivo, es preferible utilizar el gestor *grid*, y dejar el anterior para las más sencillas. Con *grid*, la distribución de los *widgets* se realiza de una manera más flexible, utilizando un diseño de cuadrícula (de ahí su nombre, ya que *grid* se puede traducir por "cuadrícula"). De esta manera, cada *widget* se sitúa en la celda determinada por la intersección de una fila y una columna.

> ⓘ Nunca use los gestores `pack()` y `grid()` dentro de la misma ventana, porque los algoritmos que utilizan para calcular las posiciones de los *widgets* no son compatibles.

La forma de utilizarlo es invocando el siguiente método, presente en todos los *widgets*:

`grid(`*opciones*`)`

Las opciones posibles son:

- `column`. Columna en la que se va a colocar el *widget* (por defecto, la 0).
- `columnspan`. Número de columnas que ocupa el *widget* (por defecto, una).

- `row`. Fila en la que se va a colocar el *widget* (por defecto, la 0).

- `rowspan`. Número de filas que ocupa el *widget* (por defecto, una).

- `ipadx`. Número de píxeles con los que se rellena el *widget* horizontalmente, dentro de sus bordes.

- `ipady`. Número de píxeles con los que se rellena el *widget* verticalmente, dentro de sus bordes.

- `padx`. Número de píxeles con los que se rellena el *widget* horizontalmente, fuera de sus límites.

- `pady`. Número de píxeles con los que se rellena el *widget* verticalmente, fuera de sus límites.

- `sticky`. Determina dónde se ubica el *widget* dentro de la celda (por defecto, estaría centrado). Como si de los puntos cardinales de una brújula se tratara, el valor de esta opción permite situarlo en una esquina (`NE`, `SE`, `SW` o `NW`) o centrado en cada uno de los lados de la celda (`N`, `E`, `S` y `W`). La siguiente imagen trata de mostrarlo gráficamente. El cuadrado exterior representa la celda, y los más pequeños representan *widgets* situados en su interior, según el valor de esta opción.

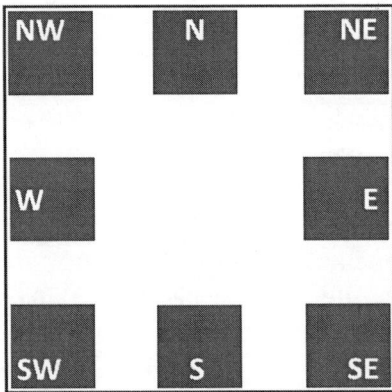

> ℹ️ El efecto de dichos valores solo sería apreciable si el tamaño del *widget* fuera menor que el de la celda.

Si quisiera adaptar el ancho del *widget* para que coincida con el de la celda, el valor de esta última opción debería ser `EW`. Si lo que desea es que tenga el mismo alto, asígnele el valor `NS`. Para que el tamaño del *widget* corresponda con el de la celda en ambas dimensiones, el valor utilizado sería `NSEW`.

La siguiente imagen muestra gráficamente cómo cambia el tamaño del *widget* con el de la celda en función del valor de esta opción:

 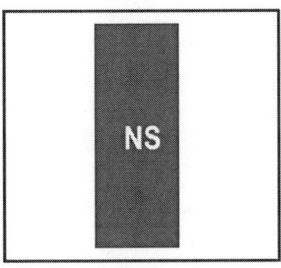 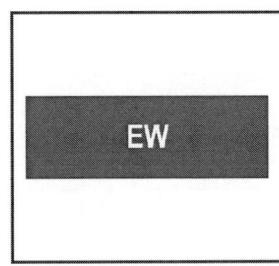

Cuando se utiliza este gestor de geometría, el ancho de una columna será el de su celda más ancha. De la misma manera, la altura de una fila será la correspondiente a la celda más alta. Si desea cambiar este comportamiento, use los siguientes métodos de la ventana principal (o *widget* contenedor):

```
columnconfigure(columna, opción, …)
```

```
rowconfigure(fila, opción, …)
```

Con ellos, podrá configurar aspectos del tamaño de una columna o de una fila concreta empleando diferentes opciones, entre la que se encuentran:

- `minsize`. Tamaño mínimo de la columna o de la fila indicada, en píxeles. Si no hubiera nada dentro, esta no aparecería.

- `weight`. Permite que el tamaño de una columna o de una fila se adapte al de la ventana principal (o *widget* contenedor). El valor proporcionado establece el peso relativo de esta columna o fila respecto de las demás a la hora de distribuir el espacio existente.

Para entender esta última opción, imagine que la ventana principal (representada por el objeto `ventana_principal`) se divide en una cuadrícula de dos filas y dos columnas, tal como se muestra en la siguiente imagen:

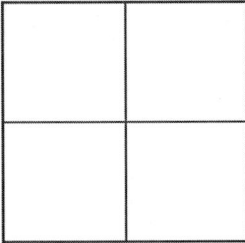

Observe el resultado obtenido al añadir estas sentencias:

```
ventana_principal.columnconfigure (0, weight = 4)
ventana_principal.columnconfigure (1, weight = 1)
```

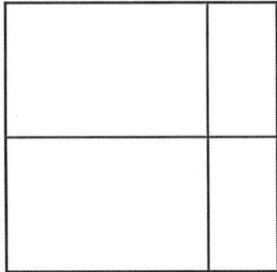

Ahora, el espacio se distribuye en la proporción de tres cuartos para la primera columna y un cuarto para la segunda. Además, al haber utilizado esta opción, el ancho de las columnas se adaptará al de la ventana cuando esta se modifique (en la proporción indicada).

El mismo razonamiento serviría para las filas. En ese caso, las sentencias que tendrían que añadirse son:

```
ventana_principal.rowconfigure (0, weight = 4)
ventana_principal.rowconfigure (1, weight = 1)
```

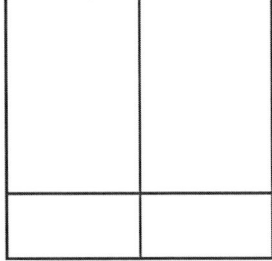

Por último, para dejar de mostrar un *widget* situado previamente en la ventana principal (o *widget* contenedor), se debe ejecutar el método:

```
grid_forget()
```

Si volviera a mostrar dicho *widget*, lo haría en la misma posición donde se encontraba antes de desaparecer.

Con el fin de practicar con este nuevo gestor de geometría, va a desarrollar un programa que muestre una etiqueta en cada una de las celdas de una cuadrícula, cuyo texto indique el número de la fila y la columna en la que está situada; por ejemplo, el texto de la etiqueta situada en la fila 1 y la columna 2 será Etiqueta12, tal como se muestra a continuación:

		Etiqueta12	

El código del programa es el siguiente:

```
from tkinter import Tk, Label, TOP, BOTTOM, LEFT, RIGHT

filas = 3
columnas = 4

root = Tk()

for fila in range(filas):
    for columna in range(columnas):
    etiqueta = Label(text="Etiqueta"+str(fila)+str(columna),bg="yellow")
    etiqueta.grid(row=fila, column=columna, padx=2, pady=2)
```

En primer lugar, se importan las conocidas clases Tk y Label:

```
from tkinter import Tk, Label
```

Luego, se declaran las constantes que definen el número de filas y columnas que va a tener la rejilla en la que se van a distribuir las etiquetas:

```
filas = 3
columnas = 4
```

A continuación, se crea la ventana principal:

```
root = Tk()
```

El código principal de este programa está en los bucles for, mediante los que se crean y se sitúan las etiquetas en las posiciones correspondientes. El bucle exterior recorre las filas, mientras que el interior recorre las columnas:

```
for fila in range(filas):
    for columna in range(columnas):
        ...
```

Las etiquetas se crean con un texto que contiene el número de la fila y de la columna donde se van a colocar. La opción `bg` determina que el color de fondo sea amarillo:

```
etiqueta = Label(text="Etiqueta"+str(fila)+str(columna), bg="yellow")
```

 Más adelante, estudiará todas las opciones de configuración de las etiquetas.

La siguiente sentencia sitúa cada etiqueta en la ventana principal con el método `grid()`. En este método se utilizan cuatro opciones: las que identifican la fila y la columna en la que deben ubicarse (`row` y `column`) y las que establecen los márgenes alrededor de cada una de ellas para separarlas entre sí (`padx` y `pady`):

```
etiqueta.grid(row=fila, column=columna, padx=2, pady=2)
```

El resultado obtenido al ejecutar este programa lo puede ver a continuación:

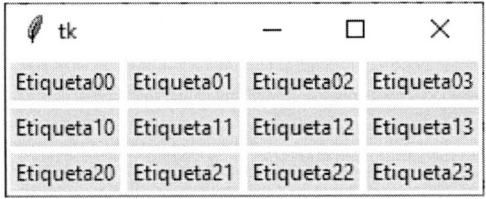

Ahora, redimensione la pantalla. Como podrá observar, las etiquetas se mantienen con el mismo tamaño y en la misma posición:

Si quiere que las celdas se adapten al tamaño de la ventana, deberá utilizar los métodos `columnconfigure()` y `rowconfigure()`, tal como aparece en la nueva versión de este mismo programa:

```
from tkinter import Tk, Label

filas = 3
columnas = 4

root = Tk()

for fila in range(filas):
    root.rowconfigure(fila, weight=1)
    for columna in range(columnas):
        etiqueta = Label(text="Etiqueta"+str(fila)+str(columna), bg="yellow")
        etiqueta.grid(row=fila,column=columna, padx=2, pady=2)
        root.columnconfigure(columna, weight=1)
```

Ejecútelo de nuevo. En este caso, al aumentar el tamaño de la ventana, las celdas crecen para ocupar todo el espacio libre, pero no las etiquetas:

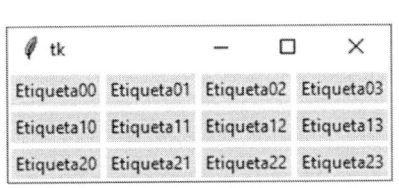 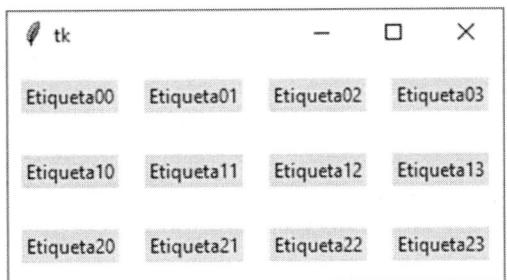

Para que estas ocupen todo el espacio de las celdas, deberá utilizar la opción sticky del método grid(). En el programa anterior, sustituya la sentencia

```
etiqueta.grid(row=fila,column=columna, padx=2, pady=2)
```

por esta otra:

```
etiqueta.grid(row=fila,column=columna, padx=2, pady=2, sticky="nsew")
```

El resultado que obtendrá ahora demuestra que tanto las celdas como las etiquetas que hay en su interior se ajustan al tamaño de la ventana en todas las circunstancias:

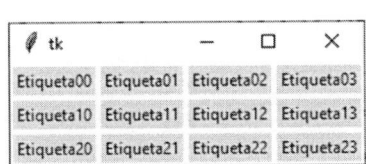

3.3 EL GESTOR DE GEOMETRÍA *PLACE*

Este gestor, a diferencia de los dos anteriores, permite colocar los *widgets* en coordenadas específicas de la ventana principal (o *widget* contenedor). Para utilizarlo, se debe llamar al siguiente método, disponible en todos los *widgets*:

place(*opciones*)

Las opciones de las que dispone son:

- anchor. Indica cómo situar el *widget* en la ventana, tomando como referencia las coordenadas (x, y) contenidas en las opciones x e y (se describen más abajo). Su valor puede ser N, S, E, W, NE, NW (predeterminado, esquina superior izquierda del *widget*), SE, SW o CENTER. La siguiente imagen lo muestra gráficamente (el cuadrado representa el *widget* tal como quedaría ubicado respecto del punto de referencia, dependiendo del valor de esta opción):

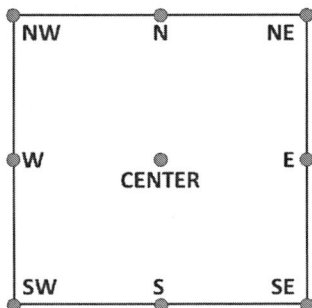

- bordermode. Determina si las coordenadas especificadas usan como referencia el interior del *widget* contenedor (INSIDE, valor por defecto) o el exterior (OUTSIDE).

- height, width. Alto y ancho del *widget* en píxeles.

- relheight, relwidth. Ancho y alto del *widget*, tomado de forma relativa al ancho y alto de la ventana principal (o *widget* contenedor). Por lo tanto, determina sus dimensiones como una fracción de la ventana. Su valor estará comprendido entre 0,0 y 1,0; por ejemplo, si el alto de la ventana principal fuera de 800 píxeles y el valor de la opción relheight de uno de los *widgets* fuera de 0,25, su alto sería de 200 píxeles. La utilidad de este método es ajustar el tamaño de los *widgets* al de la ventana (o *widget* contenedor), cuando esta se modifique.

- x. Coordenada x del punto utilizado como referencia para situar el *widget* en la ventana principal (o *widget* contenedor). Su valor viene dado en píxeles. Las coordenadas (0, 0) corresponden a la esquina superior izquierda de la ventana principal (o *widget* contenedor).

- y. Coordenada y del punto utilizado como referencia para situar el *widget* en la ventana principal (o *widget* contenedor).

- relx, rely. Posición relativa, tanto horizontal como vertical, representada como una fracción del alto y ancho de la ventana principal (o *widget* contenedor). Su valor, de nuevo, estará comprendido entre 0,0 y 1,0; por ejemplo, si el ancho de una ventana fuera de 500 píxeles y relx tuviera el valor 0,5, la coordenada x del *widget* sería 250. La utilidad de esta opción es mantener la posición de los *widgets*, aunque cambie el tamaño de la ventana.

Por último, para dejar de mostrar un *widget* situado previamente en la ventana principal (o *widget* contenedor), se debe ejecutar el método:

```
place_forget()
```

A continuación, se describe el código de un programa que muestra una etiqueta centrada en la ventana principal:

```
from tkinter import Tk, Label

root = Tk()
root.geometry("200x200")

etiqueta = Label(text="Etiqueta")
etiqueta.place(x=100, y=100, anchor="center")
```

Tras importar las clases Tk y Label del paquete Tkinter, se crea la ventana principal, a la que se asigna un tamaño de 200 × 200 píxeles.

Luego, se crea la etiqueta y se muestra en el centro de la ventana con el método place(). Para que esta quede realmente centrada en dicha posición, se asigna el valor "center" al atributo anchor:

```
etiqueta.place(x=100, y=100, anchor="center")
```

Ejecute el programa y observe el resultado obtenido:

El problema viene cuando se cambia el tamaño de la ventana. En ese caso, la etiqueta se mantendrá fija en las mismas coordenadas (100, 100), y dejará de estar centrada:

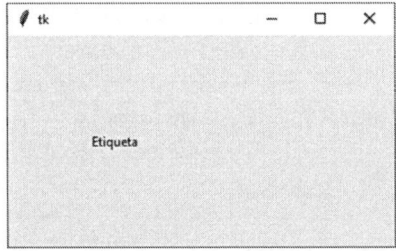

Para resolverlo, puede evitar que el usuario modifique las dimensiones de la ventana con el método resizable(), o utilizar las opciones relx y rely (en vez de x e y) en el método place(). De esa forma, la posición de la etiqueta será relativa al tamaño de la ventana (no absoluta). Así, cuando la ventana se redimensione, la etiqueta seguirá estando centrada (en la misma posición relativa).

Por lo tanto, sustituya la sentencia

```
etiqueta.place(x=100, y=100, anchor="center")
```

por:

```
etiqueta.place(relx=0.5, rely=0.5, anchor="center")
```

Vuelva a ejecutar el programa. Tal como se acaba de comentar, ahora la etiqueta aparecerá centrada, independientemente de las dimensiones de la ventana:

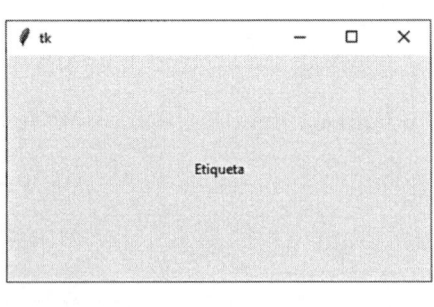

i Se desaconseja el uso de este gestor de geometría (salvo en casos excepcionales), ya que requiere especificar la posición absoluta de cada elemento. Cualquier cambio posterior supondría rehacer de nuevo toda la interfaz.

Unidad 4
OPCIONES COMUNES

En Tkinter, el aspecto de un *widget* se describe a través de una serie de características; algunas son específicas y otras son compartidas por muchos de ellos. Estas características comunes son las siguientes:

- **Dimensiones:** `height`, `width`, `bd`, `borderwidth`, `border`, `padx`, `pady` y `highlightthickness`.

- **Color:** `background` (`bg`), `activebackground`, `activeforeground`, `disabledbackground`, `disabledforeground`, `foreground` (`fg`), `highlightbackground` y `highlightcolor`.

- **Fuente del texto:** `font`.

- **Foco:** `takefocus`.

- **Posición:** `anchor`.

- **Relieve:** `relief`.

- **Imágenes:** `bitmap`, `image` y `compound`.

- **Cursor del ratón:** `cursor`.

Para asignar un valor a cualquiera de estas características, se utilizan *keyword arguments*. Como seguramente sepa, los argumentos de una función pueden ser de tipo *positional* o *keyword*. En el primer caso (el que estará acostumbrado a usar), cada argumento se identifica por su posición al invocar la función (o método); es decir, son posicionales.

Los argumentos de tipo *keyword* van precedidos de su nombre, por lo que podrán ocupar cualquier posición. Esto es especialmente útil cuando hay muchos argumentos opcionales, como en el caso de la mayoría de los *widgets*.

A las características también se las llama "opciones", incluso "atributos". Esta última acepción debe entenderse en el sentido general del término, es decir, como un rasgo o cualidad del *widget* (y no como lo que se entiende en Python como atributo de una clase).

Veamos en detalle cada uno de estos grupos.

4.1 DIMENSIONES

Las primeras opciones que estudiará son las relacionadas con las dimensiones de diversas características de un *widget*, entre las que destacan:

- `bd`, `borderwidth` o `border`. Ancho del borde utilizado para dar un aspecto tridimensional al *widget*.

- `height`. Altura del *widget*. Dependiendo de su tipo, podrá ser un número de píxeles o líneas.

- `highlightthickness`. Ancho del rectángulo que aparece alrededor del *widget* cuando tiene el foco.

- `padx`. Espacio adicional, interno a los límites del *widget*, que se le añade horizontalmente.

- `pady`. Espacio adicional, interno a los límites del *widget*, que se le añade verticalmente.

- `width`. Ancho del *widget*. Dependiendo de su tipo, podrá ser un número de píxeles o caracteres.

Hay *widgets* que solo admiten alguno de los nombres de las opciones anteriores.

Si el valor de una dimensión se especifica como un número seguido del carácter 'c', se estará especificando en centímetros; si se usa el carácter 'm', en milímetros; mientras que 'i' hará referencia a pulgadas (*inches* en inglés).

En la primera práctica que realizará con este tipo de atributos comunes, modificará el programa ¡Hola Mundo! inicial para no tener que añadir los retornos de carro ni los espacios antes y después del texto, con el fin de evitar que este quede pegado a los bordes de la ventana. Su código ahora es el siguiente:

```
from tkinter import Tk, Label

root = Tk()

etiqueta = Label(text="¡Hola Mundo!", padx=10, pady=10)
etiqueta.pack()
```

Como puede observar, el único cambio está en el constructor de la clase Label, ya que ahora se utilizan los atributos padx y pady para añadir un espacio adicional de 10 píxeles alrededor de la etiqueta:

```
etiqueta = Label(text="¡Hola Mundo!", padx=10, pady=10)
```

Ejecute el programa y observe que el resultado es similar al utilizado de base.

4.2 COLOR

El segundo bloque de atributos tiene que ver con el color. Tkinter representa los colores con cadenas. Hay dos formas de especificarlos:

- Por su nombre en inglés: "white", "black", "red", "green", "blue", "cyan", "yellow", "orange", y "magenta". Dependiendo de su instalación, podría disponer de otros adicionales.

- Indicando la intensidad de los colores rojo, verde y azul en dígitos hexadecimales.

Para entender esta última forma de expresar los colores, primero debe saber que al rojo, al verde y al azul se los considera primarios porque el resto de colores se pueden obtener a partir de una composición de estos tres colores primarios. El valor de intensidad mínimo que pueden tener es 0 y el máximo es 255.

Ejemplos de especificación de colores utilizando la nomenclatura RGB:

- Blanco: (255, 255, 255)
- Negro: (0, 0, 0)
- Rojo: (255, 0, 0)
- Verde: (0, 255, 0)
- Azul: (0, 0, 255)
- Amarillo: (255, 255, 0)
- Púrpura: (255, 0, 255)
- Cian: (0, 255, 255)

Dicha notación es la decimal. En hexadecimal, un color se representa con una almohadilla #, seguida de seis caracteres hexadecimales (0-9 y A-F). Estos caracteres se dividen en tres parejas de dos caracteres cada una para representar los colores R, G y B (en dicho orden). La intensidad máxima de un color es FF (255 en decimal) y la mínima es 00 (0 en decimal).

Así, por ejemplo, el color rojo se expresaría como "#FF0000" porque los dos primeros caracteres representan la intensidad máxima de este color (FF, la máxima), los dos siguientes la del verde (00, la mínima) y los dos últimos la del azul (00, la mínima). Por el mismo motivo, el color verde se especificaría como "#00FF00" y el azul como "#0000FF". El blanco se representaría como "#FFFFFF" (es la suma de los tres colores básicos) y el negro como "#000000" (no hay ningún color).

Los principales atributos (opciones) relacionados con el color son:

- `background` o `bg`. Color de fondo con el que se muestra el *widget* en su estado habitual.

- `activebackground`. Color de fondo cuando el *widget* está activo, es decir, cuando el cursor del ratón se encuentra sobre él (y no está inactivo).

- `activeforeground`. Color de primer plano cuando el *widget* está activo.

- `disabledbackground`. Color de fondo del *widget* cuando está inactivo, es decir, cuando no se puede actuar sobre él.

- `disabledforeground`. Color de primer plano cuando el *widget* está inactivo.

- `foreground` o `fg`. Color de primer plano con el que se muestra el *widget* en su estado habitual.

- `highlightbackground`. Color del rectángulo que rodea el *widget* cuando no tiene el foco. Debe utilizarse junto con `highlightthickness`.

- `highlightcolor`. Color del rectángulo que rodea el *widget* cuando tiene el foco. Debe utilizarse junto con `highlightthickness`.

> *i* Al igual que se indicó en las opciones anteriores, cuando alguna tenga varios nombres, puede haber *widgets* que solo admitan uno de ellos. El nombre más largo suele ser el más admitido comúnmente (`background` en vez de `bg`, `foreground` en vez de `fg`, `borderwidth` en vez de `bd`, etc.).

Modifique la sentencia del programa anterior, donde se creaba la etiqueta:

```
etiqueta = Label(text="¡Hola Mundo!", padx=10, pady=10)
```

Debe quedar como sigue:

```
etiqueta = Label(text="¡Hola Mundo!", padx=10, pady=10,
                 bg="yellow", fg="blue")
```

Se ha asignado un color de fondo amarillo y otro azul de primer plano (el del texto) con los atributos bg y fg, respectivamente. El resultado lo puede ver a continuación:

Ahora quite las opciones padx y pady del constructor de la etiqueta y páselas al método pack(). El programa quedaría así:

```
from tkinter import Tk, Label

root = Tk()

etiqueta = Label(text="¡Hola Mundo!", bg="yellow", fg="blue")
etiqueta.pack(padx=10, pady=10)
```

En este caso, ahora ambas opciones hacen referencia al interior de los bordes de la ventana principal, por lo que la etiqueta se separa de estos 10 píxeles:

Si quisiera que dentro de la etiqueta también hubiera ese margen interno, debería añadir de nuevo las opciones padx y pady a su constructor, o incluir las opciones ipadx e ipady al método pack(). Quedaría así:

```
etiqueta.pack(padx=10, pady=10, ipadx=10, ipady=10)
```

Como puede apreciar en esta nueva imagen, ahora existe un espacio de 10 píxeles tanto en el interior como en el exterior de la etiqueta:

> ℹ️ A diferencia del método pack(), el constructor de la etiqueta no tiene las opciones ipadx e ipady. Además, recuerde que las opciones padx y pady de dicho método hacen referencia al borde interno de la ventana principal (o *widget* contenedor), no al de la etiqueta. Por eso, las opciones ipadx e ipady del método pack() tienen el mismo efecto que padx y pady en los *widgets* que contienen.

4.3 FUENTE

Una de las características compartidas por los controles gráficos que muestran o permiten la entrada de textos es la fuente (tipo de letra). Una fuente se describe como una tupla con el siguiente formato:

(familia, tamaño)

Opcionalmente, se puede añadir un elemento más, consistente en una cadena que contiene uno o más modificadores de estilo para indicar si el texto va en negrita, cursiva, subrayado o tachado (bold, italic, underline u overstrike); por ejemplo, para que un texto use la fuente Times New Roman con un tamaño de 24 píxeles en itálica y negrita, la tupla que debería utilizar es:

```
("Times New Roman", "24", "bold italic")
```

Pruébelo, sustituyendo la sentencia donde se creaba la etiqueta del programa anterior

```
etiqueta = Label(text="¡Hola Mundo!", bg="yellow", fg="blue")
```

por:

```
etiqueta = Label(text="¡Hola Mundo!", bg="yellow", fg="blue",
                 font=("Times New Roman", "24", "bold italic"))
```

El resultado será el mostrado más abajo:

Para conocer la lista de fuentes disponibles en su sistema, utilice este sencillo programa:

```
from tkinter import Tk, font


root = Tk()
print(font.families())
```

Le aparecerá una pequeña ventana y, en la *shell*, verá el botón sobre el que deberá hacer doble clic para obtener la lista completa de fuentes:

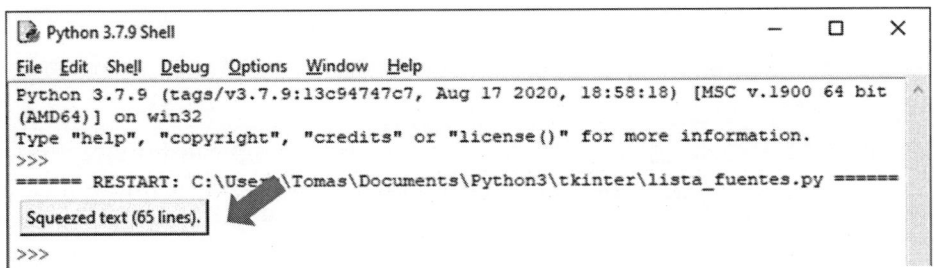

Dicha lista la puede ver parcialmente en la siguiente imagen:

4.4 FOCO

Muchos de los *widgets* de una aplicación, especialmente aquellos con los que se realiza la entrada de datos, son susceptibles de tener el foco en un momento determinado; es decir, que lo que se escriba con el teclado vaya dirigido hacia ellos. Una forma de hacer que un *widget* tenga el foco es pulsarlo con el ratón. Pero también se podría usar el tabulador, haciendo que este vaya pasando de uno a otro, en lo que se conoce como "enfoque transversal" (*focus traversal*). El orden en el que se mueve sigue las siguientes reglas:

- En el caso de los *widgets* contenidos en la ventana principal (o un *widget* contenedor), el foco los va recorriendo en el mismo orden en que se crearon.

- Si el valor del atributo `takefocus` de un *widget* contenedor fuera `True` (por ejemplo, un *frame* o un panel), el foco iría primero a este y, luego, a todos los que contenga en el orden en que fueron creados, de forma recursiva.

- Para evitar que un *widget* pueda llegar a tener el foco, solo tiene que asignar el valor `False` al atributo `takefocus`, lo que haría que este pasara de largo en su recorrido al ir pulsando el tabulador.

(i) Por defecto, el foco no pasará por las etiquetas, *frames* o menús al pulsar el tabulador. Para que lo haga, tendrá que asignar el valor `True` a dicho atributo.

Como ya sabe, los atributos highlightthickness y highlightcolor permiten dibujar un marco del ancho y color especificado alrededor del *widget* que tenga el foco.

Cada *widget* se comporta de una forma diferente cuando tiene el foco:

- Campo de entrada de texto. Cualquier carácter se agregará a su texto.

- Botón. Podrá presionarse con la barra espaciadora.

- Checkbuttons. Cambia de estado (seleccionado o no seleccionado) al pulsar la barra espaciadora.

- *Radiobuttons*. Se selecciona (si todavía no lo estuviera) con la barra espaciadora.

- Barra de *scroll*. Las teclas PageUp y PageDown desplazan el contenido de página en página. Las teclas ↑ y ↓ lo mueven en sentido vertical, y las teclas ← y → en sentido horizontal.

- Barra de desplazamiento. Si su orientación fuera horizontal, se movería con las teclas ← y →. Si fuera vertical, se movería con las teclas ↑ y ↓.

Tendrá ocasión de estudiar cada uno de estos *widgets* más adelante.

Para probar el funcionamiento de esta opción, realizará una nueva práctica utilizando campos de entrada de texto. Es habitual que los formularios le permitan pasar de un campo a otro pulsando el tabulador. Aunque este *widget* se describirá en detalle más adelante, las opciones con las que se va a utilizar ya las conoce, por lo que no será impedimento para entender el código mostrado a continuación:

```python
from tkinter import Tk, Entry


root = Tk()


campo1 = Entry(bg="yellow", fg="blue",
               font=("Times New Roman", "24", "bold italic"),
               highlightcolor="red", highlightthickness=2)
campo2 = Entry(bg="yellow", fg="blue",
               font=("Times New Roman", "24", "bold italic"),
               highlightcolor="red", highlightthickness=2)
```

```
campo3 = Entry(bg="yellow", fg="blue",
               font=("Times New Roman", "24", "bold italic"),
               highlightcolor="red", highlightthickness=2,
               takefocus=False)
campo4 = Entry(bg="yellow", fg="blue",
               font=("Times New Roman", "24", "bold italic"),
               highlightcolor="red", highlightthickness=2)


campo1.pack(padx=10, pady=5)
campo2.pack(padx=10, pady=5)
campo3.pack(padx=10, pady=5)
campo4.pack(padx=10, pady=5)
```

En la primera sentencia, además de `Tk`, se importa también la clase `Entry`, que representa el campo de entrada de texto:

```
from tkinter import Tk, Entry
```

A continuación, se crea la ventana principal (`root`):

```
root = Tk()
```

Después, se crean los campos de entrada de texto. Todo lo que se escriba en ellos aparecerá en color azul sobre un fondo amarillo (opciones `bg` y `fg`), con un tipo de letra Times New Roman de 24 píxeles, en cursiva y negrita (opción `font`). Además, se añaden los atributos `highlightcolor` y `highlightthickness` para que, cuando el campo tenga el foco (se pueda escribir en él), muestre un marco de color rojo con un grosor de línea de dos píxeles. Lo más interesante en esta práctica es que el tercer campo incluye también la opción `takefocus`, cuyo valor `False` hará que no pueda obtener el foco al pulsar el tabulador:

```
campo1 = Entry(bg="yellow", fg="blue",
               font=("Times New Roman", "24", "bold italic"),
               highlightcolor="red", highlightthickness=2)
campo2 = Entry(bg="yellow", fg="blue",
               font=("Times New Roman", "24", "bold italic"),
               highlightcolor="red", highlightthickness=2)
campo3 = Entry(bg="yellow", fg="blue",
               font=("Times New Roman", "24", "bold italic"),
               highlightcolor="red", highlightthickness=2,
               takefocus=False)
campo4 = Entry(bg="yellow", fg="blue",
               font=("Times New Roman", "24", "bold italic"),
               highlightcolor="red", highlightthickness=2)
```

Las últimas sentencias sitúan los campos de texto en la ventana principal, uno debajo del otro. Para separarlos de los bordes de esta y entre sí, se utilizan las opciones padx y pady:

```
campo1.pack(padx=10, pady=5)
campo2.pack(padx=10, pady=5)
campo3.pack(padx=10, pady=5)
campo4.pack(padx=10, pady=5))
```

Ejecute el programa y pulse sobre el primer campo. Observe que aparece un marco rojo alrededor, que indica que ya puede empezar a escribir en él. Ahora pulse el tabulador; comprobará que el foco salta al campo inferior. Vuelva a pulsar de nuevo el tabulador. Esta vez, el foco irá al último campo, saltando el tercero, ya que se asignó el valor False a su opción takefocus. Si vuelve a pulsar el tabulador, el foco regresará de nuevo al primer campo, repitiéndose el ciclo.

La siguiente secuencia de imágenes muestra este recorrido del foco:

4.5 POSICIÓN

El atributo anchor especifica dónde se sitúa el texto o la imagen de un *widget* en su interior. Sus posibles valores y significado son los mismos que en la opción anchor, ya estudiada en el método place(): CENTER (predeterminada), N, S, W, E, NE, NW, SE y SW. Por ejemplo, si usara el valor W, el texto o la imagen se ubicaría en el lado izquierdo del *widget*. En cambio, con NW se colocaría en la esquina superior izquierda.

Para probar este nuevo atributo, se utilizará el siguiente código, que será una adaptación del conocido ¡Hola Mundo!:

```
from tkinter import Tk, Label

root = Tk()
root.geometry("200x100")
```

```
etiqueta = Label(text="¡Hola Mundo!", width=200, height=100)
etiqueta.pack()
```

En este caso, una vez creada la ventana principal, se le asigna un tamaño de 200 × 100 píxeles con el método `geometry()`:

```
root = Tk()
root.geometry("200x100")
```

Lo realmente interesante reside en el constructor de la etiqueta, ya que ahora se le da el mismo tamaño de la ventana con las opciones `width` y `height`:

```
etiqueta = Label(text="¡Hola Mundo!", width=200, height=100)
```

Con esto se consigue que la etiqueta quede centrada, incluso aunque modifique el tamaño de la ventana:

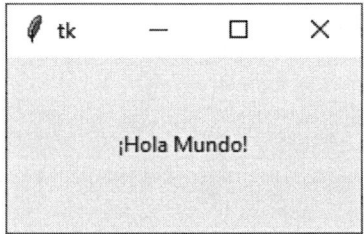

Ahora cambie dicha sentencia por:

```
etiqueta=Label(text="¡Hola Mundo!",width=200,height=100,anchor="w")
```

El resultado obtenido sería el mostrado a continuación:

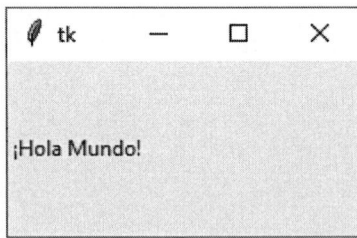

Realice un último cambio, sustituyendo la sentencia anterior por:

```
etiqueta=Label(text="¡Hola Mundo!",width=200,height=100,anchor="se")
```

En esta ocasión, el texto se vería en la esquina inferior derecha:

En ambos casos, aunque cambie el tamaño de la ventana, la posición del texto seguirá siendo la misma.

4.6 RELIEVE

El relieve determina el efecto 3D mostrado por un *widget*. Para aplicarlo, se utiliza el atributo `relief`, cuyos valores pueden ser: FLAT, RAISED, SUNKEN (por defecto), GROOVE y RIDGE. Es importante que el *widget* tenga un borde con cierta anchura (opción `bd`); si fuera muy estrecho, el efecto apenas sería perceptible.

> *i*
>
> Recuerde que, para hacer uso de cualquier constante, antes deberá importarla. También podrá usar directamente sus valores; por ejemplo, la constante FLAT tiene el valor "flat", el de RAISED es "raised", etc.

Para demostrar el efecto que tiene este atributo, se utilizará el siguiente programa:

```
from tkinter import Tk, Label, Entry

root = Tk()
root.resizable(False, False)

etiqueta = Label(text="Campo:")
campo = Entry(relief ="sunken", bd=5)
etiqueta.pack(side="left", padx= 10, pady=20)
campo.pack(side="right", padx=10, pady=20)
```

En primer lugar, se importan las clases del paquete Tkinter que se van a utilizar; en concreto, Tk para crear la ventana principal, además de Label y Entry para mostrar el típico campo de entrada de datos de un formulario, precedido por una etiqueta que indica la información que se debe introducir:

```
from tkinter import Tk, Label, Entry
```

Una vez creada la ventana principal, se evita que pueda ser redimensionada:

```
root = Tk()
root.resizable(False, False)
```

A la etiqueta se la asigna el texto genérico "Campo:" El campo de texto se crea con un efecto SUNKEN (es el predeterminado, por lo que realmente no habría sido necesario incluir esta opción) y un borde de cinco píxeles de grosor:

```
etiqueta = Label(text="Campo:")
campo = Entry(relief ="sunken", bd=5)
```

Las últimas sentencias sitúan la etiqueta a la izquierda del campo, con la separación indicada en las opciones padx y pady:

```
etiqueta.pack(side="left", padx= 10, pady=20)
campo.pack(side="right", padx=10, pady=20)
```

El resultado de su ejecución es el siguiente:

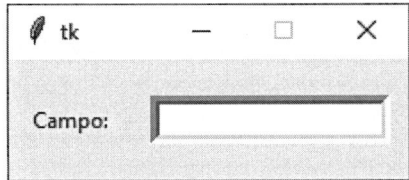

Ahora, cambie el valor del atributo relief por FLAT, RAISED, GROOVE o RIDGE, y ejecute de nuevo el programa cada vez que lo haga. El resultado será el mostrado en las siguientes imágenes (se ha añadido un título a la ventana que indica el valor asignado a dicho atributo):

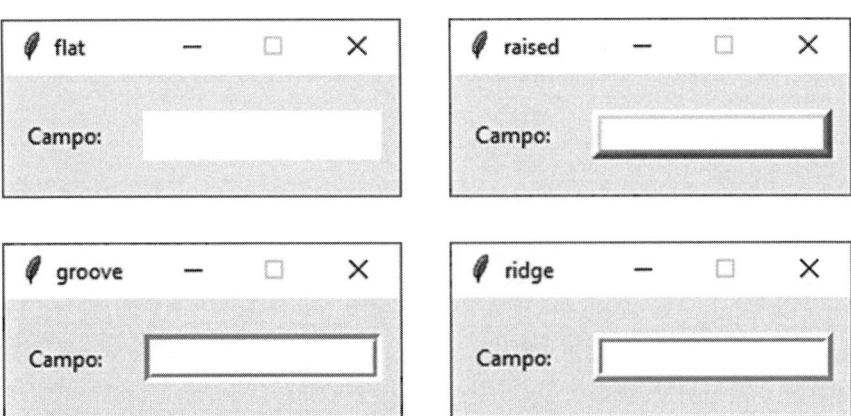

4.7 IMÁGENES

En Tkinter, las imágenes se pueden representar mediante dos clases:

- `BitmapImage`. Contiene imágenes de dos colores en formato xbm.

- `PhotoImage`. Contiene imágenes a todo color en formato gif, pgm o ppm.

El constructor de ambas clases tiene como argumento el nombre del archivo que contiene la imagen:

```
BitmapImage (archivo)
```

```
PhotoImage (archivo)
```

Para asociar una imagen a un *widget,* se pueden utilizar los siguientes atributos:

- `bitmap`. Solo admite objetos de la clase `BitmapImage`.

- `image`. En este caso, su valor podrá ser un objeto de la clase `BitmapImage` o `PhotoImage`.

Normalmente, los píxeles del primer plano de un *bitmap* se muestran negros y los del fondo se muestran transparentes. Las opciones `foreground` y `background` le permitirán asignarle otros colores.

Tkinter dispone de una serie de *bitmaps* prediseñados que puede utilizar para expresar advertencias, errores, preguntas, etc. Se muestran a continuación.

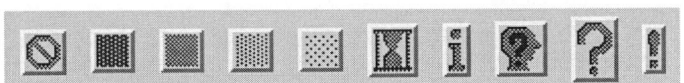

Sus nombres son, de izquierda a derecha: `"error"`, `"gray75"`, `"gray50"`, `"gray25"`, `"gray12"`, `"hourglass"`, `"info"`, `"questhead"`, `"question"` y `"warning"`. También podría crear sus propios *bitmaps* con archivos en formato xbm.

> Para mostrar una imagen, además de utilizar objetos de la clase `BitmapImage` o `PhotoImage`, también puede hacer uso de `ImageTk`, que pertenece a la librería PIL (Python Imaging Library), y que soporta una amplia variedad de formatos de imágenes.

Relacionado con los atributos `bitmap` e `image`, se encuentra el atributo `compound`, que se utiliza cuando la imagen aparece junto a un texto (por ejemplo, en una etiqueta o un botón), indicando su posición respecto de este. Sus valores son: NONE, TOP, BOTTOM, LEFT, RIGHT y CENTER, dependiendo de si quiere que la imagen no aparezca o aparezca encima, debajo, a la izquierda, a la derecha o centrada con el texto, respectivamente.

El siguiente código incluye algunos de los últimos atributos descritos:

```
from tkinter import Tk, Label

root = Tk()
root.geometry("200x100")

etiqueta = Label(relief="raised", text="Reloj",
                 bitmap="hourglass",compound='left')
etiqueta.place(relx=0.5, rely=0.5, anchor="center")
```

En este nuevo programa, tras importar las clases Tk y Label del paquete Tkinter, se crea una ventana a la que se le asigna un tamaño de 200 × 100 píxeles con el método geometry():

```
root = Tk()
root.geometry("200x100")
```

A continuación, se crea la etiqueta, en cuyo constructor se establecen los valores de diversos atributos. En primer lugar, se le da un aspecto 3D con la opción relief. Luego, se le añade un texto y un icono con las opciones text y bitmap. Además, para que la imagen quede a la izquierda, se utiliza el atributo compound:

```
etiqueta = Label(relief="raised", text="Reloj",
                 bitmap="hourglass", compound='left')
```

Por último, la etiqueta se muestra centrada horizontal y verticalmente en la ventana con el método place(), utilizando los atributos y valores que ya conoce de una práctica anterior:

```
etiqueta.place(relx=0.5, rely=0.5, anchor="center")
```

Ejecute el programa y observe el resultado. Tal como se aprecia, ahora la etiqueta tiene un borde que da la sensación 3D pretendida, dentro de la que se muestra tanto el texto como el *bitmap* del reloj a su izquierda:

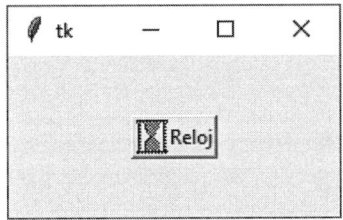

> **i** Para resaltar el efecto de relieve en 3D, amplíe el grosor del borde de la etiqueta con la opción bd.

4.8 CURSOR DEL RATÓN

El último atributo común que se va a estudiar es cursor. Con él, podrá modificar el icono que señala la posición del ratón dentro de la ventana principal. Tkinter tiene predefinidos los siguientes: "arrow", "circle", "clock", "cross", "dotbox", "exchange", "fleur", "heart", "man", "mouse", "pirate", "plus", "shuttle", "sizing", "spider", "spraycan", "star", "target", "tcross", "trek" y "watch".

Para probar esta opción, añada la siguiente sentencia al programa anterior, después de la utilizada para asignar las dimensiones de la ventana principal con el método geometry(). Así, cuando mueva el ratón dentro de la ventana, el cursor tomará la forma de una araña:

```
root.configure(cursor="spider")
```

Vuelva a ejecutar el programa y sitúe el cursor dentro de la ventana. Compruebe cómo ahora su aspecto cambia para tomar la forma de ese temido animal:

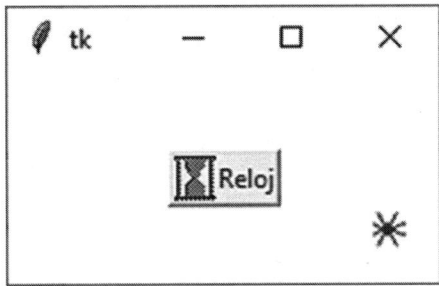

Unidad 5
MÉTODOS COMUNES

Al igual que sucede con las opciones, existen una serie de métodos compartidos por muchos controles gráficos. Estos se pueden agrupar en las siguientes categorías:

- Asignación y obtención de valores de atributos. Compuesto por los métodos `cget()` y `configure()`.

- Temporizadores. Dentro de este grupo, estudiará los métodos `after()` y `after_cancel()`.

- Gestión del foco. Está formada por `focus_get()`, `focus_set()`, `tk_focusFollowsMouse()`, `tk_focusNext()` y `tk_focusPrev()`.

- Obtención de dimensiones y posiciones. Agrupa los métodos `winfo_geometry()`, `winfo_x()`, `winfo_y()`, `winfo_width()`, `winfo_height()`, `winfo_rootx()`, `winfo_rooty()`, `winfo_screenwidth()`, `winfo_screenheight()`, `winfo_pointerxy()`, `winfo_pointerx()` y `winfo_pointery()`.

Además de los grupos anteriores, también existen los siguientes:

- Gestión de eventos. Con los métodos `bind()`, `bind_class()` y `bind_all()`, se puede asociar un evento (o secuencia de eventos) a un *widget* concreto, a los pertenecientes a una misma clase o a todos los de una aplicación, respectivamente. Cuando se produzca dicho evento (o secuencia de eventos), se ejecutará la función designada como controlador. Por el contrario, los métodos `unbind()`, `unbind_class()` y `unbind_all()` realizarán la operación contraria, desvinculando eventos de *widgets*. Los estudiará posteriormente, en un capítulo dedicado exclusivamente a este tema.

- Gestores de geometría. Este grupo lo componen los métodos `grid()`, `pack()` y `place()`, que ya conoce.

- Gestión de portapapeles. Lo forman dos métodos relacionados con el contenido del portapapeles (utilizado en las operaciones *copy&paste*). Con `clipboard_append(`texto`)` se le añade un texto, mientras que con `clipboard_clear()` se vacía.

- Eliminación de un *widget*. Al invocar el método `destroy()`, se provocaría la destrucción del *widget*. No lo confunda con los métodos `pack_forget()`, `grid_forget()` y `place_forget()`, que únicamente dejan de mostrarlo en pantalla.

A continuación, se describe en detalle cada uno de los grupos de la primera lista.

5.1 ASIGNACIÓN Y OBTENCIÓN DE VALORES DE ATRIBUTOS

Dentro de esta categoría hay dos métodos. El primero se utiliza para obtener el valor de un atributo:

`cget("`*opción*`")`

El segundo permite modificar el valor de una serie de opciones (atributos):

`configure(`*opción* = *valor, ...*`)`

 Este método es equivalente a `config()`.

Si se invocara únicamente con el nombre de una opción, devolvería su valor. Si se llamara sin argumentos, daría como resultado un diccionario con los valores de todas las opciones del *widget*. Para probarlo, añada la siguiente sentencia al final del último programa desarrollado en la práctica anterior, que mostraba una etiqueta centrada en la ventana con una imagen y un texto:

`print(etiqueta.configure())`

Esta vez, además de abrirse la ventana de la aplicación, en la *shell* verá un diccionario con el valor de todas las opciones de la etiqueta. En la siguiente imagen puede comprobar que `relief`, `text`, `bitmap` y `compound` tienen el valor establecido en el constructor de *widget*:

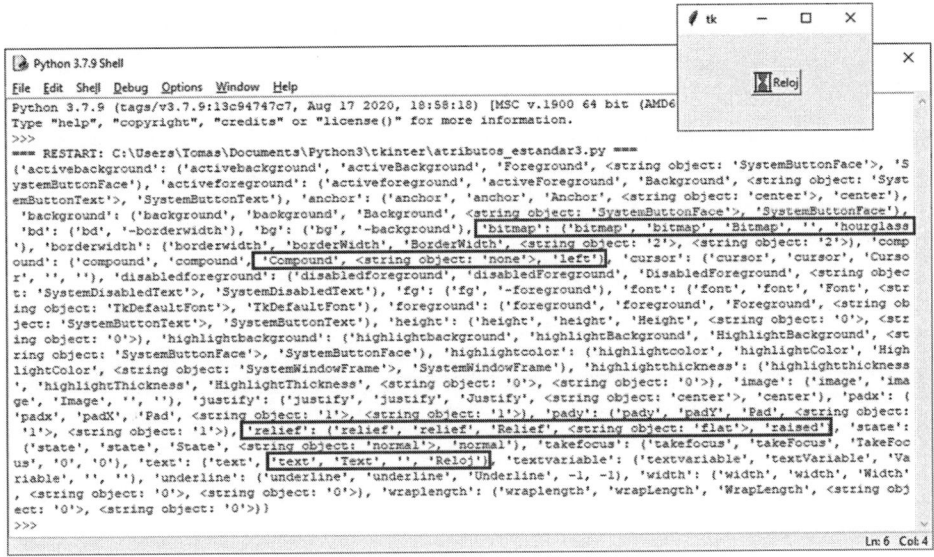

Otra forma de cambiar el valor de un atributo es mediante la expresión:

widget["*atributo*"] = *valor*

Por el mismo motivo, para asignar el valor de la opción de un *widget* a una variable, la expresión sería:

variable = *widget*["*atributo*"]

5.2 TEMPORIZADORES

En este grupo se encuentran los métodos relacionados con la invocación de funciones una vez transcurrido un intervalo de tiempo determinado. El principal es aquel con el que se establece el temporizador:

after(*intervalo*, *función*)

Dicho método llamará a la función indicada en el segundo argumento cuando haya pasado el número de milisegundos establecido en el primero. De forma opcional, este método puede tener más argumentos, que serían con los que se invocaría la función.

> *i* Si no se incluyera una función, el comportamiento sería similar al de la función sleep() del módulo *time* de Python.

Siempre que sea necesario aplazar la ejecución de una función, deberá llamar a este método para no bloquear la aplicación en el punto donde se realice la temporización. Eso provocaría que la interfaz dejara de atender los eventos del usuario, como si hubiera dejado de funcionar. Por ese motivo, se debe evitar el uso de la función `sleep()` del módulo *time* de Python, que tampoco podría llamarse dentro de un *thread*, porque Tkinter no funciona adecuadamente con dicho módulo. Aunque existen formas de hacer que trabajen conjuntamente, lo más sencillo es usar el método `after()`.

El resultado devuelto por este método es un identificador, que podría usarse para cancelar posteriormente el temporizador con este otro método:

```
after_cancel(id temporizador)
```

Para practicar con estos métodos, va a desarrollar un programa en el que aparezca una frase que aumente de tamaño continuamente hasta alcanzar un máximo, a partir del cual empezará a disminuir; así, hasta que alcance un tamaño mínimo, momento en el que comenzará a crecer otra vez, repitiéndose de nuevo el ciclo.

El código del programa es el siguiente:

```python
from tkinter import Tk, Label


incremento = 2
periodo = 50
tamanio_max = 40
tamanio = tamanio_min = 10


def modifica_tamanio():
    global tamanio, incremento

    if tamanio > tamanio_max or tamanio < tamanio_min:
        incremento = -incremento
    tamanio += incremento

    etiqueta.configure( font=("Arial", str(tamanio), "bold"))

    etiqueta.after(periodo, modifica_tamanio)
```

```
root = Tk()
root.geometry("400x200")

etiqueta=Label(text="¡Qué mareo!", font=("Arial",str(tamanio),"bold"))

etiqueta.pack(expand=True)

modifica_tamanio()
```

Lo primero que se hace es importar las clases necesarias; en este caso, Tk y Label. Con la primera, se creará la ventana principal y, con la segunda, el texto que irá cambiando de tamaño:

```
from tkinter import Tk, Label
```

A continuación, se declaran las variables utilizadas para parametrizar el comportamiento del programa. Con incremento, se establece el cambio de tamaño experimentado por el texto (en píxeles) cada vez que transcurra el número de milisegundos almacenado en periodo. Cuanto más grande sea el valor de incremento y/o más pequeño el del de periodo, mayor será la velocidad a la que crezca o disminuya el tamaño del texto. Las variables tamanio_max y tamanio_min contienen el tamaño máximo y mínimo que puede tener la fuente, cuyo valor actual se guardará en tamanio:

```
incremento = 2
periodo = 50
tamanio_max = 40
tamanio = tamanio_min = 10
```

De momento, salte la función modifica_tamanio() para continuar con las sentencias en las que se crea la ventana principal (root), a la que se asigna un tamaño de 400 × 200 píxeles. A continuación, se crea la etiqueta con una fuente de tipo Arial y en negrita, cuyo tamaño será el contenido en la variable tamanio:

```
root = Tk()
root.geometry("400x200")
etiqueta=Label(text="¡Qué mareo!",font=("Arial", str(tamanio),"bold"))
```

Una vez creada la etiqueta, se muestra centrada en la ventana principal, para lo cual se asigna el valor True a la opción expand:

```
etiqueta.pack(expand=True)
```

Por último, se llama a la función `modifica_tamanio()`, encargada de cambiar el tamaño del texto (su fuente) de forma continuada:

```
modifica_tamanio()
```

Por lo tanto, ha llegado el momento de describir el código que contiene. En primer lugar, se declaran como globales las variables `tamanio` e `incremento`, porque son compartidas en todas las invocaciones de esta función:

```
global tamanio, incremento
```

La primera sentencia de esta función determina el signo del incremento, y lo cambia cuando se alcanza el valor máximo o mínimo. De esta forma, se consigue el efecto de crecimiento y decrecimiento continuo del tamaño del texto, cuyo valor se calcula en la segunda sentencia:

```
if tamanio > tamanio_max or tamanio < tamanio_min:
    incremento = -incremento
tamanio += incremento
```

Dicho valor se traslada a la etiqueta con el método `configure()` a través de la opción `font`, con el fin de mostrar en pantalla el texto con el nuevo tamaño:

```
etiqueta.configure( font=("Arial", str(tamanio), "bold"))
```

Por último —y lo más importante a efectos de esta práctica—, se invoca el método `after()`, para volver a llamarse a sí misma transcurrido el tiempo indicado por la variable `periodo`. La ejecución recursiva de esta función será la que consiga que el tamaño del texto cambie continuamente:

```
etiqueta.after(periodo, modifica_tamanio)
```

El resultado obtenido al ejecutar este programa puede verse reflejado en la siguiente secuencia de imágenes:

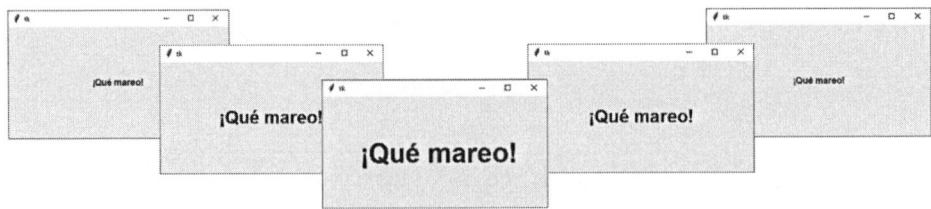

5.3 GESTIÓN DEL FOCO

El siguiente grupo de métodos está relacionado con el foco de un *widget*, es decir, con la entrada de datos por teclado:

- focus_get(). Devuelve el *widget* que tiene el foco en una aplicación. Si no lo tuviera ninguno, devolvería None.

- focus_set(). Pone el foco en un *widget* determinado.

- tk_focusFollowsMouse(). Fuerza que el foco esté donde se encuentre el ratón.

- tk_focusNext(). Devuelve el *widget* que sigue en la secuencia transversal del foco.

- tk_focusPrev(). Devuelve el *widget* que precede en la secuencia transversal del foco.

> (i) Recuerde que la secuencia transversal del foco está formada por los *widgets* por los que va pasando cuando se pulsa el tabulador.

La práctica que va a realizar en esta ocasión es un juego donde se muestra una ventana con cuatro campos. Al iniciar el programa, el foco se encuentra en el primer campo y, a partir de ese momento, cambia de forma aleatoria entre el de arriba y el de abajo. El objetivo es ser capaz de escribir correctamente una determinada palabra en todos ellos. Si se confundiera al añadir alguno de sus caracteres, el juego finalizaría, deshabilitándolos y mostrando un mensaje en color rojo que indicaría que el reto no ha sido conseguido. En caso contrario, el mensaje de acierto se mostraría en color verde.

El código del programa es el siguiente:

```
from tkinter import Tk, Label, Entry
from random import randint

texto= "tkinter"
periodo = 400

def modifica_foco(campo_actual):
    estado = "EN CURSO"

    texto_campo_actual = campo_actual.get()
    if texto[0:len(texto_campo_actual)] != texto_campo_actual:
        estado = "KO"
```

```
        elif texto == campo1.get() == campo2.get()
                    == campo3.get() == campo4.get():
            estado = "OK"

        if estado == "EN CURSO" :
            if randint(0, 1):
                nuevo_campo = campo_actual.tk_focusNext()
            else:
                nuevo_campo = campo_actual.tk_focusPrev()

            nuevo_campo.focus_set()
            root.after(periodo, modifica_foco, nuevo_campo)
        else:
            if estado == "OK":
                etiqueta = Label(text="¡PRUEBA SUPERADA!",
                                fg = "green", font=("Arial", 20, "bold"))
            else :
                etiqueta = Label(text="¡PRUEBA NO SUPERADA!",
                                fg = "red", font=("Arial", 20, "bold"))

            campo1.configure(state="disabled")
            campo2.configure(state="disabled")
            campo3.configure(state="disabled")
            campo4.configure(state="disabled")
            etiqueta.pack(padx=10, pady=10)

root = Tk()
root.title("Deletrea")
root.resizable(False, False)

campo1 = Entry(font=("Arial", 24, "bold"), bd=5,
                highlightcolor="red", highlightthickness=2)
campo2 = Entry(font=("Arial", 24, "bold"), bd=5,
                highlightcolor="red", highlightthickness=2)
campo3 = Entry(font=("Arial", 24, "bold"), bd=5,
                highlightcolor="red", highlightthickness=2)
campo4 = Entry(font=("Arial", 24, "bold"), bd=5,
                highlightcolor="red", highlightthickness=2)
```

```
campo1.pack(padx=10, pady=10)
campo2.pack(padx=10, pady=10)
campo3.pack(padx=10, pady=10)
campo4.pack(padx=10, pady=10)

campo1.focus_set()

modifica_foco(campo1)
```

En primer lugar, se importa todo aquello que se va a utilizar. En concreto, de Tkinter se va a necesitar la clase Tk para crear la ventana principal, Entry para los campos de texto y Label para los mensajes de éxito o fracaso. De la librería random se importa la función randint(), para generar números aleatorios:

```
from tkinter import Tk, Label, Entry
from random import randint
```

Luego, se declaran las variables de configuración. La primera (texto) almacena el texto que deberá escribirse correctamente en todos los campos para completar el juego. La segunda (periodo) es el tiempo que permanecerá el foco en un campo antes de cambiar al siguiente. Cuanto menor sea su valor, en milisegundos, más dificultad entrañará el juego:

```
texto= "tkinter"
periodo = 400
```

Salte la declaración de la función, que se describirá más adelante, hasta encontrar las sentencias en las que se crea la ventana principal (root); se le asigna un texto a su barra de título y se impide que pueda redimensionarse:

```
root = Tk()
root.title("Deletrea")
root.resizable(False, False)
```

A continuación, se crean los campos de texto (campo1, campo2, campo3 y campo4). En ellos se establece la misma fuente (opción font), el mismo borde (opción bd) y, sobre todo, un marco de color rojo de dos píxeles de grosor para indicar cuándo tienen el foco (opciones highlightcolor y highlightthickness):

```
campo1 = Entry(font=("Arial", 24, "bold"), bd=5,
               highlightcolor="red", highlightthickness=2)
```

```
campo2 = Entry(font=("Arial", 24, "bold"), bd=5,
               highlightcolor="red", highlightthickness=2)
campo3 = Entry(font=("Arial", 24, "bold"), bd=5,
               highlightcolor="red", highlightthickness=2)
campo4 = Entry(font=("Arial", 24, "bold"), bd=5,
               highlightcolor="red", highlightthickness=2)
```

Una vez creados los campos, se colocan verticalmente en la ventana principal con el método `pack()`. El espacio entre ellos se fija con las opciones `padx` y `pady`:

```
campo1.pack(padx=10, pady=10)
campo2.pack(padx=10, pady=10)
campo3.pack(padx=10, pady=10)
campo4.pack(padx=10, pady=10)
```

La siguiente sentencia establece el foco en el primer campo (`campo1`), para lo que se hace uso de uno de los métodos descritos en esta sección: `focus_set()`:

```
campo1.focus_set()
```

Por último, se comienza el juego invocando la función `modifica_foco()`, en cuyo único argumento se debe indicar el campo activo en ese momento, inicialmente `campo1`:

```
modifica_foco(campo1)
```

Ha llegado el momento de conocer el contenido de esta función. En primer lugar, se declara la variable `estado`, cuyos valores indicarán si el juego está en curso ("EN CURSO"), o si se ha finalizado con éxito ("OK") o con fracaso ("KO"). Cuando se invoca la función es porque, de momento, está en curso; de ahí que se asigne inicialmente dicho estado:

```
def modifica_foco(campo_actual):
    estado = "EN CURSO"
```

Después, se obtiene el valor del campo actual (el pasado como argumento), utilizando el método `get()`:

```
texto_campo_actual = campo_actual.get()
```

Las siguientes sentencias determinan si el juego ha terminado (podrá ser con éxito o con fracaso). Para ello, si los caracteres que hay escritos en dicho campo (`texto_campo_actual`) no coincidieran con los del texto de referencia (`texto`), el juego pasaría a un estado "KO" (más tarde se verá lo que se hace en este estado). En caso contrario, se comprobaría si el contenido de todos los campos coincide con el texto completo de referencia, en cuyo caso el juego pasaría a un estado "OK" (a continuación, descubrirá qué se hace en este otro estado):

```
if texto[0:len(texto_campo_actual)] != texto_campo_actual:
    estado = "KO"
elif texto == campo1.get() == campo2.get()
            == campo3.get() == campo4.get():
    estado = "OK"
```

Si el juego no hubiera terminado (no se ha cumplido ninguna de las condiciones de los if anteriores), su estado seguiría siendo en "EN CURSO", por lo que se cumpliría la condición del siguiente if, en el que se decide el campo al que tendría que pasar el foco. Para saber cuál es, se usa la función randint(), que devuelve aleatoriamente el número 0 o el 1 (equivalente a False y True). En función de dicho valor, se invocaría a la función tk_focusNext() o tk_focusPrev() para identificar el campo siguiente o el anterior al que tiene el foco actualmente. Una vez conocido dicho campo (nuevo_campo), se le asigna el foco con el método focus_set(). Por último, se invoca de nuevo a esta función con el método after() para continuar jugando:

```
if estado == "EN CURSO" :
    if randint(0, 1):
        nuevo_campo = campo_actual.tk_focusNext()
    else:
        nuevo_campo = campo_actual.tk_focusPrev()

    nuevo_campo.focus_set()
    root.after(periodo, modifica_foco, nuevo_campo)
```

Si el juego ha finalizado (el estado no es "EN CURSO"), se ejecutan las sentencias del bloque else. Dentro, hay otra sentencia if…else que determina si el juego ha finalizado con éxito (estado "OK") o no. Si lo hubiera hecho con éxito, se crearía la etiqueta que muestra el mensaje de felicitación. La fuente del texto sería la misma de los campos de entrada (opción font), pero de color verde (opción fg). En caso contrario, la etiqueta tendría otro texto menos afortunado, con la misma fuente pero en color rojo. En ambos casos, se deshabilitan todos los campos de texto utilizando el método configure(), con el que se asigna el valor "disabled" al atributo state. Por último, se llama al método pack(), para presentar en pantalla la etiqueta con el mensaje correspondiente de finalización del juego:

```
else:
    if estado == "OK":
        etiqueta = Label(text="¡PRUEBA SUPERADA!",
                        fg = "green", font=("Arial", 20, "bold"))
    else :
        etiqueta = Label(text="¡PRUEBA NO SUPERADA!",
                        fg = "red", font=("Arial", 20, "bold"))

campo1.configure(state="disabled")
campo2.configure(state="disabled")
campo3.configure(state="disabled")
campo4.configure(state="disabled")
etiqueta.pack(padx=10, pady=10)
```

> ℹ El atributo `state`, compartido por muchos *widgets*, determina el estado del *widget* en el que se encuentra. Se describirá más adelante, cuando estudie cada uno de ellos.

Seguro que estará deseando empezar a jugar. Espero que tenga mejor suerte que yo.

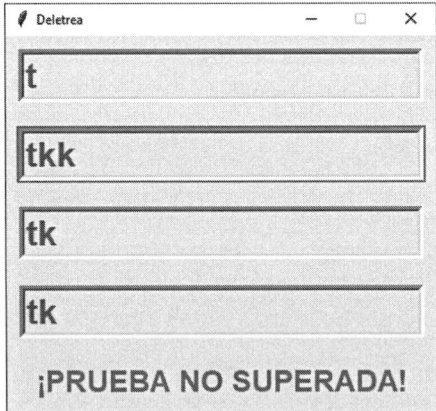

> ℹ Si quiere mejorar la jugabilidad del programa, y también su dificultad, obligue a introducir algún carácter al cambiar el foco de campo.

5.4 MANEJO DE DIMENSIONES Y POSICIONES

En este apartado, se estudian todos los métodos relacionados con la obtención de las dimensiones de un *widget*, la ventana principal e, incluso, la pantalla. También conocerá los métodos necesarios para saber la posición de un *widget* en la ventana principal (o *widget* contenedor), así como la de la ventana o el ratón en la pantalla.

El primero que veremos devuelve las dimensiones y la posición de un *widget* en la ventana principal (o *widget* contenedor). Si, en vez de un *widget*, se tratara de la propia ventana principal, la posición devuelta sería la que ocupa en la pantalla:

```
winfo_geometry()
```

El valor devuelto es una cadena con el siguiente formato:

ancho×alto±x±y

Los valores +x determinan la distancia entre el lado izquierdo del *widget* y el de la ventana, en píxeles. Si el signo fuera negativo, sería la distancia entre el lado derecho del *widget* y el de la ventana. Los valores +y indican la distancia entre el límite superior de la ventana y el del *widget*. Si el signo fuera negativo, sería la distancia entre el límite inferior de la ventana y el del *widget*; por ejemplo, un *widget* de 50 píxeles de ancho y 20 de alto, cuya esquina superior izquierda estuviera situada en la posición (200, 100), se describiría como:

```
50 × 20 + 200 + 100
```

Hasta que el gestor de geometría no asigne los tamaños y las posiciones correspondientes a todos los *widgets* que se muestran en la ventana principal, su valor inicial es `"1x1+0+0"`. Para asegurarse de que el valor obtenido esté actualizado, invoque antes `update_idletasks()`.

Métodos relacionados con el método anterior:

- `winfo_rootx()`. Devuelve la coordenada x del lado izquierdo de la ventana principal respecto de la pantalla del ordenador. Si tuviera un borde, haría referencia a su parte exterior.

- `winfo_rooty()`. Devuelve la coordenada y del lado superior de la ventana principal respecto de la pantalla del ordenador. Si tuviera un borde, haría referencia a su parte exterior.

- `winfo_x()`. Devuelve la coordenada x del lado izquierdo del *widget* respecto de la ventana principal (o *widget* contenedor). Si tuviera un borde, haría referencia a su parte exterior.

- `winfo_y()`. Devuelve la coordenada y del lado superior del *widget* respecto de la ventana principal (o *widget* contenedor). Si tuviera un borde, haría referencia a su parte exterior.

- `winfo_width()`. Devuelve el ancho del *widget*. Si el objeto sobre el que se invoca es de la clase Tk, corresponderá al ancho de la ventana principal.

- `winfo_height()`. Devuelve el alto del *widget*. Si el objeto sobre el que se invoca es de la clase Tk, corresponderá al alto de la ventana principal.

> *(i)* En caso de querer obtener el ancho y el alto establecido con las opciones width y height de un *widget*, deberá usar los métodos winfo_ reqwidth() y winfo_reqheight(), respectivamente. Como el gestor de geometría lo ajustará para encajarlo con el resto de los *widgets* que se muestran en la ventana principal (o *widget* contenedor), dichos valores no tienen por qué ser los mismos que los asignados a dichas opciones.

Si lo que desea conocer es el tamaño de la pantalla del ordenador, llame a los métodos:

- `winfo_screenwidth()`. Devuelve el ancho de la pantalla en píxeles.

- `winfo_screenheight()`. Devuelve el alto de la pantalla en píxeles.

El último grupo de métodos devuelve las coordenadas del ratón:

- `winfo_pointerxy()`. Devuelve una tupla que contiene las coordenadas del ratón respecto de la pantalla de su ordenador (no respecto de la ventana principal).

- `winfo_pointerx()`. Devuelve el valor x de la tupla anterior.

- `winfo_pointery()`. Devuelve el valor y de la tupla anterior.

Para practicar con algunos de estos métodos, especialmente los relacionados con la posición del ratón, en esta última práctica va a mostrar las coordenadas de su posición dentro de la ventana principal. Fuera de ella, aparecerá el valor -1, -1.

El código del programa es el siguiente:

```
from tkinter import Tk, Label

def mostrar_posicion():
    (x, y) = root.winfo_pointerxy()
    root_x = root.winfo_rootx()
    root_y = root.winfo_rooty()
    mouse_x = x - root_x
    mouse_y = y - root_y
    ancho_pantalla = root.winfo_width()
    alto_pantalla = root.winfo_height()
    if mouse_x < 0 or mouse_x > ancho_pantalla or
        mouse_y < 0 or mouse_y > alto_pantalla:
            mouse_x = -1
            mouse_y = -1

    etiqueta.configure(text=str(mouse_x) + ", " + str(mouse_y))
    root.after(10, mostrar_posicion)

root = Tk()
root.geometry("400x200")

etiqueta = Label(text="-1, -1", font=("Arial", 20, "bold"))

etiqueta.pack(expand=True)

mostrar_posicion()
```

En la primera sentencia, se importa la clase `Tk` para crear la ventana principal y `Label` para mostrar las coordenadas del ratón:

```
from tkinter import Tk, Label
```

Las siguientes sentencias, de sobra conocidas por usted, crean la ventana principal (`root`), a la que se asigna un tamaño de 400 × 200 píxeles, además de la etiqueta (`etiqueta`), con la que se mostrarán las coordenadas del ratón en el centro de la ventana:

```
root = Tk()
root.geometry("400x200")

etiqueta = Label(text="-1, -1", font=("Arial", 20, "bold"))

etiqueta.pack(expand=True)
```

Por último, se llama a la función responsable de presentar la posición del ratón en todo momento:

```
mostrar_posicion()
```

En ella, lo primero que se hace es obtener la información necesaria para calcular las coordenadas del ratón relativas a la ventana principal (no hay ninguna función que la proporcione directamente). Para ello, en las variables x e y se almacenan las coordenadas del ratón respecto de la pantalla del ordenador. Por su parte, root_x y root_y contendrán las coordenadas de la esquina superior izquierda de la ventana principal, también respecto de la pantalla del ordenador:

```
(x, y) = root.winfo_pointerxy()
root_x = root.winfo_rootx()
root_y = root.winfo_rooty()
```

Con la información anterior, las coordenadas x, y del ratón relativas a la ventana principal se calculan como:

```
mouse_x = x - root_x
mouse_y = y - root_y
```

Por último, las variables ancho_pantalla y alto_pantalla guardarán el ancho y alto de la ventana principal (recuerde que puede redimensionarse):

```
ancho_pantalla = root.winfo_width()
alto_pantalla = root.winfo_height()
```

La sentencia if que viene a continuación se utiliza para mostrar el valor "-1, -1" cuando el ratón se encuentre fuera de la ventana, en cuya condición se utiliza el ancho y alto de la ventana principal, obtenido anteriormente:

```
if mouse_x < 0 or mouse_x > ancho_pantalla or
    mouse_y < 0 or mouse_y > alto_pantalla:
    mouse_x = -1
    mouse_y = -1
```

Una vez conocidas las coordenadas del ratón relativas a la ventana principal (mouse_x y mouse_y), se muestran en la etiqueta modificando la opción text con el método configure():

```
etiqueta.configure(text=str(mouse_x) + ", " + str(mouse_y))
```

Por último, transcurridos 10 milisegundos, se vuelve a ejecutar esta función para mostrar la nueva posición en la que pudiera encontrarse el ratón. Para ello, se hace uso del conocido método `after()`:

```
root.after(10, mostrar_posicion)
```

Observe un ejemplo de lo que vería cuando ejecutara el programa, situando el ratón en la parte inferior derecha de la ventana:

Aunque mueva o modifique el tamaño de la ventana principal, el programa seguirá funcionando correctamente.

Unidad 6
VARIABLES DE CONTROL

Las variables de control son un tipo especial de variables, que se asocian a ciertos *widgets* para almacenar valores de entrada o visualización de información. Un ejemplo del primer caso serían los datos introducidos por el usuario en un campo de entrada de texto. Dichos datos quedarían a disposición del programa cuando fueran necesarios. Otro ejemplo, en este caso de visualización de información, sería el texto mostrado por una etiqueta, que cambiaría al modificarse el valor de la variable de control que tuviera asociada.

> *i*
>
> En el caso de las etiquetas, otra forma de modificar el texto que contienen es asignando el nuevo texto a la opción `text` con el método `configure()`, tal como ha podido comprobar en una práctica anterior.

La forma de asociar una variable de control a un *widget* es mediante la opción `textvariable`.

Una variable de control es un objeto que puede almacenar un número (entero o de coma flotante), una cadena o un valor booleano. Dependiendo del tipo de datos que contenga, dicho objeto será de la clase `IntVar`, `DoubleVar`, `StringVar` o `BooleanVar`. Sus constructores son:

```
IntVar()
DoubleVar()
StringVar()
BooleanVar()
```

Para poder usar alguna de estas clases, primero deberá importarla. Además, solo podrán crearse variables de control (objetos de estas clases) después de la ventana principal. De lo contrario, obtendría el siguiente error:

```
AttributeError: 'NoneType' object has no attribute '_root'
```

Si quisiera asignar un valor a la variable de control en el momento de crearla, estos constructores pueden invocarse con la opción `value`.

Otra forma de asignar un valor a una variable de control, una vez creada, es invocando el método:

```
set(valor)
```

Para obtener el valor que contiene, el método al que tendría que llamar es:

```
get()
```

Por último, si lo que desea es saber cuándo es leída, escrita o borrada, Tkinter ofrece el método:

```
trace(suceso, función)
```

El suceso puede tomar los valores `"r"`, `"w"` y `"u"`, dependiendo de si está interesado en saber cuándo se lee, se escribe o se borra su contenido, respectivamente. El segundo argumento es la función que se invocaría al producirse dicho evento.

En la siguiente práctica va a utilizar una variable de control para modificar el texto de una etiqueta, lo cual provocará un efecto de desplazamiento hacia la derecha:

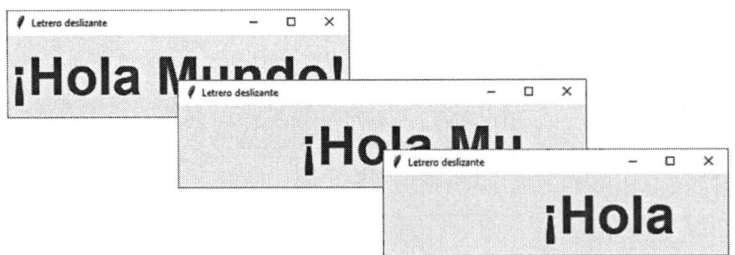

El código utilizado para ello es el siguiente:

```
from tkinter import Tk, Label, StringVar

texto = "¡Hola Mundo!"
intervalo = 200
```

```
    texto_auxiliar = texto + " " * len(texto)

def avanza():
    global texto_auxiliar

    ultimo_caracter = texto_auxiliar[len(texto_auxiliar) - 1]
    texto_auxiliar = texto_auxiliar[:-1]
    texto_auxiliar = ultimo_caracter + texto_auxiliar
    variable_control.set(texto_auxiliar[0:len(texto)])
    root.after(intervalo, avanza)

root = Tk()
root.title("Letrero deslizante")

variable_control = StringVar()

etiqueta = Label(textvariable=variable_control, width= len(texto),
                 padx=10, pady=10, fg="blue",
                 font=("Arial", "48", "bold"))
etiqueta.pack()

avanza()

root.mainloop()
```

En primer lugar, se importan las clases necesarias, que son las utilizadas para crear la ventana principal (Tk), la etiqueta (Label) y, en especial, la variable de control con el texto que se mostrará en cada momento, StringVar():

```
from tkinter import Tk, Label, StringVar
```

Luego, se declaran las variables de configuración necesarias para el funcionamiento del programa. La primera (texto) es el texto que se quiere mostrar. La segunda (intervalo) establece la velocidad a la que se desplazará; en este caso, un carácter cada 200 milisegundos:

```
texto= "¡Hola Mundo! "
intervalo = 200
```

La siguiente variable (texto_auxiliar) contiene un texto auxiliar, al que se han añadido a la derecha tantos espacios como número de caracteres tenga el texto que mostrar. Su necesidad la entenderá más adelante:

```
texto_auxiliar = texto + " " * len(texto)
```

Saltando la declaración de la función que realizará el desplazamiento horizontal del texto, se encuentran las sentencias que crean la ventana principal (root) y establecen el nombre que se verá en la barra de título:

```
root = Tk()
root.title("Letrero deslizante")
```

Luego, se crea la variable de control que contendrá la parte del texto que se muestra en cada momento (variable_control) para dar sensación de movimiento. Será un objeto de la clase StringVar porque su contenido será un texto:

```
variable_control = StringVar()
```

A continuación, se crea la etiqueta. Ya conoce todas las opciones utilizadas, excepto textvariable, que será la que asocie la variable de control que se acaba de crear (variable_control) con la etiqueta. Cada vez que asigne un nuevo texto a dicha variable, la etiqueta lo mostrará en pantalla de forma automática. Por ese motivo, en el constructor no se ha utilizado la opción text. Además, es importante destacar que se hace coincidir el tamaño de la etiqueta (atributo width) con la longitud del texto que mostrar. Más adelante entenderá el motivo:

```
etiqueta = Label(textvariable=variable_control, width= len(texto),
                 padx=10, pady=10, fg="blue",
                 font=("Arial", "48", "bold"))
```

Una vez creada la etiqueta, se sitúa en la ventana principal con el método pack():

```
etiqueta.pack()
```

Solo queda llamar a la función que comenzará el desplazamiento del texto:

```
avanza()
```

La última sentencia invoca el método mainloop() de la ventana principal. Aunque no se generen eventos de usuario, es necesario para el correcto funcionamiento del método after(), utilizado dentro de la función anterior para provocar el movimiento del texto:

```
root.mainloop()
```

Tras describir el flujo principal del programa, llegó el momento de estudiar la función avanza(), encargada de dotar de movimiento al texto de la etiqueta. Dicha función declara la variable `texto_auxiliar` como `global`, porque su valor será modificado en cada una de las ejecuciones de la función, que será compartida en todas ellas:

```
def avanza():
    global texto_auxiliar
```

Las tres variables siguientes quitan el último carácter del texto auxiliar (`texto_auxiliar`) y lo insertan al principio. Como al iniciar el programa este se compuso añadiendo al texto del mensaje el mismo número de espacios en blanco que su tamaño, provocará un efecto de desplazamiento hacia la derecha. Eso es debido a que estos espacios en blanco se van colocando al principio, y van empujando el texto en dicho sentido. Cuando ya no haya más caracteres en blanco, el mensaje volverá a aparecer por la izquierda, siguiendo el mismo movimiento:

```
ultimo_caracter = texto_auxiliar[len(texto_auxiliar) - 1]
texto_auxiliar = texto_auxiliar[:-1]
texto_auxiliar = ultimo_caracter + texto_auxiliar
```

La siguiente sentencia es la más importante desde el punto de vista de esta práctica, ya que asigna el texto auxiliar que se acaba de obtener a la variable de control asociada a la etiqueta con el método `set()`. Pero no se copiarán todos sus caracteres, sino únicamente los correspondientes al tamaño de la etiqueta, que coincide con el número de caracteres del texto original (atributo `width`):

```
variable_control.set(texto_auxiliar[0:len(texto)])
```

Finalmente, se llama al método `after()`, para que este proceso se repita de forma regular, provocando así un desplazamiento continuo del texto:

```
root.after(intervalo, avanza)
```

Solo queda ejecutar el programa y comprobar que se produce el efecto deseado.

WIDGETS

Como sabe, los *widgets* son los componentes gráficos proporcionados por Tkinter para el desarrollo de interfaces de usuario. Cada uno de ellos se representa mediante una clase:

- `Label`. Es un *widget* que muestra un texto corto y/o una imagen.

- `Message`. Similar al *widget* anterior, pero empleado en textos más largos, compuestos por varias líneas que pueden justificarse.

- `Button`. Es un botón.

- `Entry`. Permite introducir una línea de texto.

- `Spinbox`. Semejante al anterior. Se añaden dos iconos con forma de punta de flecha hacia arriba y hacia abajo, con los que el usuario también podrá seleccionar el valor de un rango.

- `Listbox`. Ofrece la posibilidad de elegir la opción de una lista.

- `Menu`, `OptionMenu` y `Menubutton`. Se utilizan para crear menús desplegables.

- `Colorchooser`, `Messagebox` y `Filedialog`. No se trata realmente de *widgets*, sino de módulos que ofrecen una serie de funciones con las que se crean ventanas de diálogo emergentes (*pop-up dialogs*) donde se pueden elegir colores, exponer mensajes informativos o preguntas, o abrir y guardar archivos.

- `Text`. Área en la que es posible editar texto con formato.

- `Scrollbar`. Habilita el desplazamiento por el contenido de un *widget* cuando este no puede verse completamente.

- `Checkbutton`, `Radiobutton`. Permiten elegir una opción de un conjunto predeterminado. Cada una de ellas es, en realidad, un botón que se puede activar o desactivar.

- `Frame`. Se trata de un *widget* contenedor, usado para agrupar otros *widgets*. Facilita el desarrollo de interfaces con diseños complejos.

- `Panel`. Son similares a los *frames*, pero, a diferencia de estos, es posible mover los límites entre ellos y cambiar su tamaño.

- `Toplevel`. También es un *widget* contenedor, pero, a diferencia de los anteriores, se muestra en otra ventana diferente a la principal.

- `Canvas`. Área donde es posible dibujar cualquier tipo de gráfico, que puede ser interactivo.

- `Scale`. Proporciona una barra de desplazamiento para seleccionar gráficamente un valor dentro de una escala.

En los siguientes apartados tendrá ocasión de conocer y practicar con todos estos *widgets*, desarrollando interfaces gráficas totalmente operativas.

7.1 LABEL Y MESSAGE

Una etiqueta es un *widget* que exhibe una o más líneas de texto (y/o una imagen). Un mensaje es muy similar a una etiqueta. Su principal diferencia es que el texto se divide automáticamente en líneas y se justifica, manteniendo un ancho o relación de aspecto determinado.

Etiqueta

7.1.1 Opciones y métodos

En Tkinter, una etiqueta es un objeto de la clase `Label`. Su constructor es el siguiente:

`Label(`*widget contenedor*, *opción, ...*`)`

El primer argumento es el *widget* contenedor. Si no se incluyera, se consideraría que se trata de la ventana principal. Como opciones, además de las comunes `activebackground`, `activeforeground`, `anchor`, `bg`, `bitmap`, `bd`, `compound`, `cursor`, `disabledforeground`, `font`, `fg`, `height`, `highlightbackground`, `highlightcolor`, `highlightthickness`, `image`, `padx`, `pady`, `relief`, `takefocus` y `width`, destacan:

- `justify`. Cuando la etiqueta tenga varias líneas, esta opción determina cómo se alinean. Sus valores pueden ser: `LEFT` (a la izquierda), `CENTER` (centradas, es el valor por defecto) o `RIGHT` (a la derecha). Si se trata de una sola línea, y esta ocupa menos espacio del disponible en la etiqueta, deberá utilizar la opción `anchor` para establecer su posición.

- `state`. De forma predeterminada, el valor de esta opción es `NORMAL`. Si no quiere que atienda eventos, asígnele el valor `DISABLED`. Cuando el ratón se sitúe sobre la etiqueta, tomará el valor `ACTIVE` (a no ser que esté desactivada).

- `text`. Cadena de texto que muestra la etiqueta. Si quiere que tenga más de una línea, utilice la secuencia de escape '\n'.

- `textvariable`. Nombre de una variable de control. El texto mostrado por la etiqueta será el correspondiente al valor de dicha variable.

- `underline`. Fija el carácter del texto que quiera que aparezca subrayado. Su valor es la posición que ocupa en dicho texto, empezando a contar desde 0. Se utiliza para indicar la existencia de atajos de teclado. El valor por defecto es −1, lo que significa que no habrá ningún texto subrayado.

- `wraplength`. Limita el ancho del texto de la etiqueta en cada línea (en píxeles). El valor por defecto es 0, lo que significa que solo se pueden añadir nuevas líneas de forma explícita.

i Las listas de opciones se describirán normalmente en orden alfabético.

La forma de modificar el texto mostrado por una etiqueta es cambiando el valor del atributo `text` mediante el método `configure()` o asignando una variable de control al atributo `textvariable`. En este último caso, la etiqueta mostraría el valor que tuviera dicha variable en todo momento.

Por su parte, los mensajes son objetos de la clase `Message`, cuyo constructor es:

```
Message(ventana, opción, ...)
```

Además de las opciones comunes `bg`, `bd`, `cursor`, `font`, `fg`, `highlightbackground`, `highlightcolor`, `highlightthickness`, `padx`, `pady`, `relief`, `takefocus` y `width`, podrán utilizarse:

- `aspect`. Determina la relación entre el ancho y el alto como un porcentaje (aunque este *widget* dispone de la opción `width` para establecer su ancho, no tiene la opción `height` para hacer lo mismo con el alto); por ejemplo, un valor de 100 haría que el mensaje quedara encajado en un cuadrado. Si fuera 200, tendría el doble de ancho que de alto. El valor predeterminado es 150; es decir, el texto se muestra dentro de un rectángulo un 50 % más ancho que alto.

- justify, text, texvariable. Su significado es el mismo descrito para las etiquetas.

7.1.2 Práctica

En la siguiente práctica, desarrollará un reloj digital que muestra la hora actual:

```
from tkinter import Tk, Label, StringVar
import time


def actualizar_hora():
    hora = time.strftime("%H:%M:%S")
    variable_control.set(hora)
    root.after(1000, actualizar_hora)


root = Tk()
root.resizable(False, False)

variable_control = StringVar()

reloj = Label(textvariable= variable_control, fg="red",
            font=("Arial", 18), padx=20, pady=20,
            bitmap="hourglass", compound="left")
#reloj = Label(textvariable= variable_control, fg="red",
            font=("Arial", 18), padx=20, pady=20)
reloj.pack()

actualizar_hora()
```

En primer lugar, se importan las clases Tk, Label y StringVar de la librería Tkinter. Con la primera se crea la ventana principal, con la segunda se crea la etiqueta y, con la última, se crea la variable de control que contendrá la hora mostrada por dicha etiqueta. También se importa la librería *time*, con la que se obtendrá la hora actual:

```
from tkinter import Tk, Label, StringVar
import time
```

Saltando la declaración de la función `actualizar_hora()`, que verá más adelante, se procede a crear la ventana principal, impidiendo que se pueda redimensionar:

```
root = Tk()
root.resizable(False, False)
```

Luego, se crea la variable de control que contendrá la hora actual:

```
variable_control = StringVar()
```

A continuación, se crea la etiqueta a la que se asocia la variable de control anterior con la opción `textvariable`. La hora se mostrará en color rojo con un tipo de fuente "Arial" de 18 píxeles (opciones `fg` y `font`). Alrededor de la etiqueta se deja un margen de 20 píxeles (opciones `padx` y `pady`). Una vez creada, se añade a la ventana principal con el método `pack()`:

```
reloj = Label(textvariable= variable_control, fg="red",
              font=("Arial", 18), padx=20, pady=20)
reloj.pack()
```

Por último, se llama a la función que actualiza el texto de la etiqueta para que muestre la hora actual:

```
actualizar_hora()
```

Es el momento de describir el código de dicha función. Dentro, lo primero que se hace es llamar a la función `strftime()`, que devuelve la hora actual en el formato hh:mm:ss y la almacena en la variable `hora`:

```
hora = time.strftime("%H:%M:%S")
```

Puesto que la etiqueta `reloj` muestra en todo momento el contenido de la variable de control que tiene asociada (`variable_control`), se le asigna dicho valor con el método `set()`:

```
variable_control.set(hora)
```

Una vez actualizada la hora, se invoca el método `after()` para que, transcurrido un segundo, se vuelva a llamar a esta misma función, que actualizará de nuevo la hora en pantalla:

```
root.after(1000, actualizar_hora)
```

El resultado de la ejecución de este programa lo puede ver a continuación:

Si quisiera mostrar la imagen de un reloj de arena junto a la hora, podría hacer uso de la que viene con Tkinter. Para ello, sustituya la sentencia

```
reloj = Label(textvariable= variable_control, fg="red",
              font=("Arial", 18), padx=20, pady=20)
```

por:

```
reloj = Label(textvariable= variable_control, fg="red",
              font=("Arial", 18), padx=20, pady=20,
              bitmap="hourglass", compound="left")
```

Lo que se ha hecho es añadir al constructor de la etiqueta la opción `bitmap`, para cargar la imagen del reloj, y `compound`, para situarla a la izquierda del texto.

El resultado obtenido en esta ocasión será el siguiente:

7.2 BUTTON

Este *widget* representa un botón. Habitualmente muestran un texto, aunque también se les pueden añadir una imagen que sirva para indicar su propósito de forma gráfica:

7.2.1 Opciones y métodos

Los botones se representan como objetos de la clase `Button`, cuyo constructor es:

`Button(`*widget contenedor*`, `*opción, ...*`)`

El primer argumento es el *widget* contenedor. Si no se incluyera, se tomaría por defecto la ventana principal. Como opciones, además de las comunes `activebackground`, `activeforeground`, `anchor`, `bd`, `bg`, `bitmap`, `compound`, `cursor`, `disabledforeground`, `fg`, `font`, `height`, `highlightbackground`, `highlightcolor`, `highlightthickness`, `image`, `padx`, `pady`, `relief`, `takefocus`, `underline`, `width` y `wraplength`, destacan:

- `command`. Función que se ejecutará cuando se pulse el botón.

- `justify`. Cuando el texto mostrado por el botón tenga varias líneas, esta opción determina cómo se alinean. Sus valores pueden ser: `LEFT` (a la izquierda), `CENTER` (centradas, es el valor por defecto) o `RIGHT` (a la derecha). Si se trata de una sola línea, y esta ocupa menos espacio del disponible en la etiqueta, deberá utilizar la opción `anchor`.

- `default`. Asigne el valor `DISBALED` a esta opción si quiere que el botón se cree deshabilitado (que no se pueda pulsar). Por defecto, tiene el valor `NORMAL`.

- `overrelief`. Estilo de relieve que presenta el botón cuando sitúa el ratón sobre él. Al igual que el atributo `relief`, puede tener los valores: `FLAT`, `RAISED`, `SUNKEN`, `GROOVE` y `RIDGE`. El valor predeterminado es `RAISED`.

- `repeatdelay` y `repeatinterval`. Normalmente, la función asociada a un botón (opción `command`) se ejecuta solo una vez cuando se deja de pulsar el ratón. Si desea que lo haga a intervalos regulares mientras se mantenga presionado, asigne a `repeatinterval` el número de milisegundos entre repeticiones, y a `repeatdelay` la cantidad de milisegundos que deben transcurrir antes de empezar a invocarse; por ejemplo, si el valor de `repeatdelay` es 500 y el de `repeatinterval` es 100, la función asociada al botón se ejecutará al cabo de medio segundo y, luego, cada décima de segundo, hasta que se deje de pulsar. Si no se mantuviera presionado el ratón al menos el tiempo indicado en la opción `repeatdelay`, la función se ejecutaría una única vez (comportamiento habitual).

- `state`. El valor predeterminado es `NORMAL`, lo que permite pulsarlo. Si quiere evitarlo, asigne a esta opción el valor `DISABLED`. Cuando el ratón esté sobre el botón, su valor será `ACTIVE` (a no ser que esté desactivado).

- `text`. Texto que se muestra dentro del botón.

- `textvariable`. Nombre de una variable de control. El texto mostrado por el botón será el correspondiente al valor de dicha variable en todo momento.

- `underline`. Fija el carácter del texto que quiera que aparezca subrayado. Su valor es la posición que ocupa en dicho texto, empezando a contar desde 0. Se utiliza para indicar la existencia de atajos de teclado. El valor por defecto es `-1`, lo que significa que no habrá ninguno subrayado.

- `wraplength`. Limita el ancho del texto del botón en cada línea (en píxeles). El valor por defecto es 0, lo que significa que solo se pueden añadir nuevas líneas de forma explícita.

Esta clase tiene dos métodos. El primero le hace parpadear varias veces entre los colores que tenga definidos para los estados activo y normal (establecidos en las opciones `activebackground` y `activeforeground` en el primer caso, y `background` y `foreground` en el segundo):

```
flash()
```

El segundo permite invocar la función que tenga asociada (como si se hubiera pulsado):

```
invoke()
```

7.2.2 Práctica

En esta nueva práctica, va a desarrollar un cronómetro. Para ello, utilizará una etiqueta que muestre el tiempo transcurrido y dos botones: uno para ponerlo en marcha —empezando a contar a partir de cero— y otro que le permita pararlo.

El código del programa es el siguiente:

```
from tkinter import Tk, Label, Button, StringVar

hora=minuto=segundo=0
inicio=False
```

```python
def actualizar_tiempo():
    global hora, minuto, segundo

    if inicio:
        segundo += 1
        if segundo == 60:
            segundo = 0
            minuto += 1
        if minuto == 60:
            segundo = 0
            minuto = 0
            hora += 1
        if hora == 99:
            segundo = 0
            minuto = 0
            hora = 0
        if hora < 10: hora_str = "0"+str(hora)
        else: hora_str = str(hora)
        if minuto < 10: minuto_str = "0"+str(minuto)
        else: minuto_str = str(minuto)
        if segundo < 10: segundo_str = "0"+str(segundo)
        else: segundo_str = str(segundo)
        variable_control.set(hora_str+":"+minuto_str+":"+segundo_str)
        root.after(1000, actualizar_tiempo)

def start():
    global hora, minuto, segundo, inicio

    if not(inicio):
        variable_control.set("00:00:00")
        hora=minuto=segundo=0
        inicio=True
        root.after(1000, actualizar_tiempo)

def stop():
    global inicio
    inicio=False
```

```
root = Tk()
root.resizable(False, False)

variable_control = StringVar(value="00:00:00")

reloj = Label(textvariable= variable_control, fg="blue",
            font=("Arial", 18), padx=20, pady=20)
boton_start = Button(text="Start", padx=10, fg="white", bg="green",
                    command=start)
boton_stop = Button(text="Stop", padx=10, fg="white", bg="red",
                    command=stop)

reloj.pack()
boton_start.pack(side="left", padx=10, pady=10)
boton_stop.pack(side="right", padx=10, pady=10)

root.mainloop()
```

En primer lugar, se importan las clases necesarias del módulo Tkinter. Las primeras son las utilizadas para crear la ventana principal (Tk), la etiqueta que marca el tiempo transcurrido (Label) y los botones de inicio y parada (Button). Por último, la variable de control asociada a la etiqueta será un objeto de la clase StringVar:

```
from tkinter import Tk, Label, Button, StringVar
```

A continuación, se declaran las variables empleadas a lo largo del programa. Las primeras (hora, minuto y segundo) serán las que lleven la cuenta de las horas, minutos y segundos transcurridos. La última (inicio) indica si el cronómetro está en marcha o no:

```
hora=minuto=segundo=0
inicio=False
```

Saltando la declaración de las funciones, se encontrará con las sentencias que crean la ventana principal y evitan que pueda redimensionarse:

```
root = Tk()
root.resizable(False, False)
```

Luego, se crea la variable de control que se vinculará a la etiqueta (variable_control). Será la que contenga el tiempo transcurrido en todo momento. Se le asigna inicialmente el valor "00:00:00" al arrancar el programa, utilizando la opción value:

```
variable_control = StringVar(value="00:00:00")
```

La siguiente sentencia crea la etiqueta que muestra el tiempo transcurrido. Su código es similar al de la práctica del reloj vista anteriormente, por lo que no se dará ninguna explicación adicional:

```
reloj = Label(textvariable= variable_control, fg="blue",
            font=("Arial", 18), padx=20, pady=20)
```

Después, se crean los botones de arranque (`boton_start`) y parada (`boton_stop`). El nombre de cada uno de ellos se asigna con el atributo `text`. Para que sean más anchos, se establece un margen interior de 10 píxeles con el atributo `padx`. Los colores del texto y del fondo los determina el valor de los atributos `fg` y `bg`. Por último, con la opción `command`, se establece la función que se llamará cuando se pulsen; en concreto, `start()` para el de arranque y `stop()` para el de parada (su código se describirá más adelante):

```
boton_start = Button(text="Start", padx=10,  fg="white", bg="green",
                command=start)
boton_stop = Button(text="Stop", padx=10, fg="white", bg="red",
                command=stop)
```

Una vez creados los *widgets*, estos se muestran en la ventana principal. La etiqueta se situará la primera y, por lo tanto, en la parte superior. En el caso de los botones, se utilizará la opción `side` para colocar el de la puesta en marcha del cronómetro a la izquierda y el de parada a la derecha. Además, se establece una separación de 10 píxeles alrededor de cada uno con `padx` y `pady`:

```
reloj.pack()
boton_start.pack(side="left", padx=10, pady=10)
boton_stop.pack(side="right", padx=10, pady=10)
```

La última sentencia invoca el método `mainloop()`, momento a partir del cual se podrán capturar los eventos producidos cuando se pulse cualquiera de los botones, invocando la función que tengan asociada:

```
root.mainloop()
```

Pasemos a ver la declaración de estas funciones, empezando por la que actualiza el tiempo transcurrido desde que se pulsó el botón "Start". En ella, lo primero que se hace es declarar como globales las variables que contienen el tiempo que ha pasado desde ese momento (`hora`, `minuto` y `segundo`), ya que serán las mismas utilizadas en las invocaciones que se realicen cada segundo a esta función. Además, como solo se actualizará el tiempo cuando el cronómetro esté en marcha, la lógica de esta función solo se llevará a cabo si la variable `inicio` tiene el valor `True`:

```
def actualizar_tiempo():
    global hora, minuto, segundo

    if inicio:
        ...
```

El primer bloque de sentencias que se ejecuta cuando se cumple la condición del `if` anterior actualiza el valor de la hora, minutos y segundos transcurridos. Solo se podrá llegar a contar un periodo de tiempo de 99 horas, momento a partir del cual el cronómetro se reseteará:

```
segundo += 1
if segundo == 60:
    segundo = 0
    minuto += 1
if minuto == 60:
    segundo = 0
    minuto = 0
    hora += 1
if hora == 99:
    segundo = 0
    minuto = 0
    hora = 0
```

Las siguientes sentencias lo único que hacen es añadir un 0 delante de los números menores de 10, para que siempre se muestren con dos dígitos:

```
if hora < 10: hora_str = "0"+str(hora)
else: hora_str = str(hora)
if minuto < 10: minuto_str = "0"+str(minuto)
else: minuto_str = str(minuto)
if segundo < 10: segundo_str = "0"+str(segundo)
else: segundo_str = str(segundo)
```

Una vez obtenido el tiempo transcurrido desde que se pulsó el botón "Start", se muestra en la etiqueta en formato hh:mm:ss. Para ello, se modifica el valor de la variable de control que tiene asociada (`variable_control`) con el método `set()`:

```
variable_control.set(hora_str+":"+minuto_str+":"+segundo_str)
```

Por último, se invoca el método `after` para volver a ejecutar esta función al cabo de un segundo:

```
root.after(1000, actualizar_tiempo)
```

Las dos funciones que quedan por describir son las de los botones "Start" y "Stop". Empecemos por la primera.

La función que inicia el cronómetro también declara como globales las variables `hora`, `minuto` y `segundo`, porque podrían modificar su valor, al igual que `inicio`. Como serán utilizadas fuera de esta función, se quiere evitar que se traten como locales:

```
def start():
    global hora, minuto, segundo, inicio
    ...
```

Puesto que el tiempo empezará a contar únicamente cuando el cronómetro esté parado, las tareas necesarias para iniciar dicha cuenta solo se llevarán a cabo si la variable `inicio` tiene el valor `False`:

```
if not(inicio):
    ...
```

Si se cumpliera la condición anterior, se pondría a cero el cronómetro y se asignaría el valor "00:00:00" a la variable de control `variable_control` asociada a la etiqueta con el método `set()`, se iniciarían a 0 las variables con las horas, minutos y segundos transcurridos y se asignaría a la variable `inicio` el valor `True` para empezar la cuenta:

```
variable_control.set("00:00:00")
hora=minuto=segundo=0
inicio=True
```

Por último, se pondría en marcha el cronómetro invocando la función `actualizar_tiempo()` transcurrido un segundo, con el método `after()`:

```
root.after(1000, actualizar_tiempo)
```

La última función detiene la cuenta del tiempo cuando se pulsa el botón "Stop". Para ello, asigna el valor `False` a la variable `inicio` con el fin de que deje de invocarse recursivamente la función `actualizar_tiempo()`, es decir, que deje de actualizarse el tiempo. Naturalmente, dicha variable deberá haber sido declarada como global, ya que será utilizada por el resto de funciones del programa:

```
def stop():
    global inicio
    inicio=False
```

El resultado de la ejecución del programa se puede ver a continuación. Como puede apreciar, el tiempo transcurrido se muestra en color azul, mientras que el texto de los botones aparece en blanco sobre fondo verde ("Start") o rojo ("Stop"). Al pulsar el botón "Start", empezaría a contar el tiempo, mientras que, pulsando "Stop", se pararía. Si volviera a pulsar "Start", el cronómetro se resetearía, empezando la cuenta desde cero.

7.3 ENTRY

Este *widget* se utiliza para mostrar un campo de entrada de texto:

Campo de texto

> *i* Si quisiera que el usuario pudiera escribir más de una línea, el *widget* más adecuado sería Text (lo estudiará más adelante).

7.3.1 Opciones y métodos

En Tkinter, un campo de entrada de texto se representa por la clase Entry, cuyo constructor es el siguiente:

Entry(*widget contenedor*, *opción*, ...)

El primer argumento es el *widget* contenedor (si no indicara este argumento, se supondría que es la ventana principal). Como opciones, además de las comunes bg, bd, cursor, disabledbackground, disabledforeground, fg, font, highlightbackground, highlightcolor, highlightthickness, relief, takefocus y width, destacan:

- exportselection. Por defecto, cuando se selecciona el texto de este campo, se copia en el portapapeles. Para evitar este comportamiento, asigne el valor False a esta opción.

- justify. Cuando el texto mostrado en el campo tiene varias líneas, esta opción determina cómo se alinean. Sus valores pueden ser: LEFT (a la izquierda), CENTER (centradas, es el valor por defecto) o RIGHT (a la derecha).

- readonlybackground. Color de fondo del campo cuando su estado es de solo lectura.

- show. En vez de los caracteres introducidos por el usuario, se muestra el asignado a esta opción; por ejemplo, si un campo de entrada de texto sirviera para introducir una contraseña y esta opción tuviera el valor '*', solo se verían asteriscos.

- state. El valor predeterminado es NORMAL, lo que permite escribir en él. Si quiere evitarlo, haciendo que sea de solo lectura, asigne a esta opción el valor DISABLED. Cuando el ratón esté sobre el campo, su valor será ACTIVE (a no ser que esté desactivado).

- textvariable. Nombre de una variable de control cuyo valor es el contenido del campo en todo momento.

- validate y validatecommand. El valor de la primera opción determina cuándo se debe llamar a la función indicada en la segunda. Para conocer cómo usarlas, consulte el capítulo de validación de entradas de datos.

- xscrollcommand. Permite hacer *scroll* del texto introducido en el campo cuando este supera su tamaño. Toma como valor un objeto de la clase Scrollbar, que representa una barra de *scroll*. Cuando estudie este *widget*, sabrá cómo utilizarlo.

Además de las opciones descritas anteriormente, existen otras relacionadas con el cursor de inserción:

- insertbackground. Color del cursor de inserción del texto. Por defecto, es negro.

- `insertborderwidth`. Ancho del relieve alrededor del cursor de inserción. Si quiere que tenga un aspecto 3D con efecto `RAISED`, asigne a esta opción un valor que, al menos, duplique el de la opción `insertwidth`.

- `insertofftime`. De forma predeterminada, el cursor de inserción parpadea. Con esta opción puede establecer el número de milisegundos entre parpadeos. El valor predeterminado es 300. Si le asignara el valor 0, no parpadearía.

- `insertontime`. En este caso, lo que se establece es el número de milisegundos en los que el cursor de inserción se ve en cada parpadeo. El valor predeterminado es 600.

- `insertwidth`. Ancho del cursor de inserción. Por defecto, es de dos píxeles de grosor.

Por último, existe otro grupo de opciones relativas al texto seleccionado dentro del campo:

- `selectbackground`. Color de fondo del texto seleccionado.

- `selectborderwidth`. Ancho del borde que hay alrededor del texto seleccionado. El valor predeterminado es de un píxel.

- `selectforeground`. Color de primer plano del texto seleccionado (el del propio texto).

En cuanto a los métodos, únicamente se describirán tres de los que dispone este *widget*. El primero devuelve el texto contenido en el campo:

```
get()
```

El siguiente añade el texto incluido en el segundo argumento antes del carácter situado en la posición indicada en el primero:

```
insert(index, texto)
```

La posición dentro de un campo de texto se puede especificar de las siguientes formas:

- Un número, en el que la primera posición es el 0.

- `END`. Posición siguiente a la del texto existente.

- `INSERT`. Posición en la que se encuentra el cursor de inserción (el que indica dónde se empezaría a escribir el nuevo texto).

- `ANCHOR`. Primer carácter del texto seleccionado (si lo hubiera).

Por ejemplo, si quiere añadir un texto al final del existente en el campo, este método se llamaría así:

```
insert(END, texto)
```

El último método permite borrar parte del texto o todo el texto del campo:

```
delete(posición inicial, posición final)
```

Este método elimina los caracteres contenidos entre la posición inicial y la final (sin incluir el último). Si se omitiera el segundo argumento, solo se eliminaría el carácter situado en la posición inicial.

Por ejemplo, para borrar todo el texto de un campo, la forma de invocar este método sería:

```
delete(0, END)
```

 Como viene siendo habitual, también podría sustituir la constante END por la cadena "end". Si prefiere usar la constante, no se olvide de importarla.

7.3.2 Práctica

Para practicar con este nuevo *widget,* va a realizar un programa que muestre una ventana donde se solicite un usuario y una contraseña. Además de los campos de entrada correspondientes, habrá dos botones: "ACEPTAR" y "CANCELAR". El primero cerrará la ventana y el segundo borrará el contenido de ambos campos.

El código del programa es el siguiente:

```
from tkinter import Tk, Label, Button, Entry

def aceptar():
    root.destroy()

def cancelar():
    usuario_entry.delete(0, "end")
    contraseña_entry.delete(0, "end")

root = Tk()
root.title("Login")
root.resizable(False, False)

usuario_label = Label(text="USUARIO:")
```

```
usuario_entry=Entry(bd=5,highlightcolor="red",highlightthickness=2)
contraseña_label = Label(text="CONTRASEÑA:")
contraseña_entry = Entry(bd=5, show='*', highlightcolor="red",
                         highlightthickness=2)
boton_aceptar = Button(text="ACEPTAR", command=aceptar)
boton_cancelar = Button(text="CANCELAR", command=cancelar)

usuario_label.grid(row=0, column=0, sticky= "W", padx=10,pady=10)
usuario_entry.grid(row=0, column=1, sticky= "E", padx=10)
contraseña_label.grid(row=1,column=0,sticky="W",padx=10,pady=10)
contraseña_entry.grid(row=1, column=1, sticky= "E", padx=10)
boton_aceptar.grid(row=2,column=0,padx=10,pady=10,sticky="W")
boton_cancelar.grid(row=2,column=1,padx=10,pady=10,sticky="E")

root.mainloop()
```

Lo primero que se hace es importar las clases del paquete Tkinter que se van a utilizar; en concreto, las que permitirán crear la ventana principal (Tk), las etiquetas situadas a la izquierda de cada campo de entrada (Label), los propios campos de texto (Entry) y los botones (Button):

```
from tkinter import Tk, Label, Button, Entry
```

Saltando la declaración de las funciones a las que se llamará cuando se pulsen los botones, lo primero que se hace es crear la ventana principal (root), que no podrá redimensionarse. Además, la barra de título exhibirá el nombre "Login":

```
root = Tk()
root.title("Login")
root.resizable(False, False)
```

Luego, se crea la etiqueta con la que se indica que, en el campo de entrada, hay que introducir el nombre del usuario y, a continuación, dicho campo de texto. Con la opción bd se establece que el borde tenga cinco píxeles de grosor. Las otras dos opciones determinan el color (highlightcolor) y el ancho del rectángulo (highlightthickness) que rodeará el campo cuando se pulse sobre él (tenga el foco):

```
usuario_label = Label(text="USUARIO:")
usuario_entry = Entry(bd=5, highlightcolor="red", highlightthickness=2)
```

Por defecto, el ancho del rectángulo que aparece cuando el campo tiene el foco es de 0 píxeles, por lo que, para que se vea, siempre tendrá que asignarle un valor mayor con la opción highlightthickness.

El código que crea la etiqueta y el campo de la contraseña es similar. La única diferencia remarcable es que en el campo de texto se usa la opción show, por lo que los caracteres mostrados en pantalla cuando se escriba una contraseña serán únicamente asteriscos:

```
contraseña_label = Label(text="CONTRASEÑA:")
contraseña_entry = Entry(bd=5, show='*', highlightcolor="red",
                         highlightthickness=2)
```

Respecto a los botones, el de aceptar tiene asociada la función aceptar() y el otro tiene asociada la función cancelar():

```
boton_aceptar = Button(text="ACEPTAR", command=aceptar)
boton_cancelar = Button(text="CANCELAR", command=cancelar)
```

Una vez creados los *widgets*, se colocan en la ventana principal con el gestor de geometría *grid*.

En primer lugar, se sitúa la etiqueta "USUARIO" en la celda correspondiente a la fila 0, columna 0. El texto que contiene se ubica a la izquierda asignando el valor "W" a la opción sticky. También se establece un margen de 10 píxeles a su alrededor con las opciones padx y pady:

```
usuario_label.grid(row=0,column=0,sticky="W",padx=10,pady=10)
```

El campo de entrada de texto se coloca a la derecha de la etiqueta, es decir, en la misma fila pero en la siguiente columna. Además, se lleva al extremo derecho de la celda, dando el valor "E" a la opción sticky. En este caso, solo se establece un margen horizontal de 10 píxeles:

```
usuario_entry.grid(row=0, column=1, sticky= "E", padx=10)
```

El código que ubica la etiqueta y el campo de la contraseña es similar (lo único que cambia es el número de la fila, para situarlos debajo), por lo que no se van a dar explicaciones adicionales:

```
contraseña_label.grid(row=1,column=0,sticky="W",padx=10,pady=10)
contraseña_entry.grid(row=1, column=1, sticky= "E", padx=10)
```

El botón "ACEPTAR" se ubica en la parte izquierda de la celda para alinearlo con las etiquetas. Por eso, se asigna el valor "W" a la opción sticky:

```
boton_aceptar.grid(row=2,column=0,padx=10,pady=10,sticky="W")
```

El botón "CANCELAR" se pone a la derecha de la celda, alindándolo con los campos que tiene encima (la opción sticky toma el valor "E"):

```
boton_cancelar.grid(row=2,column=1,padx=10,pady=10,sticky= "E")
```

La última sentencia permite atender los eventos generados en la interfaz; en concreto, los provocados al pulsar cualquiera de los botones:

```
root.mainloop()
```

Solo queda describir las funciones a las que se llamará cuando se pulsen dichos botones. Si fuera el de "ACEPTAR", se ejecutaría la función aceptar(), que únicamente cerraría la ventana con el método destroy:

```
def aceptar():
    root.destroy()
```

Si se pulsara el botón "CANCELAR", se ejecutaría la función cancelar(), que borraría el contenido de ambos campos con el método delete():

```
def cancelar():
    usuario_entry.delete(0, "end")
    contraseña_entry.delete(0, "end")
```

Ejecute el programa. En la siguiente imagen puede ver el aspecto que tendría el formulario una vez introducido un usuario y una contraseña (aparece con asteriscos). Como puede observar, el foco se encuentra en este último campo, que aparece rodeado por un rectángulo de color rojo:

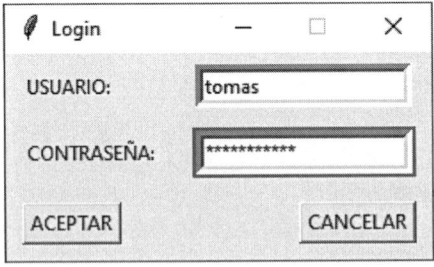

Si pulsara el botón "CANCELAR", su contenido desaparecería. Con el botón "ACEPTAR", se cerraría la ventana.

7.4 SPINBOX

Este *widget* también se usa para la entrada de datos, pero, a diferencia del anterior, el usuario podrá seleccionar el valor de un rango (o lista de valores), en el que podrá desplazarse con los dos iconos con forma de punta de flecha hacia arriba y hacia abajo que tiene a su derecha:

7.4.1 Opciones y métodos

Este *widget* se representa con la clase `Spinbox`, cuyo constructor es:

`Spinbox`(*widget contenedor*, *opción, ...*)

El primer argumento es el *widget* contenedor. Si no lo incluyera, se consideraría que se trata de la ventana principal. En el segundo argumento, además de las opciones comunes `activebackground`, `bg`, `bd`, `cursor`, `disabledbackground`, `disabledforeground`, `fg`, `font`, `highlightbackground`, `highlightcolor`, `highlightthickness`, `relief`, `takefocus` y `width`, también dispone de las siguientes:

- `command`. Nombre de la función a la que se llamará cuando el usuario haga clic en una de las puntas de flecha. Dicha función no se invocará cuando el usuario edite directamente el valor en el propio campo de texto.

- `exportselection`. Por defecto, cuando se selecciona texto dentro de un *widget* de entrada de datos, se copia automáticamente en el portapapeles. Para evitarlo, asigne el valor `False` a esta opción.

- `format`. Expresión que determina el formato de los valores numéricos de las opciones `from_` y `to` (los verá a continuación); por ejemplo, el valor:

    `'%4.2f'`

    mostraría los valores con cuatro dígitos, dos de los cuales serían decimales.

- `from_`. Valor inicial del rango. Será el que se muestre inicialmente en el campo de entrada.

- `increment`. Cantidad en la que aumentan o disminuyen los valores del rango establecido entre `from_` y `to`, cuando se pulsan las puntas de flecha hacia arriba o hacia abajo.

- `justify`. Controla la posición del texto en el campo de entrada del *widget*. Por defecto, este se justifica a la izquierda (`LEFT`). Si deseara otro comportamiento, podría cambiar el valor de esta opción por `CENTER` (centrado) o `RIGHT` (a la derecha).

- `readonlybackground`. Color de fondo del botón cuando su estado es de solo lectura (`'readonly'`).

- `repeatdelay` y `repeatinterval`. La primera opción (`repeatdelay`) especifica cuánto tiempo debe mantenerse pulsado el botón del ratón antes de que empiecen a cambiar los valores del campo de forma automática, mientras que la segunda (`repeatinterval`) determina la frecuencia con la que estos se incrementan/decrementan. Los tiempos predeterminados son 400 y 100 milisegundos, respectivamente.

- `state`. Puede tomar los valores `NORMAL` (por defecto) o `DISABLED`, en cuyo caso el campo no será editable. Si una vez introducida la información en el campo, quisiera evitar que pudiera modificarse, asigne el valor `'readonly'` (la constante `READONLY` equivalente no existe). El valor de este atributo será `ACTIVE` cuando se sitúe el ratón sobre el campo (a no ser que esté desactivado).

- `textvariable`. Variable de control asociada al campo.

- `to`. Valor final del rango (el inicial se estableció con la opción `from_`).

- `validate` y `validatecommand`. El valor de la primera opción determina cuándo se debe llamar a la función indicada en la segunda. La forma de utilizarlas se explicará en el capítulo dedicado a la validación de entrada de datos.

- `values`. Hay dos formas posibles de especificar los valores de este *widget*: mediante un rango de valores (opciones `from_` y `to`) o mediante una tupla de *strings,* que es la que se daría a esta opción. En ese caso, al pulsar las flechas superior e inferior, se irían mostrando los elementos de dicha tupla.

- `wrap`. Normalmente, si se pulsa la punta de flecha hacia arriba cuando el campo contiene el valor más alto del rango, no tendrá ningún efecto. Y, al revés, si tuviera el valor más bajo, sería la punta de flecha hacia abajo la que no funcionaría. Para cambiar este comportamiento, asigne el valor `True` a esta opción. De esa forma, al llegar al valor más alto, si siguiera pulsando la punta de la flecha hacia arriba, aparecería de nuevo el valor más bajo. Igualmente, al alcanzar el valor inferior del rango, si presionara la punta de la flecha hacia abajo, vería el valor más alto. Por lo tanto, esta opción permite seleccionar los valores de un rango de forma cíclica.

- xscrollcommand. Permite hacer scroll del texto introducido en el campo cuando este supera su tamaño. Su valor es un objeto del tipo Scrollbar (lo verá más adelante, junto con la manera de utilizar esta opción).

Además, relacionados con el cursor de inserción, esta clase dispone de los atributos insertbackground, insertborderwidth, insertofftime, insertontime, e insertwidth, cuyo significado es el mismo descrito en el campo de entrada de texto.

Con dicho *widget* también comparte las opciones selectbackground, selectborderwidth y selectforeground.

Otro grupo de atributos que podría resultarle interesante es aquel relativo a los botones con los que se puede mover hacia arriba/abajo entre los valores del rango establecido con las opciones from_ y to, o en la tupla de strings asignada al atributo values. Se trata de los siguientes:

- buttonbackground. Color de fondo de las puntas de flecha (gris, por defecto).

- buttoncursor. Imagen que muestra el cursor cuando el ratón está sobre las puntas de flecha. Su valor puede ser cualquiera de los utilizados para el atributo estándar cursor.

- buttondownrelief. Estilo del relieve asignado a la punta de flecha hacia abajo. Puede tomar cualquiera de los valores del atributo estándar relief (por defecto, RAISED).

- buttonuprelief. Similar al anterior, pero referente al botón con la punta de flecha hacia arriba (por defecto, RAISED).

Aunque este *widget* tiene sus propios métodos, los más habituales son los descritos anteriormente para los campos de texto (Entry), estudiados en el apartado anterior.

7.4.2 Práctica

En esta ocasión, va a crear un formulario para solicitar al usuario su nombre, dirección y edad. Este último campo será un *spinbox* en el que se pueda seleccionar un valor entre 18 y 65 años.

El formulario tendrá dos botones. El botón "CANCELAR" borrará la información introducida en los campos "nombre" y "dirección", volviendo a reflejar la edad inicial (18). El botón "CONFIRMAR" mostrará, en la parte inferior de la ventana, una etiqueta con el valor introducido en cada uno de ellos.

Más abajo se aprecia el aspecto que tendrá el formulario. Como puede ver, el tamaño del campo "edad" es inferior a los dos anteriores. Además, al modificar el ancho de la ventana, los campos "nombre" y "dirección" crecerán en tamaño —cosa que no sucederá con el campo "edad", que mantendrá el que tiene—. No tendría sentido que cambiara su tamaño, porque el margen de edades posibles solo puede contener dos dígitos (a diferencia del nombre o la dirección, cuya longitud es arbitraria).

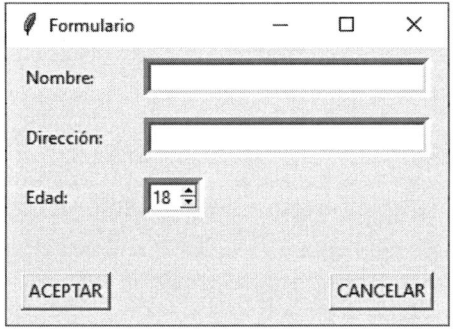

El código utilizado para desarrollar este formulario es el siguiente:

```python
from tkinter import Tk, Label, Button, Entry, Spinbox

edad_minima = 18
edad_maxima = 65

def aceptar():
    selecciones = ""

    nombre = nombre_entry.get()
    direccion = direccion_entry.get()
    edad = edad_entry.get()
    if nombre:selecciones = "Nombre : "+nombre+"\n"
    if direccion:selecciones += "Dirección : "+direccion+"\n"
    selecciones += "Edad: "+edad
    selecciones_label.config(text=selecciones)
```

```
def cancelar():
    nombre_entry.delete(0, "end")
    direccion_entry.delete(0, "end")
    edad_entry.delete(0, "end")
    edad_entry.insert(0, 18)
    selecciones_label.config(text="")


root = Tk()
root.title("Formulario")
root.resizable(True, False)
root.minsize(300, 100)


nombre_label = Label(text="Nombre:")
nombre_entry=Entry(bd=5,highlightcolor="red",highlightthickness=2)
direccion_label = Label(text="Dirección:")
direccion_entry=Entry(bd=5,highlightcolor="red",highlightthickness=2)
edad_label = Label(text="Edad:")
edad_entry=Spinbox(from_=edad_minima,to= edad_maxima,width=3,
                   bd=5, highlightcolor="red",highlightthickness=2)
selecciones_label = Label(padx=10, justify="left")
boton_aceptar = Button(text="ACEPTAR", command=aceptar)
boton_cancelar = Button(text="CANCELAR", command=cancelar)


nombre_label.grid(row=0,column=0,sticky= "w",padx=10,pady=10)
nombre_entry.grid(row=0, column=1, sticky= "ew", padx=10)
direccion_label.grid(row=1,column=0,sticky= "w",padx=10,pady=10)
direccion_entry.grid(row=1, column=1, sticky= "ew", padx=10)
edad_label.grid(row=2, column=0, sticky= "w", padx=10, pady=10)
edad_entry.grid(row=2, column=1, sticky= "w", padx=10)


root.columnconfigure(1, weight=1)


selecciones_label.grid(row=3,column=0,columnspan=2,sticky="W")
boton_aceptar.grid(row=4,column=0,padx=10,pady=10,sticky="W")
boton_cancelar.grid(row=4,column=1,padx=10,pady=10,sticky="E")


root.mainloop()
```

En primer lugar, se importan las clases de la librería Tkinter necesarias, que en este caso serán las correspondientes a la ventana principal (Tk), las etiquetas (Label), los campos de texto (Entry), el *spinbox* (Spinbox) y los botones (Button):

```
from tkinter import Tk, Label, Entry, Spinbox, Button
```

Las siguientes sentencias establecen el rango de edades que se podrán seleccionar en el *spinbox*:

```
edad_minima = 18
edad_maxima = 65
```

Las funciones que se ejecutan al pulsar los botones se describirán más adelante. Por lo tanto, salte a las sentencias que crean la ventana principal, establecen el texto que aparecerá en su barra de título ("Formulario"), su tamaño mínimo (300 × 100) y la posibilidad de modificarlo únicamente en sentido horizontal:

```
root = Tk()
root.title("Formulario")
root.resizable(True, False)
root.minsize(300, 100)
```

Luego, se encuentran las sentencias encargadas de crear todos los *widgets* que conformarán el formulario. En primer lugar, la etiqueta y el campo en el que se introducirá el nombre y, a continuación, los correspondientes para la dirección. Las opciones utilizadas en los constructores de cada uno de ellos ya las conoce de la práctica anterior (la del usuario y contraseña), por lo que no se darán explicaciones adicionales:

```
nombre_label = Label(text="Nombre:")
nombre_entry=Entry(bd=5,highlightcolor="red",highlightthickness=2)
direccion_label = Label(text="Dirección:")
direccion_entry=Entry(bd=5,highlightcolor="red",highlightthickness=2)
```

Donde sí nos vamos a detener es en la sentencia con la que se crea el *spinbox*, después de la etiqueta que se situará a su izquierda. El constructor de dicho *widget*, además de las opciones ya conocidas, comunes a los campos de entrada anteriores, incluye las que fijan el valor mínimo y máximo del rango de edades (opciones from_ y to), así como la que establece su ancho en tres caracteres (width). Como verá más adelante, será el que tenga siempre, aunque modifique el tamaño de la ventana:

```
edad_label = Label(text="Edad:")
edad_entry=Spinbox(from_=edad_minima,to=edad_maxima,width=3,
                   bd=5,highlightcolor="red",highlightthickness=2)
```

Por último, se crea la etiqueta donde se mostrará el nombre, la dirección y la edad introducidos en cada uno de estos campos cuando se pulse el botón "CONFIRMAR." Inicialmente estará vacía (no se utiliza la opción text). Como el texto que muestre tendrá varias líneas, con la opción justify se indica que todas empiecen a la misma altura por la izquierda:

```
selecciones_label = Label(padx=10, justify="left")
```

Una vez creados los *widgets,* se sitúan en la ventana principal utilizando un gestor de geometría *grid.* Las celdas en las que irán situados se establecen con las opciones row y column. Para mantener una distancia de separación entre ellos, se utilizan las opciones padx y pady. Por último, con sticky se indica la posición que tendrán dentro de cada celda. En este sentido, todas las etiquetas y el *spinbox* lo hacen en la parte izquierda (valor "w"), manteniendo sus dimensiones, independientemente de las que tenga la celda. Por el contrario, como se quiere que los campos de entrada del nombre y la dirección cambien de tamaño con el de la celda, estos deberán ocupar todo el ancho que tenga, por lo que el valor de la opción sticky deberá ser "ew":

```
nombre_label.grid(row=0,column=0,sticky= "w",padx=10,pady=10)
nombre_entry.grid(row=0, column=1, sticky= "ew", padx=10)
direccion_label.grid(row=1,column=0,sticky= "w",padx=10,pady=10)
direccion_entry.grid(row=1, column=1, sticky= "ew", padx=10)
edad_label.grid(row=2, column=0, sticky= "w", padx=10, pady=10)
edad_entry.grid(row=2, column=1, sticky= "w", padx=10)
```

Precisamente, la siguiente sentencia es la que permite que el ancho de la segunda columna —y, por lo tanto, el de todas sus celdas— siga el de la ventana cuando se modifique. El valor que ponga en la opción weight es indiferente, al tratarse de la única columna que puede cambiar de tamaño. Sin embargo, es imprescindible incluirlo en el método:

```
root.columnconfigure(1, weight=1)
```

La sentencia que hay a continuación añade la etiqueta donde se mostrará el contenido de cada campo (inicialmente vacía). La única opción que puede llamar la atención es columnspan, que asigna dos columnas a este *widget.* Esto se hace así para que ocupe todo el ancho de la ventana:

```
selecciones_label.grid(row=3,column=0,columnspan=2,sticky="W")
```

Las dos sentencias que le siguen son las que añaden los botones "ACEPTAR" y "CANCELAR" a ambos lados de la parte inferior de la ventana. Su código es el mismo que el de la práctica anterior, por lo que no se ofrecerá ninguna aclaración adicional:

```
boton_aceptar.grid(row=4,column=0,padx=10,pady=10,sticky="W")
boton_cancelar.grid(row=4,column=1,padx=10,pady=10,sticky="E")
```

Como siempre, la última sentencia es necesaria para empezar a atender los eventos que se produzcan en la interfaz:

```
root.mainloop()
```

Ha llegado el momento de describir las funciones que se ejecutarán cuando se pulsen los botones, empezando por `aceptar()`, que es la vinculada al botón "ACEPTAR". En ella, primero se inicializa la variable en la que se almacenará un mensaje con la información introducida en los campos del formulario:

```
selecciones = ""
```

La manera de obtener el contenido de dichos campos es mediante el método `get()`:

```
nombre = nombre_entry.get()
direccion = direccion_entry.get()
edad = edad_entry.get()
```

Las siguientes sentencias componen la cadena que se mostrará en la etiqueta de resultados (`selecciones`) a partir de los valores anteriores, añadiendo un texto de inicio previo a cada uno de ellos (si se hubiera introducido alguno) y separándolos en líneas independientes con el carácter de escape `"\n"`:

```
if nombre:selecciones = "Nombre : "+nombre+"\n"
if direccion:selecciones += "Dirección : "+direccion+"\n"
selecciones += "Edad: "+edad
```

Por último, el texto que se acaba de componer se asigna a la opción `text` de la etiqueta (`selecciones_label`) utilizando el método genérico `config()`, con el fin de mostrarlo:

```
selecciones_label.config(text=selecciones)
```

Otra forma de hacer esto mismo es mediante una variable de control.

Por último, la función `cancelar()` se ejecutará cuando se pulse el botón "CANCELAR". En ella, se borra el contenido de todos los campos con el método `delete()`:

```
nombre_entry.delete(0, "end")
direccion_entry.delete(0, "end")
edad_entry.delete(0, "end")
```

Además, al *spinbox* se le asigna de nuevo el valor inicial que tenía al arrancar la aplicación con el método `insert()`:

```
edad_entry.insert(0, 18)
```

Por último, se borra el contenido de la etiqueta que mostraba la información introducida por el usuario al pulsar el botón "ACEPTAR". Para ello, se emplea de nuevo el método `config()`, con el fin de asignar la cadena vacía a la opción `text`:

```
selecciones_label.config(text="")
```

Ejecute el programa para verificar que su aspecto coincide con el esperado. Compruebe que el tamaño de la ventana solo se puede modificar en sentido horizontal y que los únicos campos que se ajustan a dicho tamaño son el del nombre y el de la dirección. Luego, rellene los campos con los datos que quiera y pulse el botón "ACEPTAR". La información que acaba de introducir debe aparecer en la parte inferior.

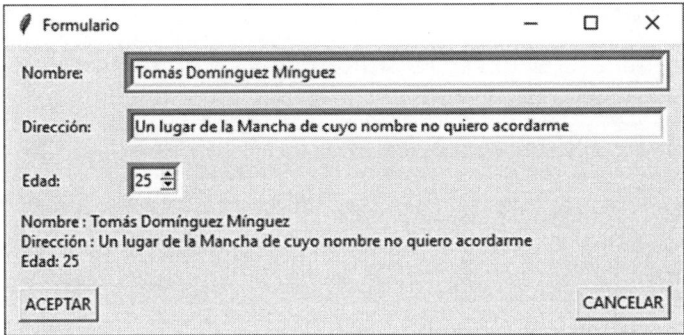

Si pulsara el botón "CANCELAR", los campos con el nombre y la dirección quedarían vacíos, mientras que el de la edad mostraría el valor inicial (18).

7.5 LISTBOX

Este *widget* se utiliza para mostrar una lista de elementos, de los que el usuario podrá elegir uno o varios.

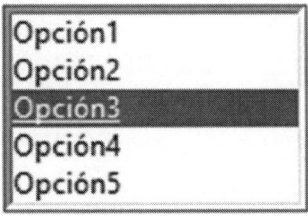

> ⓘ Todos los elementos de la lista se muestran con la misma fuente de texto.

> ⓘ A los elementos de una lista se los llamará "líneas" o "entradas". Se prefiere evitar referirse a ellos como "opciones", para no confundirlos con las opciones de configuración del *widget*.

7.5.1 Opciones y métodos

En Tkinter, un *listbox* se representa con la clase `Listbox`, cuyo constructor es:

`Listbox(`*widget contenedor*`, `*opción, ...*`)`

El primer argumento es el *widget* contenedor (si no indicara, se supondría que es la ventana principal). Respecto a las opciones, además de las comunes `bg` o `background`, `bd` o `borderwidth`, `cursor`, `disabledforeground`, `font`, `fg` o `foreground`, `height`, `highlightbackground`, `highlightcolor`, `highlightthickness`, `relief`, `state`, `takefocus` y `width`, destacan:

- `activestyle`. Determina el aspecto de la entrada seleccionada; puede subrayarse (`'underline'`, valor por defecto), rodearse por una línea de puntos (`'dotbox'`) o quedar inalterada (`'none'`).

- `exportselection`. Por defecto, cuando se selecciona el texto de una de las entradas de la lista, se copia en el portapapeles. Para evitar este comportamiento, asigne el valor `False` a esta opción.

- `selectbackground`. Color de fondo del texto seleccionado.

- selectborderwidth. Ancho del borde que hay alrededor del texto seleccionado. El valor predeterminado es de un píxel.

- selectforeground. Color de primer plano del texto seleccionado (el del propio texto).

- listvariable. Su valor es una variable de control de la clase StringVar que contiene las entradas de la lista. Estas irán separadas por espacios y encerradas entre paréntesis:

  "(entrada, …, entrada)"

- selectmode. Determina cuántas entradas pueden seleccionarse de la lista y cómo les afecta el hecho de arrastrar el ratón después de haber pulsado sobre una de ellas. Puede tomar cualquiera de estos valores:

  - BROWSE. Permite seleccionar una entrada de la lista. Si arrastra el ratón a otra diferente, esta última será la que quede seleccionada (comportamiento por defecto).

  - SINGLE. Al igual que en el caso anterior, solo se puede seleccionar una entrada. Pero, si ahora arrastra el ratón, no le seguirá la selección.

  - MULTIPLE. Se pueden seleccionar varias líneas pulsando en cada una de forma individual. Al volver a pulsarlas, dejarán de estar seleccionadas.

  - EXTENDED. Puede seleccionar varias entradas adyacentes pulsando sobre una de ellas y arrastrando el ratón hasta otra cualquiera.

- state. Normalmente, las entradas de la lista responden cuando se las pulsa. Si quisiera deshabilitarlas, asigne el valor DISABLED a este atributo.

- xscrollcommand. Permite añadir una barra de desplazamiento horizontal (*widget* que verá más adelante).

- yscrollcommand. Permite añadir una barra de desplazamiento vertical.

Antes de describir los métodos de este *widget*, conviene saber que muchos de ellos hacen referencia a una entrada por la posición que ocupan en la lista. Esta se puede indicar de las siguientes maneras:

- Un número entero. La primera entrada tiene la posición 0.

- END. Última entrada de la lista.

- ACTIVE. Entrada seleccionada. Si se permitiera elegir varias, haría referencia a la última.

Ahora sí, ya está en condiciones de conocer los métodos más comunes de este *widget*, que se han clasificado en los siguientes grupos:

- Administración de la lista de entradas.

- Configuración de opciones de las entradas.

- Gestión de entradas seleccionadas.

- Incorporación de barras de *scroll*.

El grupo de administración de la lista de entradas está formado por los métodos que permiten añadir, borrar o consultar los textos de los elementos que componen la lista.

El método con el que se obtiene el texto de las entradas situadas entre una posición inicial y otra final (ambas inclusive) es:

get(*posición inicial, posición final*)

El resultado de dicho método es una tupla con los textos de las opciones correspondientes. Si no se incluyera el segundo argumento, devolvería el texto de la entrada situada en la posición inicial.

Si lo que quiere es insertar nuevas entradas en la lista, el método necesario es:

insert(*posición, *entradas*)

La lista de entradas del segundo argumento se insertaría antes de la posición indicada en el primero.

Para añadir entradas al final de la lista, el primer argumento debe ser la constante END.

Pero, si lo que busca es borrar entradas, utilice el método:

delete(*posición inicial, posición final*)

Este método eliminaría las entradas situadas entre la posición inicial y final (ambas inclusive). Si se omitiera el segundo argumento, solo se eliminaría la línea situada en la posición inicial.

El número de entradas de la lista se obtiene con el método:

size()

El grupo de métodos que permite manejar las opciones con las que se determina el aspecto de las entradas de una lista está formado por itemconfig() —para asignarles valores— y por itemcget() —para obtenerlos.

La forma de llamar al primer método es:

`itemconfig(`*posición*`,` *opción*`,` `...)`

Las opciones que se pueden emplear son:

- `background`. Color de fondo de la línea.
- `foreground`. Color del texto de la línea.
- `selectbackground`. Color de fondo de la línea cuando está seleccionada.
- `selectforeground`. Color del texto de la línea cuando está seleccionada.

El segundo método obtiene el valor que tiene cualquiera de las opciones anteriores para la entrada situada en una determinada posición:

`itemcget(`*posición*`,` *opción*`)`

Si no se hubiera asignado ningún valor a la opción indicada, se devolvería una cadena vacía.

No se olvide de poner la opción entre comillas.

El grupo de métodos de gestión de entradas seleccionadas lo forma únicamente aquel con el que se puede obtener el elemento o elementos seleccionados:

`curselection()`

Este método devuelve una tupla con las posiciones de dichas entradas. Si no se hubiera seleccionado ninguna, devolvería una tupla vacía.

El último grupo de métodos permite añadir una barra de *scroll* horizontal y/o vertical cuando no puedan mostrarse todas las entradas y sea necesario desplazarse por ellas. Este grupo lo componen dos métodos:

`xview()`
`yview()`

La forma de utilizarlos se estudiará cuando se explique la clase que represente a la barra de *scroll*.

7.5.2 Práctica

El programa que desarrollará a continuación utiliza una *listbox* para mostrar la lista de idiomas a los que se podrá traducir la palabra "hola." Solo tendrá que seleccionar uno de los ofrecidos y, a continuación, pulsar el botón de traducción.

El aspecto de la aplicación lo puede ver a continuación:

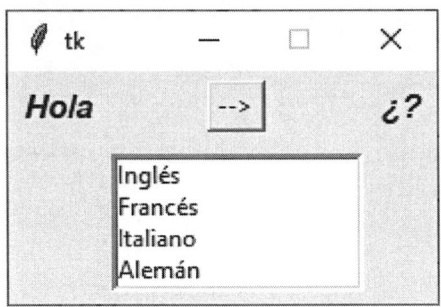

El código utilizado es el siguiente:

```python
from tkinter import Tk, Button, Label, Listbox, StringVar

def traducir():
    entrada = lista_idiomas.curselection()
    if entrada != ():
        idioma = lista_idiomas.get(entrada)
        if idioma == "Inglés": traduccion = "Hi there"
        elif idioma == "Francés": traduccion = "Salut"
        elif idioma == "Italiano": traduccion = "Ciao"
        elif idioma == "Alemán": traduccion = "Hallo"
        palabra_traducida.configure(text=traduccion)

root = Tk()
root.resizable(False, False)

var_control_idiomas=StringVar(value="Inglés Francés Italiano Alemán")

palabra_original = Label(text="Hola", font=("Arial", 12, "bold italic"))
boton = Button(text="-->", command=traducir)
palabra_traducida = Label(text="¿?", font=("Arial", 12, "bold italic"))
lista_idiomas=Listbox(listvariable=var_control_idiomas, height=4,bd=3)
```

```
palabra_original.grid(row=0, column=0, padx= 5, pady=5)
boton.grid(row=0, column=1, padx= 5, pady=5)
palabra_traducida.grid(row=0, column=2, padx= 5, pady=5)
lista_idiomas.grid(row=1, column=1, pady=5)
```

En primer lugar, se importan las clases del paquete Tkinter que se van a utilizar. Son las requeridas para crear la ventana principal (Tk), el botón con el que se realizará la traducción (Button), las etiquetas con la palabra original y la traducida (Label) y, por supuesto, la *listbox* con la lista de idiomas (Listbox). También se importa la clase StringVar, porque es a la que pertenece la variable de control que se va a asociar a la *listbox* para almacenar los idiomas mostrados:

```
from tkinter import Tk, Button, Label, Listbox, StringVar
```

Saltando la declaración de la función, las sentencias que se encuentra a continuación crean la ventana principal (root), cuyo tamaño no podrá ser modificado:

```
root = Tk()
root.resizable(False, False)
```

Acto seguido, se crea la variable de control que más adelante se asociará a la *listbox* (var_control_idiomas), y se inicia con la lista de idiomas permitidos. Como puede observar, estos deben ir separados por espacios:

```
var_control_idiomas = StringVar(value="Inglés Francés Italiano Alemán")
```

> Recuerde que las variables de control se deben crear después de la ventana principal.

> Si quisiera añadir entradas que contuvieran espacios, deberá utilizar el método insert().

Con el siguiente grupo de sentencias, se crean todos los *widgets* de la interfaz; en concreto, las etiquetas que contienen la palabra original y la traducida (palabra_original y palabra_traducida), el botón para traducirla (boton) y la *listbox* (lista_idioma). En las etiquetas se utiliza una fuente Arial de 12 píxeles de tamaño, en tipografía negrita y cursiva (opción font). A la *listbox* se le da un alto de cuatro líneas, correspondiente a los cuatro idiomas (opción height) y un borde de tres píxeles (opción bd). Por último, cuando se pulse el botón, se llamará a la función traducir(), que se describirá más adelante:

```
palabra_original = Label(text="Hola", font=("Arial", 12, "bold italic"))
boton = Button(text="-->", command=traducir)
palabra_traducida = Label(text="¿?", font=("Arial", 12, "bold italic"))
lista_idiomas=Listbox(listvariable=var_control_idiomas,height=4,bd=3)
```

Las últimas sentencias sitúan estos *widgets* en la ventana principal con el gestor de geometría *grid*, según la disposición mostrada en la imagen anterior. Las opciones utilizadas son de sobra conocidas por usted, por lo que no requieren ninguna explicación:

```
palabra_original.grid(row=0, column=0, padx= 5, pady=5)
boton.grid(row=0, column=1, padx= 5, pady=5)
palabra_traducida.grid(row=0, column=2, padx= 5, pady=5)
lista_idiomas.grid(row=1, column=1, pady=5)
```

Llegó el momento de describir la función `traducir()`, que se invoca al pulsar el botón. Será la encargada de realizar la traducción de la palabra "Hola" al idioma seleccionado en la *listbox*. En ella, lo primero que se hace es obtener dicho idioma con el método `curselection()`:

```
entrada = lista_idiomas.curselection()
```

Sin embargo, el método anterior no devuelve el idioma, sino la posición en la que se encuentra en la lista. Por lo tanto, será necesario obtenerlo a partir de esta. Pero, antes, se comprueba que realmente se haya seleccionado alguna, es decir, que el resultado devuelto por el método anterior no sea una lista vacía:

```
if entrada != ():
    ...
```

Aunque solo se pueda seleccionar una entrada (como en este caso), este método siempre devuelve una lista.

Si se cumpliera la condición, se obtendría el texto de la entrada (`idioma`) con el método `get()` de la *listbox*:

```
idioma = lista_idiomas.get(entrada)
```

Las siguientes condiciones almacenarían en la variable `traduccion` la palabra en el idioma elegido:

```
if idioma == "Inglés": traduccion = "Hi there"
elif idioma == "Francés": traduccion = "Salut"
```

```
elif idioma == "Italiano": traduccion = "Ciao"
elif idioma == "Alemán": traduccion = "Hallo"
```

Por último, la palabra traducida se muestra en la etiqueta correspondiente, haciendo uso de la opción `text` en el método `configure()`:

```
palabra_traducida.configure(text=traduccion)
```

Ejecute el programa y compruebe su funcionamiento. Las imágenes que puede ver más abajo muestran dos ejemplos en los que se ha traducido la palabra "Hola" al francés y al alemán:

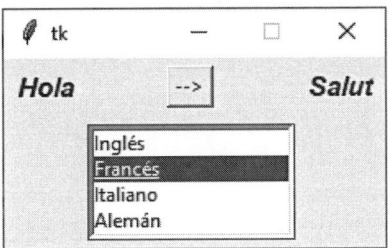 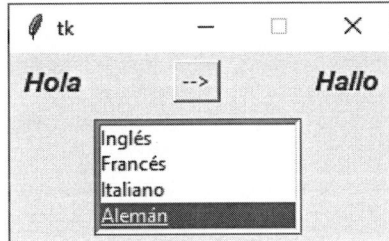

7.6 MENÚS

En este apartado, va a estudiar los diferentes tipos de menús ofrecidos por Tkinter. Cada uno de ellos se corresponde con las siguientes clases:

- `Menu`. Menú desplegable tradicional.
- `OptionMenu`. Menú desplegable que muestra la última opción elegida.
- `MenuButton`. Menú desplegable con aspecto de botón.

Veamos en detalle cada una de estas clases.

7.6.1 Menú

Este *widget* se emplea cuando se requiere un menú desplegable sencillo. Las entradas que lo componen pueden ser:

- Un comando simple. Aparece como una cadena de texto y/o una imagen, que el usuario puede seleccionar para realizar alguna operación.
- Un submenú. Muestra las opciones de otro menú.
- Un checkbutton (lo estudiará más adelante).
- Un radiobutton (también tendrá ocasión de conocerlo posteriormente).

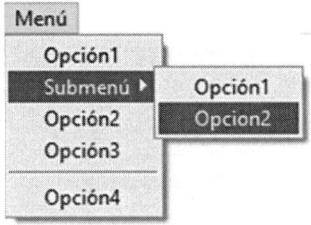

> ℹ️ Para no confundir las opciones que se despliegan en un menú con las opciones (atributos) con los que se configura un menú, a las primeras se las llamará "entradas".

En primer lugar, se describirán las opciones y métodos de la clase `Menu`. Posteriormente, se estudiarán todas las posibilidades de configuración de cada una de sus entradas (aquellas que se despliegan al pulsarlo).

7.6.1.1 *Opciones y métodos*

En Tkinter, este control gráfico se representa por la clase `Menu`, cuyo constructor es:

`Menu(widget contenedor, opción, ...)`

Además de las opciones comunes `activebackground`, `activeforeground`, `bg`, `bd`, `cursor`, `disabledforeground`, `font`, `fg image`, `relief` y `takefocus`, son de especial interés:

- `activeborderwidth`. Especifica el ancho del borde que rodea las entradas cuando se sitúa el ratón sobre ellas (por defecto, un píxel).

- `postcommand`. Asocia al menú una función que se ejecutará cada vez que se despliegue.

- `tearoff`. Al desplegar las entradas de un menú, verá una línea de puntos en la parte superior. Si pulsara sobre ella, estas se mostrarían en una pequeña ventana, independiente de la principal. Para evitarlo, asigne el valor `False` a esta opción.

- `tearoffcommand`. Función que se ejecuta cuando se pulsa la línea de puntos descrita en la opción anterior. Deberá tener dos argumentos: el identificador de la ventana principal y el de aquella donde se muestren las entradas del menú.

- `title`. Título de la ventana en la que aparecen las entradas de menú cuando se pulsa la línea de puntos. De forma predeterminada, es el texto del menú (asignado con el método `add_cascade()`, que conocerá a continuación).

Además de los atributos anteriores, la clase `Menu` tiene una serie de métodos que es necesario conocer. El primero sirve para añadir las entradas del menú:

`add_command` (*opciones*)

Las opciones que se pueden utilizar con este método son:

- `label`. Texto de la entrada.

- `command`. Función que se invocará cuando se seleccione la opción.

El siguiente método crea un submenú asociado a la entrada de un menú:

`add_cascade`(*opciones*)

Las opciones que acompañan a este método son:

- `label`. Texto de la opción.

- menú. Objeto de la clase `Menu` que contiene las opciones del submenú.

> ℹ️ En el siguiente apartado, se detallan todas las opciones que permiten configurar el aspecto de las entradas del menú, entre las que destacan las estándar `bitmap` e `image`, para acompañar el texto de una imagen.

Para que una de las opciones del menú sea un *checkbutton*, Tkinter ofrece el método:

`add_checkbutton`(*opciones*)

Las opciones que le permiten configurarlo se describirán cuando estudie este *widget* en un apartado posterior.

De la misma forma, si quiere que una de las opciones del menú sea un *radiobutton*, el método empleado sería:

`add_radiobutton`(*opciones*)

Las opciones aplicables son las correspondientes a la configuración de este *widget* que, al igual que el anterior, se estudiarán más adelante.

Con este otro método, se agrega una línea de separación en la posición indicada:

`add_separator`(*posición*)

Si no se incluyera ningún argumento, la línea de separación se situaría a continuación de la última entrada añadida al menú.

> ℹ️ Existe un método general que permite agregar, como entradas, cualquiera de los elementos anteriores a un menú. Se trata de:
>
> `add`(*tipo elemento* , *opciones*)

> El primer argumento determina el tipo de elemento que puede agregarse como entrada. Su valor puede ser `'cascade'`, `'checkbutton'`, `'command'`, `'radiobutton'` o `'separator'`. Las opciones serían las correspondientes a cada uno de ellos.

Al usar los métodos anteriores, las entradas se añaden al final de las existentes. Si quiere hacerlo en una posición determinada, los métodos empleados serían:

```
insert_command(posición, opción, ...)
insert_cascade(posición, opción, ...)
insert_checkbutton(posición, opción, ...)
insert_radiobutton(posición, opción, ...)
insert_separator(posición)
```

El primer argumento es la posición en la que se quiere situar la entrada (la primera es la 0). Los siguientes corresponden a los descritos en los métodos `add_command()`, `add_cascade()`, `add_checkbutton()` y `add_radiobutton()`.

Para conocer el tipo al que pertenece la entrada localizada en una determinada posición, utilice el método:

```
type(posición)
```

Los valores devueltos podrán ser: CASCADE, CHECKBUTTON, COMMAND, RADIOBUTTON, SEPARATOR o TEAROFF.

Si lo que quiere es borrar las entradas de un menú, Tkinter proporciona el método:

```
delete(posición inicial, posición final)
```

Este método elimina las entradas que hay entre la posición inicial y final (ambas incluidas). El segundo argumento es opcional por lo que, si no se incluyera, se borraría únicamente la opción situada en la posición inicial.

Para simular que se ha seleccionado la opción de un menú, ejecutando la función que tuviera asociada, use el método:

```
invoke(posición)
```

Su único argumento indica la posición de la opción en el menú.

Por último, para mostrar el menú en una posición x, y relativa a la ventana (o *widget* contenedor) en el que se encuentra, ejecute el método:

```
post(x, y)
```

Su utilidad práctica está, sobre todo, en la creación de menús contextuales o de *pop up*.

7.6.1.2 *Opciones de entradas de menú*

Los menús están formados por una serie de entradas que se despliegan al pulsarlos. El aspecto que tenga cada una de ellas se establece a través de un conjunto de opciones (atributos). Además de las comunes activebackground, activeforeground, background, bitmap, compound, font, foreground e image, dispone de las siguientes:

- accelerator. Muestra la combinación de teclas que habría que pulsar para seleccionar una entrada. Su valor es una cadena con los caracteres que aparecerán a la derecha del texto de dicha entrada; por ejemplo, si quisiera guardar un fichero pulsando Ctrl-s, su valor podría ser "^s". El hecho de establecer esta combinación de teclas no significa que, al pulsarlas, ya se pueda seleccionar. Esto lo que provocará será un evento que tendrá que aprender a manejar al margen del menú. Más adelante encontrará un capítulo dedicado exclusivamente a la gestión de eventos, en el que se realiza una práctica utilizando atajos de teclado.

- columnbreak. Normalmente, las entradas de un menú se muestran en una única columna. Si asignara el valor True a este atributo, se iniciaría una nueva columna a partir de esta entrada.

- command. Función a la que se llamará cuando se seleccione la entrada.

- hidemargin. Fija el margen entre las opciones del menú. Para suprimirlo, asigne el valor True a este atributo.

- label. Texto de la opción.

- menu. Permite crear submenús. Su valor es un objeto de la clase Menu.

- state. Normalmente, las opciones de un menú responden cuando se las pulsa. Si quisiera deshabilitarlas, asigne el valor DISABLED a este atributo. Cuando el ratón esté sobre una entrada, su valor será ACTIVE (a no ser que esté desactivada).

- underline. Fija el carácter del texto que quiera que aparezca subrayado. Su valor es la posición que ocupa en dicho texto, empezando a contar desde 0. Se utiliza para indicar la existencia de atajos de teclado. El valor por defecto es -1, lo que significa que no habrá ningún texto subrayado.

Aunque todavía no ha estudiado los *checkbuttons* y los *radiobuttons*, conviene que sepa que las opciones de un menú pueden ser de este tipo. En la siguiente imagen, se muestra un ejemplo de su aspecto. Se trata de un menú con tres entradas (*checkbuttons*), de las cuales la primera y la última están seleccionadas:

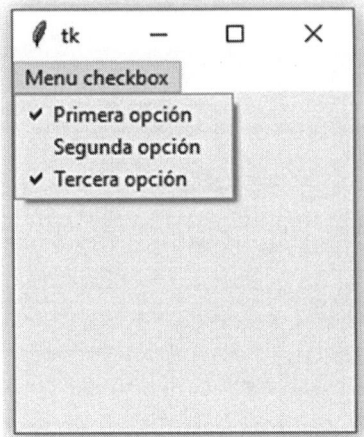

Si dichas entradas fueran *radiobuttons* y pertenecieran al mismo grupo, su aspecto sería similar, pero, en ese caso, solo se podría seleccionar una de ellas.

Aunque no las usará hasta no haber estudiado los *checkbuttons* y los *radiobuttons*, a continuación se describen las opciones relacionadas con este tipo de entradas:

- offvalue. Si la entrada del menú es un *checkbutton*, la variable de control que tiene asociada (asignada con la opción variable) tomará por defecto el valor 0 cuando no esté seleccionada. Aquí podrá sustituir dicho valor por cualquier otro que prefiera.

- onvalue. Cuando la entrada de un menú sea un *checkbutton*, la variable de control que tenga asociada (asignada con la opción variable) tomará por defecto el valor 1 al seleccionarla. Aquí podrá reemplazar ese valor por otro diferente.

- selectcolor. Cuando la entrada de un menú sea un *radiobutton*, este atributo fija el color que tendrá al seleccionarlo. Por defecto, es rojo.

- selectimage. Si la entrada de un menú fuera un *radiobutton* que mostrara un gráfico (en lugar de un texto) cuando no está seleccionado, aquí se puede indicar la imagen que aparecería al seleccionarlo.

- value. Cuando la entrada de un menú sea un *radiobutton*, determina el valor que tendría la variable de control asociada al grupo (asignada con la opción variable) al seleccionarse.

- variable. Establece la variable de control compartida por un grupo de *radiobuttons* que son entradas de un mismo menú.

Seguramente le hayan quedado muchas dudas sobre para qué sirven y cómo utilizar estas opciones. Por eso, cuando haya leído el apartado en el que se describen estos *widgets*, vuelva a esta sección para disipar todas esas dudas.

En cuanto a los métodos, el que permite obtener el valor de cualquiera de las opciones de la entrada de un menú es:

```
entrycget(posición, opción)
```

El primer argumento es la posición de la entrada (empezando por 0), mientras que el segundo es una cadena con el nombre de la opción; por ejemplo, si quisiera saber el color de fondo de la primera opción de un menú, debería invocar este método con los argumentos indicados a continuación:

```
entrycget(0,"background")
```

Si el valor de las opciones es el mismo en todas las entradas del menú, asígneselo con el método:

```
configure(opción = valor, ...)
```

Por ejemplo, si quisiera que todas las entradas de un menú tuvieran el color rojo de fondo, la forma de llamar a este método sería:

```
configure(background="red")
```

Por el contrario, cuando solo pretende asignar un valor a las opciones de una única entrada, llame a este otro método:

```
entryconfigure(posición, opción =valor, ...)
```

El primer argumento indica la posición de la entrada y el segundo indica el valor asignado a la opción. Siguiendo con el mismo ejemplo, para que únicamente la primera entrada del menú tenga el color rojo de fondo, la forma de invocar este método sería:

```
entryconfigure(0, background="red")
```

7.6.1.3 *Práctica*

Una vez conocidos los principales métodos y atributos de la clase Menu, así como la forma de configurar el aspecto de sus opciones, en la siguiente práctica desarrollará un programa que mostrará la clásica barra de menús de una aplicación. Con ella, se podrán realizar las típicas operaciones sobre archivos, como crearlos, abrirlos, editarlos y guardarlos. Además, la opción que permite abrir un fichero desplegará un submenú en el que se podrá elegir entre seleccionarlo del explorador de archivos o de los archivos utilizados recientemente.

> Esta práctica solo se enfoca al desarrollo de la interfaz, por lo que no se implementa la lógica asociada a cada una de las opciones del menú, que irá completando en prácticas posteriores.

El código de este programa es el siguiente:

```python
from tkinter import Tk, Menu, PhotoImage

def salir():
    root.destroy()

root = Tk()
barra_menus = Menu()
root.config(menu=barra_menus)

menu_archivo = Menu(tearoff=0)
menu_archivo.add_command(label="Nuevo")

submenu_abrir = Menu(tearoff=0)
submenu_abrir.add_command(label="Explorar")
submenu_abrir.add_command(label="Recientes")
menu_archivo.add_cascade(label='Abrir', menu=submenu_abrir)

menu_archivo.add_command(label="Guardar")
menu_archivo.add_command(label="Guardar como")
menu_archivo.add_separator()
img = PhotoImage(file="../imagenes/salir.gif")
menu_archivo.add_command(label="Salir", image=img,
                         compound="left", command=salir)
barra_menus.add_cascade(label="Archivo", menu=menu_archivo)

menu_edicion = Menu(tearoff=0)
menu_edicion.add_command(label="Deshacer")
menu_edicion.add_command(label="Rehacer")
menu_edicion.add_separator()
menu_edicion.add_command(label="Copiar")
menu_edicion.add_command(label="Pegar")
menu_edicion.add_command(label="Borrar")
```

```
menu_edicion.add_command(label="Seleccionar todo")
barra_menus.add_cascade(label=" Edición", menu=menu_edicion)

menu_ayuda = Menu(tearoff=0)
menu_ayuda.add_command(label="Manual de usuario")
menu_ayuda.add_command(label="Acerca de...")
barra_menus.add_cascade(label="Ayuda", menu=menu_ayuda)

root.mainloop()
```

En primer lugar, se importan las clases Tk y Menu utilizadas para crear la ventana principal y los menús. También se importa la clase PhotoImage, porque se va a añadir la imagen de un icono a la opción de "Salir":

```
from tkinter import Tk, Menu, PhotoImage
```

Precisamente, la función que hay a continuación será la que se ejecute cuando se seleccione la opción "Salir". En ella, lo único que se hace es cerrar la ventana principal con el método destroy():

```
def salir():
    root.destroy()
```

Las siguientes sentencias crean la ventana principal (root) y la barra de menús (barra_menus). Una barra de menús es, en realidad, un menú que contiene uno o más submenús mostrados horizontalmente en la parte superior de la ventana, de ahí que se utilice el constructor de la clase Menu. Para que su apariencia sea la de una barra de menús, este se asigna al atributo menu de la ventana principal con el método config():

```
root = Tk()
barra_menus = Menu()
root.config(menu=barra_menus)
```

Después, se crea el primer menú, que formará parte de la barra de menús. Se trata del que contiene las entradas de manejo de archivos. Como no se quiere que aparezca la línea de puntos que permite mostrarlas en una ventana independiente, se asigna el valor 0 a la opción tearoff:

```
menu_archivo = Menu(tearoff=0)
```

La siguiente sentencia añade la entrada "Nuevo" al menú que acaba de crear:

```
menu_archivo.add_command(label="Nuevo")
```

A continuación, se crea el menú que agrupará las dos opciones ofrecidas para abrir un fichero ("Explorar" y "Recientes"):

```
submenu_abrir = Menu(tearoff=0)
submenu_abrir.add_command(label="Explorar")
submenu_abrir.add_command(label="Recientes")
```

Este se agrega como submenú de `menu_archivo` con el método `add_cascade()`. El nombre de la opción que abrirá este submenú es "Abrir":

```
menu_archivo.add_cascade(label='Abrir', menu=submenu_abrir)
```

Continuando con el resto de las entradas de manejo de archivos, se incluyen las correspondientes a "Guardar" y "Guardar como":

```
menu_archivo.add_command(label="Guardar")
menu_archivo.add_command(label="Guardar como")
```

La última entrada de este menú será la que permita salir de la aplicación, pero, como no tiene nada que ver con las anteriores, previamente se añade una línea separadora con el método `add_separator()`:

```
menu_archivo.add_separator()
```

La entrada "Salir" es la única del menú que realmente realizará una tarea; en concreto, salir de la aplicación. También será la única que tenga un icono que identifique gráficamente la acción que realiza. Por ese motivo, se crea una instancia de la clase `PhotoImage` (`img`) a partir de la imagen contenida en el fichero "../imagenes/salir.gif". Hecho esto, se llama al método `add_command()` con la opción `image` para mostrarla junto al texto, situándola a la izquierda con la opción `compound`. Por su parte, la opción `command` establece que se ejecute la función `salir()` cuando se seleccione esta entrada:

```
img = PhotoImage(file="../imagenes/salir.gif")
menu_archivo.add_command(label="Salir", image=img,
                         compound="left", command=salir)
```

Una vez añadidas todas las entradas del menú `menu_archivo`, se vincula a la barra de menús con el nombre "Archivo", utilizando el método `add_cascade()`:

```
barra_menus.add_cascade(label="Archivo", menu=menu_archivo)
```

Luego, se crea el menú con las opciones de edición (`menu_edicion`). Las primeras entradas que se le incorporan con el método `add_command()` son las de "Deshacer" y "Rehacer". Tras incluir una línea de separación con `add_separator()`, se agregan las correspondientes a las operaciones de "Copiar", "Pegar", "Borrar" y "Seleccionar todo" llamando, de nuevo, al método `add_command()`. Finalmente, este nuevo menú se incorpora a la barra con el nombre "Edición" utilizando el método `add_cascade()`:

```
menu_edicion = Menu(tearoff=0)
menu_edicion.add_command(label="Deshacer")
menu_edicion.add_command(label="Rehacer")
menu_edicion.add_separator()
menu_edicion.add_command(label="Copiar")
menu_edicion.add_command(label="Pegar")
menu_edicion.add_command(label="Borrar")
menu_edicion.add_command(label="Seleccionar todo")
barra_menus.add_cascade(label="Edición", menu=menu_edicion)
```

El último menú es el de ayuda. No se darán más explicaciones, ya que la dinámica que seguir es la misma que en los dos anteriores:

```
menu_ayuda = Menu(tearoff=0)
menu_ayuda.add_command(label="Manual de usuario")
menu_ayuda.add_command(label="Acerca de...")
barra_menus.add_cascade(label="Ayuda", menu=menu_ayuda)
```

La sentencia con la que finaliza el programa arranca el bucle de captura de eventos; en especial, los producidos al seleccionar las opciones de los menús:

```
root.mainloop()
```

En la siguiente imagen puede ver el resultado obtenido. En la parte superior de la ventana aparece una barra de menús compuesta por "Archivo", "Edición" y "Ayuda". Del menú "Archivo" se ha seleccionado la opción "Recientes", correspondiente al submenú "Abrir":

Observe también el icono situado a la izquierda de la opción "Salir". Pulsando sobre ella se cerrará la ventana, finalizando así la ejecución del programa.

Únicamente a título informativo, quite la opción `tearoff` del constructor del menú "Archivo" (`menu_archivo`); es decir, sustituya la línea de código

```
menu_archivo = Menu(tearoff=0)
```

por:

```
menu_archivo = Menu()
```

Ahora, ejecute de nuevo el programa. En este caso, al pulsar dicho menú, aparece una línea discontinua. Si la seleccionara, sus entradas aparecerían en una ventana independiente de la principal. De esta forma, las tendría siempre disponibles sin tener que volver a desplegarlas.

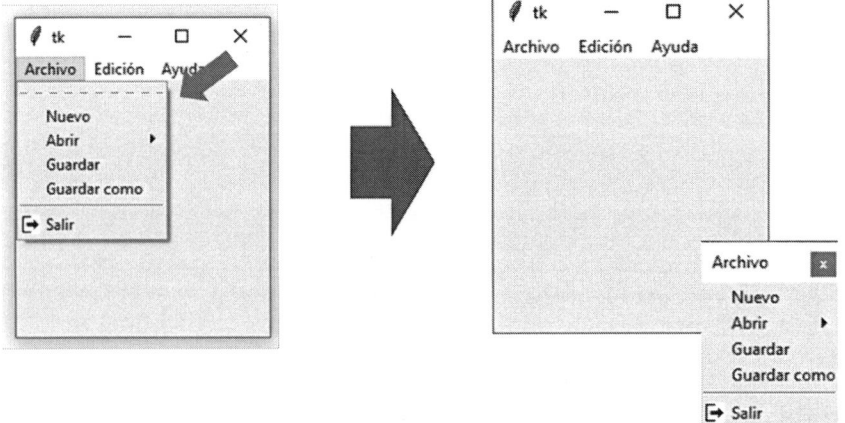

7.6.2 OptionMenu

Este *widget* se utiliza cuando se necesita un menú desplegable que muestre la opción elegida:

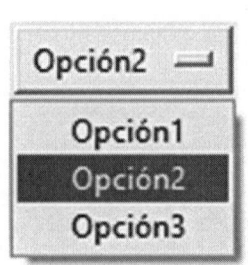

7.6.2.1 *Opciones y métodos*

En Tkinter, este tipo de menú se representa por la clase `OptionMenu`, cuyo constructor es:

`OptionMenu(widget contenedor, variable de control, entrada, ...)`

El primer argumento es la ventana principal (o *widget* contenedor) en la que se muestra. A diferencia del constructor de otros *widgets*, este argumento es obligatorio. El segundo es una variable de control de la clase `StringVar` donde se almacena la opción elegida. Dicho valor será el mostrado por el menú. El resto de los argumentos son las entradas del menú.

Como ha podido observar, en el constructor se incluyen las entradas del menú, no los atributos que determinan su apariencia. Por ese motivo, los valores de estas opciones deberán asignarse utilizando los métodos `configure()` y `entryconfigure()`. Además de los atributos estándar `anchor`, `activebackground`, `foreground`, `activeforeground`, `background`, `bd`, `bg`, `bitmap`, `compound`, `cursor`, `disabledforeground`, `fg`, `font`, `height`, `highlightbackground`, `highlightcolor`, `highlightthickness`, `image`, `justify`, `padx`, `pady`, `relief`, `takefocus` y `width`, dispone de los siguientes específicos:

- `direction`. Indica la dirección en la que se despliegan las entradas del menú. Sus valores pueden ser `LEFT` (a la izquierda), `RIGHT` (a la derecha), `'above'` (por encima, no existe la constante `ABOVE`) o `'below'` (por debajo, no existe la constante `BELOW`). Por defecto, las entradas se despliegan hacia abajo.

- `justify`. Cuando el texto del menú se compone de varias líneas, indica cómo se justifican. Sus valores son: `LEFT` (a la izquierda), `CENTER` (centradas, es el valor por defecto) o `RIGHT` (a la derecha). Si se trata de una sola línea, y esta ocupa menos espacio del disponible en la etiqueta, deberá utilizar la opción `anchor`.

- `state`. El valor predeterminado es `NORMAL`, en el que se pueden desplegar sus entradas. Si desea desactivarlo, asigne el valor `DISABLED` a esta opción.

- `underline`. Fija el carácter del texto del menú que quiera que aparezca subrayado. Su valor es la posición que ocupa en dicho texto, empezando a contar desde 0. Se utiliza para indicar la existencia de atajos de teclado. El valor por defecto es -1, lo que significa que no habrá ningún texto subrayado.

- `wraplength`. Limita el ancho del texto del menú en cada línea (en píxeles). Normalmente, no se establece ningún límite. Si lo hiciera, y este fuera lo suficientemente grande, se rompería en líneas del tamaño indicado.

En cuanto a las entradas, estas se almacenan como un objeto de la clase Menu, que se obtiene utilizando la expresión:

optionmenu[`'menu'`]

Por ejemplo, si quisiera que la fuente del texto del menú fuera de tipo Arial con un tamaño de 10 píxeles, una vez creado (imagine que el objeto que lo representa es `mi_optionMenu`) tendría que asignar dicho valor a la opción `font` empleando el método `configure()`, ya que no lo podría hacer en el constructor:

```
mi_optionMenu.configure(font=('arial', 10))
```

Pero, si lo que desea es cambiar la fuente de las entradas del menú (no del texto del menú), la sentencia utilizada sería:

```
mi_optionMenu['menu'].configure(font=('arial', 10))
```

¿Y si solo quisiera cambiar el color de fondo de la primera entrada? Entonces, tendría que escribir esta otra sentencia:

```
mi_optionMenu['menu'].entryconfigure(0, font=('arial', 10))
```

Las opciones que podrá utilizar en los métodos `configure()` y `entryconfigure()` son las mismas explicadas anteriormente para las entradas de menú.

7.6.2.2 *Práctica*

A continuación, completará el formulario desarrollado en una práctica anterior para solicitar al usuario —además del nombre, la edad y la dirección— la provincia donde reside. Su aspecto sería el mostrado a continuación:

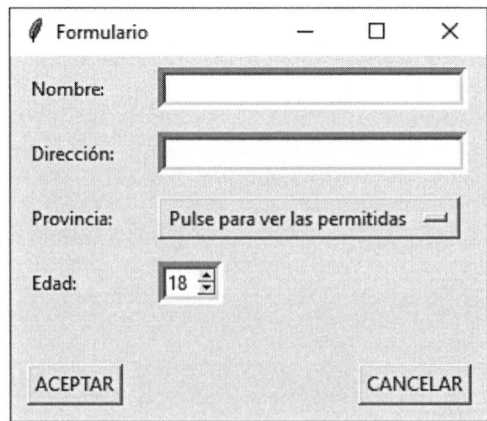

Para obtener este resultado, se ha utilizado el siguiente código:

```python
from tkinter import Tk, Label, Button, Entry, Spinbox,
                    OptionMenu, StringVar


edad_minima = 18
edad_maxima = 65


def aceptar():
    selecciones = ""

    nombre = nombre_entry.get()
    direccion = direccion_entry.get()
    provincia = var_provincia.get()
    edad = edad_entry.get()
    if nombre:selecciones = "Nombre : "+nombre+"\n"
    if direccion:selecciones += "Dirección : "+direccion+"\n"
    if provincia != "Pulse para ver las permitidas":
        selecciones += "provincia : "+provincia+"\n"
    selecciones += "Edad: "+edad
    selecciones_label.config(text=selecciones)

def cancelar():
    nombre_entry.delete(0, "end")
    direccion_entry.delete(0, "end")
    var_provincia.set("Pulse para ver las permitidas")
    edad_entry.delete(0, "end")
    edad_entry.insert(0, 18)
    selecciones_label.config(text="")

root = Tk()
root.title("Formulario")
root.resizable(True, False)
root.minsize(300, 100)


var_provincia = StringVar()


nombre_label = Label(text="Nombre:")
```

```
nombre_entry=Entry(bd=5,highlightcolor="red",highlightthickness=2)
direccion_label = Label(text="Dirección:")
direccion_entry=Entry(bd=5,highlightcolor="red",highlightthickness=2)
provincia_label = Label(text="Provincia:")
provincia_menu=OptionMenu(root, var_provincia, "León", "Zamora",
                          "Salamanca", "Valladolid", "Palencia")
var_provincia.set("Pulse para ver las permitidas")
edad_label = Label(text="Edad:")
edad_entry = Spinbox(from_=edad_minima, to=edad_maxima,
                     width=3, bd=5,
                     highlightcolor="red", highlightthickness=2)
selecciones_label = Label(text="", padx=10, justify="left")
boton_aceptar = Button(text="ACEPTAR", command=aceptar)
boton_cancelar = Button(text="CANCELAR", command=cancelar)

nombre_label.grid(row=0, column=0, sticky= "w", padx=10, pady=10)
nombre_entry.grid(row=0, column=1, sticky= "ew", padx=10)
direccion_label.grid(row=1,column=0,sticky="w",padx=10,pady=10)
direccion_entry.grid(row=1, column=1, sticky= "ew", padx=10)
provincia_label.grid(row=2,column=0, sticky="w",padx=10,pady=10)
provincia_menu.grid(row=2, column=1, sticky= "w", padx=10)
edad_label.grid(row=3, column=0, sticky= "w", padx=10, pady=10)
edad_entry.grid(row=3, column=1, sticky= "w", padx=10)

root.columnconfigure(1, weight=1)

selecciones_label.grid(row=4,column=0,columnspan=2,sticky="W")
boton_aceptar.grid(row=5,column=0, padx=10,pady=10,sticky="W")
boton_cancelar.grid(row=5,column=1, padx=10,pady=10,sticky="E")

root.mainloop()
```

Solo se van a explicar los cambios realizados sobre el programa utilizado de base. El primero se encuentra en la sentencia que importa las clases que se van a necesitar, a la que se han añadido OptionMenu y StringVar. Con la primera se va a crear el *optionmenu* y, con la segunda, la variable de control que se le asociará para almacenar el valor seleccionado por el usuario:

```
from tkinter import Tk, Label, Button, Entry, Spinbox,
                    OptionMenu, StringVar
```

Después de crear y configurar diversos aspectos de la ventana principal (root), se crea la variable de control asociada al *optionmenu*, en la que se almacenará la entrada seleccionada por el usuario:

```
var_provincia = StringVar()
```

El siguiente cambio ha consistido en incorporar las sentencias que crean la etiqueta y el *optionmenu*, del que el usuario deberá elegir una provincia. En el caso del *optionmenu*, y a diferencia del resto de los *widgets*, se incluye como primer argumento la ventana principal (es obligatorio). El segundo argumento contiene la variable de control que se le asocia (var_provincia). El resto de los argumentos son las opciones que aparecerán al desplegar el menú; en concreto, los nombres de una serie de provincias:

```
provincia_label = Label(text="Provincia:")
provincia_menu=OptionMenu(root, var_provincia, "León", "Zamora",
                          "Salamanca", "Valladolid", "Palencia")
```

> ⓘ Si quisiera crear una lista con las entradas del *optiomenu*, sustituya la sentencia donde invoca su constructor por estas dos:
>
> ```
> provincias = ["León", "Zamora", "Salamanca",
>               "Valladolid", "Palencia"]
> provincia_menu=OptionMenu(root,var_provincia,*provincias)
> ```

Para que el menú muestre inicialmente el texto "Pulse para ver las permitidas", este se asigna como valor inicial a la variable de control con el método set():

```
var_provincia.set("Pulse para ver las permitidas")
```

La siguiente imagen muestra el aspecto del *optionmenu* con sus opciones desplegadas:

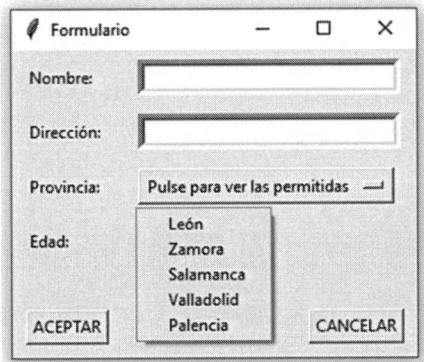

Una vez creados los nuevos *widgets*, solo queda mostrarlos debajo del campo de dirección en la ventana principal con el método `grid()`. Observe que, al haber asignado el valor "w" a la opción `sticky`, ni la etiqueta ni el menú crecerán horizontalmente cuando lo haga la ventana:

```
provincia_label.grid(row=3,column=1,sticky="w",padx=10,pady=10)
provincia_menu.grid(row=3,column=2,sticky="w", padx=10)
```

A partir de este punto, se incrementa en uno el valor de la opción `row` del método `grid()`, que sitúa el resto de los *widgets*, ya que quedarán ubicados una fila más abajo de la que estaban originalmente.

El resto de los cambios se han realizado con las funciones `aceptar()` y `cancelar()`, que muestran el valor de la información introducida por el usuario o la borran, respectivamente.

En la función `aceptar()`, se añaden dos sentencias. La primera obtiene la provincia seleccionada del menú desplegable llamando al método `get()` de la variable de control (`var_provincia`). La segunda es una condición `if` que comprueba si el usuario ha elegido una de ellas, con objeto de añadirla como un dato adicional al resto de la información introducida (contenida en la variable `selecciones`):

```
provincia = var_provincia.get()
...
if provincia != "Pulse para ver las permitidas":
    selecciones += "Provincia : "+provincia+"\n"
```

En la función `cancelar()`, se añade únicamente la sentencia que muestra el texto inicial del menú (el exhibido cuando todavía no se había seleccionado ninguna provincia):

```
var_provincia.set("Pulse para ver las permitidas")
```

Ejecute el programa y compruebe su funcionamiento. Más abajo tiene una muestra de su aspecto una vez rellenados todos los datos y pulsado el botón "ACEPTAR":

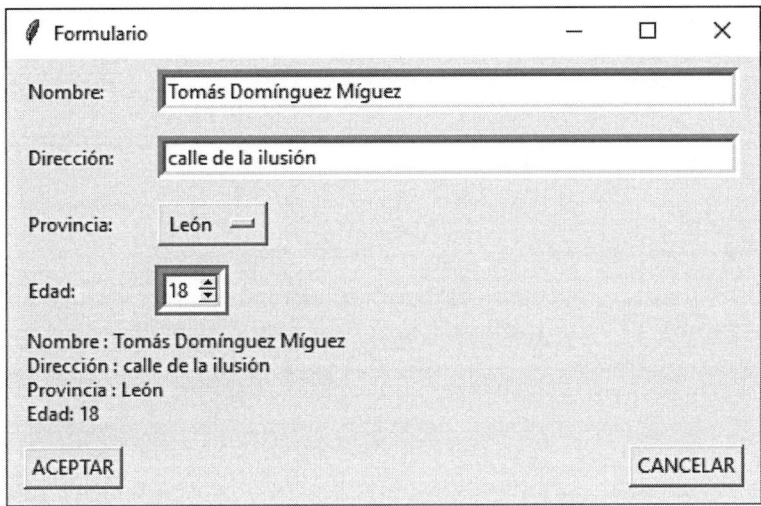

7.6.3 Menubutton

Este *widget* tiene la apariencia de un botón que, al pulsarlo, despliega las opciones de un menú.

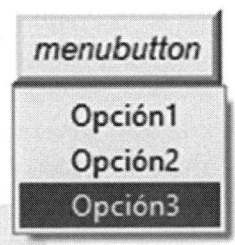

7.6.3.1 *Opciones y métodos*

En Tkinter, este control gráfico se representa con la clase `Menubutton`, cuyo constructor es:

`Menubutton(`*widget contenedor, opción, …*`)`

En este caso, el primer argumento vuelve a ser opcional. Si no se incluyera, se tomaría por defecto la ventana principal. Respecto a las opciones, pueden ser cualquiera de las comunes: `activebackground`, `activeforeground`, `anchor`, `bg`, `bitmap`, `bd`, `compound`, `cursor`, `disabledforeground`, `fg`, `font`, `height`, `highlightbackground`, `highlightcolor`, `highlightthickness`, `image`, `padx`, `pady`, `relief`, `takefocus` y `width`.

También comparte con los *optionmenu* las opciones `direction`, `justify`, `state`, `underline` y `wraplength`, descritas anteriormente.

Por último, dispone de las siguientes opciones específicas:

- `menú`. Objeto de la clase `Menú` con las entradas que se despliegan.

- `text`. Texto que se muestra en el botón desde el que se despliegan las entradas del menú.

- `textvariable`. Variable de control asociada a este *widget*. Cada vez que cambie el valor de dicha variable, se modificará automáticamente el texto del botón.

Un *menubutton* es un botón que, al pulsarse, despliega las entradas del menú asociado con la opción `menu`. Como su valor es un objeto de la clase `Menu`, podrá invocar cualquiera de los métodos de esta clase. Además, las opciones que determinan el aspecto de sus entradas también son las mismas descritas anteriormente; por ejemplo, si `mi_menubutton` fuera un objeto de la clase `Menubutton` y deseara cambiar la fuente de todas las opciones del menú (no el texto del botón), para que fuera Arial y tuviera un tamaño de 10 píxeles, la sentencia utilizada sería:

```
mi_menubutton.menu.configure(font=('arial', 10))
```

Siguiendo con el mismo ejemplo, si solo quisiera cambiar la fuente de la primera opción del menú, la sentencia que tendría que escribir en ese caso sería:

```
mi_menubutton.menu.entryconfigure(0, font=('arial', 10))
```

Naturalmente, para cambiar la fuente del texto del botón, la sentencia empleada sería:

```
mi_menubutton.configure(font=('arial', 10))
```

7.6.3.2 *Práctica*

Con objeto de practicar con este nuevo *widget*, va a completar el formulario en el que se solicitaba el nombre, la dirección, la provincia y la edad de un usuario, para que ahora también le pida el sexo. Este último dato se podrá seleccionar de un *menubutton*, cuyo valor se mostrará en un campo de texto similar a los del nombre y la dirección. La diferencia con estos es que no podrá editarse.

El formulario quedaría tal como puede ver más abajo. Como puede observar, se han desplegado las opciones del nuevo menú (aunque todavía no se ha seleccionado ninguna).

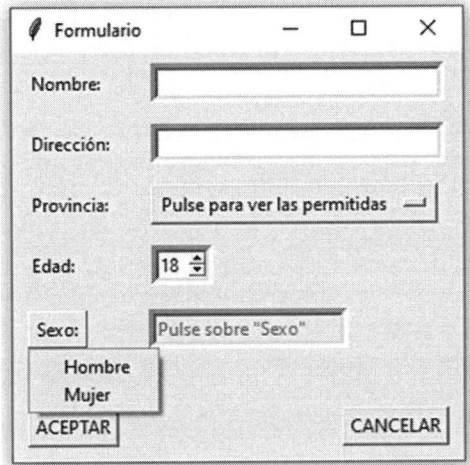

Puede pensar que, al no poder editarse el campo de texto, lo lógico sería haber usado una etiqueta. Pero se ha optado por este *widget* para mantener el mismo aspecto de los campos donde se introduce el nombre y la dirección.

El código del programa con el que se ha desarrollado el formulario es el siguiente:

```python
from tkinter import Tk, Label, Button, Entry, Spinbox, OptionMenu,
                    Menu, Menubutton, StringVar


edad_minima = 18
edad_maxima = 65


def aceptar():
    selecciones = ""

    nombre = nombre_entry.get()
    direccion = direccion_entry.get()
    provincia = var_provincia.get()
    edad = edad_entry.get()
    sexo = sexo_var.get()
    if nombre:selecciones = "Nombre: "+nombre+"\n"
    if direccion:selecciones += "Dirección: "+direccion+"\n"
```

```
        if provincia != "Pulse para ver las permitidas":
            selecciones += "Provincia: "+provincia+"\n"
        selecciones += "Edad: "+edad+"\n"
        if sexo != "Pulse sobre \"Sexo\"":
            selecciones += "Sexo: "+sexo+"\n"
        selecciones_label.config(text=selecciones)

    def cancelar():
        nombre_entry.delete(0, "end")
        direccion_entry.delete(0, "end")
        var_provincia.set("Pulse para ver las permitidas")
        edad_entry.delete(0, "end")
        edad_entry.insert(0, 18)
        sexo_var.set("Pulse sobre \"Sexo\"")
        selecciones_label.config(text="")

    def es_hombre():
        sexo_var.set("Hombre")

    def es_mujer():
        sexo_var.set("Mujer")

    root = Tk()
    root.title("Formulario")
    root.resizable(True, False)
    root.minsize(300, 100)

    var_provincia = StringVar()
    sexo_var = StringVar()

    nombre_label = Label(text="Nombre:")
    nombre_entry=Entry(bd=5,highlightcolor="red",highlightthickness=2)
    direccion_label = Label(text="Dirección:")
    direccion_entry=Entry(bd=5,highlightcolor="red",highlightthickness=2)
    provincia_label = Label(text="Provincia:")
    provincia_menu=OptionMenu(root,var_provincia,"León", "Zamora",
                              "Salamanca", "Valladolid", "Palencia")
    var_provincia.set("Pulse para ver las permitidas")
```

```
edad_label = Label(text="Edad:")
edad_entry=Spinbox(from_=edad_minima,to=edad_maxima,width=3,
                   bd=5, highlightcolor="red", highlightthickness=2)

sexo_entry = Entry(bd=5, state="disabled", textvariable=sexo_var)
sexo_var.set("Pulse sobre \"Sexo\"")
sexo_menu = Menubutton(text = "Sexo:", relief="raised")
sexo_menu.menu = Menu(sexo_menu, tearoff=0)
sexo_menu.menu.add_command(label="Hombre",command=es_hombre)
sexo_menu.menu.add_command(label="Mujer",command=es_mujer)
sexo_menu["menu"]= sexo_menu.menu

selecciones_label = Label(text="", padx=10, justify="left")
boton_aceptar = Button(text="ACEPTAR", command=aceptar)
boton_cancelar = Button(text="CANCELAR", command=cancelar)

nombre_label.grid(row=0, column=0, sticky="w", padx=10,pady=10)
nombre_entry.grid(row=0, column=1, sticky= "ew", padx=10)
direccion_label.grid(row=1, column=0, sticky="w",padx=10,pady=10)
direccion_entry.grid(row=1, column=1, sticky= "ew", padx=10)
provincia_label.grid(row=2, column=0, sticky="w",padx=10 pady=10)
provincia_menu.grid(row=2, column=1, sticky= "w", padx=10)
edad_label.grid(row=3, column=0, sticky= "w", padx=10, pady=10)
edad_entry.grid(row=3, column=1, sticky= "w", padx=10)
sexo_menu.grid(row=4, column=0, sticky= "w", padx=10, pady=10)
sexo_entry.grid(row=4, column=1, sticky= "w", padx=10)

root.columnconfigure(1, weight=1)

selecciones_label.grid(row=5,column=0,columnspan=2,sticky="W")
boton_aceptar.grid(row=6,column=0, adx=10,pady=10,sticky="W")
boton_cancelar.grid(row=6,column=1,padx=10,pady=10,sticky="E")

root.mainloop()
```

Solo se comentarán los cambios realizados sobre el programa utilizado de base. El primero se encuentra en la sentencia encargada de importar las clases necesarias del paquete Tkinter. En concreto, se añaden Menubutton y `Menu` para crear el *menubutton* con el que se despliegan las entradas del menú que contiene las entradas "Hombre" y "Mujer":

```
from tkinter import Tk, Label, Button, Entry, Spinbox, OptionMenu,
                    Menu, Menubutton, StringVar
```

Saltando la declaración de las funciones, que se describirán posteriormente, el siguiente cambio consiste en la creación de la variable de control asociada al campo de texto donde se mostrará el sexo de la persona:

```
sexo_var = StringVar()
```

Las sentencias que hay a continuación son las que crean los *widgets* que componen el formulario; las primeras ya las conoce, porque son las mismas del programa utilizado de base. Será después de las correspondientes al *spinbox* donde se encuentren las que se han añadido para crear el *menubutton*, junto con el campo de texto que mostrará la opción elegida. Este campo se asocia a la variable de control `sexo_var` (creada anteriormente), con la opción `textvariable`. Además, se deshabilita para que el usuario no pueda editar su contenido (el valor de la opción `state` es `"disabled"`). La única forma de modificarlo será seleccionando una de las opciones del *menubutton* situado a su izquierda:

```
sexo_entry = Entry(bd=5, state="disabled", textvariable=sexo_var)
```

Por si hubiera dudas sobre cómo se cambia el contenido de este campo, la siguiente sentencia muestra un texto inicial que invita a pulsar dicho menú. La forma de hacerlo es mediante el método `set()` de su variable de control:

```
sexo_var.set("Pulse sobre \"Sexo\"")
```

Después de crear el campo de texto anterior, se hace lo mismo con el *menubutton* (objeto de la clase `Menubutton`), así como con el menú asociado (objeto de la clase `Menu`), al que se le añaden las entradas "Hombre" y "Mujer" con el método `add_command()`. Cuando el usuario seleccione la primera, se llamará a la función `es_hombre()`, mientras que, con la segunda, se ejecutará la función `es_mujer()` —ambas encargadas de mostrar la selección realizada en el campo de texto (se describirán más adelante)—. La última sentencia de ese bloque asocia el menú recién creado al *menubutton*:

```
sexo_menu = Menubutton(text = "Sexo:", relief="raised")
sexo_menu.menu = Menu(sexo_menu, tearoff=0)
sexo_menu.menu.add_command(label="Hombre",command=es_hombre)
sexo_menu.menu.add_command(label="Mujer",command=es_mujer)
sexo_menu["menu"]= sexo_menu.menu
```

Una vez creados todos los *widgets* del formulario, estos se sitúan en la ventana principal. Tal como pudo observar en la imagen mostrada anteriormente, el *menubutton* y su correspondiente campo de texto se encuentran debajo de la edad:

```
sexo_menu.grid(row=5, column=1, sticky= "w", padx=10, pady=10)
sexo_entry.grid(row=5, column=2, sticky= "w", padx=10)
```

> *i*
> Evidentemente, la opción row del método grid() —que sitúa el resto de los *widgets* que hay debajo— se ha tenido que incrementar en uno.

Se añaden dos nuevas funciones al programa utilizado de base (es_hombre() y es_mujer()), que se ejecutarán cuando se seleccione alguna de las entradas del *menubutton* con el fin de mostrar uno u otro sexo en el campo de texto que tiene a su derecha. Para ello, se utiliza el método set() de la variable de control (sexo_var) asociada a dicho campo:

```
def es_hombre():
    sexo_var.set("Hombre")


def es_mujer():
    sexo_var.set("Mujer")
```

Respecto a las funciones ya existentes —en concreto, las que se invocan al pulsar los botones "ACEPTAR" y "CANCELAR"—, se agregan las sentencias que tienen en cuenta el nuevo campo de texto con el sexo del usuario. En concreto, dentro de la función aceptar(), se obtiene el valor contenido en dicho campo usando el método get() de su variable de control asociada. Algo más adelante, hay una nueva sentencia if para que, en el caso de que el usuario hubiera indicado su sexo, este se añada como un dato más junto con el resto de la información:

```
sexo = sexo_var.get()
...
if sexo != "Pulse sobre \"Sexo\"":
    selecciones += "Sexo: "+sexo+"\n"
```

En la función cancelar(), la sentencia que se añade vuelve a mostrar en el campo de texto el que había inicialmente al abrirse el formulario:

```
sexo_var.set("Pulse sobre \"Sexo\"")
```

Solo queda probar el correcto funcionamiento del programa. Ejecute la aplicación, rellene todos sus campos y pulse el botón "ACEPTAR". En la parte inferior del formulario aparecerá una etiqueta con toda la información introducida, donde se indicará esta vez el sexo del usuario.

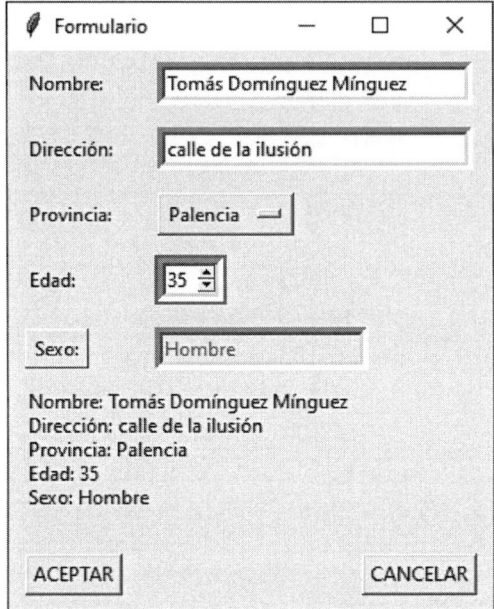

Luego, pulse el botón "CANCELAR". El formulario volverá al estado inicial.

7.7 CUADROS DE DIÁLOGO

A diferencia de las secciones anteriores, en esta no se describirá ningún *widget*, sino un conjunto de módulos muy útiles para mostrar cuadros de diálogo:

- `colorchooser`. Permite elegir un color.
- `messagebox`. Muestra un mensaje informativo o realiza alguna pregunta.
- `filedialog`. Ofrece la posibilidad de abrir o guardar un fichero usando el explorador de archivos.

A continuación, se describen detalladamente las funciones que ofrecen estos módulos.

7.7.1 colorchooser

Este módulo ofrece la siguiente función para abrir una ventana en la que se puede elegir un color:

askcolor (*color*, *opción*, …)

El aspecto del cuadro de diálogo mostrado lo puede ver a continuación:

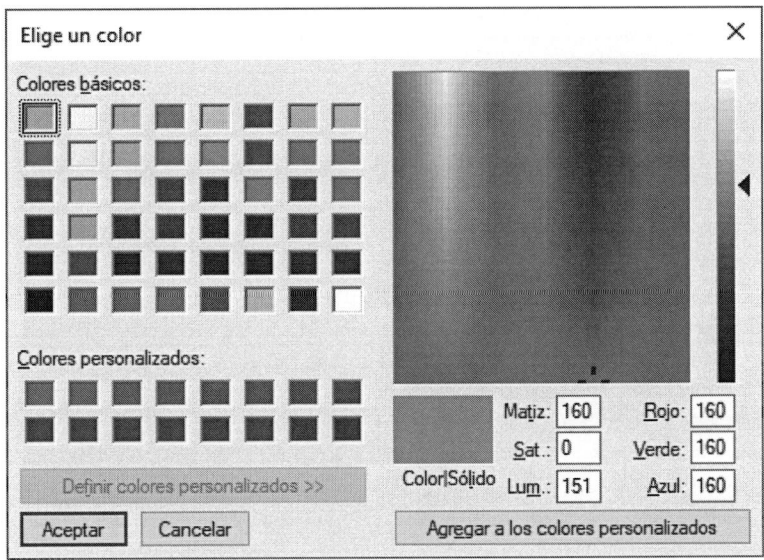

El primer argumento de esta función es el color seleccionado inicialmente (por defecto, gris claro).

Las opciones que puede utilizar son:

- title. Texto de la barra de título (por defecto, "Color").
- parent. Ventana a la que está vinculado el cuadro de diálogo. Si no se indicara ninguna, correspondería a la principal.

Al pulsar el botón "Aceptar", la función devuelve una terna de dos valores:

((*rojo, verde, azul*), *hexadecimal*)

El primer elemento de la terna es otra terna con la intensidad de los componentes rojo, verde y azul del color elegido (en un rango 0-255). El segundo elemento es el valor hexadecimal de dicho color.

Si, por el contrario, se pulsara el botón "Cancelar", lo que retornaría sería:

(None, None)

A continuación, va a realizar una sencilla —pero llamativa— práctica, en la que podrá cambiar el color de fondo del botón mostrado en pantalla.

El código del programa es el siguiente:

```
from tkinter import Tk, Button, colorchooser

def elegir_color():
    color = colorchooser.askcolor(title ="Elige un color")
    boton.configure(bg=color[1])

root = Tk()
root.minsize(False, False)


boton = Button(text = "Selecciona un color", font=("Arial","24","bold"),
               fg="blue", bd=5, command = elegir_color)
boton.pack(padx=50, pady=50)
```

En primer lugar, se importan las clases que se van a utilizar en el programa. Se trata de Tk y Button, necesarias para crear la ventana principal y el botón al que se va a cambiar el color de fondo. También se importa el módulo *colorchooser*, del que se utilizará la función askcolor(), para mostrar el cuadro de diálogo en el que se elegirá dicho color:

```
from tkinter import Tk, Button, colorchooser
```

A continuación, se crea la ventana principal, cuyo tamaño no podrá modificarse:

```
root = Tk()
root.minsize(False, False)
```

Luego, se crea el botón con un borde de 5 píxeles y un texto de color azul con una fuente Arial de 24 píxeles en negrita. Al pulsarlo, se invocará la función elegir_color():

```
boton = Button(text = "Selecciona un color", font=("Arial","24","bold"),
               fg="blue", bd=5, command = elegir_color)
```

La última sentencia sitúa el botón en la ventana principal con el método pack(), dejando un margen de 50 píxeles a su alrededor.:

```
boton.pack(padx=50, pady=50)
```

La función `elegir_color()` contiene únicamente dos sentencias. La primera ejecuta la función `askcolor()` del módulo *colorchooser*, que muestra el cuadro de diálogo en el que el usuario podrá seleccionar un color:

```
color = colorchooser.askcolor(title ="Elige un color")
```

La otra sentencia utiliza el método `configure()`para asignar a la opción `bg` el valor contenido en el segundo elemento de la terna devuelta por la función `askcolor()`:

```
boton.configure(bg=color[1])
```

Ejecute el programa. A la izquierda, se muestra el aspecto inicial del botón. A la derecha, puede observar el que tendría tras haber elegido un tono naranja.

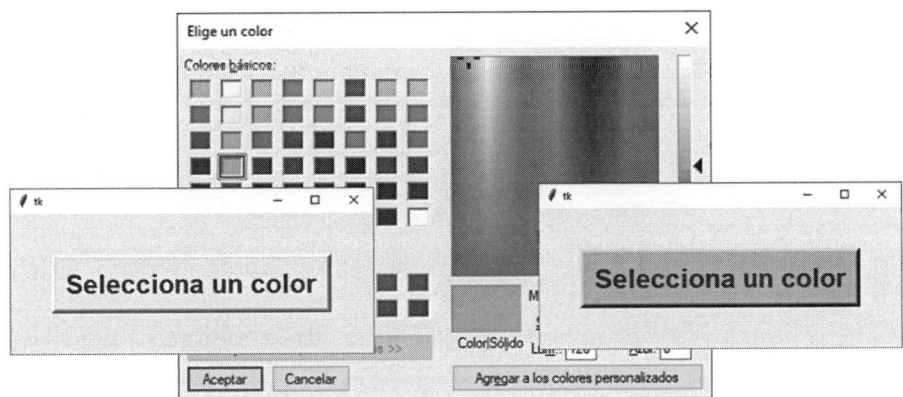

7.7.2 messagebox

Este módulo ofrece una serie de funciones con las que se pueden crear diversos cuadros de diálogo, en los que se muestra un mensaje o se realiza una pregunta cuya respuesta es del tipo sí/no. Se trata de las siguientes:

- `showinfo(`*título, mensaje, opción, ...*`)`
- `showwarning(`*título, mensaje, opción, ...*`)`
- `showerror` (*título, mensaje, opción, ...*`)`
- `askquestion(`*título, mensaje, opción, ...*`)`
- `askokcancel(`*título, mensaje, opción, ...*`)`
- `askyesno(`*título, mensaje, opción, ...*`)`
- `askretrycancel(`*título, mensaje, opción, ...*`)`

En todas ellas, el primer argumento es el título de la ventana y el segundo es el contenido del mensaje.

Respecto a las opciones, destacan:

- default. Establece el botón con la elección predeterminada. Si no se indica nada, será el primero (OK, YES o RETRY, dependiendo del tipo de ventana). Si quiere que sea otro, su valor puede ser CANCEL, IGNORE, OK, NO, RETRY o YES.

- icon. Icono mostrado en el cuadro de diálogo. Sus valores pueden ser INFO, ERROR, QUESTION o WARNING.

- parent. Ventana a la que está vinculado el cuadro de diálogo. Si no se indicara ninguna, sería la ventana principal.

Las funciones askokcancel(), askyesno() y askretrycancel() devuelven el valor True o False, dependiendo de si el usuario ha respondido afirmativa o negativamente a la pregunta realizada. Por su parte, la función askquestion() devuelve como resultado las cadenas "yes" o "no".

Con el fin de probar estas funciones, va a completar el programa desarrollado en una práctica anterior, en la que se creó una barra de menús con la que se podían realizar las operaciones clásicas de manejo de ficheros (abrir, editar y guardar). En concreto, añadirá el código necesario para abrir una ventana informativa cuando el usuario seleccione cualquiera de las opciones del menú de ayuda.

El programa sería ahora el siguiente:

```python
from tkinter import Tk, Menu, PhotoImage, messagebox

def salir():
    root.destroy()

def manual_usuario():
    messagebox.showinfo("Manual de usuario", "En construcción...")

def acerca_de():
    messagebox.showinfo("Acerca de...", "Versión 1.0")
```

```
root = Tk()
barra_menus = Menu()
root.config(menu=barra_menus)

menu_archivo = Menu(tearoff=0)
menu_archivo.add_command(label="Nuevo")

submenu_abrir = Menu(tearoff=0)
submenu_abrir.add_command(label="Explorar")
submenu_abrir.add_command(label="Recientes")
menu_archivo.add_cascade(label='Abrir', menu=submenu_abrir)

menu_archivo.add_command(label="Guardar")
menu_archivo.add_command(label="Guardar como")
menu_archivo.add_separator()
img = PhotoImage(file="../imagenes/salir.gif")
menu_archivo.add_command(label="Salir", image=img,
                         compound="left", command=salir)
barra_menus.add_cascade(label="Archivo", menu=menu_archivo)

menu_edicion = Menu(tearoff=0)
menu_edicion.add_command(label="Deshacer")
menu_edicion.add_command(label="Rehacer")
menu_edicion.add_separator()
menu_edicion.add_command(label="Copiar")
menu_edicion.add_command(label="Pegar")
menu_edicion.add_command(label="Borrar")
menu_edicion.add_command(label="Seleccionar todo")
barra_menus.add_cascade(label="Edición", menu=menu_edicion)

menu_ayuda = Menu(tearoff=0)
menu_ayuda.add_command(label="Manual de usuario",
                       command=manual_usuario)
menu_ayuda.add_command(label="Acerca de...",
                       command=acerca_de)
barra_menus.add_cascade(label="Ayuda", menu=menu_ayuda)

root.mainloop()
```

Solo se describirán los cambios realizados sobre el programa utilizado de base. El primero afecta a la sentencia en la que se importa todo lo que va a ser necesario, ya que ahora se incluye el módulo `messagebox`:

```
from tkinter import Tk, Menu, PhotoImage, messagebox
```

El cambio principal consiste en añadir las funciones `manual_usuario()` y `acerca_de()`, que se ejecutarán cuando se seleccionen las opciones correspondientes del menú "Ayuda". En ambas, lo único que se hace es abrir una ventana informativa utilizando la función `showinfo()` del módulo `messagebox`:

```
def manual_usuario():
    messagebox.showinfo("Manual de usuario", "En construcción...")


def acerca_de():
    messagebox.showinfo("Acerca de...", "Versión 1.0")
```

Evidentemente, dichas funciones se deben asociar a las entradas correspondientes del menú "Ayuda", añadiendo la opción `command` al método `add_command`:

```
menu_ayuda.add_command(label="Manual de usuario",
                       command=manual_usuario)
menu_ayuda.add_command(label="Acerca de...",
                       command=acerca_de)
```

Ejecute el programa y seleccione cualquiera de las entradas del menú de ayuda. A modo de ejemplo, en la siguiente imagen se muestra la ventana que aparece al seleccionar la opción Ayuda → Manual de usuario.

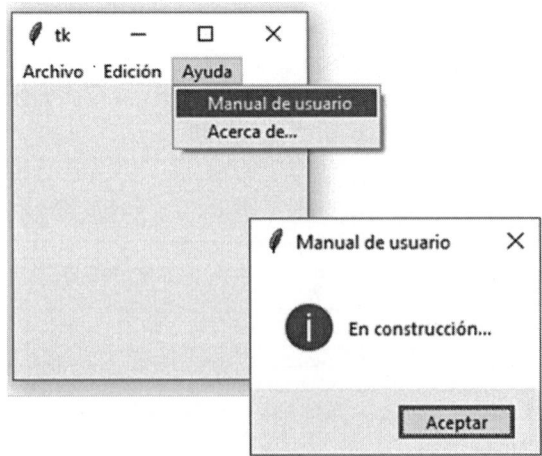

7.7.3 filedialog

Este módulo proporciona las funciones necesarias para abrir o guardar ficheros utilizando el explorador de archivos.

La que permite abrirlos es:

`askopenfilename(`*opciones*`)`

Para guardarlos, se emplearía la función:

`asksaveasfilename(`*opciones*`)`

Las opciones que pueden tener estas funciones son:

- `defaultextension`. Establece la extensión que se agregaría al archivo en el momento de salvarlo. Su valor es una cadena que empieza por un punto ('.'). Por ejemplo, si el valor de esta opción fuera ".txt" y el usuario guardara un fichero con el nombre "archivo_texto", este quedaría almacenado en el sistema de archivos como "archivo_texto. txt". Si se introdujera un archivo incluyendo la extensión, esta opción no tendría ningún efecto.

- `filetypes`. Lista de tuplas con el formato:

    (*etiqueta, patrón*)

  La etiqueta es una cadena descriptiva del tipo de archivos mostrados en el cuadro de diálogo. El patrón especifica el filtro con el que se seleccionan los ficheros que se van a ver; por ejemplo, si solo quisiera que aparecieran los de texto (aquellos que tienen la extensión ".txt"), el valor de esta opción sería:

    `[("ficheros texto", "*.txt")]`

- `initialdir`. Directorio en el que comienza la exploración de archivos.

- `initialfile`. Archivo seleccionado inicialmente al abrir el explorador.

- `multiple`. Cuando su valor es `True`, se permite la selección de varios archivos.

- `parent`. Ventana a la que está vinculado el cuadro de diálogo que muestra el explorador de archivos. Si no se indicara ninguna, correspondería a la ventana principal.

- `title`. Título de la ventana que muestra el cuadro de diálogo.

El resultado de estas funciones es la ruta del fichero seleccionado. Pero, si se pulsará el botón "Cancelar", se devolvería una cadena vacía.

El aspecto del cuadro de diálogo que contiene el explorador de archivos es el que está acostumbrado a ver cuando abre o guarda un fichero en cualquier otra aplicación (en la imagen inferior, se muestran dos ejemplos tomados de Windows).

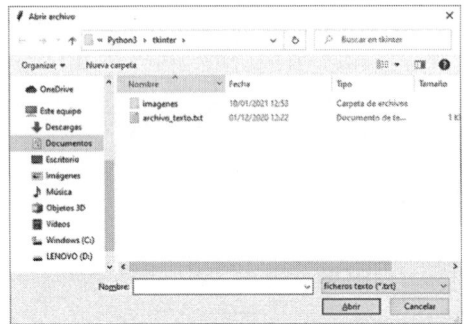 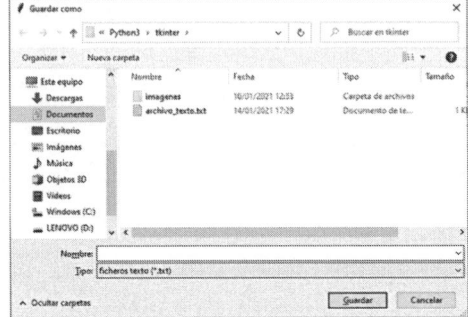

Con el fin de practicar con estas dos nuevas funciones, completará el programa de la práctica anterior, en el que había una barra de menús con opciones para abrir o guardar ficheros. Sin embargo, antes tendrá que conocer el siguiente *widget* (Text), ya que será el que permita mostrar el contenido del fichero, editarlo y, posteriormente, guardar las modificaciones realizadas.

7.8 TEXT

Este *widget* permite editar textos con múltiples líneas. A estos textos se les podrá dar formato estableciendo, por ejemplo, el tipo de alineación, el color, la fuente, etc.

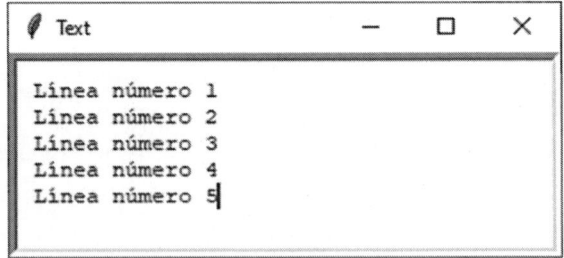

7.8.1 Opciones y métodos

La clase con la que se representa este *widget* es Text, cuyo constructor es:

Text(*widget contenedor*, *opción*, ...)

El primer argumento es la ventana (o *widget* contenedor) donde se localiza, mientras que el segundo son las opciones con las que se puede crear. Además de las comunes `bg`, `bd`, `font`, `fg`, `height`, `highlightbackground`, `highlightcolor`, `highlightthickness`, `padx`, `pady`, `relief`, `selectbackground`, `selectforeground`, `takefocus` y `width`, dispone de otras específicas:

- `exportselection`. Por defecto, cuando se selecciona un texto, este se copia en el portapapeles. Para evitar este comportamiento, asigne el valor `False` a esta opción.

- `maxundo`. Número máximo de cambios que podrían deshacerse (*undo*).

- `spacing1`. Determina el espacio adicional que se añade encima de la primera línea de un párrafo. El valor predeterminado es 0.

- `spacing2`. Especifica el espacio adicional que se añade entre las líneas de un párrafo (generadas como consecuencia de un proceso de formateo). El valor por defecto es 0.

- `spacing3`. Fija el espacio adicional que se añade por debajo de la última línea de un párrafo. El valor predeterminado es 0.

- `state`. Determina si se atienden los eventos del teclado y del ratón dentro del *widget*. Su valor puede ser `NORMAL` (predeterminado) o `DISABLED` (no puede editarse).

- `undo`. Indica si es posible deshacer los cambios realizados (*undo*). Para permitirlo, su valor debe ser `True`.

- `wrap`. Establece el punto en el que se debe cortar una línea cuando es demasiado larga, para continuar en la siguiente. Los valores que toma son: `WORD` (romperá la línea después de la última palabra que quepa) y `CHAR` (la línea se podrá romper por cualquier carácter). Este último es el comportamiento predeterminado.

- `xscrollcommand`. Permite añadir una barra de desplazamiento horizontal (*widget* que verá más adelante).

- `yscrollcommand`. Permite añadir una barra de desplazamiento vertical.

Además, relacionadas con el cursor de inserción, esta clase dispone de las opciones `insertbackground`, `insertborderwidth`, `insertofftime`, `insertontime` e `insertwidth`, cuyo significado es el mismo descrito en el campo de entrada de texto.

Con la clase `Entry` también comparte el grupo de opciones que afecta al aspecto del texto seleccionado `selectbackground`, `selectborderwidth` y `selectforeground`.

A continuación, se describen algunos de los métodos de este *widget*. Pero, antes, es necesario conocer las diferentes formas de especificar posiciones dentro de un texto, ya que constituirán el argumento de muchos de ellos. La primera es identificando la fila y la columna con el formato:

fila . columna

La fila (línea) empieza por el valor 1; la columna (carácter), por el 0. Por ese motivo, el primer carácter de un texto es el 1.0.

El otro modo de especificar una posición es utilizando las constantes:

- `INSERT`. Posición en la que se encuentra el cursor de inserción.
- `CURRENT`. Posición del carácter más cercano al puntero del ratón.
- `END`. Posición que está a continuación del último carácter del texto.
- `SEL_FIRST`. Si hay una parte del texto seleccionada, indica la posición previa al inicio de la selección. Si no hubiera ningún texto seleccionado, al tratar de usar esta constante se provocaría un error.
- `SEL_LAST`. Posición después del final de la selección. Al igual que en el caso anterior, si no hubiera ningún texto seleccionado, su empleo provocaría un error.

Ahora sí, ya está en condiciones de conocer los métodos más comunes de este *widget*, que se han clasificado en los siguientes grupos:

- Manejo de textos
- Incorporación de imágenes
- Gestión de etiquetas
- Empleo de barras de *scroll*

Dentro del primer grupo, se empezará describiendo aquel que permite obtener el texto situado entre una posición inicial y otra final:

`get`(*posición inicial*, *posición final*)

El texto devuelto por este método incluye el carácter situado en la posición inicial, pero no el de la final. Además, el segundo argumento es opcional. Si no se incluyera, se devolvería únicamente el carácter situado en la posición inicial.

Si lo que quiere es borrar un texto situado entre una posición inicial y otra final, el método sería:

`delete`(*posición inicial*, *posición final*)

La forma de indicar las posiciones es la misma que en el método anterior; por ejemplo, para borrar el texto completo del *widget*, se invocaría así:

`delete(1.0, "end")`

Pero, si lo que busca es añadir un texto en una posición determinada, utilice el método:

`insert`(*posición inicial*, *texto*)

Por ejemplo, para añadir un nuevo contenido al principio del texto, invoque el método de la siguiente forma:

`insert(1.0, `*nuevo contenido*`)`

Si deseara hacerlo al final, los argumentos de este método serían:

`insert("end", `*nuevo contenido*`)`

Aunque, en general, se haga referencia solo a textos, este *widget* también puede contener imágenes. El siguiente grupo de métodos será el responsable de su manejo.

Para incorporar una imagen a un texto en una posición determinada, dispone del método:

`image_create`(*posición, opción, …*)

Esta se trata como un carácter más, cuyo tamaño es el de la imagen. Entre las opciones admitidas, la principal es `image`, ya que es la que contiene la imagen en cuestión (su valor puede ser objeto de la clase `BitmapImage` o `PhotoImage`). También se pueden utilizar las opciones comunes `padx` y `pady` para crear un margen a su alrededor, además de estas dos adicionales:

- `align`. Establece la alineación de la imagen en sentido vertical, cuando su altura sea menor que la de la línea en la que está contenida. Sus valores son: `top`, `center`, `bottom` o `baseline`.

- `name`. Nombre que quiera dar a la imagen.

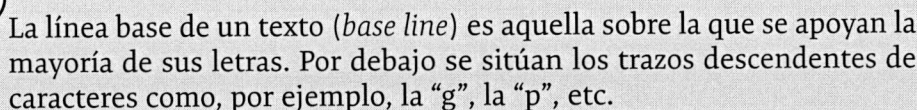

i La línea base de un texto (*base line*) es aquella sobre la que se apoyan la mayoría de sus letras. Por debajo se sitúan los trazos descendentes de caracteres como, por ejemplo, la "g", la "p", etc.

Relacionados también con imágenes —en concreto, con los valores de sus opciones— están los métodos:

```
image_cget(posición, opción)
```

```
image_configure(posición, opción, …)
```

El primero obtiene el valor de la opción de una imagen situada en la posición indicada. El segundo asigna un valor a las opciones de dicha imagen.

A veces, con el fin de destacar algún contenido en concreto, es necesario cambiar su apariencia para distinguirlo del resto del texto. Para conseguirlo, se utilizan etiquetas, a las que se puede asignar una fuente, un tamaño, un color, etc., específicos. Incluso podría hacer que una etiqueta respondiera a las acciones del teclado o del ratón. Con objeto de realizar estas acciones, se dispone de una serie de métodos específicos, algunos de los cuales se describen a continuación.

Para asociar a una etiqueta el texto localizado entre una posición inicial y final, se debe utilizar el método:

```
tag_add(etiqueta, posición inicial, posición final)
```

Existe una etiqueta predefinida, llamada SEL (valor "sel"), asociada al texto que se seleccione en este *widget*.

El aspecto del texto asociado a una etiqueta se establece con el método:

```
tag_configure(etiqueta, opción = valor, …)
```

Si llamara a este método sin opciones, obtendría como resultado un diccionario con el valor de todas de las que dispone.

De aquellas opciones que pueden utilizarse, las más comunes son: background, borderwidth, font, foreground y relief.

Por ejemplo, para que el texto seleccionado por el usuario se muestre en color azul sobre un fondo amarillo, invoque este método de la siguiente forma:

```
tag_configure("sel", background="yellow", foreground="blue")
```

Pero una etiqueta no solo da un aspecto determinado a los fragmentos de texto a los que está asociada, sino también un comportamiento específico. Para establecer dicho comportamiento, dispone del método:

```
tag_bind(etiqueta, evento, función)
```

Este comportamiento lo realizará una función, que se llamará cuando se produzca el evento (o secuencia de eventos) vinculados a la etiqueta; por ejemplo, el evento podría ser la pulsación del botón derecho del ratón, lo que provocaría la aparición de un menú *popup*, una ventana informativa, etc. Los eventos serán objeto de estudio de un capítulo posterior, por lo que tendrá que esperar a leerlo para saber cómo utilizar este método.

Para borrar una etiqueta, dispone del método:

```
tag_delete(etiqueta)
```

Una vez creada una etiqueta, los siguientes métodos permiten conocer o asignar el valor de cualquiera de sus opciones:

```
tag_cget(etiqueta, opción)
```

```
tag_config(etiqueta, opción, ...)
```

Para finalizar, el último grupo de métodos lo forman aquellos que permiten añadir una barra de *scroll* horizontal y/o vertical, cuando no pueda mostrarse todo el contenido y sea necesario desplazarse por él:

```
xview()
yview()
```

Cuando estudie el *widget* que representa la barra de *scroll*, aprenderá a utilizarlos.

7.8.2 Práctica

En esta nueva práctica, seguirá completando el programa desarrollado en otra anterior, con la que había creado una barra de menús para el manejo de archivos. Esta vez, añadirá un área donde se pueda cargar el contenido de un fichero de texto, editarlo y guardarlo.

El código del programa es el siguiente:

```
from tkinter import Tk, Menu, Text, PhotoImage, filedialog

fichero=""

#####################################################
#Funciones que se ejecutan seleccionar una opción del menú
#####################################################

def nuevo():
    global fichero
```

```python
        area_texto.delete(1.0, "end")
        fichero = ""

    def abrir():
        global fichero

        fichero = filedialog.askopenfilename(initialdir = ".",
                            title = "Abrir archivo",
                            filetypes = [("ficheros texto", "*.txt")])
        if fichero:
            f = open(fichero, "r", encoding='utf-8')
            area_texto.delete(1.0, "end")
            area_texto.insert(1.0, f.read())
            f.close()

    def guardar():
        global fichero
        if not(fichero):
            fichero = filedialog.asksaveasfilename(initialdir = ".",
                                title = "Guardar",
                                filetypes = [("ficheros texto", "*.txt")],
                                defaultextension=".txt")
        if fichero:
            texto = area_texto.get(1.0, "end")
            f = open(fichero, "w", encoding='utf-8')
            f.write(texto)
            f.close

    def guardar_como():
        global fichero

        fichero = filedialog.asksaveasfilename(initialdir = ".",
                            title = "Guardar como",
                            filetypes = [("ficheros texto", "*.txt")],
                            defaultextension=".txt")
        if fichero:
            texto = area_texto.get(1.0, "end")
```

```
        f = open(fichero, "w", encoding='utf-8')
        f.write(texto)
        f.close

def salir():
    root.destroy()

#Ventana principal
root = Tk()
root.title("Editor de texto")

#Creación de widgets de la ventana principal
barra_menus = Menu()
area_texto = Text(padx=10, pady=10, bd=5)
area_texto.tag_configure("sel",background="yellow",foreground="blue")

#Menú Archivo
menu_archivo = Menu(tearoff=0)
menu_archivo.add_command(label="Nuevo", command=nuevo)

submenu_abrir = Menu(tearoff=0)
submenu_abrir.add_command(label="Explorar", command=abrir)
submenu_abrir.add_command(label="Recientes")
menu_archivo.add_cascade(label='Abrir', menu=submenu_abrir)

menu_archivo.add_command(label="Guardar", command=guardar)
menu_archivo.add_command(label="Guardar como",
                            command=guardar_como)
menu_archivo.add_separator()
img = PhotoImage(file="../imagenes/salir.gif")
menu_archivo.add_command(label="Salir", image=img,
                            compound="left", command=salir)
barra_menus.add_cascade(label="Archivo", menu=menu_archivo)

#Menú edición
menu_edicion = Menu(tearoff=0)
menu_edicion.add_command(label="Deshacer")
menu_edicion.add_command(label="Rehacer")
```

```
menu_edicion.add_separator()
menu_edicion.add_command(label="Copiar")
menu_edicion.add_command(label="Pegar")
menu_edicion.add_command(label="Borrar")
menu_edicion.add_command(label="Seleccionar todo")
barra_menus.add_cascade(label="Edición", menu=menu_edicion)

#Menú ayuda
menu_ayuda = Menu(tearoff=0)
menu_ayuda.add_command(label="Manual de usuario")
menu_ayuda.add_command(label="Acerca de...")
barra_menus.add_cascade(label="Ayuda", menu=menu_ayuda)

#Composición de los widgets de la ventana principal
root.config(menu=barra_menus)
area_texto.pack(expand= True, fill="both")

root.mainloop()
```

De nuevo, solo se comentarán los cambios realizados respecto del programa utilizado de base. Como suele ser habitual, el primero se encuentra en la sentencia que importa las clases del módulo Tkinter que se van a utilizar. Además de Tk, Menu y PhotoImage, se incorpora la clase Text, empleada para crear el área de texto. También se importa el módulo filedialog, del que se utilizarán las funciones necesarias para abrir o guardar un fichero con el explorador de archivos:

```
from tkinter import Tk, Menu, Text, filedialog
```

A continuación, se declara la única variable de configuración del programa (fichero), empleada para almacenar el nombre del fichero que actualmente se está editando:

```
fichero=""
```

Después, se declaran las funciones que se invocarán cuando se seleccionen las entradas del menú "Archivo": "Nuevo", "Abrir", "Guardar" y "Guardar como". Veámoslas en detalle.

La función nuevo(), como indica su nombre, permite editar el contenido de un nuevo fichero. En ella, lo primero que se hace es borrar el que pudiera haber en el área de texto con el método delete(). Además, se inicia el nombre del fichero (fichero), ya que este se asignará en el momento de guardar su contenido en un archivo. Puesto que esta variable se utiliza en diferentes funciones, deberá declararse previamente como global:

```
def nuevo():
    global fichero

    area_texto.delete(1.0, "end")
    fichero = ""
```

La función abrir() permite ver el contenido de un fichero en el área de texto. Por el mismo motivo descrito en la función anterior, también se declara como global la variable fichero:

```
def abrir():
    global fichero
    ...
```

Luego, se abre el cuadro de diálogo del que se podrá elegir el fichero cuyo contenido aparecerá en el área de texto. Para ello, se utiliza la función askopenfilename(), cuyas opciones indican que se empiece a explorar por la carpeta en la que se encuentra este programa (opción initialdir), que el nombre de la barra de título sea "Abrir archivo" (opción title) y que únicamente se muestren los archivos de texto (opción filetypes):

```
fichero = filedialog.askopenfilename(initialdir = ".",
            title="Abrir archivo", filetypes=[("ficheros texto", "*.txt")])
```

Si se hubiera elegido un fichero, se abriría en modo lectura con la función open(). Observe que se ha utilizado el argumento opcional encoding, al que se le ha asignado el valor 'utf-8' para cargar caracteres especiales, como los acentos. Luego, se borra el contenido actual del área de texto con el método delete() y, a continuación, se añade el leído del fichero con el método insert(). Por último, se cierra con el método close():

```
if fichero:
    f = open(fichero, "r", encoding='utf-8')
    area_texto.delete(1.0, "end")
    area_texto.insert(1.0, f.read())
    f.close()
```

> i Si se hubiera pulsado el botón "CANCELAR" en el cuadro de diálogo que mostraba el explorador de archivos, el nombre del fichero devuelto por la función `askopenfilename()` estaría vacío, lo cual provocaría un error al intentar abrirlo con la función `open()`. Por eso, las sentencias anteriores se ejecutan dentro de un `if` cuya condición se cumple solo cuando se haya seleccionado algún fichero.

La función `guardar()` permite salvar el contenido del área de texto en un fichero. Al igual que las funciones anteriores, también define como global la variable `fichero`:

```
def guardar():
    global fichero
    ...
```

En esta función, lo primero que se hace es comprobar el valor de dicha variable. Si estuviera vacío (su valor es `""`), significaría que no se ha abierto previamente ningún archivo o que se ha seleccionado la opción "Nuevo". Como el contenido del área de texto no está asociado a ningún fichero, será necesario abrir el explorador de archivos para seleccionar uno. Para ello, se utiliza la función `asksaveasfilename()`. Además de las opciones `initialdir`, `title` y `filetypes`, en esta ocasión también se utiliza `defaultextension` para añadir automáticamente la extensión ".txt" al nombre del fichero elegido:

```
if not(fichero):
    fichero = filedialog.asksaveasfilename(initialdir = ".",
                        title = "Guardar como",
                        filetypes = [("ficheros texto", "*.txt")],
                        defaultextension=".txt")
```

A continuación, se comprueba que realmente se haya seleccionado un fichero antes de guardar nada en él (en caso contrario, provocaría un error). De ser así, se obtendría el contenido del área de texto con el método `get()`, se abriría el fichero en modo escritura con la función `open()` y se escribiría en él dicho contenido con el método `write()`. Finalmente, se cerraría con el método `close()`:

```
if fichero:
    texto = area_texto.get(1.0, "end")
    f = open(fichero, "w", encoding='utf-8')
    f.write(texto)
    f.close()
```

La función `guardar_como()` es similar a `guardar()`. La única diferencia es que, en esta última, siempre se abre el explorador de archivos.

Volviendo de nuevo al flujo principal del programa, una vez creada la barra de menús, se hace lo mismo con el área de texto. A continuación, se llama al método `tag_configure()`, para que se remarque en azul con fondo amarillo el texto que seleccione el usuario:

```
area_texto = Text(padx=10, pady=10, bd=5)
area_texto.tag_configure("sel",background="yellow",foreground="blue")
```

Las funciones descritas anteriormente se llamarán cada vez que se seleccionen las entradas "Nuevo", "Guardar" y "Guardar como" del menú "Archivo", así como "Explorar" del submenú "Abrir". Por lo tanto, su nombre deberá incluirse en la opción `command` de las sentencias en las que se invoca al método `add_command()` de cada una de ellas:

```
menu_archivo.add_command(label="Nuevo", command=nuevo)

...

submenu_abrir.add_command(label="Explorar", command=abrir)

...

menu_archivo.add_command(label="Guardar", command=guardar)
menu_archivo.add_command(label="Guardar como", command=guardar_como)
```

Por último, se añade el área de texto a la ventana principal con el método `pack()`. Los valores asignados a las opciones `expand` y `fill` permiten que este se adapte al tamaño de la ventana en todo momento (recuerde que puede modificarse):

```
area_texto.pack(expand= True, fill="both")
```

Ejecute el programa y compruebe que el comportamiento de cada una de las opciones sea el esperado. En la imagen inferior, se muestra el cuadro de diálogo que aparece al seleccionar la opción "Archivo" → "Abrir" → "Explorar", que permite abrir un archivo de texto.

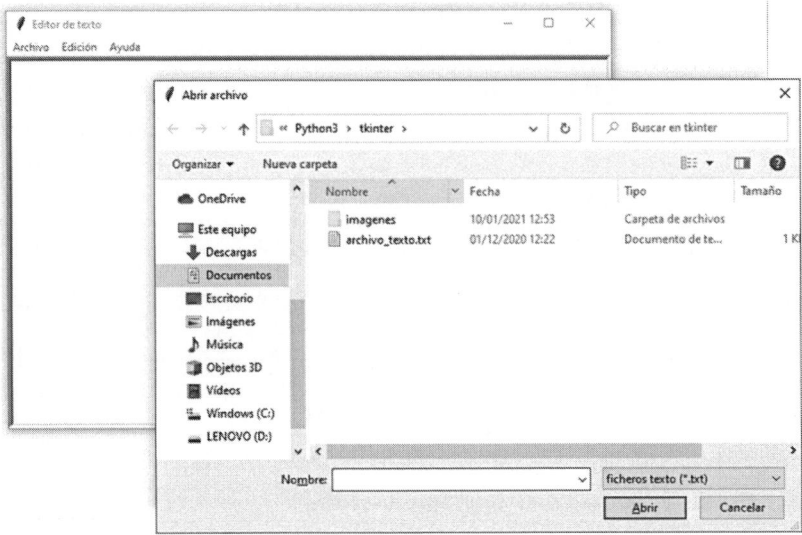

Una vez abierto, su contenido se muestra en el área de texto. Tras modificarlo, podría volver a guardarlo en el mismo fichero (opción "Archivo" → "Guardar") o en otro diferente (opción "Archivo" → "Guardar como"). En ese caso, se abriría un nuevo cuadro de diálogo donde introduciría el nombre del archivo en el que quisiera almacenarlo (sin la extensión ".txt"), tal como puede ver en esta otra imagen:

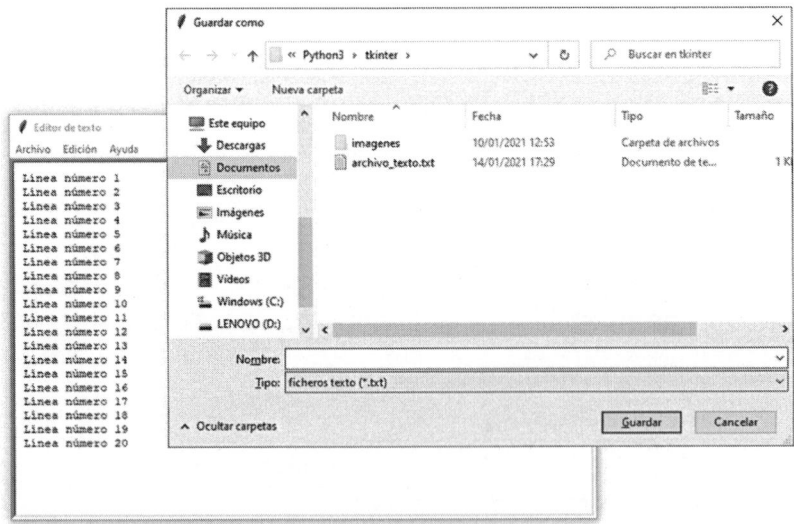

Para probar el funcionamiento de las etiquetas, seleccione parte del contenido del área de texto. Comprobará que pasa a mostrarse en color azul sobre fondo amarillo, tal como estableció con el método `tag_configure()`.

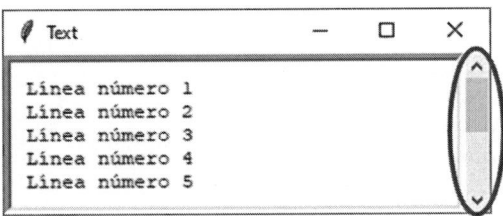

7.9 SCROLLBAR

Este *widget* proporciona un control deslizante que permite desplazarse vertical u horizontalmente por el contenido de otros, cuando no pueda verse completamente.

> Los *widgets* a los que se les podrá asociar una barra de *scroll* son `Entry`, `Listbox`, `Text` y `Canvas`.

7.9.1 Opciones y métodos

Este *widget* está representado por la clase `Scrollbar`, cuyo constructor es:

`Scrollbar(`*widget contenedor, opción, …*`)`

Entre las opciones de que dispone, además de las comunes `activebackground`,`bg`,`bd`,`cursor`,`highlightbackground`,`highlightcolor`, `highlightthickness`, `relief`, `takefocus` y `width`, están:

- `activerelief`. Aspecto 3D de la barra y las puntas de flecha interiores cuando se sitúa el ratón encima. Puede tomar cualquiera de los valores del atributo estándar `relief` (por defecto, `RAISED`).

- `command`. Función que se ejecuta cuando se mueve la barra de desplazamiento. Será el método `xview()` o `yview()` del *widget* cuyo contenido vaya a recorrerse horizontal o verticalmente.

- `elementborderwidth`. Es el ancho de los bordes alrededor de las puntas de flecha y del control deslizante.

- `jump`. Determina si la función establecida en la opción `command` se llama de forma continua mientras se arrastra el control deslizante (valor `False`) o solo cuando se deja de pulsar el ratón (valor `True`).

- `orient`. Su valor puede ser `HORIZONTAL` o `VERTICAL`, dependiendo de cuál sea su orientación.

- `repeatdelay`. Con esta opción, se controla cuánto tiempo se debe mantener presionado el ratón sobre la barra para que el control deslizante comience a moverse de forma reiterada. El valor por defecto es de 300 milisegundos.

- `repeatinterval`. Intervalo de tiempo en el que se repetirá el movimiento del control deslizante. Por defecto, son 100 milisegundos.

Respecto a los métodos, el siguiente permite obtener la posición de la barra de desplazamiento:

```
get()
```

El resultado devuelto es una tupla con dos valores (x, y). El valor x es la posición respecto del borde izquierdo o superior del control deslizante (dependiendo de si la barra de *scroll* es horizontal o vertical, respectivamente). El valor y es la posición respecto del borde derecho o inferior. Cada valor se mueve en el intervalo 0.0-1.0, donde 0.0 es la posición más a la izquierda o superior y 1.0 es la posición más a la derecha o inferior.

Para asociar un objeto de la clase `Scrollbar` a un *widget* cuyo contenido pueda desplazarse, asigne a su opción `xscrollcommand` o `yscrollcommand` este otro método:

```
set()
```

Para vincular un *widget* a una barra de *scroll*, se debe hacer lo siguiente:

1. En el constructor de la barra de *scroll*, se establece el método `xview()` o `yview()` de dicho *widget* como valor de la opción `command` (dependiendo de si se trata de una barra de *scroll* horizontal o vertical):

    barra de scroll = `Scrollbar(command=`*widget*`.xview)`

    y/o

    barra de scroll = `Scrollbar(command=`*widget*`.yview)`

2. Con el método `config()` del *widget*, se asigna el método `set()` de la barra de *scroll* como valor de la opción `xscrollcommand` o `yscrollcommand` (dependiendo de si se trata de una barra de *scroll* horizontal o vertical):

widget`.config(xscrollcommand =` *barra de scroll*`.set)`

y/o

widget`.config(yscrollcommand =` *barra de scroll*`.set)`

En la siguiente práctica, terminará de entender la forma de utilizarlo.

7.9.2 Práctica

En esta nueva práctica, seguirá completando el programa desarrollado en el apartado anterior, con el que se podía abrir un fichero, editar su contenido y guardarlo. En esta ocasión, añadirá una barra de *scroll* vertical al área de texto para que, cuando su contenido sea muy grande, pueda desplazarse por él.

Para no reproducir de nuevo el código completo del programa, solo se copiarán las sentencias en las que se han realizado los cambios, empezando por la que importa las clases que se van a usar del paquete Tkinter, a la que se añade la utilizada para crear barra de *scroll* (`Scrollbar`):

```
from tkinter import Tk, Menu, Text, filedialog, Scrollbar
```

En el constructor de la barra de *scroll*, se asigna el método `yview()` del área de texto (`area_texto`) como valor de la opción `command`:

```
scrollbar = Scrollbar(command=area_texto.yview)
```

 Por simplicidad, solo se añadirá una barra de *scroll* vertical.

Para terminar de vincular ambos *widgets*, se establece el método `set()` de la barra de *scroll* (`scrollbar`) como valor de la opción `yscrollcommand` del área de texto:

```
area_texto.config(yscrollcommand = scrollbar.set)
```

Los últimos cambios realizados se encuentran al final del programa, en las sentencias que sitúan la barra de *scroll* a la derecha del área de texto. El primero asigna el valor `"left"` a la opción `side` del método `pack()`, que sitúa el área de texto en la ventana principal, para colocarla a ese lado:

```
area_texto.pack(expand=True, fill="both", side = "left")
```

Por el mismo motivo, dicha opción toma el valor `"right"` en la barra de *scroll*. Además, se da el valor "y" a la opción `fill`, para que tenga el mismo alto que la ventana (al igual que el área de texto), aunque cambie de tamaño:

```
scrollbar.pack(side = "right", fill = "y")
```

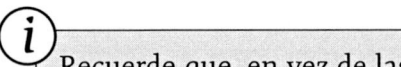 Recuerde que, en vez de las cadenas "both", "right", "left" o "y", podría utilizar las constantes BOTH, RIGHT, LEFT o Y, si las importara previamente del paquete Tkinter.

Ahora, ejecute el programa. Añada líneas de texto hasta que supere el tamaño de la ventana. Observe cómo se activa la barra de *scroll*, que podrá mover para ver todo lo que haya escrito.

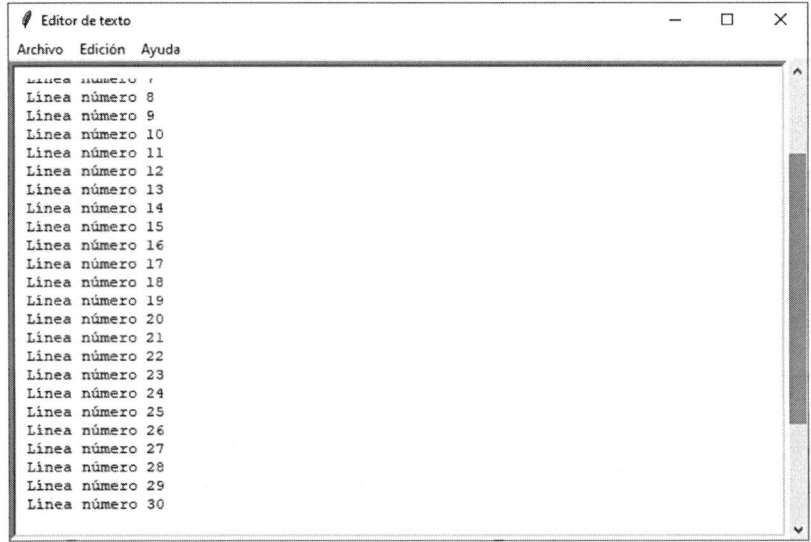

7.10 TOPLEVEL

Este *widget* permite crear ventanas independientes de la principal. Su gestión correrá a cargo del propio administrador de ventanas del sistema operativo por lo que, al igual que la ventana principal, no depende de un *widget* contenedor. La diferencia con esta última es que, cuando se cierre, solo se destruirán los *widgets* que contiene, pero no se finalizará la ejecución del programa.

7.10.1 Opciones y métodos

Este *widget* se representa con la clase `Toplevel`, cuyo constructor es:

```
Toplevel()
```

Como puede observar, en este caso no existe el argumento con el que se indica el nombre de la ventana principal (o *widget* contenedor).

Para modificar su aspecto, una vez creada, podrá utilizar el método `configure()` con las opciones comunes `bg`, `bd`, `cursor`, `font`, `fg`, `height`, `relief` y `width`.

Al tratarse de una ventana, los métodos descritos para la clase `Tk` son aplicables a esta, excepto `mainloop()`.

7.10.2 Práctica

La práctica que va a realizar en esta ocasión mostrará un botón en el centro de la ventana principal que, al pulsarlo, abrirá una ventana auxiliar en la que se pueda introducir un usuario y una contraseña. Aparte del botón, en la ventana principal también aparece una etiqueta que indica si todavía no se ha introducido dicha información o, en caso contrario, el nombre del usuario.

El contenido de la ventana auxiliar es el mismo que el de una práctica anterior, en la que también se solicitaba el usuario y la contraseña, por lo que se reutilizará su código. De esta forma, el programa queda de la siguiente manera:

```python
from tkinter import Tk, Label, Button, Entry, Toplevel


def aceptar():
    usuario = usuario_entry.get()
    if usuario:
        etiqueta.configure(text="Usuario: " + usuario)
    else:
        etiqueta.configure(text="Usuario no introducido")
    ventana_acceso.destroy()


def cancelar():
    usuario_entry.delete(0, "end")
    contraseña_entry.delete(0, "end")
```

```python
def acceder():
    global ventana_acceso, usuario_entry, contraseña_entry

    ventana_acceso = Toplevel()
    ventana_acceso.title("Login")
    ventana_acceso.resizable(False, False)

    usuario_label = Label(ventana_acceso, text="USUARIO:")
    usuario_entry = Entry(ventana_acceso, bd=5, highlightcolor="red",
                            highlightthickness=2)
    contraseña_label=Label(ventana_acceso,text="CONTRASEÑA:")
    contraseña_entry=Entry(ventana_acceso, bd=5, show='*',

highlightcolor="red",highlightthickness=2)
    boton_aceptar = Button(ventana_acceso, text="ACEPTAR",
                            command=aceptar)
    boton_cancelar = Button(ventana_acceso, text="CANCELAR",
                            command=cancelar)

    usuario_label.grid(row=0, column=0, sticky= "W",
                        padx=10, pady=10)
    usuario_entry.grid(row=0, column=1, padx=10)
    contraseña_label.grid(row=1, column=0, sticky= "W",
                            padx=10, pady=10)
    contraseña_entry.grid(row=1, column=1, padx=10)
    boton_aceptar.grid(row=2, column=0,
                        padx=10, pady=10, sticky= "W")
    boton_cancelar.grid(row=2, column=1,
                        padx=10, pady=10, sticky= "E")

root = Tk()
root.title("Ventana de acceso")
root.geometry("300x150")
root.minsize(300, 150)
boton = Button(text="ACCEDER",command=acceder)
etiqueta = Label(text="Usuario no introducido")
boton.place(relx=0.5, rely=0.5, anchor="center")
etiqueta.pack(side="bottom", pady=5)

root.mainloop()
```

Al igual que en el resto de programas vistos hasta ahora, la primera sentencia es la que importa las clases que se van a utilizar del módulo Tkinter. Además de las ya conocidas, ahora se añade `Toplevel` para crear la ventana auxiliar en la que se solicita el nombre del usuario y su contraseña:

```
from tkinter import Tk, Label, Button, Entry, Toplevel
```

Saltando la declaración de las funciones, se encuentran las sentencias con las que se crea la ventana principal (`root`), en cuya barra de título aparecerá el texto "Ventana de Acceso". Esta tendrá un tamaño inicial de 300 × 150 que, además, será el tamaño mínimo (la ventana podrá redimensionarse):

```
root = Tk()
root.title("Ventana de acceso")
root.geometry("300x150")
root.minsize(300, 150)
```

A continuación, se crea el botón utilizado para abrir la ventana auxiliar en la que se solicitará el nombre de usuario y la contraseña (`boton`). Dicho botón, que exhibe el nombre "ACCEDER", llamará a la función `acceder()` cuando se pulse. Asimismo, se crea la etiqueta donde se mostrará el nombre del usuario, una vez conocido ese dato (`etiqueta`). Inicialmente se indica que no hay ninguno:

```
boton = Button(text="ACCEDER",command=acceder)
etiqueta = Label(text="Usuario no introducido")
```

Las siguientes sentencias muestran el botón centrado en la pantalla y, debajo, la etiqueta. Para que el botón quede en el centro de la ventana, se utiliza el método `place()` con las opciones que ya conoce de una práctica anterior. En el caso de la etiqueta, se usará el método `pack()`. Será imprescindible utilizar la opción `side` para situarla en la parte inferior de la ventana ya que, al ser el primer *widget* en llamarlo, por defecto se pondría en la parte superior:

```
boton.place(relx=0.5, rely=0.5, anchor="center")
etiqueta.pack(side="bottom", pady=5)
```

Recuerde que los gestores *pack* y *grid* no pueden usarse en la misma ventana.

La última sentencia del programa es de sobra conocida, ya que es la responsable de dar vida a la interfaz, atendiendo a los eventos que se produzcan:

```
root.mainloop()
```

A continuación, se describirá la función `acceder()`, invocada cada vez que se pulse el botón de la ventana principal. Aquí será donde se cree la ventana auxiliar (`ventana_acceso`) con la que se solicite el usuario y la contraseña. Puesto que el objeto que represente dicha ventana se utilizará fuera de esta función, se declara como global, al igual que los que representan los campos de entrada del usuario y la contraseña (`usuario_entry` y `contraseña_entry`):

```
def acceder():
    global ventana_acceso, usuario_entry, contraseña_entry
    ...
```

A continuación, se crea la ventana auxiliar usando el constructor de la nueva clase `Toplevel`. Se le asigna el nombre "Login" y se impide la posibilidad de que pueda redimensionarse:

```
ventana_acceso = Toplevel()
ventana_acceso.title("Login")
ventana_acceso.resizable(False, False)
```

El resto de las sentencias con las que se crean las etiquetas, los campos de entrada de texto y los botones son casi las mismas del programa realizado en una práctica anterior, en la que también se solicitaba un nombre de usuario y una contraseña. La única diferencia es que, ahora, el primer argumento de los constructores utilizados para crear cada uno de estos *widgets* es el nombre de la ventana en la que se van a mostrar (`ventana_acceso`):

```
usuario_label = Label(ventana_acceso, text="USUARIO:")
usuario_entry = Entry(ventana_acceso, bd=5, highlightcolor="red",
                    highlightthickness=2)
contraseña_label = Label(ventana_acceso, text="CONTRASEÑA:")
contraseña_entry=Entry(ventana_acceso, bd=5, show='*',
                    highlightcolor="red", highlightthickness=2)
boton_aceptar = Button(ventana_acceso, text="ACEPTAR",
                    command=aceptar)
boton_cancelar = Button(ventana_acceso, text="CANCELAR",
                    command=cancelar)
```

El resto de las sentencias de esta función, utilizadas para situar adecuadamente cada uno de estos *widgets*, son —de nuevo— las mismas del programa desarrollado en la práctica anterior, por lo que no se va a dar ninguna explicación adicional.

Las dos funciones que quedan por describir son las que se ejecutarán cuando se pulsen los botones "CONFIRMAR" o "CANCELAR" de la ventana auxiliar.

La función `aceptar()` es la responsable de mostrar en la etiqueta de la ventana principal el nombre del usuario. Este se obtiene del campo `usuario_entry` con el método `get()`. Si estuviera vacío, el texto que se asignaría a dicha etiqueta sería el mostrado al arrancar el programa. Para ello, se utiliza el método `configure()`, en el que se incluye la opción `text`, a la que se daría el valor correspondiente. Por último, se cierra la ventana auxiliar (`ventana_acceso`) con el método `destroy()`:

```
def aceptar():
    usuario = usuario_entry.get()
    if usuario:
        etiqueta.configure(text="Usuario: " + usuario)
    else:
        etiqueta.configure(text="Usuario no introducido")
    ventana_acceso.destroy()
```

El código de la función `cancelar()` únicamente borra el contenido de los campos de texto que contienen el usuario y la contraseña (`usuario_entry` y `contraseña_entry`) utilizando el método `delete()`:

```
def cancelar():
    usuario_entry.delete(0, "end")
    contraseña_entry.delete(0, "end")
```

Ejecute el programa. Verá una ventana con el botón "ACCEDER" en el centro y un texto en la parte inferior, que indica que no se ha introducido ningún usuario. Al pulsarlo, aparecerá otra ventana en la que tendrá que introducir su usuario y su contraseña.

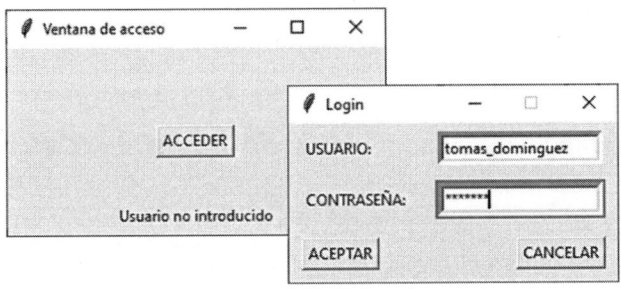

Al presionar el botón "ACEPTAR", desaparecerá la ventana auxiliar y se mostrará el nombre del usuario que acaba de introducir en la principal.

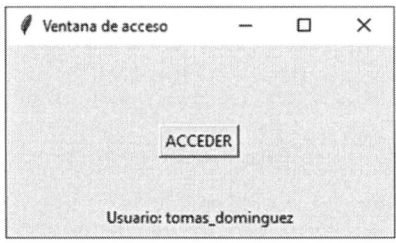

7.11 FRAME Y LABELFRAME

Los *frames* son un tipo especial de *widgets*, cuya función es hacer de contenedores de otros controles gráficos. Se utilizan para crear interfaces complejas, ya que permiten crear jerarquías de *widgets* que simplifican su diseño, organizándolos en grupos cuya posición se establece con su propio gestor de geometría.

Los *labelframes* son similares a los *frames*. La única diferencia es que permiten mostrar una etiqueta identificativa en uno de sus lados.

7.11.1 Opciones y métodos

En Tkinter, un *frame* se representa por la clase `Frame`, cuyo constructor es:

`Frame(`*widget contenedor, opción, …*`)`

Las opciones son las comunes: `bg`, `bd`, `cursor`, `height`, `highlightbackground`, `highlightcolor`, `highlightthickness`, `padx`, `pady`, `relief`, `takefocus` y `width`.

Los *labelframes* se representan como objetos de la clase `LabelFrame`. Su constructor es:

`LabelFrame (`*widget contenedor, opción, …*`)`

Las opciones son las mismas que las de la clase `Frame`, pero se añaden las relacionadas con la etiqueta que los identifica:

- `font`. Fuente utilizada por el texto de la etiqueta.
- `labelanchor`. Posición en la que se va a situar la etiqueta. Sus valores pueden ser `N`, `E`, `S`, `W`, `NE`, `NW`, `SE` o `SW`. El predeterminado es `NW` (la esquina superior izquierda del *frame*).
- `text`. Texto de la etiqueta.

El único método específico que se va a destacar de ambos *widgets* es aquel que devuelve la lista de los controles gráficos que contienen:

```
winfo_children()
```

7.11.2 Práctica

En esta nueva práctica, realizará una aplicación con la siguiente interfaz de usuario:

Como puede apreciar, contiene un área de texto que ocupa la mayor parte de la interfaz. En la parte superior derecha hay tres botones, con los que se podrá crear nuevo contenido, ver el almacenado en un archivo o guardarlo una vez modificado. En la parte inferior, hay otros dos botones situados a ambos lados para solicitar ayuda o salir de la aplicación.

Por último, es importante destacar que el tamaño de la ventana podrá modificarse sin que afecte a la distribución de sus componentes.

El código del programa que muestra dicha interfaz de usuario es el siguiente:

```
from tkinter import Tk, Text, Button, Frame

root = Tk()
root.title("Frames")
root.minsize(400, 200)

frame_izquierdo = Frame(root)
frame_derecho = Frame(root)
frame_inferior = Frame(root)
```

```
frame_izquierdo.grid(row=0, column=0, sticky="nsew")
root.rowconfigure(0, weight=1)
root.columnconfigure(0, weight=1)

frame_derecho.grid(row=0, column=1, sticky="n", padx=5)
frame_inferior.grid(row=1, column=0, columnspan=2, sticky="ew",
                    padx=5, pady=5)

area_texto = Text(frame_izquierdo, padx=10, pady=10, bd=5)
area_texto.pack(expand= True, fill="both")

boton_nuevo = Button(frame_derecho, text="  NUEVO  ")
boton_abrir = Button(frame_derecho, text="   ABRIR   ")
boton_guardar = Button(frame_derecho, text="GUARDAR")
boton_nuevo.pack(pady=5)
boton_abrir.pack()
boton_guardar.pack(pady=5)

boton_ayuda = Button(frame_inferior, text="   AYUDA  ")
boton_salir = Button(frame_inferior, text="  SALIR  ", width=8)
boton_ayuda.pack(side="left")
boton_salir.pack(side="right")

root.mainloop()
```

 Por simplicidad, no se incluyen las funciones que se llamarían al pulsar los botones.

En dicho programa, lo primero que se hace es importar las clases utilizadas para componer la interfaz de usuario, entre la que destaca `Frame`:

```
from tkinter import Tk, Text, Button, Frame
```

Se empezará creando la ventana principal, a la que se asigna el texto de la barra de título y un tamaño mínimo (necesario para que siempre estén visibles todos los componentes gráficos):

```
root = Tk()
root.title("Frames")
root.minsize(400, 200)
```

A continuación, se crean los *frames* que contendrán los *widgets* de la interfaz. Su distribución será la que se puede ver en la siguiente imagen:

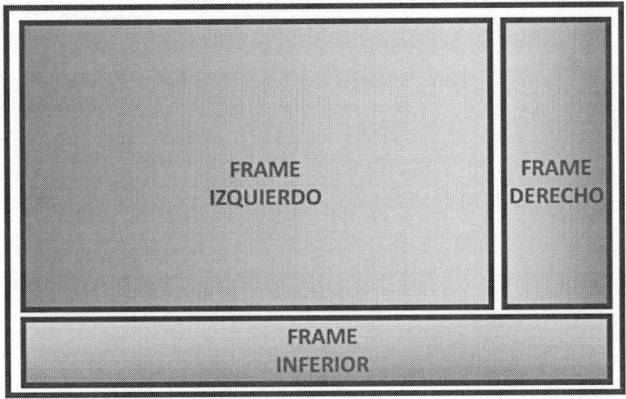

Antes de empezar a programar, es muy importante haber hecho este diseño, ya que será el que dé lugar a la jerarquía de *widgets* utilizada de guía para situarlos en la ventana principal. Más abajo, puede ver su estructura en árbol:

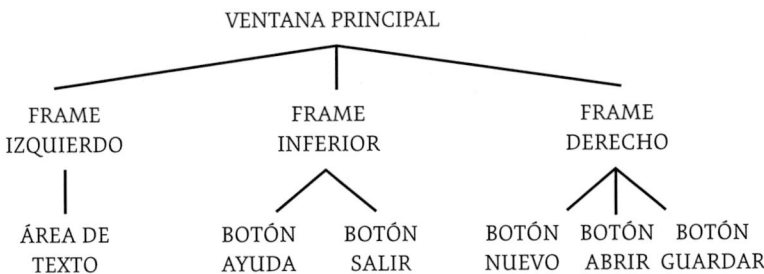

Como puede observar, dentro de la ventana principal se encuentran los tres *frames* encargados de contener el resto de los *widgets* de la interfaz. Su distribución, que en este caso será en rejilla, determinará la posición global de los *widgets* que agrupe cada uno de ellos. En concreto, el área de texto se situará en la parte superior izquierda, los botones de manejo de archivos en la parte superior derecha y los utilizados para solicitar ayuda y salir en la parte inferior. Cada *frame* tendrá su propio gestor de geometría para distribuir, de forma independiente, la posición de los *widgets* que contiene.

Las sentencias utilizadas para crear estos tres *frames* son:

```
frame_izquierdo = Frame(root)
frame_derecho = Frame(root)
frame_inferior = Frame(root)
```

Para colocarlos en la ventana principal, se utilizará un gestor de geometría de rejilla (*grid*). En concreto, el izquierdo estará en la fila 0, columna 0; el derecho en la fila 0, columna 1, y el inferior en la fila 1, columna 0 (aunque, en este caso, se configurará para que ocupe dos columnas).

Para situar el primer *frame* en la parte superior izquierda, se asignará el valor 0 a las opciones `row` y `column`. Además, la opción `sticky` toma como valor `"nsew"`, para que su tamaño coincida con el de la celda que lo contiene:

```
frame_izquierdo.grid(row=0, column=0, sticky="nsew")
```

Con el fin de que el tamaño de esta celda se adapte al de la ventana principal, tanto a lo ancho como a lo alto, se invocan los métodos `rowconfigure()` y `columnconfigure()`:

```
root.rowconfigure(0, weight=1)
root.columnconfigure(0, weight=1)
```

> ⓘ Al no utilizarse este método con otras celdas de la rejilla, el valor de la opción `weight` es indiferente.

A continuación, se crea el *frame* situado en la parte superior derecha. Su posición se determina con las opciones `row` y `column`, tal como se indicó anteriormente (fila 0, columna 1). La opción `sticky` se utiliza para ubicarlo en la parte superior (valor `"n"`). Los botones que se añadan a este *frame* irán colocados, por lo tanto, en dicha posición. Por último, se fija un margen horizontal de separación de cinco píxeles con `padx`:

```
frame_derecho.grid(row=0, column=1, sticky="n", padx=5)
```

De la misma forma, se crea el *frame* situado en la parte inferior. En este caso, además de colocarlo en dicha posición con las opciones `row` y `column`, se establece que la celda ocupe dos columnas con la opción `columnspan`. Por otra parte, se asigna la constante `EW` (en concreto, su valor `"ew"`) a la opción `sticky`. De esta forma, el *frame* tendrá el mismo ancho de la celda que lo contiene (en este caso, al ocupar dos columnas, será el de la ventana principal):

```
frame_inferior.grid(row=1, column=0, columnspan=2, sticky="ew",
                     padx=5, pady=5)
```

A partir de este momento, se crean los *widgets* que deberán colocarse en cada uno de los *frames*. El primero es el área de texto. Las opciones utilizadas son las que ya conoce de prácticas anteriores. La principal diferencia es que ahora el primer argumento del constructor es el nombre del *frame* en el que se sitúa (`frame_izquierdo`):

```
area_texto = Text(frame_izquierdo, padx=10, pady=10, bd=5)
```

La siguiente sentencia lo añade al *frame* invocando el método `pack()`, cuyas opciones hacen que cambie su tamaño cuando lo haga el del *frame*, es decir, que se redimensione la ventana. Será el único que lo haga, ya que el resto de los *widgets* mantendrán el que tiene:

```
area_texto.pack(expand= True, fill="both")
```

Después, se crean los botones que se incluirán en el *frame* derecho (`frame_derecho`), tal como puede comprobar con el primer argumento del constructor:

```
boton_nuevo = Button(frame_derecho, text="  NUEVO  ")
boton_abrir = Button(frame_derecho, text="   ABRIR   ")
boton_guardar = Button(frame_derecho, text="GUARDAR")
```

> (i) Se han añadido espacios en el nombre de los botones para que todos tengan el mismo tamaño. Esto mismo se podría haber hecho con la opción `width` o `padx`.

La distribución de estos botones en el *frame* contenedor se realizará también con el gestor de geometría *pack*, y quedarán situados unos debajo de otros:

```
boton_nuevo.pack(pady=5)
boton_abrir.pack()
boton_guardar.pack(pady=5))
```

Los últimos botones que se crean son los del *frame* inferior, tal como demuestra el valor de su primer argumento (`frame_inferior`):

```
boton_ayuda = Button(frame_inferior, text="   AYUDA   ")
boton_salir = Button(frame_inferior, text="  SALIR  ", width=8)
```

En este caso, los botones se colocan en ambos extremos del *frame*. Por eso, al emplazarlos con el método `pack()`, se utiliza la opción `side` con el valor `LEFT` en el botón de ayuda, y `RIGHT` para el de salir:

```
boton_ayuda.pack(side="left")
boton_salir.pack(side="right")
```

Como siempre, la última sentencia permitirá atender los eventos provocados por el usuario mientras use la interfaz:

```
root.mainloop()
```

Al no atenderse ningún evento, esta sentencia podría haberse omitido.

Ejecute el programa para comprobar que la apariencia que presenta la interfaz es la esperada. Más abajo puede ver su aspecto cuando se redimensiona la ventana principal. En todo momento se mantiene la distribución de los *widgets* que la componen.

Se anima al lector a completar este ejercicio, añadiendo las funciones que se ejecutarían al pulsar cada uno de los botones o asociando una barra de *scroll* al editor de texto.

7.12 PANEDWINDOW

Los *panedwindow*, al igual que los *frames*, son también contenedores. Su característica más relevante es la posibilidad de mover la frontera entre los *widgets* que contienen, modificando su tamaño. Su distribución dentro del panel solo podrá ser horizontal o vertical (no se utilizan gestores de geometría). Los límites entre ellos (en inglés, *sash*) se pueden ocultar o hacer visibles con una barra de separación. También se puede mostrar un pequeño cuadrado que facilite su desplazamiento (en inglés, *handle*).

En la siguiente imagen, puede ver reflejados ambos conceptos:

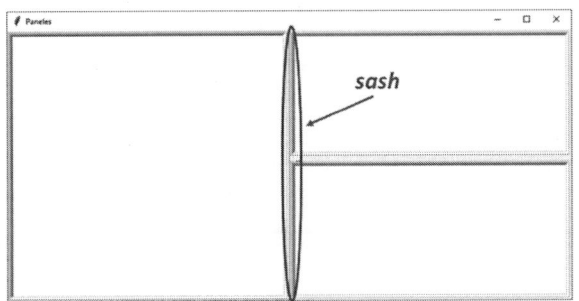
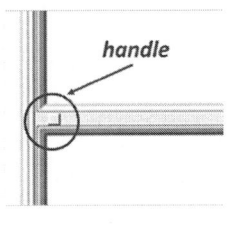

7.12.1 Opciones y métodos

En Tkinter, este *widget* se representa con la clase `PanedWindow`, cuyo constructor es:

`PanedWindow(`*widget contenedor, opción, …*`)`

Entre las opciones de las que dispone, además de las comunes `bg`, `bd`, `cursor`, `height`, `relief`, `takefocus` y `width`, destacan las siguientes:

- `handlepad`. Fija la distancia entre el *handle* y el extremo del *sash* (barra de separación entre *widgets*). Cuando la distribución de los *widgets* dentro del panel sea vertical, será la distancia entre el lado izquierdo del panel y el *handle*. Si fuera horizontal, sería la correspondiente entre el lado superior y el *handle*. El valor predeterminado es de ocho píxeles.

- `handlesize`. Tamaño del lado *handle*. Por defecto, es un cuadrado de ocho píxeles de lado.

- `orient`. Sitúa los *widgets* que contiene un panel en sentido horizontal (`HORIZONTAL`, valor por defecto) o vertical (`VERTICAL`).

- `sashpad`. Asigna espacio adicional a cada lado del *sash* (límite entre los *widgets* del panel). Por defecto, su valor es 0.

- `sashrelief`. Efecto utilizado para dar un aspecto 3D al *sash* (similar al atributo `relief`). Su valor, por defecto, es `PLANE`.

- `sashwidth`. Ancho del *sash*. Por defecto, es de dos píxeles.

- `showhandle`. Permite ver u ocultar el *handle*. Su valor por defecto es `False`. Si quiere verlo, asigne el valor `True` a esta opción.

La clase `PanedWindow` tiene muchos métodos, de los que únicamente describiremos los que permiten añadir o eliminar *widgets* al panel.

Para añadir un *widget* a un panel, se emplea el siguiente método:

add(*widget, opción, ...*)

Este método agrega al panel el *widget* indicado en el primer argumento. Entre sus opciones, además de las estándar `height`, `padx`, `pady`, `sticky` y `width`, dispone de las siguientes:

- `after`. Normalmente, cuando se añade un *widget* a un panel, se agrega después de los ya existentes. Para situarlo justo después de otro específico, asígnelo a esta opción.

- `before`. Igual que la opción anterior, pero situando el *widget* antes del especificado.

- `minsize`. Fija un tamaño mínimo para el *widget* contenido en un panel, según su orientación. En caso de ser horizontal, correspondería a la anchura y si fuera vertical, a la altura.

La forma de eliminar el *widget* de un panel es invocando el siguiente método:

remove(*widget*)

7.12.2 Práctica

El resultado del ejercicio que va a realizar en esta ocasión será una interfaz de usuario formada por una cabecera y tres áreas de texto, cuyo tamaño podrá cambiarse dentro de la ventana. Cada una de estas áreas (a las que se considerará "editores") estará contenida en un `LabelFrame`, cuya etiqueta la identifica. El aspecto que se pretende dar a esta interfaz se muestra en la imagen inferior:

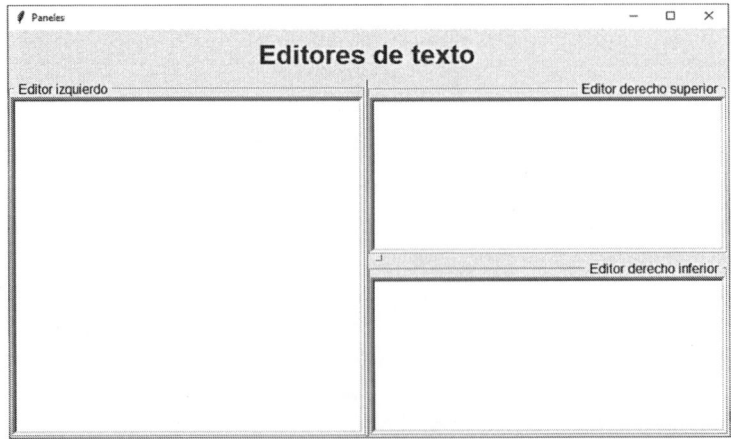

Para conseguirlo, es necesario realizar un diseño con la siguiente jerarquía de *widgets*:

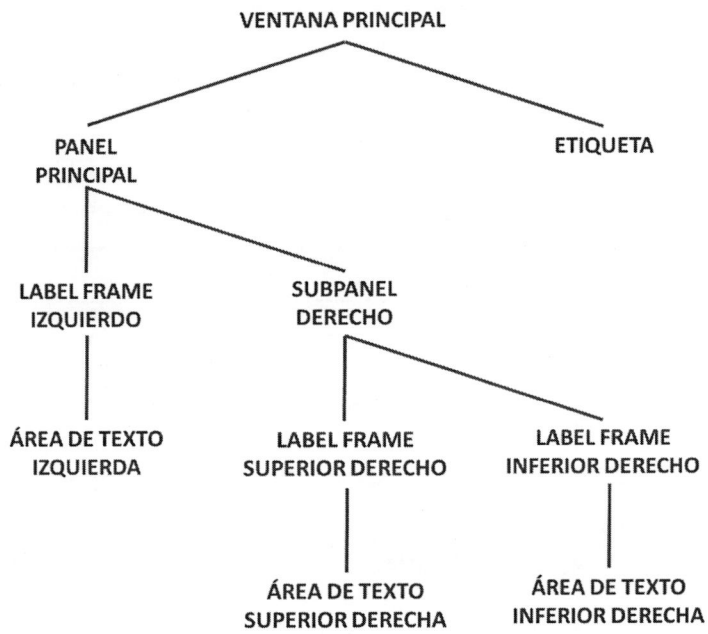

Como puede observar, la ventana principal se compone de la etiqueta que hace de cabecera (Label) y el panel principal (PanedWindow). Los límites de los *widgets* que hay dentro de dicho panel, que se distribuirán horizontalmente, podrán ser desplazados por el usuario. Estos *widgets* son un *frame* (LabelFrame) y otro panel (PanedWindow). El *frame* contendrá el área de texto (Text) situada a la izquierda. El panel estará formado por dos nuevos *frames* (LabelFrame) que, en esta ocasión, se distribuirán verticalmente. Los límites de ambos *frames*, al estar dentro de un panel, también podrán ser movidos. Por último, cada uno de ellos contendrá un área de texto (Text).

> ℹ Dentro de los paneles, se podrían haber incluido directamente las áreas de texto. El hecho de utilizar un *labelframe* se debe únicamente a motivos estéticos (al objeto de mostrar un nombre que identifique cada una de estas áreas).

El código con el que se ha llevado a cabo este diseño es el siguiente:

```python
from tkinter import Tk, Label, Text, LabelFrame, PanedWindow,
    RAISED, BOTH, VERTICAL, NE

root = Tk()
root.title("Paneles")
root.minsize(800, 400)

cabera = Label(text="Editores de texto", pady=10, fg="blue",
            font=("Arial", "24", "bold"))
cabera.pack()

root_panel = PanedWindow(sashrelief = RAISED)
root_panel.pack(fill=BOTH, expand=True)

frame_izquierdo = LabelFrame(root_panel, text=" Editor izquierdo ",
                        font=("Arial", "12"))
text_izquierdo = Text(frame_izquierdo, padx=10, pady=10,
                    bd=5, width=50)
text_izquierdo.pack(fill=BOTH, expand=True)
root_panel.add(frame_izquierdo)

subpanel_derecho = PanedWindow(root_panel, orient=VERTICAL,
                        showhandle= True)
root_panel.add(subpanel_derecho)

frame_superior=LabelFrame(root_panel,text="Editor derecho superior ",
                        font=("Arial", "12"), labelanchor=NE)
text_superior = Text(frame_superior, padx=10, pady=10, bd=5,
                    width=50, height=10)
text_superior.pack(fill=BOTH, expand=True)
subpanel_derecho.add(frame_superior)

frame_inferior=LabelFrame(root_panel,text=" Editor derecho inferior ",
                        font=("Arial", "12"), labelanchor=NE)
text_inferior = area_texto = Text(frame_inferior, padx=10, pady=10,
                            bd=5, width=50, height=10)
text_inferior.pack(fill=BOTH, expand=True)
subpanel_derecho.add(frame_inferior)

root.mainloop()
```

En primer lugar, se importan las clases que se van a utilizar, de las que únicamente destacamos `LabelFrame` y `PanedWindow`. Con la primera se crearán los *frames* que contendrán los editores de texto (objetos de la clase `Text`). De esa forma, quedarán enmarcados e identificados con un nombre situado en la parte superior, y ofrecerán el efecto mostrado en la imagen anterior. Con `PanedWindow` se crearán los paneles que contendrán los *labelframes*, cuyos límites podrán moverse. Además, y como novedad, también se importan las constantes necesarias para no tener que usar directamente su valor:

```
from tkinter import Tk, Label, Text, LabelFrame, PanedWindow,
                     RAISED, BOTH, VERTICAL, NE
```

Luego se crea la ventana principal (`root`), y se le asigna el texto de la barra de título y un tamaño mínimo:

```
root = Tk()
root.title("Paneles")
root.minsize(800, 400)
```

El primer *widget* que se crea es la etiqueta que hace de cabecera (`cabera`). Las opciones utilizadas en su constructor son las que establecen un margen vertical (el horizontal no hace falta porque no tiene otros *widgets* a los lados y el tamaño mínimo de la ventana es superior al del texto), además del color, el tipo, el tamaño y el estilo de la fuente utilizada. Después, se sitúa en la ventana principal con el método `pack()`:

```
cabera = Label(text="Editores de texto", pady=10, fg="blue",
               font=("Arial", "24", "bold"))
cabera.pack()
```

A continuación, se crea el panel que contendrá el resto de componentes gráficos (`root_panel`), cuyas fronteras podrán moverse. En el constructor se hace uso de la opción `sashrelief`, para dar relieve a dichos límites:

```
root_panel = PanedWindow(sashrelief = RAISED)
```

Puesto que su tamaño debe adaptarse al de la ventana principal cuando se redimensione, en el método `pack()` se asignarán los valores adecuados a las opciones `fill` y `expand`:

```
root_panel.pack(fill=BOTH, expand=True)
```

Una vez que ya se tiene el panel principal, se crean los *widgets* que contendrá. El primero es el `LabelFrame`, dentro del cual estará el editor de texto situado a la izquierda. Las opciones que se usan son las que establecen el texto y la fuente con la que se va a escribir el nombre del *frame* (`text` y `font`). Observe que el primer argumento del constructor es el *widget* contenedor al que está asociado (`root_panel`):

```
frame_izquierdo = LabelFrame(root_panel, text=" Editor izquierdo ",
                        font=("Arial", "12"))
```

Después, se crea el editor de texto (`text_izquierdo`). Las opciones utilizadas las conoce perfectamente. Únicamente se destaca que el primer argumento del constructor indica el *frame* al que se asocia (`frame_izquierdo`):

```
text_izquierdo = Text(frame_izquierdo, padx=10, pady=10,
                    bd=5, width=50)
```

Las dos sentencias siguientes muestran el editor de texto dentro del *labelframe* que, a su vez, se añade al panel principal con el método `add()`. Las opciones utilizadas en el método `pack()` hacen que el tamaño del editor se ajuste al del *frame*:

```
text_izquierdo.pack(fill=BOTH, expand=True)
root_panel.add(frame_izquierdo)
```

Para situar verticalmente los otros dos editores de texto, es necesario crear un nuevo panel dentro del principal. Por ese motivo, el primer argumento del constructor de este nuevo panel será `root_panel`. Con objeto de poder distribuir verticalmente los *widgets* que contenga (por defecto, se hace horizontalmente), se asigna el valor `VERTICAL` a la opción `orient`. Además, con la opción `showhandle` se mostrará un *handle* que facilite el desplazamiento del límite entre ellos:

```
subpanel_derecho = PanedWindow(root_panel, orient=VERTICAL,
                        showhandle= True)
```

Una vez creado este segundo panel, se añade al principal con el método `add()` que, por defecto, se posiciona horizontalmente a su derecha:

```
root_panel.add(subpanel_derecho)
```

Es momento de dar contenido a este segundo panel. En primer lugar, se crea el `LabelFrame` que incluirá el editor de texto situado en la parte superior (`frame_superior`). La diferencia con el *frame* creado anteriormente es que se utiliza la opción `labelanchor` para poner el nombre que lo identifica en la parte superior derecha. Si estuviéramos mirando una brújula, correspondería a la coordenada nordeste; de ahí que el valor de dicha opción sea NE:

```
frame_superior=LabelFrame(root_panel,text="Editor derecho superior ",
                    font=("Arial", "12"), labelanchor=NE)
```

A continuación, se crea el área de texto (text_superior), teniendo especial cuidado de poner como primer argumento el *frame* del que depende (frame_superior). En este caso, se añade también la opción height para que inicialmente tenga 10 líneas de alto:

```
text_superior = Text(frame_superior, padx=10, pady=10, bd=5,
                    width=50, height=10)
```

La forma de situar este editor de texto en el *frame* superior (frame_superior) con el método pack() —y este, a su vez, en el panel derecho con el método add()— es similar a la forma vista anteriormente, por lo que no se van a dar explicaciones adicionales:

```
text_superior.pack(fill=BOTH, expand=True)
subpanel_derecho.add(frame_superior)
```

Con el editor de texto inferior, se hace lo mismo que con el superior, por lo que tampoco se van a dar más explicaciones a este respecto. Únicamente es importante destacar el hecho de que, al haber asignado el valor VERTICAL a la opción orient del constructor del subpanel derecho (subpanel_derecho), este segundo *frame* se ubicará debajo del anterior (en vez de a la derecha):

```
frame_inferior=LabelFrame(root_panel, text="Editor derecho inferior ",
                    font=("Arial", "12"), labelanchor=NE)
text_inferior = Text(frame_inferior, padx=10, pady=10,
                    bd=5, width=50, height=10)
text_inferior.pack(fill=BOTH, expand=True)
subpanel_derecho.add(frame_inferior)
```

La última sentencia es la que permite atender los eventos producidos en la interfaz. Puesto que no se va a atender ninguno, realmente no sería necesaria.

```
root.mainloop()
```

Ejecute el programa para verificar que su aspecto es el esperado. Compruebe que es posible desplazar los límites entre los editores de texto dentro de la ventana, tal como puede ver en esta composición de imágenes:

Además, observe que aparece un asa (*shas*) en el límite de separación entre los paneles superior e inferior del lado derecho, al haber asignado el valor `True` a la opción `showhandle`.

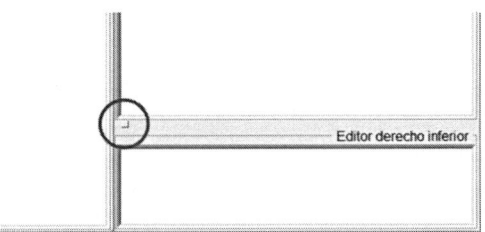

7.13 CHECKBUTTON Y RADIOBUTTON

Un *checkbutton* es un tipo especial de botón que muestra gráficamente si una opción está seleccionada. Generalmente, las opciones se suelen agrupar por temas; por ejemplo, si un tema fuera el de las aficiones, las opciones (*checkbuttons*) podrían ser: la música, el deporte, la lectura, etc. El usuario tendría la posibilidad de seleccionar una o varias de dichas opciones:

Checkbutton ☑ Opción1 ☐ Opción2 ☑ Opción3

Los *radiobuttons* también son un tipo especial de botones utilizados para representar opciones y, al igual que los *checkbuttons*, se agrupan por temas. Sin embargo, a diferencia de estos, el usuario solo puede elegir uno de ellos; por ejemplo, si el tema fuera el sexo, el usuario solo podría marcar una de las dos opciones: hombre o mujer.

Radiobutton ⦿ Opción1 ○ Opción2 ○ Opción3

7.13.1 Opciones y métodos

En Tkinter, un *checkbutton* se representa por la clase `Checkbutton`, cuyo constructor es:

`Checkbutton(`*widget contenedor, opción, ...*`)`

Las opciones que podrán utilizarse, además de las comunes `activebackground`, `activeforeground`, `anchor`, `bg`, `bitmap`, `bd`, `compound`, `cursor`, `disabledforeground`, `font`, `fg`, `height`, `highlightbackground`, `highlightcolor`, `highlightthickness`, `image`, `padx`, `pady`, `relief`, `takefocus` y `width`, son las siguientes:

- `command`. Nombre de la función que se llamará cuando cambie el estado del botón (casilla) de verificación (*on* ←→ *off*).

- `indicatoron`. Por defecto, el valor de esta opción es `True`, lo que significa que el *checkbutton* se muestra como una casilla de verificación situada a la izquierda del texto correspondiente a la opción que representa. Si tuviera el valor `False`, su apariencia sería la de un botón, de forma que, cuando la opción estuviera seleccionada, se vería hundido y, en caso contrario, se elevaría. Para apreciar dicho efecto, se recomienda aumentar el valor de la opción `bd`.

- `justify`. Si el texto del botón contiene varias líneas, con esta opción se controla cómo se justifican: `CENTER` (centradas, predeterminado), `LEFT` (a la izquierda) o `RIGHT` (a la derecha).

- `offvalue`. De forma predeterminada, cuando el *checkbutton* no esté seleccionado, la variable de control asociada al botón (asignada con la opción `variable`) toma el valor 0. Aquí podrá sustituir dicho valor por cualquier otro que prefiera.

- `onvalue`. Cuando el *checkbutton* esté seleccionado, la variable de control asociada al botón tiene el valor 1. Con esta opción, podrá reemplazarlo por otro diferente.

- `selectimage`. Imagen que muestra el botón cuando está seleccionado, en vez de la casilla de verificación y un texto. Su valor es una instancia de la clase `PhotoImage` o `BitmapImage`. Para que se vea, tendrá que haber asignado una imagen al atributo `image` (es la que se vería cuando el botón no estuviera seleccionado). Además, la opción `indicatoron` deberá tener el valor `False`.

- `selectcolor`. Color de fondo de la casilla de verificación.

- `state`. Su valor predeterminado es `NORMAL`, en el que un usuario puede seleccionarlo. Para que no responda, asigne el valor `DISABLED` a esta opción. Cuando el cursor del ratón se sitúe sobre el *checkbutton*, el estado será `ACTIVE` (a no ser que esté desactivado).

- `text`. Etiqueta que se muestra al lado de la casilla de verificación.
- `textvariable`. Variable de control con el nombre de la casilla de verificación.
- `underline`. Fija el carácter del texto que quiera que aparezca subrayado. Su valor es la posición que ocupa en dicho texto, empezando a contar desde 0. Se utiliza para indicar la existencia de atajos de teclado. El valor por defecto es -1, lo que significa que no habrá ninguno subrayado.
- `variable`. Variable de control que mantiene el estado actual del botón de verificación. Es un objeto de la clase `IntVar` que, de forma predeterminada, tendría el valor 0 si la opción no estuviera seleccionada, y 1 en caso contrario. Estos valores pueden cambiarse con las opciones `offvalue` y `onvalue`.
- `wraplength`. Tamaño máximo de la línea con el texto mostrado al lado de la casilla de verificación (en píxeles). La parte que lo supere se dividirá en nuevas líneas.

Además de las opciones anteriores, este *widget* tiene otras relacionadas con el aspecto 3D exhibido en diferentes situaciones:

- `offrelief`. Estilo de relieve cuando la opción no está seleccionada. Sus valores son los mismos del atributo estándar `relief`.
- `onrelief`. Estilo de relieve cuando la opción está seleccionada.
- `overrelief`. Estilo de relieve cuando el ratón se encuentre sobre la casilla de verificación.

Respecto a los métodos de este *widget*, se destacan solo algunos de ellos; el primero permite seleccionarlo:

```
select()
```

Por el contrario, para quitar la selección el método que se deberá utilizar es:

```
deselect()
```

Este otro método marca la casilla de verificación del botón —si no lo estuviera—, o viceversa:

```
toggle()
```

Con el siguiente método, se hace parpadear la casilla de verificación varias veces entre los colores establecidos para el estado activo y normal (indicados en las opciones `activebackground` y `background`), dejándolo en el que estaba inicialmente:

```
flash()
```

Este último método llama a la función asociada a la casilla de verificación (valor de la opción `command`):

```
invoke()
```

Respecto a los *radiobuttons*, en Tkinter se representan por la clase `Radiobutton`, cuyo constructor es:

`Radiobutton(`*widget contenedor, opción, ...*`)`

Como opciones, se pueden utilizar las comunes `activebackground`, `activeforeground`, `anchor`, `bg`, `borderwidth` (o `bd`), `cursor`, `disabledforeground`, `font`, `fg`, `height`, `highlightbackground`, `highlightcolor`, `highlightthickness`, `padx`, `pady`, `relief`, `takefocus` y `width`.

También comparte con el *checkbutton* las opciones `bitmap`, `command`, `compound`, `image`, `indicatoron`, `justify`, `offrelief`, `overrelief`, `selectcolor`, `selectimage`, `state`, `text`, `textvariable`, `underline`, `variable` y `wraplength`.

Además de las anteriores, un *radiobutton* tiene la siguiente opción específica:

- `value`. Contiene el valor asignado a la variable de control del *radiobutton* cuando este se selecciona.

A diferencia de los *checkbuttons*, la variable de control asociada a los *radiobuttons* de un mismo grupo debe ser la misma (atributo `variable`). Normalmente, es un objeto de la clase `IntVar` (también puede ser `Stringvar`), que tomará el valor establecido en la opción `value` del botón (*radiobutton*) seleccionado. Por eso, dicho valor deberá ser diferente en todos los botones que formen un grupo.

Respecto a los métodos, son los mismos de los *checkbuttons*, excepto `toggle()`, del que no dispone.

7.13.2 Prácticas

En esta ocasión, va a realizar dos prácticas que completan el resultado de otras realizadas anteriormente. En la primera, creará un submenú cuyas entradas sean *checkbuttons*, mediante los que se pueda elegir la extensión de los ficheros mostrados en el explorador de archivos a la hora de abrirlos o guardarlos. En la segunda, añadirá un grupo de *checkbuttons* y otro de *radiobuttons* para recoger información personal de un usuario.

7.13.2.1 *Menú con* checkbuttons

En esta primera práctica, seguirá completando el editor de ficheros que ha venido desarrollando en prácticas anteriores (lo último que hizo fue añadirle una barra de *scroll* vertical). A partir de ahora, podrá seleccionar las extensiones de los ficheros que quiera que aparezcan en el explorador de archivos. Para ello, creará un nuevo submenú debajo del menú "Archivo", cuyas opciones sean *checkbuttons* con las extensiones de dichos ficheros.

Dada la extensión del código utilizado de base, este no se va a reproducir completamente, sino únicamente los cambios realizados. El primero de ellos se encuentra al importar las clases del paquete Tkinter necesarias, ya que se añade IntVar, con la que se van a crear las variables de control asociadas a los *checkbuttons:*

```
from tkinter import Tk, Menu, Text, PhotoImage, filedialog, IntVar
```

Observe que no se importa la clase Checkbutton.

En la declaración de variables se añade una nueva, cuyo valor será el que se asigne al argumento filetypes de las funciones del módulo *filedialog* utilizadas para abrir o guardar archivos. Se le da un valor inicial, para que solo muestre aquellos que tengan la extensión ".txt":

```
extensiones = [("ficheros texto", "*.txt")]
```

El siguiente cambio ha consistido en agregar las sentencias con las que se crean las variables de control asociadas a cada uno de los *checkbuttons* que, como pronto descubrirá, serán las entradas de un submenú que permitirán seleccionar el tipo de ficheros que aparezcan en el explorador de archivos:

```
extension_xml = IntVar()
extension_html = IntVar()
```

Con las siguientes líneas de código, se crea la entrada "Extensiones" como submenú dentro de "Archivo" (menu_archivo). Dicho submenú (submenu_extensiones) tendrá como entradas los dos *checkbuttons* que permitan seleccionar si el explorador de archivos muestra los que tengan extensión "xml" y/o "html" (además de los "txt"). Estas se añaden al submenú con el método add_checkbutton():

```
submenu_extensiones = Menu(tearoff=False)
submenu_extensiones.add_checkbutton(label="xml",
    variable=extension_xml, command=gestion_extensiones)
submenu_extensiones.add_checkbutton(label="html",
    variable=extension_html, command=gestion_extensiones)
menu_archivo.add_cascade(label='Extensiones',
    menu=submenu_extensiones)
```

El aspecto que tendrá ahora el menú "Archivo" es el siguiente:

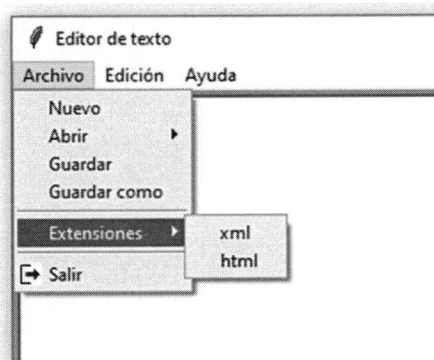

Al pulsar cualquiera de estas entradas, se llamará a la función `gestion_extensiones()`, cuyo código también se ha tenido que añadir al programa utilizado de base. En dicha función, se declara como global la variable de configuración `extensiones`. Recuerde que esta contiene la lista de extensiones de los ficheros que se podrán mostrar en el explorador de archivos. El valor asignado inicialmente será el mismo que al arrancar el programa, ya que siempre se deben poder ver los ficheros de texto (aquellos con extensión ".txt"):

```
def gestion_extensiones():
    global extensiones
    ...
    extensiones = [("ficheros texto", "*.txt")]
```

En la condición de las sentencias `if` que hay a continuación, se obtiene el valor de las variables de control de cada uno de los *checkbuttons* (`extension_xml` y `extension_html`) con el método `get()`. Si su valor fuera distinto de 0, significaría que se ha seleccionado; por lo que, al cumplirse la condición, se añadiría la extensión correspondiente a la variable `extensiones`. Como sabe, en esta se almacena la lista de todas las que se van a mostrar en el explorador de archivos:

```
if extension_xml.get():
    extensiones.append(("ficheros xml", "*.xml"))
if extension_html.get():
    extensiones.append(("ficheros html", "*.html"))
```

Por último, deberá modificar la invocación a las funciones `askopenfilename()` y `asksaveasfilename()` del módulo *filedialog*, para asignar la variable `extensiones` como valor de la opción `filetypes` (en vez de `[("ficheros texto", "*.txt")]`). Recuerde que la primera era llamada desde `abrir()`, mientras que la segunda se invocaba desde `guardar()` y `guardar_como()`.

No hay más cambios. Ejecute el programa y seleccione la opción Archivo → Extensiones → html. Observe que ahora dicha opción tiene un *check* a su izquierda, lo que indica que está seleccionado:

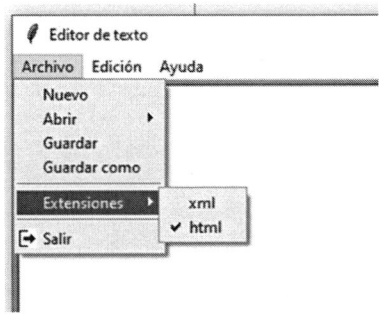

Si volviera a seleccionar esta opción, el *check* desaparecería. Sería posible hacer lo mismo con la opción xml, ya que son independientes (puede estar marcada solo una de ellas, las dos o ninguna).

Seleccione la opción Archivo → Abrir → Explorar. En esta ocasión, al desplegar el menú que hay en la parte inferior derecha se podrán elegir archivos con extensión html:

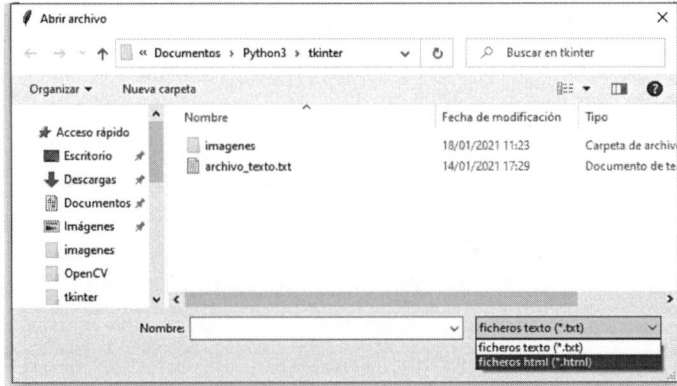

Al hacerlo, en el panel principal aparecerán los que tengan dicha extensión en la carpeta actual:

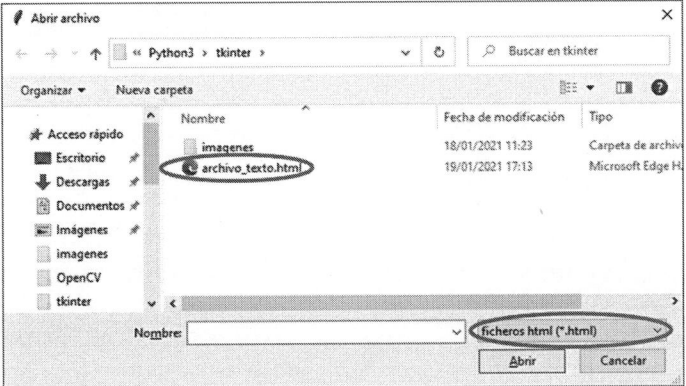

7.13.2.2 *Formulario*

En la siguiente práctica, va a modificar el formulario desarrollado en una práctica anterior, para que ahora el sexo se elija pulsando sobre un *radiobutton* (en vez de seleccionando la opción de un menú). Así mejorará su aspecto y su facilidad de uso. Además, se incluirá un grupo de *checkbuttons,* para que también se puedan incluir las aficiones de la persona.

El nuevo aspecto que tendrá el formulario se muestra a continuación:

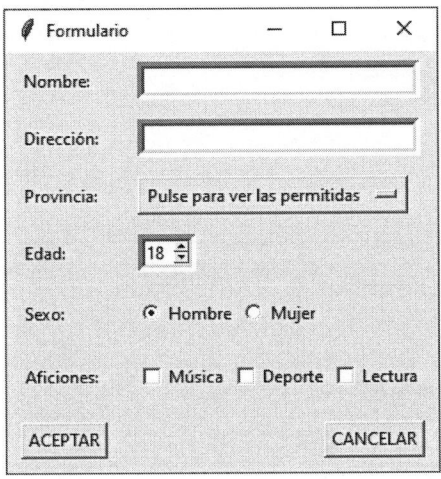

Puesto que la información recogida del usuario empieza a ser mucha, al pulsar el botón "ACEPTAR", esta se mostrará en una ventana emergente, en vez de en una etiqueta en la parte inferior de la ventana principal (como sucedía en el programa utilizado de base).

El código necesario para obtener este nuevo formulario es el siguiente:

```
from tkinter import Tk, Label, Button, Entry, Spinbox, OptionMenu,
                    IntVar, StringVar, Radiobutton, Checkbutton,
                    Frame, messagebox

edad_minima = 18
edad_maxima = 65


####################################################
#Funciones que se ejecutan al pulsar los botones
####################################################
def aceptar():
    selecciones=nombre=direccion=provincia=edad=sexo=aficiones=""

    nombre = nombre_entry.get()
    direccion = direccion_entry.get()
    provincia = var_provincia.get()
    edad = edad_entry.get()
    sexo = radio_var.get()
    aficion1 = check_var1.get()
    aficion2 = check_var2.get()
    aficion3 = check_var3.get()
    if aficion1: aficiones += "Música "
    if aficion2: aficiones += "Deporte "
    if aficion3: aficiones += "Lectura"

    if nombre:selecciones = "Nombre : "+nombre+"\n"
    if direccion:selecciones += "Dirección : "+direccion+"\n"
    if provincia != "Pulse para ver las permitidas":
        selecciones += "Provincia: "+provincia+"\n"
    selecciones += "Edad: "+edad+"\n"
    selecciones += "Sexo: "+sexo+"\n"
    if aficiones:selecciones += "Aficiones: "+aficiones+"\n"

    messagebox.showinfo("Selección", selecciones)
```

```
def cancelar():
    nombre_entry.delete(0, "end")
    direccion_entry.delete(0, "end")
    var_provincia.set("Pulse para ver las permitidas")
    edad_entry.delete(0, "end")
    edad_entry.insert(0, edad_minima)
    hombre_radiobutton.select()
    aficion1_checkbutton.deselect()
    aficion2_checkbutton.deselect()
    aficion3_checkbutton.deselect()

#Ventana principal
root = Tk()
root.title("Formulario")
root.resizable(True, False)
root.minsize(300, 100)

#Variables de control
var_provincia = StringVar()
radio_var = StringVar()
check_var1 = IntVar()
check_var2 = IntVar()
check_var3 = IntVar()


####################################################
#Creación de widgets
####################################################

#Creación de la etiqueta y el campo del nombre
nombre_label = Label(text="Nombre:")
nombre_entry=Entry(bd=5,highlightcolor="red",highlightthickness=2)

#Creación de la etiqueta y el campo de la dirección
direccion_label = Label(text="Dirección:")
direccion_entry=Entry(bd=5,highlightcolor="red",highlightthickness=2)

#Creación de la etiqueta y el campo de la provincia
provincia_label = Label(text="Provincia:")
```

```python
provincia_menu = OptionMenu(root,var_provincia, "León","Zamora",
                            "Salamanca","Valladolid","Palencia")
var_provincia.set("Pulse para ver las permitidas")


#Creación de la etiqueta y el campo de la edad
edad_label = Label(text="Edad:")
edad_entry=Spinbox(from_=edad_minima,to=edad_maxima,width=3,
                   bd=5,highlightcolor="red",highlightthickness=2)


#Creación de la etiqueta, los radiobuttons de sexo y
#el frame que los contiene
sexo_label = Label(text="Sexo:")
frame_radiobuttons = Frame()
hombre_radiobutton = Radiobutton(frame_radiobuttons,
                                 text = "Hombre",
                                 variable = radio_var,
                                 value = "Hombre")
mujer_radiobutton = Radiobutton(frame_radiobuttons,
                                text = "Mujer",
                                variable = radio_var,
                                value = "Mujer")


#Creación de la etiqueta, los radiobuttons de las aficiones y
#el frame que los contiene
aficiones_label = Label(text="Aficiones:")
frame_checkbuttons = Frame()
aficion1_checkbutton = Checkbutton(frame_checkbuttons,
                                   text = "Música",
                                   variable = check_var1)
aficion2_checkbutton = Checkbutton(frame_checkbuttons,
                                   text = "Deporte",
                                   variable = check_var2)
aficion3_checkbutton = Checkbutton(frame_checkbuttons,
                                   text = "Lectura",
                                   variable = check_var3)


#creación de los botones
boton_aceptar = Button(text="ACEPTAR", command=aceptar)
boton_cancelar = Button(text="CANCELAR", command=cancelar)
```

```
##################################################
#Composición de los widgets en la interfaz
##################################################

#Composición de los widgets del nombre
nombre_label.grid(row=0, column=0, sticky= "w", padx=10, pady=10)
nombre_entry.grid(row=0, column=1, sticky= "ew", padx=10)

#Composición de los widgets de la dirección
direccion_label.grid(row=1,column=0,sticky="w",padx=10,pady=10)
direccion_entry.grid(row=1, column=1, sticky= "ew", padx=10)

#Composición de los widgets de la provincia
provincia_label.grid(row=2,column=0,sticky="w",padx=10,pady=10)
provincia_menu.grid(row=2, column=1, sticky= "w", padx=10)

#Composición de los widgets de la edad
edad_label.grid(row=3, column=0, sticky= "w", padx=10, pady=10)
edad_entry.grid(row=3, column=1, sticky= "w", padx=10)

#Los campos de entrada de texto crecen a lo ancho con la ventana
root.columnconfigure(1, weight=1)

#Composición de los widgets del sexo
sexo_label.grid(row=4, column=0, sticky= "w", padx=10, pady=10)
frame_radiobuttons.grid(row=4, column=1, sticky= "w", padx=10, pady=10)
hombre_radiobutton.pack(side= "left")
mujer_radiobutton.pack(side= "left")
hombre_radiobutton.select()

#Composición de los widgets de las aficiones
aficiones_label.grid(row=5,column=0,sticky="w",padx=10,pady=10)
frame_checkbuttons.grid(row=5, column=1, sticky= "w",
                        padx=10, pady=10)
aficion1_checkbutton.pack(side= "left")
aficion2_checkbutton.pack(side= "left")
aficion3_checkbutton.pack(side= "left")
```

```
#Composición de los widgets de los botones
boton_aceptar.grid(row=6,column=0,padx=10,pady=10,sticky= "W")
boton_cancelar.grid(row=6,column=1,padx=10,pady=10,sticky= "E")

root.mainloop()
```

De nuevo, únicamente se comentarán los cambios realizados respecto del programa utilizado de base. Como viene siendo habitual, el primero se efectúa en la sentencia donde se importan las clases que se van a tener que utilizar, a la que se añaden aquellas con las que se crearán los *checkbuttons* y los *radiobuttons* (Checkbutton y Radiobutton). También se incluye la clase Frame, porque los *radiobuttons* con los que se podrá elegir el sexo de la persona se agruparán en un *frame,* mientras que los *checkbuttons* correspondientes a las aficiones estarán contenidos en otro diferente. Además, para obtener los valores seleccionados por el usuario con dichos *widgets,* se deberá recurrir a variables de control. Estas, en el caso de los *radiobuttons,* son objetos de la clase StringVar, mientras que para los *checkbuttons* serán de la clase IntVar. Finalmente, como toda la información del formulario se va a mostrar en una ventana emergente, se importa asimismo el módulo messagebox:

```
from tkinter import Tk,Label,Button,Entry,Spinbox,IntVar,StringVar,
              Radiobutton,Checkbutton,Frame,messagebox
```

Saltando la declaración de las funciones que se ejecutarán cuando se pulse los botones "ACEPTAR" y "CONFIRMAR", se encuentran las sentencias con las que se crea la ventana principal, se le asigna un título, un tamaño mínimo y se establece que solo pueda modificarse en sentido horizontal. Los cambios afectan realmente al bloque de sentencias que hay a continuación, donde se crea la variable de control que contiene el sexo del usuario (radio_var, compartida por los dos *radiobuttons*), así como las asociadas a cada una de sus aficiones (check_var1, check_var2 y check_var3, vinculadas a los correspondientes *checkbuttons*):

```
radio_var = StringVar()
check_var1 = IntVar()
check_var2 = IntVar()
check_var3 = IntVar()
```

i

Recuerde que, en un grupo de *radiobuttons,* solo se puede seleccionar una opción, de ahí que solo haya una variable de control para todos ellos.

> **ⓘ** Se mantiene la variable de control `var_provincia`, utilizada en el programa de base para recoger la provincia seleccionada del *optionmenu*. En cambio, desaparece `sexo_var`, que almacenaba el sexo del usuario en un campo de texto. Esta variable ha sido sustituida por `radio_var`, asociada al grupo de *radiobuttons*.

A continuación, se crean todos los *widgets* que forman parte del formulario. Las sentencias utilizadas para aquellos relacionados con el nombre, la dirección, la provincia y la edad son las mismas que las del programa de base. Sin embargo, ahora se usan dos *radiobuttons* para seleccionar el sexo del usuario que, al igual que los campos de entrada anteriores, son precedidos por una etiqueta descriptiva:

```
sexo_label = Label(text="Sexo:")
```

Los *radiobuttons* se agruparán en un mismo *frame* (`frame_radiobuttons`), que se crea previamente:

```
frame_radiobuttons = Frame()
```

A la hora de crear los *radiobuttons*, se deberá prestar especial atención a que su primer argumento sea dicho *frame* (`frame_radiobutton`). Además, ambos deberán compartir la variable de control `radio_var` (opción `variable`). El valor que tomará esta variable será "Hombre" en el primero y "Mujer" en el segundo (opción `value`), que coincide con la etiqueta mostrada en cada uno de ellos (opción `text`):

```
hombre_radiobutton = Radiobutton(frame_radiobuttons,
                                 text="Hombre",
                                 variable=radio_var,
                                 value="Hombre")
mujer_radiobutton = Radiobutton(frame_radiobuttons,
                                text="Mujer",
                                variable=radio_var,
                                value="Mujer")
```

La dinámica seguida para los *checkbuttons* es la misma, por lo que se crea una etiqueta que indica que las opciones corresponden a aficiones (`aficiones_label`), además del *frame* que los contenga (`frame_checkbuttons`):

```
aficiones_label = Label(text="Aficiones:")
frame_checkbuttons = Frame()
```

Luego, se crean los tres *checkbuttons* (`aficion1_checkbutton`, `aficion2_checkbutton` y `aficion3_checkbutton`), uno por afición (música, deporte o lectura). Puesto que un usuario podrá tener una o más aficiones, en vez de una variable de control común a todos ellos (tal como sucedía con los *radiobuttons*), cada uno tendrá la suya propia, establecida con la opción `variable`. Al no haber utilizado la opción `value`, dichas variables de control tendrán el valor 0 cuando no estén seleccionadas y 1 en caso contrario. Con la opción `text` se asigna el texto de cada opción (afición). Por último, no se olvide de incluir como primer argumento el *frame* en el que están contenidos (`frame_checkbuttons`):

```
aficion1_checkbutton = Checkbutton(frame_checkbuttons,
                                   text = "Música",
                                   variable = check_var1)
aficion2_checkbutton = Checkbutton(frame_checkbuttons,
                                   text = "Deporte",
                                   variable = check_var2)
aficion3_checkbutton = Checkbutton(frame_checkbuttons,
                                   text = "Lectura",
                                   variable = check_var3)
```

Las sentencias que crean los botones son las mismas del programa utilizado de base, por lo que no se dará ninguna explicación sobre ellas.

Una vez creados todos los *widgets*, es momento de mostrarlos en la ventana principal. Las sentencias correspondientes a los campos en los que se debe introducir el nombre, la dirección y la edad, así como el menú en el que se debe seleccionar la provincia, son las mismas del programa utilizado de base, por lo que tampoco se dan explicaciones adicionales.

Para mostrar las opciones del sexo, primero se añade la etiqueta y, a continuación, el *frame* que contendrá los *radiobuttons*. El valor de la opción `sticky` utilizada en ambos *widgets* es "w", lo que indica que estos se sitúan a la izquierda de la celda manteniendo su tamaño, aunque se modifique el de la ventana principal (a diferencia de los campos del nombre y la dirección):

```
sexo_label.grid(row=4, column=0, sticky= "w", padx=10, pady=10)
frame_radiobuttons.grid(row=4, column=1, sticky= "w", padx=10, pady=10)
```

Para componer los *radiobuttons* dentro del *frame* que los agrupa, se utiliza el gestor de geometría *pack*. El valor asignado a la opción `side` del método `pack()` hace que se sitúen en el lado izquierdo, uno a continuación del otro:

```
hombre_radiobutton.pack(side= "left")
mujer_radiobutton.pack(side= "left")
```

La sentencia que hay a continuación se utiliza para seleccionar la opción "Hombre" (*radiobutton* `hombre_radiobutton`) al arrancar la aplicación:

```
hombre_radiobutton.select()
```

En el caso de las aficiones, la dinámica es la misma, ya que primero se añade la etiqueta descriptiva (`aficiones_label`) y, a continuación, el *frame* que contendrá los *checkbuttons* (`frame_checkbuttons`). El valor de la opción `sticky` utilizada en ambos *widgets* es "w", lo que hará que se coloquen a la izquierda de la celda manteniendo su tamaño. Al igual que se hizo con los *radiobuttons*, los *checkbuttons* (`aficion1_checkbutton`, `aficion2_checkbutton` y `aficion3_checkbutton`) también se posicionan en la parte izquierda del *frame* con el método `pack()`, asignando el valor "left" a la opción `side`:

```
aficiones_label.grid(row=5,column=0,sticky= "w", padx=10, pady=10)
frame_checkbuttons.grid(row=5, column=1, sticky= "w", padx=10, pady=10)
aficion1_checkbutton.pack(side= "left")
aficion2_checkbutton.pack(side= "left")
aficion3_checkbutton.pack(side= "left")
```

Las sentencias que añaden los botones "ACEPTAR" y "CANCELAR" a la ventana principal son las mismas del programa utilizado de base. Lo que sí cambia es el código de las funciones que se invocarán cuando se pulse cada uno de ellos.

Se empezará describiendo la función `aceptar()`, vinculada al botón "ACEPTAR". En ella, lo primero que se hace es inicializar las variables que contendrán los valores del nombre, la dirección, la provincia, la edad, el sexo y las aficiones introducidos por el usuario. También se inicializa el texto, que se compondrá de todos esos valores (`selecciones`), que se mostrará en una ventana informativa independiente de la principal:

```
def aceptar():
    selecciones=nombre=direccion=provincia=edad=sexo=aficiones=""
    ...
```

La forma de obtener el nombre, la dirección o la edad es invocando el método `get()` de los campos de entrada correspondientes. En el caso de la provincia, al tratarse de un menú, se usa el mismo método, pero de la variable de control asociada. El código es el que ya conoce del programa utilizado de base.

Lo realmente nuevo es la manera de recoger el valor seleccionado por el usuario para las opciones del sexo o las aficiones. En el primer caso, al tratarse de *radiobuttons* que comparten una variable de control, lo que se hace es acceder al valor de dicha variable (`radio_var`) con el método `get()`:

```
sexo = radio_var.get()
```

Para las aficiones, se tiene que obtener el valor de las variables de control vinculadas a cada uno de los *checkbuttons* (`aficion1_checkbutton`, `aficion2_checkbutton` y `aficion3_checkbutton`) utilizando, de nuevo, el método `get()`:

```
aficion1 = check_var1.get()
aficion2 = check_var2.get()
aficion3 = check_var3.get()
```

Este valor (almacenado en las variables `aficion1`, `aficion2` y `aficion3`) será 1 si está seleccionada y 0 en caso contrario. Por eso, las siguientes sentencias componen una cadena de texto (`aficiones`) con todas las que se hayan marcado:

```
if aficion1: aficiones += "Música "
if aficion2: aficiones += "Deporte "
if aficion3: aficiones += "Lectura"
```

> *(i)* Por simplicidad, las aficiones se muestran separadas por espacios.

> *(i)* Si hubiera establecido la variable de control de los *checkbuttons* como un objeto de la clase `StringVar`, y asignado el nombre de la opción de cada uno de ellos a su atributo `onvalue` (además de la cadena vacía a `offvalue`), no hubieran hecho falta estas sentencias.

Conocidos los valores de todas las opciones del formulario, se compone el texto con el que se mostrarán en una ventana emergente (`selecciones`). Solo aparecerán aquellas en las que el usuario haya introducido un dato o lo tenga por defecto:

```
if nombre:selecciones = "Nombre : "+nombre+"\n"
if direccion:selecciones += "Dirección : "+direccion+"\n"
if provincia != "Pulse para ver las permitidas":
    selecciones += "Provincia: "+provincia+"\n"
selecciones += "Edad: "+edad+"\n"
selecciones += "Sexo: "+sexo+"\n"
if aficiones:selecciones += "Aficiones: "+aficiones+"\n"
```

La última sentencia abre la ventana con el texto que se acaba de preparar (`selecciones`), llamando a la función `showinfo()` del módulo `messagebox`:

```
messagebox.showinfo("Selección", selecciones)
```

La función `cancelar()` se invoca cuando se pulsa el botón "CANCELAR". Se encarga de deshacer todo lo que el usuario haya podido introducir en el formulario, dejándolo tal como estaba en el momento de arrancar la aplicación. Como es natural, los cambios realizados en dicha función están relacionados con los *radiobuttons* y los *checkbuttons* que se han añadido.

En primer lugar, para volver a seleccionar la opción "Hombre" (opción por defecto), se llama al método `select()` del *radiobutton* correspondiente. Como pertenece al mismo grupo que la opción "Mujer", si estuviera seleccionada, dejaría de estarlo:

```
hombre_radiobutton.select()
```

En el caso de los *checkbuttons*, al poder elegirse de forma independiente, se quita la selección de cada uno de ellos con el método `deselect()`:

```
aficion1_checkbutton.deselect()
aficion2_checkbutton.deselect()
aficion3_checkbutton.deselect()
```

Ejecute el programa y compruebe que se muestra la interfaz esperada. Rellene todos sus campos y seleccione las opciones de sexo y aficiones que quiera. Al pulsar el botón "CONFIRMAR", deberá aparecer una ventana con toda esa información, tal como se muestra en la siguiente imagen:

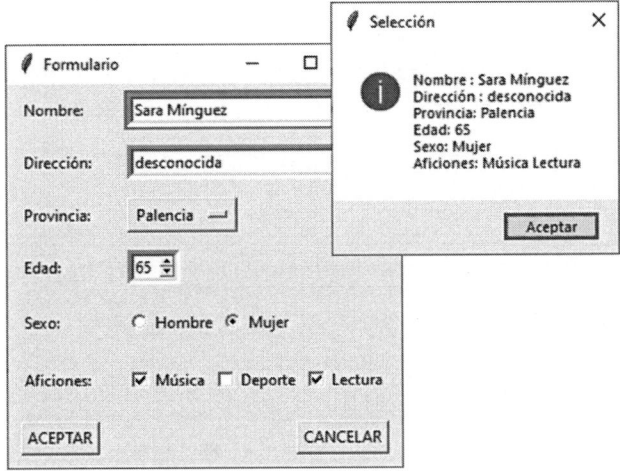

Al pulsar el botón "CANCELAR", el aspecto del formulario volverá a ser el mismo que tenía cuando se arrancó la aplicación.

7.14 CANVAS

Un *canvas* es un área rectangular destinada a realizar gráficos, mostrar imágenes, escribir texto, etc. En general, se utiliza para realizar diseños complejos en los que se pueda interactuar con cada uno de estos objetos.

7.14.1 Opciones y métodos

En Tkinter, este *widget* se representa por la clase `Canvas`, cuyo constructor es:

`Canvas(widget contenedor, opción, ...)`

Las opciones comunes que pueden utilizarse son `bd`, `bg`, `cursor`, `height`, `highlightbackground`, `highlightcolor`, `highlightthickness`, `relief`, `takefocus` y `width`. Pero, además, este *widget* dispone de las siguientes opciones específicas:

- `closeenough`. Su valor es un número de tipo `float`, que determina cuán cerca debe estar el ratón de uno de los elementos del *canvas* para que se considere que está dentro de él. El valor predeterminado es 1.0.

- `confine`. Indica si se puede hacer *scroll* fuera de la región de scroll (definida en el siguiente atributo). Su valor por defecto es `True` (no se podría). Para cambiar este comportamiento, deberá darle el valor `False`.

- `scrollregion`. Establece el tamaño del área de un rectángulo en el que se puede hacer *scroll*. Su valor es una tupla con el formato:

  (*lado izquierdo, lado superior, lado derecho, lado inferior*)

  Cada elemento de esta tupla fija el tamaño (en píxeles) de cada lado del área.

- `selectbackground`. Color de fondo del elemento del *canvas* seleccionado.

- `selectborderwidth`. Ancho del borde del elemento seleccionado. El valor predeterminado es un píxel.

- `selectforeground`. Color de primer plano del elemento seleccionado.

- `xscrollincrement`. Fija el desplazamiento horizontal mínimo por el *canvas* (en píxeles).

- `xscrollcommand`. Permite añadir una barra de desplazamiento horizontal.

- yscrollincrement. Determina el desplazamiento vertical mínimo por el *canvas* (en píxeles).

- yscrollcommand. Permite añadir una barra de desplazamiento vertical.

Dentro del *canvas* se pueden crear objetos, para cada uno de los cuales la clase Canvas ofrece un método específico:

- create_arc(). Sección de una elipse

- create_bitmap(). Imagen de dos colores

- create_image(). Imagen a todo color

- create_line(). Línea

- create_oval(). Elipse o círculo

- create_polygon(). Polígono

- create_rectangle(). Rectángulo o cuadrado

- create_text(). Texto

La siguiente imagen muestra algunos de estos objetos gráficos, que tendrá ocasión de estudiar en los siguientes apartados:

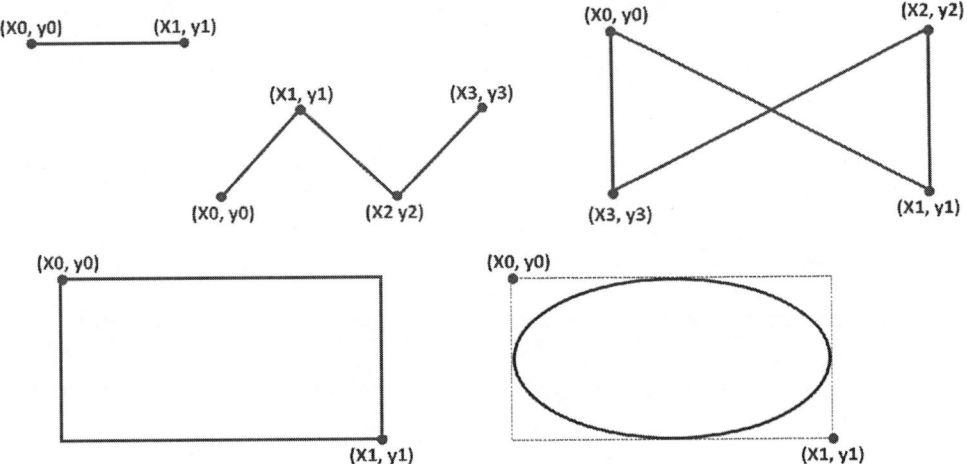

Los métodos anteriores devuelven un identificador único (número entero) dentro del contexto del *canvas* donde se encuentran. Para conocer la lista de todos los que hay en un momento dado, ejecute el método:

```
find_all()
```

Estos objetos no son *widgets*, por lo que solo podrá operar con ellos a través de los métodos proporcionados por el *canvas* en el que están contenidos. Por eso, el primer argumento de dichos métodos será siempre el identificador del objeto al que irá dirigida la acción solicitada. Veamos los más relevantes.

El siguiente método permite saber si el objeto al que pertenece un identificador es un texto, una línea, una imagen, etc.:

type(*identificador de objeto*)

El resultado devuelto será una cadena con el valor `'arc'`, `'bitmap'`, `'image'`, `'line'`, `'oval'`, `'polygon'`, `'rectangle'`, `'text'` o `'window'`.

Para eliminar un objeto de un *canvas*, llame al método:

delete(*identificador de objeto*)

La clase `Canvas` dispone de multitud de métodos de manejo de objetos gráficos. Aparte de los básicos descritos anteriormente, existen otros que se encargan de los siguientes aspectos:

- Gestión de etiquetas
- Asignación y obtención de valores de opciones
- Control de la posición y el tamaño
- Administración de la lista de visualización

Los identificadores no son la única forma de acceder a los objetos de un *canvas*. También se puede hacer referencia a ellos a través de etiquetas, que son cadenas de texto asociadas a uno o varios de estos objetos. Una etiqueta se puede vincular a cualquier número de objetos. A su vez, un objeto puede estar asociado a cualquier número de etiquetas. La ventaja de utilizarlas es que podrá realizar operaciones sobre grupos de objetos que compartan la misma etiqueta.

Por ejemplo, si en el método delete() anterior hubiera indicado una etiqueta —en vez del identificador de un objeto—, se habrían borrado todos los objetos asociados a dicha etiqueta (evitando así tener que ir borrándolos uno a uno).

Existen diversos métodos relacionados con la gestión de etiquetas. Así, por ejemplo, el siguiente añade una etiqueta a un objeto (si se indica un identificador) o a todos los objetos que compartan la etiqueta indicada como segundo argumento:

addtag_withtag(*nueva etiqueta, identificador de objeto o etiqueta existente*)

En cambio, este otro método asocia una etiqueta a todos los objetos del *canvas*:

```
addtag_all(etiqueta)
```

Por el contrario, para eliminar una etiqueta de un objeto (o de un grupo de objetos que estén asociados a la misma etiqueta), el método del *canvas* al que hay que llamar es:

```
dtag(id objeto gráfico o etiqueta, etiqueta a borrar)
```

Si quisiera conocer los objetos asociados a una etiqueta, use el método:

```
find_withtag(etiqueta)
```

El resultado devuelto será una lista de identificadores de objetos.

> **ⓘ** Usando la etiqueta `'current'`, este método devuelve una lista cuyo único elemento es el identificador del objeto sobre el que se ha pulsado con el ratón.

A continuación, se comenta el grupo de métodos usados para la asignación y obtención de los valores que puedan tener aquellas opciones de los objetos gráficos en los que esté interesado; en concreto, `itemconfig()` e `itemcget()`.

Como pronto descubrirá, cuando se crea un objeto, se utilizan una serie de opciones que determinan su aspecto (tal como se hacía en los constructores de los *widgets*). Por eso, y al igual que los *widgets* disponen del método `configure()` para modificar cualquiera de sus opciones una vez creados, el *canvas* ofrece un método equivalente para hacer lo mismo con los objetos gráficos que contiene:

```
itemconfig(id objeto gráfico, opción, ...)
```

De igual forma, el método equivalente a `cget()` (empleado para obtener el valor de las opciones de un *widget*), aplicable a los objetos gráficos de un *canvas*, es:

```
itemcget(id objeto gráfico, opción)
```

> **ⓘ** En ambos métodos, podría usar una etiqueta en vez del identificador de un objeto, en cuyo caso se haría referencia al que estuviera más abajo de los que comparten dicha etiqueta. El que un objeto esté más abajo o más arriba que otro se explicará cuando se describan los métodos relacionados con las listas de visualización (*display list*).

El siguiente grupo de métodos es el relacionado con la posición o tamaño de los objetos gráficos. Pero, antes, es necesario aclarar que la posición de un objeto se puede especificar tomando como referencia la esquina superior izquierda de la ventana principal o del *canvas* que lo contiene, tal como se muestra en la siguiente figura:

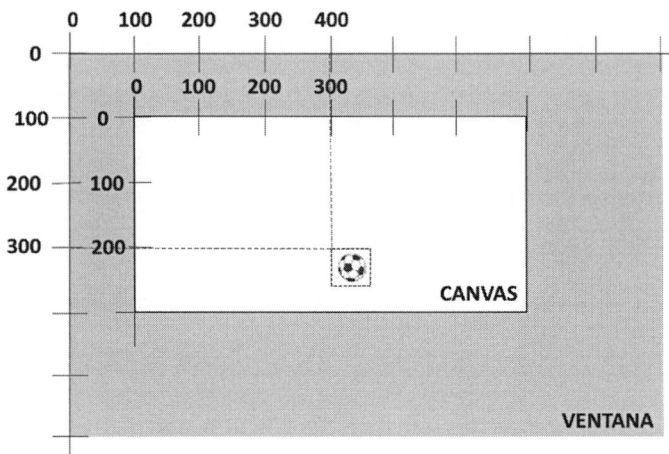

Como puede observar, desde el punto de vista del *canvas*, la esquina superior izquierda del objeto gráfico (la imagen de una pelota) se localiza en el punto (300, 200), si bien para la ventana sería el (400, 300).

Los siguientes métodos convierten las coordenadas x o y de un punto que tiene como referencia la ventana a las coordenadas correspondientes del *canvas*:

canvasx (*coordenada x*)

canvasy (*coordenada y*)

Este otro método permite mover un objeto (o grupo de objetos que comparten la misma etiqueta) por la superficie del *canvas*:

move (*etiqueta o id objeto gráfico, desplazamientoX, desplazamientoY*)

El objeto gráfico al que pertenece el identificador del primer argumento (o todos los que comparten la etiqueta) se desplazaría el número de píxeles indicados en las coordenadas x e y (segundo y tercer argumento).

El método anterior realiza un movimiento relativo (el objeto se desplaza un número de píxeles respecto de su posición actual). Si lo que pretende es llevarlo a una posición absoluta, deberá invocar este otro método:

coords (*id objeto gráfico o etiqueta, x0, y0, x1, y1, ...*)

Como verá más adelante, el número de coordenadas x, y (puntos) depende del tipo de objeto (una línea tiene dos, un triángulo tiene tres, un cuadrado tiene cuatro, etc.). Si se invocara este método únicamente con el primer argumento, devolvería las coordenadas de los puntos que determinan la posición actual del objeto.

> **i** Si el primer argumento fuera una etiqueta (en vez de un identificador), dichas coordenadas serían las del objeto que estuviera más abajo en la lista de visualización, de todos los que comparten la etiqueta.

El siguiente método devuelve una tupla (x0, y0, x1, y1) con las coordenadas de las esquinas opuestas del rectángulo que encuadra el objeto cuyo id se ha pasado como argumento:

bbox (*id objeto gráfico o etiqueta*)

> **i** A este rectángulo se lo conoce por la expresión inglesa de *bounding box* ("cuadro delimitador").

En la siguiente imagen, se muestran los valores de la tupla (x0, y0, x1, y1) devuelta al invocar dicho método con el identificador de un triángulo:

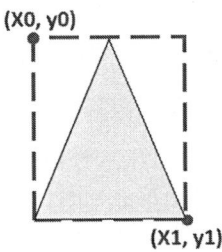

Si se omitiera el argumento, devolvería las coordenadas del rectángulo que encierra todos los objetos del *canvas*.

> **i** Con los métodos coords() y bbox() se podría escalar un objeto gráfico de la siguiente forma:
>
> (x0,y0,x1,y1) = canvas.coords(*id objeto gráfico*)
>
> ancho = x1 – x0
> alto = y1 – y0
> nuevo_ancho = ancho*factor de escala*
> nuevo_alto = alto*factor de escala*

```
x1 = nuevo_ancho + x0
y1 = nuevo_alto +y0
canvas.coords(id objeto gráfico, x0,y0,x1,y1)
```

Para conocer el objeto más cercano a un determinado punto, el método ofrecido por el *canvas* es:

```
find_closest(x, y)
```

El resultado devuelto es una tupla cuyo único elemento es el identificador del objeto (o una tupla vacía, si no hubiera ninguno).

Si lo que se busca es identificar los objetos que se encuentran completamente dentro del área del rectángulo, cuya esquina superior izquierda se encuentra en (x0, y0) y la inferior derecha en (x1, y1), deberá llamar al método:

```
find_enclosed(x0, y0, x1, y1)
```

El resultado obtenido es una lista de identificadores de objetos.

Cuando no sea necesario que los objetos estén totalmente dentro del rectángulo (solo en parte), el método invocado sería:

```
find_overlapping (x0, y0, x1, y1)
```

Al igual que en el método anterior, en este también se devuelve una lista de identificadores de objetos.

El último grupo de métodos es el relacionado con la lista de visualización (*display list*), donde se establece el plano en el que se encuentra cada uno de los objetos de un *canvas*. El que esté en un plano superior se verá encima del que esté en otro inferior, al que ocultará parcial o totalmente. El orden en el que están dispuestos los objetos en la lista de visualización empieza por el que está en el fondo (*background*) y finaliza con el que está en primer plano (*foreground*).

En la siguiente imagen, puede ver tres objetos gráficos dentro de un *canvas*, en los que la lista de visualización estaría formada por tres elementos (el primero sería el círculo, el segundo el cuadrado y el tercero el triángulo):

De forma predeterminada, los objetos siempre se crean en la parte superior de la lista de visualización y, por lo tanto, delante de todos los demás. Sin embargo, el *canvas* ofrece una serie de métodos que permiten reordenar los elementos de esta lista.

El siguiente método mueve el objeto gráfico del primer argumento debajo del objeto especificado en el segundo, en la lista de visualización:

`tag_lower`(*id objeto gráfico o etiqueta 1, id objeto gráfico o etiqueta 2*)

Si, en vez de un identificador, el primer argumento fuera una etiqueta, todos los objetos que compartan dicha etiqueta se situarían debajo del objeto indicado en el segundo argumento, conservando así el nivel de apilamiento relativo. Si el segundo argumento fuera también una etiqueta, lo harían debajo del primero de todos ellos. Si no existiera el segundo argumento, el objeto gráfico del primer argumento (o los que comparten la etiqueta) quedaría encima de todos los demás.

El siguiente método funciona de la misma manera, pero colocando el objeto del primer argumento (o los que comparten la etiqueta) encima de los del segundo (conservando siempre el nivel de apilamiento relativo), en la lista de visualización:

`tag_raise`(*id objeto gráfico o etiqueta 1, id objeto gráfico o etiqueta 2*)

7.14.2 Objetos gráficos

En un *canvas*, la interacción con el usuario se realiza a través de los objetos que contiene. Esto ofrece la libertad de poder definir cualquier tipo de control gráfico a la medida de sus necesidades, tanto en su aspecto como en su comportamiento. Para ello, podrá utilizar:

- Textos
- Líneas
- Cuadrados y rectángulos
- Polígonos
- Círculos y elipses
- Arcos
- Bitmaps e imágenes

En los siguientes apartados se describe cada uno de estos objetos, desglosando sus principales opciones de configuración, cuyos valores se establecerán al invocar los métodos ofrecidos por el *canvas* para crear cada uno de ellos. De todas formas, recuerde que en cualquier momento podrá modificar o consultar dichos valores con los métodos `itemconfig()` e `itemcget` (también pertenecientes al *canvas*).

7.14.2.1 *Textos*

Dentro del *canvas*, los textos se representan también como objetos gráficos. Para crearlos, deberá utilizar el método:

```
create_text(x, y, opción, …)
```

Los argumentos x, y determinan las coordenadas del punto de referencia utilizado para situar el *widget* en el *canvas*. Respecto a las opciones, son de especial utilidad:

- `activefill`. Color del texto cuando esté activo, es decir, cuando se sitúe el ratón sobre él.

- `anchor`. El valor predeterminado es `CENTER`, lo que significa que el texto estará centrado horizontal y verticalmente respecto del punto de referencia. Esta opción también puede tomar los valores `N`, `E`, `S`, `W`, `NE`, `NW`, `SE` o `SW`.

- `disabledfill`. Color del texto cuando esté inactivo (la opción `state` tiene el valor `DISABLED`).

- `fill`. Color del texto en estado normal. Por defecto, es negro.

- `font`. Tipo de fuente.

- `justify`. Cuando el texto tenga varias líneas, con esta opción se controla cómo se justifican. Sus valores pueden ser: `LEFT` (a la izquierda, valor predeterminado), `CENTER` (centrado) o `RIGHT` (a la derecha).

- `state`. Esta opción puede configurarse para que el texto no se vea (valor `HIDDEN`), o para atenuarlo y hacer que no responda a los eventos (valor `DISABLED`). Cuando el ratón esté sobre el texto, su valor será `ACTIVE` (siempre que no esté inactivo). Por defecto, su valor es `NORMAL`.

- `tags`. Cadena con la que se etiqueta este objeto. Si quisiera asociarlo a múltiples etiquetas, deberán ir en una tupla.

- `text`. Texto mostrado por el objeto.

- `width`. Con esta opción, se establece el tamaño máximo de una línea (en píxeles). Aquellas que lo superen, se cortarán en nuevas líneas para ajustarse al ancho especificado.

El valor devuelto por este método es el identificador del objeto de texto creado.

Para el manejo de este tipo concreto de objetos, la clase `Canvas` dispone de una serie de métodos específicos (además de los comunes, descritos anteriormente). No se describirán todos, sino aquellos de uso común.

El primero de ellos sitúa el cursor de inserción en la posición indicada:

icursor(*id objeto gráfico, posición*)

La posición puede ser un número (el valor 0 corresponde a la primera posición) o la constante END.

Este método solo surte efecto si el objeto tiene el foco. Si no fuera así, llame a este otro método:

focus(*id objeto gráfico*)

> Si, en vez de un identificador, hubiera utilizado una etiqueta como argumento, el objeto que obtendría el foco sería el primero de la lista de visualización que permita tener un cursor de inserción.

Para añadir un texto en una posición determinada, utilice el método:

insert(*id objeto gráfico, posición inicial, texto*)

La posición se puede especificar con un número o con las constantes INSERT, CURRENT, END, SEL_FIRST y SEL_LAST. Son las mismas empleadas en los campos de entrada de texto.

Por el contrario, para borrar los caracteres entre una posición inicial y otra final (ambos inclusive), el método necesario es:

dchars(*id objeto gráfico, posición inicial, posición final*)

La posición puede ser un número o la constante END.

Para poner en práctica los conocimientos adquiridos de este objeto gráfico, va a desarrollar un programa con el que se muestre un texto de color azul centrado en el *canvas*, que cambiará a rojo cuando sitúe el cursor sobre él:

```
from tkinter import Tk, Canvas


root = Tk()
root.resizable(False,False)
canvas = Canvas(width = 400, height = 200)
texto=canvas.create_text(200, 100, anchor="center",
                        text="Acerca el ratón al texto",
                        font=("Arial", "20", "bold"),
                        fill="blue", activefill="red")
canvas.pack()


root.mainloop()
```

En dicho programa, lo primero que se hace es importar las clases `Tk` y `Canvas`, que representan la ventana principal y el *canvas* que va a contener el texto:

```
from tkinter import Tk, Canvas
```

Luego, se crea una ventana (que no se permite redimensionar), así como un *canvas* de 400 × 200 píxeles de tamaño:

```
root = Tk()
root.resizable(False,False)
canvas = Canvas(width = 400, height = 200)
```

La sentencia clave es la que invoca el método `create_text()` del *canvas*. Los dos primeros argumentos sitúan el punto de referencia en el centro del *canvas*, mientras que la opción `anchor` centra el texto alrededor de dicho punto. El contenido del texto y la fuente con la que se muestra se establecen en las opciones `text` y `font`. Con `fill` y `activefill` se determina su color en estado normal (azul) o cuando se sitúa el ratón encima (rojo):

```
texto=canvas.create_text(200, 100, anchor="center",
                    text="Acerca el ratón al texto",
                    font=("Arial", "20", "bold"),
                    fill="blue", activefill="red")
```

Una vez creado el *canvas* y el objeto de texto que contiene, se sitúa en la ventana principal con el método `pack()`:

```
canvas.pack()
```

Por último, se llama al método `mainloop()` de la ventana principal para atender los eventos de la interfaz; en concreto, el generado cuando cambia el estado del texto al situar el ratón encima, lo cual provoca que se modifique su color:

```
root.mainloop()
```

El resultado obtenido tras la ejecución del programa lo puede ver a continuación. En la imagen de la izquierda, se muestra el aspecto del texto antes de poner el ratón encima; momento en el que cambia de color, pasando de azul a rojo:

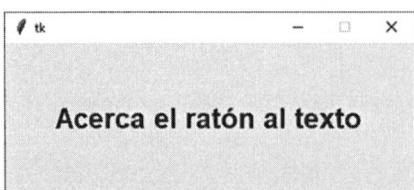

7.14.2.2 *Líneas*

Las líneas se pueden dibujar estableciendo dos o más puntos por los que deben pasar. Para ello, se emplea el método:

create_line(*x0*, *y0*, *x1*, *y1*, ..., *xn*, *yn*, *opción*, ...)

La siguiente imagen muestra dos ejemplos de líneas, una recta formada por dos puntos y otra quebrada definida con cuatro puntos:

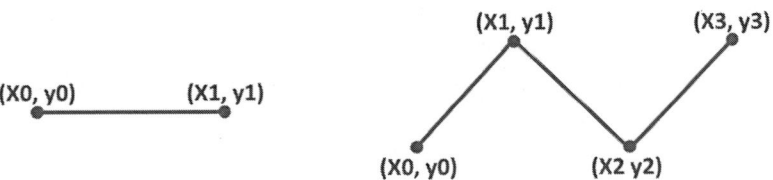

En cuanto a las opciones, destacan:

- activefill y activewidth. Color y ancho de la línea en estado activo, es decir, cuando el ratón se encuentra sobre ella (la opción state tiene el valor ACTIVE).

- arrow. Indica si la línea acaba en punta de flecha. Sus valores pueden ser FIRST, LAST o BOTH, dependiendo de si esta se sitúa en el punto inicial, el final o en ambos.

- dash. Especifica el patrón con el que se dibujan líneas discontinuas (más adelante, se describirá cómo crearlos). Si no se asignara ninguno, la línea sería continua.

- dashoffset. Por defecto, el patrón especificado en la opción anterior empezaría al principio de la línea. Para que comience en un punto posterior, esta opción debe tener como valor el número de píxeles a partir del que se iniciaría el dibujo del patrón.

- disablefill y disablewidth. Color y ancho de la línea en estado DISABLED.

- fill. Color de la línea en estado normal (por defecto, el negro).

- state. El valor de esta opción permite ocultar la línea (valor HIDDEN) o atenuarla y hacer que no responda a los eventos (valor DISABLED). Cuando el ratón está sobre la línea, su valor es ACTIVE (a no ser que esté inactiva). Por defecto, su valor es NORMAL.

- tags. Cadena de texto con la que se etiqueta este objeto. Si quisiera asociarlo a múltiples etiquetas, deberán ir en una tupla.

• width. Ancho de la línea en estado normal. El valor predeterminado es de 1 píxel.

El valor devuelto por este método es el identificar de la línea creada.

Tal como se ha comentado, las opciones dash y dashoffset permiten dibujar líneas discontinuas según un patrón determinado. Con la primera se determina el patrón y, con la segunda, se indica cuándo empezar a dibujarlo (por defecto, al principio de la línea). Un patrón está formado por una tupla de números enteros. El primero especifica cuántos píxeles se deben pintar; el segundo, cuántos se deben omitir antes de comenzar a pintar de nuevo, y así sucesivamente. Por ejemplo, el siguiente patrón dibujaría guiones alternos de 6 píxeles separados por espacios de 4 píxeles:

```
(6, 4)
```

Su aspecto es el siguiente:

■■■■■■■■■■■■■■■■■■■■■■■■■■■■■■■

i Aunque en este ejemplo se utiliza un patrón formado por una tupla con dos valores, podrían definirse diseños más elaborados aumentando el número de elementos.

i No todas las plataformas admiten cualquier tipo de patrón. Si no fuera uno de los permitidos, se mostraría el más cercano disponible. Para más información, consulte http://tcl.tk/man/tcl8.5/TkCmd/canvas. htm (aunque utiliza la sintaxis Tcl, la traducción a Tkinter es trivial).

Con el fin de mostrar un ejemplo de uso de líneas, el siguiente programa dibuja una cuadrícula en la ventana principal:

```python
from tkinter import Tk, Canvas

ancho = 400
alto = 200
intervalo = 50

root = Tk()
root.resizable(False, False)
```

```
canvas = Canvas(width=ancho, height=alto)

for x in range(0, ancho, intervalo):
    canvas.create_line(x,0, x, alto)
for y in range(0, alto, intervalo):
    canvas.create_line(0,y, ancho, y)

canvas.pack()
```

Al igual que en el programa anterior, lo primero que se hace es importar las clases Tk y Canvas que se van a utilizar:

```
from tkinter import Tk, Canvas
```

Luego, se declaran las variables que almacenan el alto y el ancho del *canvas*, además del intervalo de separación entre líneas (en píxeles):

```
ancho = 400
alto = 200
intervalo = 50
```

A continuación, se crea la ventana principal (root), cuyo tamaño no podrá modificarse:

```
root = Tk()
root.resizable(False, False)
```

También se crea el *canvas* en el que se va a dibujar la cuadrícula, cuyas dimensiones (opciones width y height) se encuentran en las variables de configuración ancho y alto:

```
canvas = Canvas(width=ancho, height=alto)
```

El primer bucle for recorre el ancho de la ventana, dibujando las líneas verticales en el intervalo indicado (intervalo) con el método create_line(). Por ese motivo, la coordenada x del punto inicial y final de cada línea coincide con la variable del bucle, mientras que la coordenada y es siempre 0 y el alto del *canvas*, respectivamente:

```
for x in range(0, ancho, intervalo):
    canvas.create_line(x,0, x, alto)
```

El segundo bucle for dibuja las líneas horizontales. En este caso, la coordenada y del punto inicial y final es la variable del bucle, mientras que la coordenada x toma siempre el valor 0 y el ancho del *canvas*, respectivamente:

```
for y in range(0, alto, intervalo):
    canvas.create_line(0,y, ancho, y)
```

 Por simplicidad, no se dibujan las líneas del contorno.

Solo queda situar el *canvas* (y la rejilla que contiene) en la ventana principal con el método `pack()`:

```
canvas.pack()
```

 No se invoca el método `mainloop()` porque no se van a atender los eventos producidos en la interfaz.

El resultado de la ejecución del programa lo puede ver a continuación:

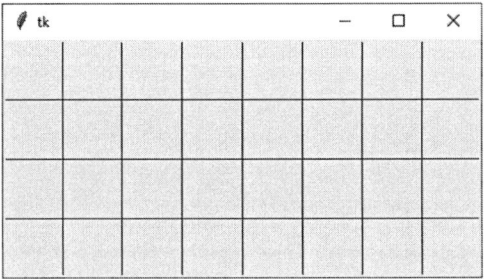

7.14.2.3 *Cuadrados y rectángulos*

Los rectángulos se especifican mediante las coordenadas de los puntos de la esquina superior izquierda (x0, y0) e inferior derecha (x1, y1), tal como puede apreciar en la siguiente figura:

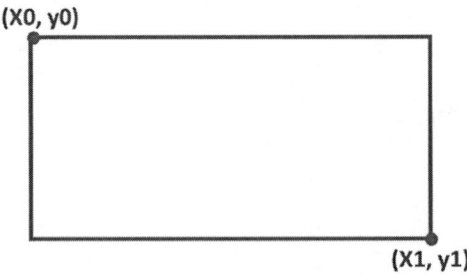

Obviamente, si los lados del rectángulo fueran iguales, se estaría dibujando un cuadrado.

El método utilizado para crear un rectángulo es:

```
create_rectangle(x0, y0, x1, y1, opción, ...)
```

Entre las opciones de este método se encuentran:

- `activefill`. Color de fondo del rectángulo cuando esté activo, es decir, cuando se sitúe el ratón sobre él (la opción `state` tiene el valor `ACTIVE`).

- `activeoutline` y `activewidth`. Color y grosor del borde del rectángulo cuando esté activo.

- `dash`. Especifica el patrón de la línea discontinua con el que se dibuja el borde del rectángulo. Si no se indicara ninguno, la línea sería continua.

- `dashoffset`. Por defecto, el patrón especificado en la opción anterior empezaría al principio de la línea. Para que comience en un punto posterior, asigne a esta opción el número de píxeles a partir del que se iniciaría el dibujo del patrón.

- `disabledfill`. Color de fondo del rectángulo cuando esté inactivo (la opción `state` tiene el valor `DISABLED`).

- `disableoutline` y `disablewidth`. Color y grosor del borde cuando esté inactivo.

- `fill`. Color de relleno en estado normal. Por defecto, es transparente (valor `""`).

- `outline`. Color del borde en estado normal. El valor predeterminado es negro. Si no desea que la figura tenga borde, asígnele el valor `""`.

- `state`. Esta opción puede configurarse para que el rectángulo no se vea (valor `HIDDEN`), o para atenuarlo y hacer que no responda a los eventos (valor `DISABLED`). Cuando el ratón está sobre el rectángulo, su valor es `ACTIVE` (a no ser que esté inactivo). Por defecto, su valor es `NORMAL`.

- `tags`. Cadena de texto con la que se etiqueta este objeto. Si quisiera asociarlo a múltiples etiquetas, deberán ir en una tupla.

- `width`. Ancho del borde en estado normal.

El valor devuelto por este método es el identificador del rectángulo creado.

El siguiente programa dibuja un rectángulo con el fondo amarillo y el borde azul, cuyo patrón de línea irá cambiando para dar una sensación de movimiento similar al de las luces que rodean los carteles de muchos teatros:

```
from tkinter import Tk, Canvas

periodo = 200
var_aux = False

def mueve_dash():
    global var_aux

    if var_aux: patron=(6, 4, 2, 4)
    else:patron=(6, 4, 2, 4, 2, 4)

    canvas.itemconfigure(rectangulo, dash=patron)

    var_aux = not(var_aux)
    root.after(periodo, mueve_dash)

root = Tk()
root.geometry("400x200")
root.resizable(False, False)

canvas = Canvas()
rectangulo = canvas.create_rectangle(50, 50, 350, 150, fill="yellow",
                                     outline="blue", width=5)
canvas.pack()

mueve_dash()

root.mainloop()
```

En primer lugar, se importan las clases Tk y Canvas que se van a utilizar. Después, se declaran una serie de variables de configuración. La primera determina el intervalo de tiempo en el que cambiará el patrón del borde del rectángulo (periodo), medido en milisegundos. La segunda (var_aux) es una variable auxiliar de tipo booleano que, dependiendo de su valor, mostrará uno de los dos patrones utilizados. Este cambio regular de patrones será el que dé la sensación de movimiento:

```
periodo = 200
var_aux = False
```

Saltando la declaración de la función, lo primero que se hace es crear una ventana de 400 x 200 píxeles, cuyas dimensiones no puedan modificarse:

```
root = Tk()
root.geometry("400x200")
root.resizable(False, False)
```

También se crea un *canvas*, dentro del que se dibuja un rectángulo de color amarillo con un borde azul de 5 píxeles de grosor (opciones fill, outline y width). Las esquinas opuestas del rectángulo (los cuatro primeros argumentos) se han elegido para separar sus lados 50 píxeles de los del *canvas*. Por último, este se sitúa en la ventana principal con el método pack():

```
canvas = Canvas()
rectangulo = canvas.create_rectangle(50, 50, 350, 150, fill="yellow",
                                     outline="blue", width=5)
canvas.pack()
```

A continuación, se llama a la función mueve_dash(), encargada de asignar los patrones con los que se dibujará el borde del rectángulo para ofrecer la sensación de movimiento. En ella, lo primero que se hace es declarar como global la variable var_aux utilizada para seleccionar el patrón en cada momento, ya que su valor será compartido en las sucesivas invocaciones a esta función:

```
def mueve_dash():
    global var_aux
```

Luego, dependiendo de si su valor es True o False, se utilizará un patrón u otro:

```
if var_aux: patron=(6, 4, 2, 4)
else:patron=(6, 4, 2, 4, 2, 4)
```

Solo queda aplicar dicho patrón al borde del rectángulo, asignándolo como valor a la opción dash con el método itemconfigure() del *canvas*:

```
canvas.itemconfigure(rectangulo, dash=patron)
```

Por último, se cambia el valor de la variable auxiliar var_aux, para que la próxima vez que se llame a esta función con el método after() asigne al rectángulo un patrón diferente:

```
var_aux = not(var_aux)
root.after(periodo, mueve_dash)
```

Ejecute el programa y compruebe el efecto producido al ir alternándose ambos patrones. La siguiente imagen muestra el aspecto de cada uno de ellos:

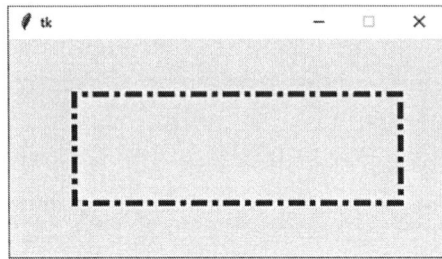 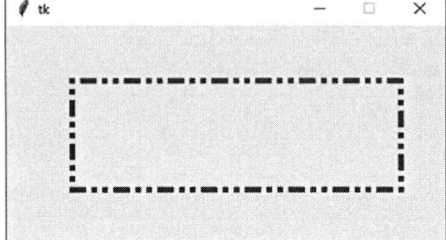

7.14.2.4 *Polígonos*

Un polígono se especifica como una secuencia ordenada formada por los puntos de sus vértices (x0, y0), (x1, y1), ... (xn, yn). Su contorno se dibuja uniendo los segmentos que recorren dichos puntos en el orden indicado (incluido aquel que une el último punto con el primero).

En la siguiente imagen, se muestra un polígono formado por cuatro vértices: (x0, y0), (x1, y1), (x2, y2) y (x3, y3). La forma del polígono la establecen los segmentos que van de (x0, y0) a (x1, y1), de (x1, y1) a (x2, y2), de (x2, y2) a (x3, y3) y, por último, el que une (x3, y3) con (x0, y0):

Para crear polígonos dentro de un *canvas*, se debe invocar el método:

```
create_polygon (x0, y0, ...,xn, yn, opción, ...)
```

Los argumentos que establecen las coordenadas de los vértices del polígono también se pueden almacenar en una lista (o una tupla), con el formato:

[x0, y0, ...,xn, yn]

En ese caso, el método anterior se llamaría así:

```
create_polygon (lista de esquinas, opción, ...)
```

Las opciones de dibujo son las mismas de los rectángulos, teniendo en cuenta que el color de fondo afecta únicamente a las áreas del polígono encerradas dentro del contorno.

El valor devuelto por este método es el identificador del polígono creado.

El siguiente programa permite dibujar la figura descrita anteriormente, añadiendo un color de fondo amarillo y un borde naranja de 5 píxeles de grosor:

```python
from tkinter import Tk, Canvas


root = Tk()
root.resizable(False, False)


canvas = Canvas(width=400, height=200)
rectangulo = canvas.create_polygon(100, 50, 300, 150,
                                    300, 50, 100, 150,
                                    fill="yellow", outline="orange",
                                    width=5)
canvas.pack()
```

El resultado de la ejecución de este programa, cuyo código no requiere de explicaciones adicionales, lo puede ver a continuación:

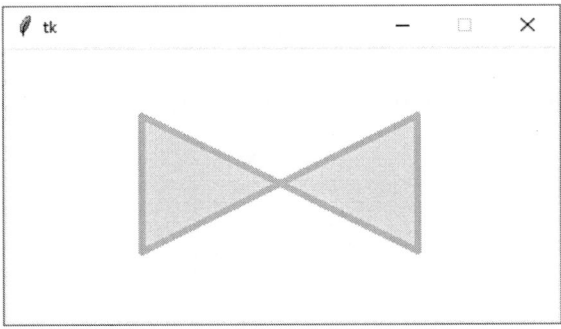

7.14.2.5 *Círculos y elipses*

Para dibujar una elipse, se utiliza como marco el rectángulo que la contiene, tal como se muestra en la siguiente imagen:

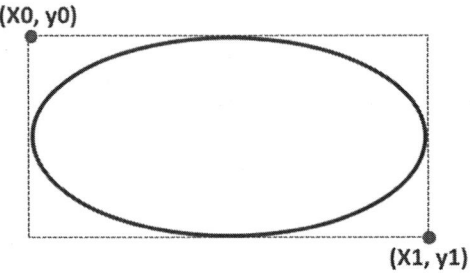

El método proporcionado para crear una elipse es:

```
create_oval(x0, y0, x1, y1, opción, …)
```

Las opciones de dibujo de círculos y elipses son las mismas de los rectángulos.

El valor devuelto por este método es el identificador del círculo o elipse creado.

> *i* Evidentemente, si las coordenadas utilizadas fueran las esquinas opuestas de un cuadrado, lo que se dibujaría sería un círculo.

Con objeto de practicar con este nuevo objeto gráfico, va a desarrollar un programa donde se muestre un círculo que simula una pelota moviéndose por un *canvas*. Al llegar a las paredes, cambiará de dirección y sentido, lo cual dará la impresión de que rebota. Más abajo, puede ver una composición de imágenes con el resultado que se pretende obtener:

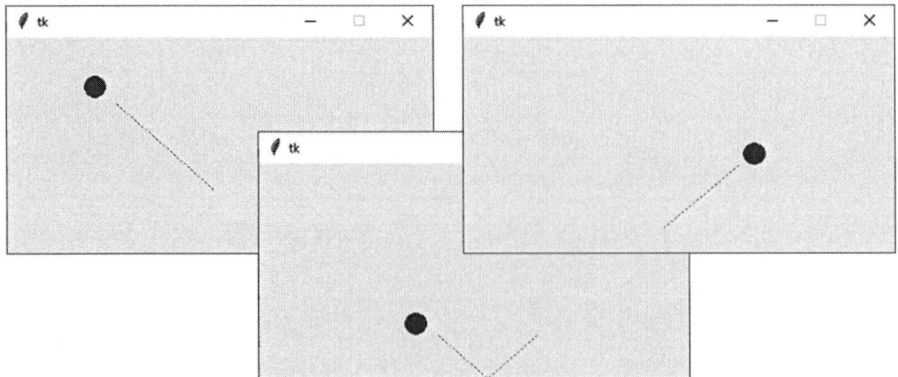

El código utilizado es el siguiente:

```python
from tkinter import Tk, Canvas
from random import randint

radio = 10
ancho = 400
alto = 200
desplazamiento_x = 1
desplazamiento_y = 1
intervalo = 2

centro_x = randint(radio, ancho)
centro_y = randint(radio, alto)

def mueve_pelota():
    global desplazamiento_x, desplazamiento_y

    x0, y0, x1, y1 = canvas.coords(pelota)
    if x0 < 0 or x1 > ancho: desplazamiento_x = -desplazamiento_x
    if y0 < 0 or y1 > alto: desplazamiento_y = -desplazamiento_y
    canvas.move(pelota, desplazamiento_x, desplazamiento_y)
    root.after(intervalo, mueve_pelota)

root = Tk()
root.resizable(False,False)
canvas = Canvas(width = ancho, height = alto)
canvas.pack()

pelota = canvas.create_oval(centro_x-radio, centro_y-radio,
                            centro_x+radio, centro_y+radio,
                            fill="blue", outline="blue")
mueve_pelota()

root.mainloop()
```

En primer lugar, se importan las clases del módulo Tkinter con las que se creará la ventana principal (Tk) y el *canvas* (Canvas). También se importa la función randint() del módulo *random*, que permite generar números aleatorios. Se empleará para obtener las coordenadas x, y de la pelota al arrancar la aplicación:

```
from tkinter import Tk, Canvas
from random import randint
```

A continuación, se declaran las variables de configuración del programa. La primera determina el tamaño de la pelota; en concreto, su radio (radio). Las dos siguientes fijan el ancho y el alto del *canvas* (ancho y alto). Las variables desplazamiento_x y desplazamiento_y determinan el número de píxeles que se moverá la pelota en sentido horizontal y vertical, respectivamente. Dicha posición se actualizará periódicamente cuando transcurran los milisegundos indicados en la variable intervalo. Jugando con estas tres últimas variables, se podrá modificar la velocidad de la pelota:

```
radio = 10
ancho = 400
alto = 200
desplazamiento_x = 1
desplazamiento_y = 1
intervalo = 2
```

> *(i)* Si aumentara la velocidad de la pelota, observaría que esta se deforma cuando rebota en una pared. Se trata de un problema de rendimiento de Tkinter poco documentado, derivado de una incorrecta actualización de las imágenes. Cuanta más velocidad adquiera la pelota, más patente será este defecto.

Lo siguiente que se hace es generar, con la función randint(), las coordenadas en las que aparecerá la pelota al arrancar la aplicación. Dichas coordenadas nunca podrán ser inferiores al radio de la pelota; de lo contrario, se ocultaría parcial o totalmente. Como verá más adelante, se usa el centro del círculo como referencia para moverlo por el *canvas*. Ese es el motivo del valor asignado al primer argumento de esta función:

```
centro_x = randint(radio, ancho)
centro_y = randint(radio, alto)
```

Salte la declaración de la función encargada de mover la pelota (se describirá posteriormente), para llegar al grupo de sentencias que crean la ventana principal, evitando así que se pueda modificar su tamaño con el método `resizable()`:

```
root = Tk()
root.resizable(False,False)
```

A continuación, se crea el *canvas* con las dimensiones de las variables de configuración `ancho` y `alto`, situándolo en la ventana principal con el método `pack()`:

```
canvas = Canvas(width = ancho, height = alto)
canvas.pack()
```

Una vez creado el *canvas*, se dibuja un círculo (la pelota) con el método `create_oval`. Como sabe, los cuatro primeros argumentos son las coordenadas de las esquinas superior izquierda e inferior derecha del rectángulo en el que se circunscribe. El valor asignado a cada uno de ellos permite hacer coincidir el centro del círculo con las coordenadas x, y (`centro_x`, `centro_y`) obtenidas anteriormente de forma aleatoria. Además, tanto el fondo como el contorno se pintan de azul mediante las opciones `fill` y `outline`, respectivamente:

```
pelota = canvas.create_oval(centro_x-radio, centro_y-radio,
                            centro_x+radio, centro_y+radio,
                            fill="blue", outline="blue")
```

Acto seguido, se empieza a dar movimiento a la pelota invocando la función `mueve_pelota()`:

```
mueve_pelota()
```

Por último, se llama al método `mainloop()` de la ventana principal. Aunque no se van a atender eventos del usuario, es necesario para el correcto funcionamiento del método `after()` empleado dentro de la función `mueve_pelota()`:

```
root.mainloop()
```

Dicha función declarará como globales las variables `desplazamiento_x` y `desplazamiento_y`, ya que su valor debe ser compartido cada vez que se invoca:

```
def mueve_pelota():
    global desplazamiento_x, desplazamiento_y
    ...
```

Dentro de esta función, primero se obtienen las coordenadas actuales de la pelota con el método `coords()`. Dichas coordenadas son las correspondientes a la esquina superior izquierda e inferior derecha del cuadrado que rodea el círculo:

```
x0, y0, x1, y1 = canvas.coords(pelota)
```

La siguiente sentencia comprueba si la pelota toca la pared vertical izquierda o derecha, en cuyo caso modificará el signo de la variable `desplazamiento_x` para que la pelota se mueva en sentido contrario, dando la sensación de que ha rebotado:

```
if x0 < 0 or x1 > ancho: desplazamiento_x = -desplazamiento_x
```

La sentencia `if` que sigue hace lo mismo pero con las paredes superior e inferior, modificando el signo de la variable `desplazamiento_y`:

```
if y0 < 0 or y1 > alto: desplazamiento_y = -desplazamiento_y
```

Una vez hecho esto, la pelota se mueve con el método `move()`, incrementando sus coordenadas el número de píxeles contenido en las variables `desplazamiento_x` y `desplazamiento_y`. Si el valor de `desplazamiento_x` fuera positivo, el movimiento sería hacia la derecha. Si fuera negativo, la pelota se desplazaría hacía la izquierda. Si el valor de `desplazamiento_y` fuera positivo, el movimiento sería descendente. Si fuera negativo, la pelota iría hacía arriba:

```
canvas.move(pelota, desplazamiento_x, desplazamiento_y)
```

Por último, se invoca el método `after()` para volver a llamar a esta función pasado el intervalo de tiempo indicado. De esta forma, el movimiento se estará produciendo de forma continua:

```
root.after(intervalo, mueve_pelota)
```

Ya solo queda ejecutar el programa y comprobar que la pelota se desplaza continuamente por el *canvas*, rebotando en sus cuatro paredes.

7.14.2.6 *Arcos*

Un arco es la sección de una elipse delimitada por dos ángulos. Para dibujarlo en un *canvas*, se debe llamar al método:

```
create_arc(x0, y0, x1, y1, opción, …)
```

Las opciones de este método son las mismas de los rectángulos, a las que se añaden:

- extent. Apertura del arco, a partir del ángulo inicial.

- start. Ángulo inicial del arco.

- style. Tipo de arco. Sus valores podrán ser PIESLICE (en forma de trozo de pastel), CHORD (arco simple) y ARC (cuerda).

La siguiente imagen representa gráficamente cómo se crea un arco a partir de dichas opciones:

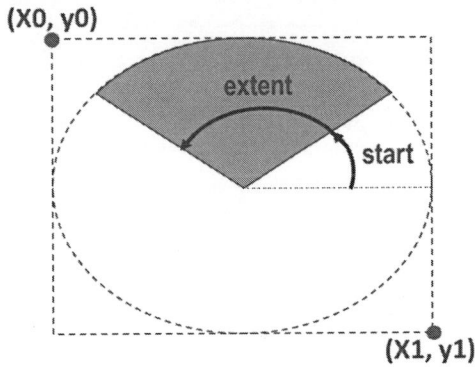

El ángulo inicial y la apertura del arco (opciones start y extent) se miden en grados, en sentido antihorario. Si se omitieran, se dibujaría la elipse completa.

Respecto al tipo de arco establecido con la opción style, las siguientes imágenes muestran el aspecto de cada uno de ellos:

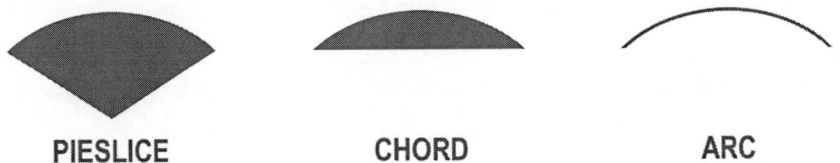

El valor devuelto por esta función es el identificador del arco creado.

Con el fin de practicar con arcos, en esta ocasión va a pintar un comecocos hambriento, que no parará de abrir y cerrar la boca. Su aspecto es el mostrado a continuación:

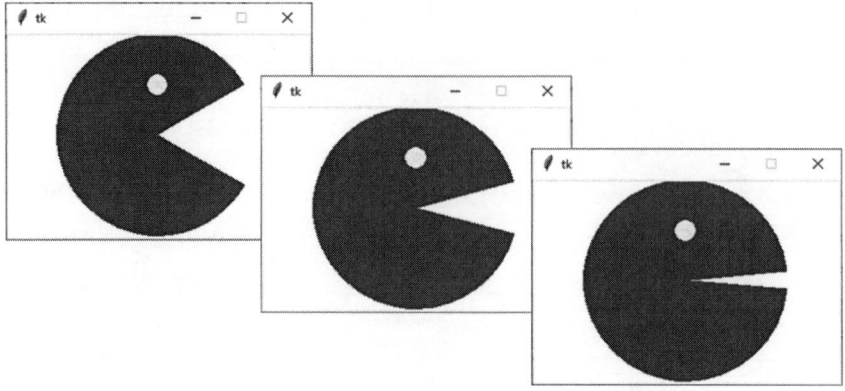

El código con el que se ha conseguido es el siguiente:

```
from tkinter import Tk, Canvas

ancho = 300
alto = 200

radio_ojo = 10
radio_cara = 100
angulo_inicial_max = angulo_inicial = 30
apertura = 300
incremento = 5
periodo = 50

def mueve_boca():
    global incremento, angulo_inicial, apertura

    angulo_inicial -= incremento
    apertura += 2*incremento
    if angulo_inicial <= incremento or angulo_inicial >= 30:
        incremento = -incremento

    canvas.itemconfig(cara, extent=apertura, start=angulo_inicial)
    canvas.after(periodo, mueve_boca)

root = Tk()
root.resizable(False, False)
```

```
canvas = Canvas(width=ancho, height=alto)
cara = canvas.create_arc(ancho/2-radio_cara, alto/2-radio_cara,
                         ancho/2+radio_cara, alto/2+radio_cara,
                         start= angulo_inicial, extent=apertura,
                         fill="blue", outline="")
ojo = canvas.create_oval(ancho/2-radio_ojo, alto/4-radio_ojo,
                         ancho/2+radio_ojo, alto/4+radio_ojo,
                         fill="yellow", outline="")
canvas.pack()
mueve_boca()
root.mainloop()
```

Lo primero que se hace es importar las clases Tk y Canvas para crear la ventana principal y el *canvas* donde se mostrará el comecocos:

```
from tkinter import Tk, Canvas
```

A continuación, se declaran las variables de configuración del programa. Las primeras establecen el ancho y alto del *canvas*:

```
ancho = 300
alto = 200
```

Las siguientes fijan el radio del ojo (radio_ojo) y de la cara (radio_ojo) del comecocos. En el primer caso será un círculo y en el segundo un arco que se abrirá y se cerrará simulando una boca:

```
radio_ojo = 10
radio_cara = 100
```

La variable angulo_inicial_max es el ángulo máximo que podrá abrirse la boca. Las variables angulo_inicial y apertura determinan el ángulo inicial y la apertura del arco, es decir, el tamaño de la boca. Como el comecocos se pinta con la boca abierta al arrancar el programa, el ángulo inicial y el máximo coinciden:

```
angulo_inicial_max = angulo_inicial = 30
apertura = 300
```

La variable periodo establece el periodo de tiempo, en milisegundos, en el que se va a actualizar el tamaño del arco (su ángulo inicial y apertura), mientras que, en incremento, se almacena el número de grados que va a cambiar en cada ciclo. Jugando con estas dos variables, se puede modificar la velocidad con la que se mueve la boca del comecocos.

```
incremento = 5
periodo = 50
```

Saltando la declaración de la función, se encuentran las sentencias que crean la ventana principal (e impiden que se puedan modificar sus dimensiones) y el *canvas* con el tamaño indicado en las variables `ancho` y `alto`:

```
root = Tk()
root.resizable(False, False)


canvas = Canvas(width=ancho, height=alto)
```

Una vez creado el *canvas*, se empieza a dibujar el comecocos, empezando por la cara, que será un arco cuyas opciones `start` y `extent` harán que tenga la boca abierta. La cara se centrará en la ventana; de ahí los valores asignados a los cuatro primeros argumentos del método `create_arc()`.

Las dos últimas opciones (`fill` y `outline`) pintan de azul el interior del arco, dejando sin color el borde exterior:

```
cara = canvas.create_arc(ancho/2-radio_cara, alto/2-radio_cara,
                    ancho/2+radio_cara, alto/2+radio_cara,
                    start= angulo_inicial, extent=apertura,
                    fill="blue", outline="")
```

La siguiente sentencia dibuja el ojo. Se hace con un círculo cuyo centro tiene la misma coordenada x que la cara, mientras que la y se sitúa a un cuarto de la altura del *canvas*, quedando por encima de la comisura de la boca a una distancia adecuada. Ese es el motivo de los valores de los cuatro primeros argumentos, que representan las coordenadas x, y de las esquinas superior izquierda e inferior derecha del cuadrado que enmarca el círculo del ojo. Con las opciones `fill` y `outline` se pinta de amarillo y sin borde:

```
ojo = canvas.create_oval(ancho/2-radio_ojo, alto/4-radio_ojo,
                    ancho/2+radio_ojo, alto/4+radio_ojo,
                    fill="yellow", outline="")
```

 Es importante situar la sentencia que dibuja el ojo después de la cara porque, si no, quedaría tapado por esta.

La siguiente sentencia sitúa el *canvas* en la ventana principal, mostrando el comecocos:

```
canvas.pack()
```

Luego, se llama a la función `mueve_boca()`, encargada de mover la boca y, por último, al método `mainloop()` de la ventana principal:

```
mueve_boca()
root.mainloop()
```

Llegó el momento de describir el código de la función encargada del movimiento de la boca del comecocos. Dentro, lo primero que se hace es declarar como globales las variables `incremento`, `angulo_inicial` y `apertura`. Son las utilizadas para hacer que el comecocos abra y cierre la boca, cuyo valor es compartido en todas las invocaciones de esta función:

```
def mueve_boca():
    global incremento, angulo_inicial, apertura
```

Las siguientes sentencias calculan el nuevo valor del arco. Para entender cómo funcionan, recuerde que la boca se dibuja inicialmente abierta, por lo que debe empezar a cerrarse. Por eso, se resta el número de grados almacenado en la variable `incremento` al ángulo inicial del arco. Para que la parte inferior de la boca se cierre el mismo ángulo que la superior, deberá aumentar la apertura el doble de grados almacenado. La sentencia `if` establece un rango entre 0 y `angulo_inicial_max` grados para el ángulo en el que se pueda abrir la boca. Como se ha supuesto que inicialmente la boca se está cerrando, cuando se alcance el límite inferior de 0 grados, cambiará el signo de la variable `incremento`, que pasará a ser negativa. De esta forma, la próxima vez que se llame a esta función se conseguirá el efecto contrario, es decir, que se abra la boca:

```
angulo_inicial -= incremento
apertura += 2*incremento
if angulo_inicial<=incremento or angulo_inicial>=angulo_inicial_max:
    incremento = -incremento
```

> *i*
>
> Habrá observado que en la condición del `if` no se pone:
>
> ```
> angulo_inicial <= 0 or angulo_inicial >= angulo_inicial_max
> ```
>
> sino:
>
> ```
> angulo_inicial<=incrementoor angulo_inicial>=angulo_inicial_max
> ```
>
> Se hace así para evitar el efecto *flash* que se produce al dibujar el arco con un ángulo inicial de 0 grados.

Una vez calculados el ángulo inicial y la apertura, solo queda mostrar el arco con estos nuevos valores. Para ello, se utiliza el método `itemconfig()` del *canvas*, con el que se modifican las opciones `extent` y `start` del arco:

```
canvas.itemconfig(cara, extent=apertura, start=angulo_inicial)
```

Lo último que se hace en esta función es invocarse a sí misma pasado un periodo de tiempo con el método `after()`. De esta forma, se obtiene un movimiento continuo de apertura y cierre de la boca:

```
canvas.after(periodo, mueve_boca)
```

7.14.2.7 Bitmaps *e imágenes*

En un *canvas* se pueden mostrar imágenes, representadas por objetos de la clase `Bitmap` o `PhotoImage`. En el primer caso, se trata de imágenes compuestas por dos colores (el de fondo y el de primer plano), mientras que en el segundo son imágenes a todo color.

Para crear un objeto *bitmap*, se utiliza el método del *canvas*:

```
create_bitmap(x, y, opción, ...)
```

Los argumentos x, y son el punto de referencia en el que debe colocarse el *bitmap* dentro del *canvas*. Las opciones más interesantes son:

- `anchor`. Posición de la imagen respecto del punto de referencia establecido por las coordenadas x e y, introducidas en los dos primeros argumentos. El valor predeterminado es `CENTER`, lo que significa que el centro de la imagen se sitúa en dicho punto. También puede tomar los valores N, E, S, W, NE, NW, SE o SW.

- `bitmap`. Imagen mostrada en estado normal. Su valor es un objeto de la clase `Bitmap`.

- `background`. Color de fondo del *bitmap* en estado normal. Es el que se muestra cuando el píxel de la imagen tiene el valor 0. Por defecto, su valor es `''` (transparente).

- `foreground`. Color de primer plano del *bitmap* en estado normal. Es el que se muestra cuando el píxel de la imagen tiene el valor 1. Por defecto, su valor es `'black'`.

- `disableimage`, `disablebackground` y `disablebitmap`. Color de fondo, de primer plano e imagen mostrada cuando este objeto está inactivo (el valor del atributo `state` es `DISABLED`).

- `activebackgroung`, `activeforeground` y `activebitmap`. Color de fondo, de primer plano e imagen mostrada cuando el ratón se encuentra sobre este objeto (el atributo `state` tiene el valor `ACTIVE`).

- state. Estado en el que se encuentra el objeto. Su valor permite ocultar la imagen (HIDDEN) o atenuarla y hacer que no responda a los eventos (DISABLED). Cuando el ratón está sobre la imagen, su valor es ACTIVE (a no ser que esté inactiva). Por defecto, su valor es NORMAL.

- tags. Cadena de texto con la que se etiqueta este objeto. Si quisiera asociarlo a múltiples etiquetas, deberán ir en una tupla.

> *i* En esta ocasión, las opciones no se describen por orden alfabético para mejorar su comprensión.

El resultado de este método es el identificador de la imagen.

Si en vez de un *bitmap* se quiere mostrar una imagen a todo color, deberá emplear el método:

```
create_image(x, y, opción, …)
```

Este método comparte con el anterior las opciones anchor, state y tags. Además, dispone de otras específicas, entre las que se encuentran:

- image. Imagen que se ve en estado normal. Es un objeto de la clase PhotoImage o BitmapImage. También se podría hacer uso de la clase ImageTk, perteneciente a la librería PIL.

- activeimage. Imagen que se muestra cuando el cursor del ratón se sitúa encima (el valor del atributo state es ACTIVE).

- disableimage. Imagen que aparece cuando está inactiva (el valor del atributo state es DISABLED).

De nuevo, el valor devuelto por este método es el identificador de la imagen creada.

En la siguiente práctica, va a modificar el programa que mostraba un círculo negro rebotando en las paredes del *canvas*, para que esta vez lo haga la imagen de un balón.

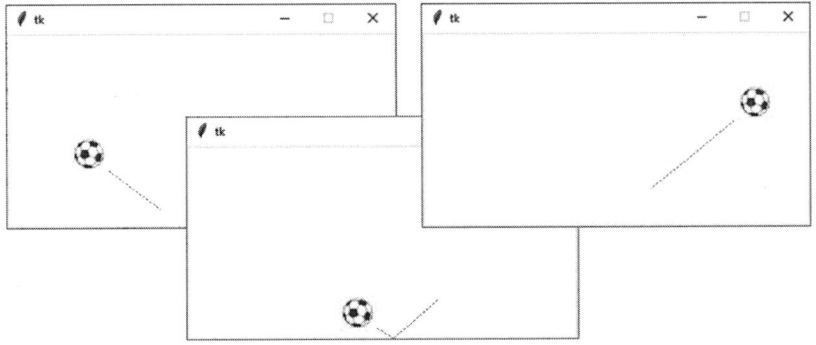

El código del programa con el que se consigue este resultado es el siguiente:

```python
from tkinter import Tk, Canvas, PhotoImage
from random import randint

radio = 20
ancho = 400
alto = 200
desplazamiento_x = 1
desplazamiento_y = 1
intervalo = 2

centro_x = randint(radio, ancho)
centro_y = randint(radio, alto)

def mueve_pelota():
    global desplazamiento_x, desplazamiento_y

    x, y = canvas.coords(pelota)
    if x-radio < 0 or x+radio > ancho:
        desplazamiento_x = -desplazamiento_x
    if y-radio < 0 or y+radio > alto:
        desplazamiento_y = -desplazamiento_y
    canvas.move(pelota, desplazamiento_x, desplazamiento_y)
    root.after(intervalo, mueve_pelota)

root = Tk()
root.resizable(False,False)
canvas = Canvas(width = ancho, height = alto, bg="white")
canvas.pack()

img = PhotoImage(file="../imagenes/pelota.gif")

pelota  =  canvas.create_image(centro_x,  centro_y,  image=img ,
                             anchor="center")

mueve_pelota()

root.mainloop()
```

Solo se comentarán los cambios realizados sobre el programa utilizado de base.

El primero tiene lugar en la sentencia donde se importan las clases de la librería Tkinter con las que se va a trabajar, ya que se añade `PhotoImage`:

```
from tkinter import Tk, Canvas, PhotoImage
```

Como se va a utilizar la imagen de una pelota que tiene un tamaño de 40 × 40, la variable `radio` toma el valor 20:

```
radio = 20
```

Para conocer el tamaño de una imagen, en Windows solo tiene que situar el ratón sobre el archivo que la contiene. Al instante, aparecerá una ventana emergente mostrando dicha información.

Saltando la declaración de la función, el siguiente cambio lo encontrará al crear el *canvas*. En concreto, se añade la opción `bg` para que el color del fondo sea blanco (por defecto, tiene un tono ligeramente gris). Esto se hace porque el fondo de la imagen de la pelota es blanco, y así queda oculto al confundirse con el del *canvas*:

```
canvas = Canvas(width = ancho, height = alto, bg="white")
```

La principal modificación está en las sentencias que sustituyen la creación del círculo por la imagen de la pelota con el método `create_image()`, cuyo centro se sitúa en las coordenadas utilizadas como referencia (la opción `anchor` tiene el valor `"center"`). Antes, será necesario crear el objeto de la clase `PhotoImage` (`img`) a partir de la imagen contenida en el fichero "../imagenes/pelota.gif":

```
img = PhotoImage(file="../imagenes/pelota.gif")

pelota = canvas.create_image(centro_x, centro_y, image=img ,
                             anchor="center")
```

El objeto de la clase `PhotoImage` se debe crear después de la ventana principal; de lo contrario, se produciría el siguiente error:

```
RuntimeError: Too early to create image
```

Respecto a los cambios producidos en la función `mueve_pelota()`, al trabajar con una imagen en vez de un círculo, el método `coords()`

devuelve únicamente las coordenadas del centro de la imagen (en vez de las correspondientes a las esquinas opuestas del cuadrado que contenía el círculo):

```
x, y = canvas.coords(pelota)
```

Por ese motivo, las condiciones de las sentencias if que detectan el choque con las paredes del *canvas* se deben modificar y quedarán de la siguiente forma:

```
if x-radio<0 or x+radio>ancho: desplazamiento_x=-desplazamiento_x
if y-radio<0 or y+radio>alto: desplazamiento_y=-desplazamiento_y
```

Ejecute el programa y compruebe la mejora en la apariencia producida por estos sencillos cambios.

7.15 SCALE

Una barra de desplazamiento es un *widget* que permite seleccionar el valor de un rango mediante un control deslizante:

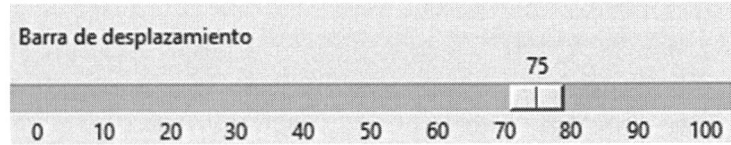

7.15.1 Opciones y métodos

En Tkinter, este *widget* se representa por la clase Scale, cuyo constructor es:

```
Scale(widget contenedor, opción, ...)
```

Entre las opciones comunes, se pueden utilizar activebackground, bg, bd, cursor, font, fg, highlightbackground, highlightcolor, highlightthickness, relief, takefocus y width.

Además de las anteriores, esta clase dispone de las siguientes opciones específicas:

- command. Nombre de la función que se llamará cuando se mueva el control deslizante. Dicha función tiene como argumento de entrada el valor seleccionado.

- digits. El valor de la barra de desplazamiento se almacena en una variable de control del tipo IntVar, DoubleVar o StringVar (vinculada a este *widget* a través de la opción variable). Solo cuando sea del último tipo tiene sentido aplicar esta opción, ya que su valor establece el número de dígitos de los que se compondrá la cadena en la que se convierte el valor numérico actual de la barra de desplazamiento.

- from_. Valor inicial del rango. Puede ser un número entero o de coma flotante.

- label. Cadena de texto que se muestra junto a la barra. Estará situada en la parte superior izquierda si tiene orientación horizontal, o en la superior derecha si tiene orientación vertical.

- length. Longitud de la barra de desplazamiento (en la dimensión x si estuviera en posición horizontal, o en la y si estuviera en posición vertical). El valor predeterminado es de 100 píxeles.

- orient. Establece la orientación de la barra de desplazamiento. Su valor puede ser HORIZONTAL o VERTICAL (valor predeterminado).

- repeatdelay y repeatinterval. Normalmente, el control deslizante se mueve al arrastrarlo con el ratón. Si desea que lo haga a intervalos regulares mientras se mantenga presionado el ratón en cualquier otra parte de la barra, asigne a repeatinterval el número de milisegundos entre movimientos y a repeatdelay la cantidad de milisegundos que deben transcurrir antes de empezar a desplazarse; por ejemplo, si el valor de repeatdelay fuera 500 y el de repeatinterval fuera 100, este empezaría a moverse al cabo de medio segundo y, luego, cada décima de segundo, hasta que se deje de pulsar.

- resolution. Margen mínimo en el que se podrán incrementar/decrementar los valores de la barra de desplazamiento; por ejemplo, si el rango de la barra fuera 0-6 y se asignara el valor 2 a esta opción, los valores posibles que podrían seleccionarse serían: 0, 2, 4 y 6.

- showvalue. Indica si el control deslizante muestra el valor actual (arriba en las barras horizontales y a la izquierda en las verticales). Si no quiere que aparezca, asigne a esta opción el valor False (por defecto, es True).

- sliderlength. Tamaño del control deslizante, en píxeles. Su valor, por defecto, es de 30 píxeles.

- `state`. Su valor por defecto es NORMAL, en el que el control deslizante puede moverse con el ratón y, cuando tiene el foco, también con el teclado. Para evitarlo, asigne a esta opción el valor DISABLED.

- `tickinterval`. Espacio de separación entre las etiquetas que exhiben el valor de la barra de desplazamiento en la posición donde se encuentran. Estas aparecerán debajo de la escala si su orientación es horizontal, o a su izquierda si es vertical. El valor predeterminado de esta opción es 0, que suprime su visualización.

- `to`. Valor final del rango (el inicial se establece con la opción from_).

- `troughcolor`. Color de la barra de desplazamiento.

- `variable`. Nombre de la variable de control donde se almacena el valor actual de la barra de desplazamiento. Puede ser un objeto de la clase IntVar, DoubleVar o StringVar. En el último caso, el valor numérico se convertirá en una cadena (el número de dígitos que tendrá se establece en la opción digits).

Respecto a los métodos, se destacan solo dos de ellos. Con el primero, se obtiene el valor actual de la barra de desplazamiento:

```
get()
```

El otro es para asignarle un valor determinado, moviendo el cursor a la posición correspondiente:

```
set(valor)
```

7.15.2 Práctica

La práctica que realizará a continuación le permitirá dibujar un arco con el ángulo seleccionado por el usuario. El aspecto de lo que se pretende obtener lo puede ver a continuación:

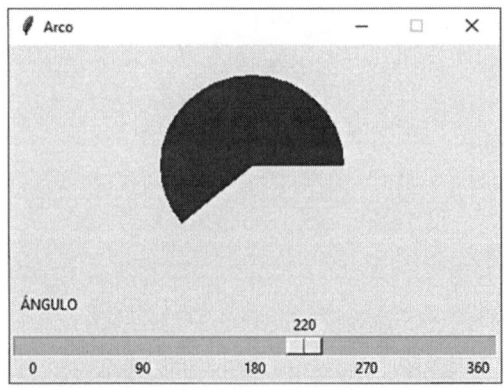

El código que se ha utilizado para conseguirlo es el siguiente:

```python
from tkinter import Tk, Canvas, Scale


ancho = 400
alto = 200
radio = 75


def modifica_arco(angulo):
    canvas.itemconfig(arco, extent=angulo)


root = Tk()
root.title("Arco")
root.resizable(False, False)


canvas = Canvas(width=ancho, height=alto)
arco = canvas.create_arc(ancho/2-radio, alto/2-radio,
                         ancho/2+radio, alto/2+radio,
                         start=0, extent=0, fill="blue", outline="")
barra_deslizamiento = Scale(label='ÁNGULO', from_=0, to=360,
                            orient="horizontal",
                            length=ancho, tickinterval=90,
                            command=modifica_arco)


canvas.pack()
barra_deslizamiento.pack()


root.mainloop()
```

En este programa, además de las clases `Tk` y `Canvas`, se importa `Scale` para crear la barra de desplazamiento con la que se modificará el ángulo del arco:

```python
from tkinter import Tk, Canvas, Scale
```

Las variables de configuración almacenan el ancho y alto del *canvas* (`ancho` y `alto`), además del radio de la circunferencia a la que pertenece el arco (`radio`):

```python
ancho = 400
alto = 200
radio = 75
```

Saltando la declaración de la función que se ejecutará cada vez que se mueva la barra de desplazamiento, se encuentran las sentencias con las que se crea la ventana principal (`root`), a la que se da un nombre ("Arco") y cuyo redimensionamiento se impide:

```
root = Tk()
root.title("Arco")
root.resizable(False, False)
```

Después, se crea el *canvas* donde se dibujará el arco, cuyas dimensiones (opciones `width` y `height`) serán las establecidas en las variables `ancho` y `alto`:

```
canvas = Canvas(width=ancho, height=alto)
```

El arco se situará en el centro del *canvas* con el método `create_arc()`. Ese es el motivo del valor asignado a los cuatro primeros argumentos, que contienen las coordenadas de las esquinas opuestas del cuadrado con el que se enmarca la circunferencia sobre la que se dibuja el arco. Inicialmente no se verá, porque sus opciones `start` y `extent` tienen el valor 0. La opción `fill` establece que el color de fondo del arco sea azul. Para que no se pinte el borde, se ha asignado el valor `""` a la opción `outline`:

```
arco = canvas.create_arc(ancho/2-radio, alto/2-radio,
                         ancho/2+radio, alto/2+radio,
                         start=0, extent=0, fill="blue", outline="")
```

El último *widget* que contiene la ventana principal es la barra de desplazamiento, por lo que se crea un objeto de la clase `Scale`. Con la opción `label` se muestra un texto descriptivo del valor que permite seleccionar (`'ÁNGULO'`). Las opciones `from_` y `to` establecen un rango de valores entre 0-360, es decir, todos los posibles ángulos de una circunferencia. La barra se pondrá en posición horizontal (opción `orient`) y tendrá el mismo ancho del *canvas* (opción `length`). El valor asignado a `tickinterval` permitirá mostrar etiquetas con los valores del rango a intervalos de 90 grados. Finalmente, la opción `command` determina que se llame a la función `modifica_arco()` cada vez que se mueva:

```
barra_deslizamiento = Scale(label='ÁNGULO', from_=0, to=360,
                            orient="horizontal",
                            length=ancho, tickinterval=90,
                            command=modifica_arco)
```

Una vez creados todos los *widgets*, estos se colocan en la ventana principal utilizando el gestor de geometría *pack* que, de forma predeterminada, los sitúa uno debajo del otro:

```
canvas.pack()
barra_deslizamiento.pack()
```

Por último, se llama al método `mainloop()` de la ventana principal, que permitirá atender los eventos de la interfaz; en este caso, los provocados al mover la barra de desplazamiento:

```
root.mainloop()
```

La función que se invoca cada vez que se mueve la barra de desplazamiento tiene como argumento de entrada su valor actual (`angulo`). Lo único que se hace dentro es asignar dicho valor a la opción `extent` del arco (`arco`) con el método `itemconfig()`:

```
def modifica_arco(angulo):
    canvas.itemconfig(arco, extent=angulo)
```

Ejecute el programa y confirme que se comporta según lo esperado, tal como puede ver en la siguiente secuencia de imágenes:

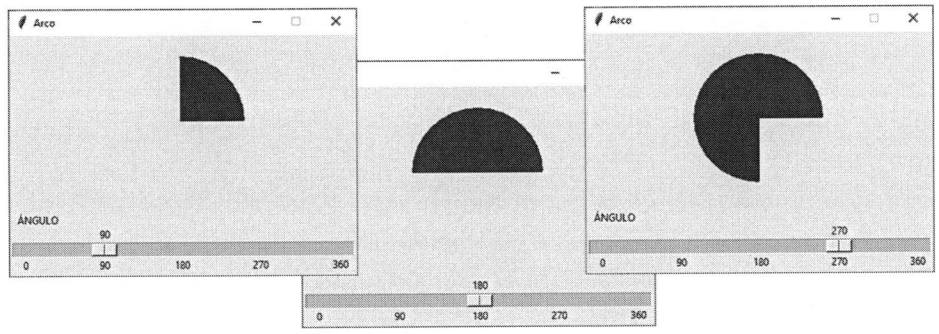

VALIDACIÓN DE ENTRADAS DE DATOS

Como ha podido comprobar, existen algunos *widgets*, como `Entry` y `Spinbox`, que permiten la entrada libre de datos por parte del usuario. En ese caso, puede que le interese validar su contenido para satisfacer las reglas impuestas por la lógica de la aplicación. Con este fin, ambos *widgets* disponen de las siguientes opciones:

- `validate`. Determina cuándo se debe validar el contenido del campo de entrada. Por defecto, su valor es `'none'`, lo que significa que no se haría ninguna validación. Más adelante verá todos los posibles valores que podrá asignar a esta opción.

- `validatecommand` (equivalente a `vcmd`). Su valor es el identificador de la función que realizará la validación, o una tupla formada por dicho identificador y una serie de códigos de sustitución (se describirán a continuación).

Como se acaba de indicar, la opción `validate` tiene asignado el valor `'none'` de forma predeterminada, por lo que no se realizará ninguna validación. En caso de ser necesaria, el valor de esta opción establecerá cuándo se debe invocar la función encargada de hacerla, en concreto:

- `'focus'`. Siempre que el *widget* obtenga o pierda el foco.
- `'focusin'`. Cuando el *widget* gane el foco.
- `'focusout'`. Si el *widget* pierde el foco.
- `'key'`. Al pulsar una tecla.
- `'all'`. En todas las situaciones anteriores.

> *i* No confunda la cadena `'none'` con la palabra reservada `None` de Python.

Respecto a la opción `validatecommand`, su valor puede ser el identificador de la función utilizada para realizar la validación o una terna cuyo primer elemento sea dicho identificador. Para obtenerlo, deberá invocar el método:

`register`(*función*)

Si el único dato que necesitara la función de validación fuera el contenido del campo de texto, este se podría obtener llamando al método `get()` de la variable de control que tuviera asociada. En ese caso, el valor de la opción `validatecommand` sería únicamente el identificador de la función.

Pero, si necesitara más información, dicho valor deberá ser una terna en la que, además del identificador de la función, se añadan uno o varios códigos de sustitución con dicha información adicional:

(*identificador de la función, código de sustitución, …*)

Cada uno de estos códigos se incluirían como argumentos en la llamada a la función, en el orden en el que se han especificado.

Existen los siguientes códigos de sustitución:

- `'%P'`. Su valor es el contenido del campo, tal como quedaría si se hubiera validado el cambio.

- `'%s'`. Su valor es el contenido del campo antes del cambio.

- `'%S'`. Si la función de validación se invocó debido a una inserción o una eliminación, su valor sería el texto que se inserta o elimina.

- `'%v'`. Valor actual de la opción `validate` del *widget*.

- `'%V'`. Motivo por el que se invocó la función de validación. Sus valores pueden ser `'focusin'`, `'focusout'`, `'key'` o `'forced'` (cuando el valor de `textvariable` ha cambiado).

- `'%W'`. Nombre del *widget*.

El resultado de la ejecución de la función de validación debe ser `True` o `False`, dependiendo de si se admite o no el valor del campo. En este último caso, se rechazaría la modificación que el usuario trataba de realizar, y se mantendría el contenido del *widget* tal cual estaba.

La validación de entrada de datos es muy útil cuando se rellenan los campos de un formulario. A lo largo de las prácticas que ha venido realizando, podría aplicarse, por ejemplo, para comprobar que el nombre del usuario no tenga números o que, en el de la edad, no se añadan letras. Precisamente, en la siguiente práctica desarrollará un formulario con un campo en el que se puede introducir la edad de una persona. Cada vez que se pulse una tecla, se comprobará que su contenido sea un número comprendido en el rango 0-99:

```
from tkinter import Tk, Label, Spinbox

def validar_edad(edad):
    return edad == "" or edad.isdigit() and len(edad) <= 2

root = Tk()
root.resizable(False, False)

edad_label = Label(text="Edad:")
identificador = root.register(validar_edad)
vc = (identificador, '%P')
edad_entry = Spinbox(from_=1, to=99, width=3, bd=5,
                     highlightcolor="red", highlightthickness=2,
                     validate="key", validatecommand=vc)

edad_label.grid(row=0, column=0, sticky= "w", padx=20, pady=10)
edad_entry.grid(row=0, column=1, sticky= "w", padx=20, pady=10)
```

> *i* Aunque, por simplicidad, se ha preferido trabajar con un formulario que contiene un solo campo, no le costará mucho trabajo añadir este código al de la última práctica, donde se utilizaba este mismo *widget* en un formulario más completo.

En primer lugar, se importan las clases con las que se creará la ventana principal (Tk), la etiqueta que indica que el *spinbox* debe contener una edad (Label) y, por supuesto, la del propio *spinbox* (Spinbox):

```
from tkinter import Tk, Label, Spinbox
```

Saltando la declaración de la función validar_edad, que se explicará más adelante, se encuentran las sentencias que crean la ventana principal, y evitan que se pueda redimensionar:

```
root = Tk()
root.resizable(False, False)
```

A continuación, se crea la etiqueta:

```
edad_label = Label(text="Edad:")
```

El único *widget* que faltaría por crear sería el *spinbox*. Pero antes, puesto que se va a ejecutar una función de validación cada vez que se pulse una tecla, primero se deberá obtener el identificador de dicha función. Para ello, se utiliza el método `register()`, cuyo argumento es el nombre de la función con la que se realizará la validación, en este caso `validar_edad()`:

```
identificador = root.register(validar_edad)
```

Para verificar que el carácter pulsado sea un número y que el contenido del campo no supere los dos dígitos, esta función tendrá como argumento dicho contenido. Por ese motivo, cuando cree el *spinbox*, el valor de la opción `validatecommand` tendrá que ser una terna, cuyo primer elemento sea el identificador de la función obtenido anteriormente y el segundo sea el código de sustitución `'%P'`.

Esta terna es, precisamente, la que se almacena en la variable `vc`:

```
vc = (identificador, '%P')
```

Ahora ya se tiene toda la información necesaria para crear el *spinbox*:

```
edad_entry = Spinbox(from_=1, to=99, width=3, bd=5,
                     highlightcolor="red", highlightthickness=2,
                     validate="key", validatecommand=vc)
```

Las opciones utilizadas son las mismas de prácticas anteriores, a las que se añaden otras dos: `validate`, cuyo valor (`"key"`) determina que la validación se realice cada vez que se pulse una tecla, y `validatecommand`, a la que se asigna la terna construida en la sentencia anterior.

Solo queda mostrar la etiqueta y el *spinbox* en la ventana principal con el método `grid()`:

```
edad_label.grid(row=0, column=0, sticky= "w", padx=20, pady=10)
edad_entry.grid(row=0, column=1, sticky= "w", padx=20, pady=10)
```

Al crear el *spinbox*, estableció que se llamara a la función `validar_edad()` cada vez que se pulsara una tecla. Pero ¿qué hace dicha función? Verifica que el campo esté vacío o, si fuera un número, que su longitud sea igual o inferior a dos dígitos. Recuerde que las funciones de validación deben devolver un valor booleano. Si este fuera `True`, se validaría el carácter introducido. En caso contrario, no se llegaría a escribir en el campo. Ese es el motivo de las comprobaciones realizadas en la misma sentencia `return`:

```
def validar_edad(edad):
    return edad == "" or edad.isdigit() and len(edad) <= 2
```

Ejecute el programa para comprobar que el comportamiento del *spinbox* es el esperado. Verifique que no se pueda escribir nada que no sea un número y que este no supere, en ningún caso, los dos dígitos.

Unidad 9
EVENTOS

Todo lo que sucede en una aplicación es un evento. Por lo tanto, la interacción con el usuario se realiza a través de eventos producidos mediante el teclado o el ratón. Hasta ahora, los eventos que se han atendido han sido aquellos que ya estaban integrados en el propio comportamiento de los *widgets*; por ejemplo, en el caso de un botón, lo normal es que se pulse. Por ese motivo, en su constructor se utiliza la opción command para vincularlo a la función que atienda dicho evento. En general, a estas funciones se las llama "controladores de eventos".

Existen otras formas más flexibles de vincular eventos con *widgets* y controladores, que no se restringen al uso habitual que se haga de estos. Siga leyendo para descubrir cuáles son.

ⓘ No todos los eventos los produce el usuario. También pueden ser generados por tareas que se ejecuten en segundo plano.

9.1 VINCULACIÓN DE EVENTOS CON *WIDGETS*

La vinculación de eventos con *widgets* se puede hacer a tres niveles:

- Nivel de objeto: enlaza un evento, o secuencia de eventos, a un *widget* específico. Para ello, se utiliza el método:

    bind(*secuencia de eventos, controlador*)

    La secuencia de eventos incluye todos aquellos con los que se invocará la función cuyo nombre se indica en el segundo argumento (controlador). Se trata de una cadena cuyo formato se explicará a continuación.

- Nivel de clase: enlaza un evento a todos los *widgets* de una clase; por ejemplo, puede hacer que, pulsando con el botón derecho del ratón en un botón, se cambie el idioma de todos ellos. En este caso, el método que se debe usar es:

  `bind_class`(*clase, secuencia de eventos, controlador*)

  Ahora, además de la secuencia de eventos y el controlador que los atiende, se incluye un primer argumento con el nombre de la clase a la que pertenecen los *widgets* sobre los que se aplica.

- Nivel de aplicación: cuando se produzca un evento (o secuencia de eventos), siempre se llamará al controlador; por ejemplo, la tecla Esc se podría utilizar para salir del programa en cualquier momento. Para conseguir este comportamiento, el método empleado es:

  `bind_all`(*secuencia de eventos, controlador*)

  Los argumentos tienen el mismo significado que en los dos métodos anteriores.

> ℹ️ Los métodos que tendrían un efecto contrario, es decir, que desvincularían una secuencia de eventos de un *widget* concreto, de los pertenecientes a una clase o de todos los de una aplicación, serían `unbind()`, `unbind_class()` y `unbind_all()`, respectivamente.

En el caso de que se pretenda vincular eventos a los objetos gráficos contenidos dentro de un *canvas*, al no ser *widgets*, se tratarán de forma especial. En concreto, se llamará al siguiente método del *canvas*:

`tag_bind`(*etiqueta o identificador del objeto, secuencia de eventos, controlador*)

Dicho método vincula el objeto cuyo identificador se pasa en el primer argumento (si se tratara de una etiqueta, de todos los que la comparten) con la secuencia de eventos indicada en el segundo argumento.

> ℹ️ Tenga en cuenta que esta vinculación persistiría aunque un objeto dejara de tener una etiqueta. Para eliminar esta vinculación, deberá ejecutar el método `tag_unbind()`. Por el mismo motivo, si después de vincular una secuencia de eventos a una etiqueta, esta fuera asignada a nuevos objetos, la vinculación no se aplicaría a dichos objetos.

Como ha comprobado, todos los métodos anteriores tienen como argumento una secuencia de eventos (formada por un único evento en su expresión más simple), cuya sintaxis será objeto de estudio en el siguiente apartado.

9.2 SECUENCIAS DE EVENTOS

En Tkinter, una secuencia de eventos se describe como una cadena de texto con uno o más patrones de eventos, cada uno de los cuales representa algo que puede suceder. Si hay más de un patrón, al controlador solo se llamará cuando todos sucedan en la misma secuencia.

La forma más sencilla de expresar un patrón de eventos es:

<tipo de evento>

Como puede observar, un patrón empieza y acaba por los caracteres '<' y '>'. El tipo de evento puede ser cualquiera de los siguientes:

- `Activate`. Un *widget* pasa de estar inactivo a estar activo. Su código es 36. Como verá más adelante, este código se almacena en el atributo `type` del objeto perteneciente a la clase `Event`, que representa el evento. Se utiliza, por lo tanto, para identificar el tipo de evento producido en la función que haga de controlador.

- `Button`. Se ha presionado uno de los botones del ratón. Tal como pronto descubrirá, la parte del patrón que indica los detalles especificará de qué botón se trata (`Button-1`, si es el izquierdo, y `Button-3` para el derecho). Además, por compatibilidad con Linux, si se hubiera movido la rueda del ratón, su valor sería `Button-4` o `Button-5`, dependiendo de si se produjera un desplazamiento hacia arriba o hacia abajo. Su código es 4.

- `ButtonRelease`. Se deja de presionar uno de los botones del ratón; en concreto, `ButtonRelease-1`, si fuera el izquierdo, y `ButtonRelease-3` en el caso del derecho. Su código es 5.

- `Configure`. Se cambia el tamaño de un *widget*; por ejemplo, arrastrando una esquina o un lado de la ventana donde está contenido. Su código es 22.

- `Deactivate`. Un *widget* pasa de estar activo a estar inactivo. Su código es 37.

- `Destroy`. Se ha eliminado un *widget*. Su código es 17.

- `Enter`. El usuario mueve el puntero del ratón a una parte visible de un *widget*. Su código es 7.

- `Expose`. Una parte de un *widget* se vuelve visible después de haber sido tapada por otra ventana. Su código es 12.

- `FocusIn`. El *widget* obtiene el foco. Su código es 9.

- `FocusOut`. El *widget* pierde el foco. Su código es 10.

- `KeyPress` o `Key`. El usuario ha pulsado una tecla. La parte del detalle del patrón especificará de qué tecla se trata (por ejemplo, si es la correspondiente a la letra 'q', sería `KeyPress-q` o `Key-q`). Su código es 2.

- `KeyRelease`. El usuario deja de presionar una tecla. Como en el evento anterior, la parte del detalle del patrón precisará la tecla en cuestión. Su código es 3.

- `Leave`.   El puntero del ratón sale de un *widget*. Su código es 8.

- `Motion`. El usuario mueve el puntero del ratón. Su código es 6.

- `MouseWheel`. El usuario mueve la rueda del ratón. Este tipo de evento no existe en Linux, por lo que tendrá que utilizar `Button-4` o `Button-5`. Su código es 38.

- `Visibility`. Una parte de la ventana de la aplicación se vuelve visible en la pantalla. Su código es 15.

Tal como se había adelantado, un evento puede tener modificadores y/o detalles, por lo que, de forma general, un patrón de eventos se describiría de la siguiente forma:

   <modificadores-tipo de evento-detalles>

Los modificadores se añaden antes del tipo de evento y los detalles después, separados por un guion. Si hubiera varios modificadores o detalles, estos también se separarían con guiones.

Los modificadores sirven, por ejemplo, para especificar combinaciones de teclas, como Shift o Ctrl, que se presionan junto con otras (por ejemplo, las clásicas Ctrl-C y Ctrl-V para copiar y pegar), incluso mientras se pulsa algún botón del ratón. Los nombres de los modificadores que podrá emplear son:

- `Alt`. Se mantiene presionada la tecla Alt.

- `Any`. Se puede sustituir por cualquier tecla; por ejemplo, el patrón que especifica la pulsación de una tecla (independientemente de cuál sea) sería:

   `<Any-KeyPress>`

- `B1`, `B3`. Se mantiene presionado el botón izquierdo o derecho del ratón, respectivamente; por ejemplo, el patrón para arrastrar objetos moviendo el ratón, mientras se mantiene pulsado el botón izquierdo, se especificaría de la siguiente forma:

   `<B1-Motion>`

- `Control`. Se mantiene presionada la tecla de Ctrl.

- Double. Indica la ocurrencia de dos eventos del mismo tipo en rápida sucesión; por ejemplo, el patrón correspondiente a una doble pulsación del botón izquierdo del ratón sería:

  `<Double-Button-1>`

- Lock. Se pulsa la tecla "Bloq Mayús".

- Shift. Se mantiene presionada la tecla "Mayús" (Shift).

- Triple. Como Double, pero con tres eventos en rápida sucesión.

En lo que respecta a los detalles de un evento, estos identifican la tecla o el botón del ratón que se ha pulsado. En el caso de los eventos de ratón, el detalle sería 1 para el botón izquierdo (Button-1), 2 para el central (Button-2) y 3 para el derecho (Button-3). Si se moviera la rueda hacia arriba, se trataría del 4 (Button-4) y, si se hiciera hacia abajo, del 5 (Button-5).

Para las teclas, el detalle es el carácter correspondiente o, en el caso de las especiales, el nombre de la tecla. Entre ellas, destacan las siguientes: Alt-L, Alt-R, BackSpace, Caps_Lock, Control_L, Control_R, Delete, Down, End, Escape, Home, Insert, Left, Print, Return, Right, Shift_L, Shift_R, Tab y Up.

Por ejemplo, la secuencia de eventos producida cuando se pulsan las teclas Ctrl-Shift-Z es:

`<Control-Shift-KeyPress-Z>`

Para ver todos los nombres de teclas reconocidos por Tkinter (*keysims*), visite http://www.tcl.tk/man/tcl8.4/TkCmd/keysyms.htm.

A veces, se puede reducir la expresión de la secuencia de eventos; por ejemplo, para describir el evento producido al pulsar el botón izquierdo del ratón, las siguientes expresiones son equivalentes:

`<Button-1>`

`<1>`

Por el mismo motivo, la pulsación de la tecla 'q' se puede indicar de estas dos formas:

`<KeyPress-q>`

`q`

Al tratarse de un único carácter, en la última forma reducida se prescinde incluso de los caracteres '<' y '>'.

Una vez que ya sabe cómo describir una secuencia de eventos y cómo vincularlos a un *widget*, solo queda conocer la estructura del controlador al que se llamará cuando se produzcan.

9.3 CONTROLADORES DE EVENTOS

Un controlador de eventos es una función que se ejecuta cada vez que se produce la secuencia de eventos asociados a un *widget*.

Dicha función tiene como argumento de entrada un objeto de la clase Event, con toda la información del evento:

```
def controlador(objeto de la clase Event):

    ...
```

La clase Event tiene los siguientes atributos:

- char. Cuando el evento producido es de tipo KeyPress o KeyRelease, este atributo contiene el carácter pulsado. Si se tratara de una tecla especial, consulte el atributo keysym.

- delta. En eventos de tipo MouseWheel, este atributo almacena un número entero cuyo signo es positivo si el desplazamiento se ha realizado hacia arriba y negativo si se ha hecho hacia abajo. Dependiendo del sistema operativo, su interpretación es diferente. En Windows, este valor será un múltiplo de 120; por ejemplo, si este fuera 240, significaría que la rueda del cursor se ha movido dos pasos hacia arriba. En macOS, será un múltiplo de 1; por ejemplo, si su valor fuera -2, significaría que se ha producido un desplazamiento de dos pasos hacia abajo. En el caso de Linux, para distinguir si el desplazamiento se ha realizado hacia arriba o hacia abajo, deberá consultarse el atributo num (descrito más abajo).

- height. En eventos de tipo Configure, este atributo guarda el alto actual del *widget*.

- keycode. Si el evento producido es de tipo KeyPress o KeyRelease, almacena el código de la tecla física pulsada. Dicho código no identifica realmente el carácter introducido ya que, por ejemplo, el valor de 'x' y 'X' sería idéntico, al estar situados en la misma tecla.

- keysym. Cuando el evento producido es de tipo KeyPress o KeyRelease, y se ha pulsado una tecla especial, en este atributo se encuentra el nombre de dicha tecla; por ejemplo, el de los cursores es "Up", "Down", "Left" y "Right". Otras teclas muy utilizadas son "BackSpace", "Delete", "Escape", "Insert", "Shift_L", "Shift_R", "Tab" y "return". Si quiere conocerlos todos, visite https://www.tcl.tk/man/tcl8.4/TkCmd/keysyms.htm .

- keysym_num. Si el evento producido es de tipo KeyPress o KeyRelease, y se ha pulsado un carácter ordinario, almacenará su código ASCII. Si se tratara de una tecla especial, tendría la versión numérica del valor existente en el atributo keysym.

- num. En eventos relacionados con uno de los botones del ratón, este atributo tendrá los valores 1, 2 o 3, dependiendo de si se ha pulsado el botón izquierdo, el central o el derecho, respectivamente. Por motivos de soporte con Linux, cuando la rueda del ratón se desplace hacia arriba o hacia abajo, su valor será 4 o 5, respectivamente.

- serial. Mantiene un número que se va incrementando según se generan eventos. Sirve para conocer la secuencia en la que se han producido.

- state. Almacena un número entero que describe el estado de todas las teclas modificadoras. Dicho estado será True cuando esté pulsada la tecla correspondiente.

- time. Guarda un número entero, que se incrementa cada milisegundo. Se podría utilizar para conocer el periodo de tiempo transcurrido entre dos eventos.

- type. Código numérico que describe el evento.

- widget. *Widget* en el que se produjo el evento.

- width. En eventos de tipo Configure, este atributo contendría el ancho actual del *widget*.

- x. Coordenada x del ratón, relativa a la esquina superior izquierda de la ventana (o *widget* contenedor), en el momento de producirse el evento.

- y. Coordenada y del ratón, relativa a la esquina superior izquierda de la ventana (o *widget* contenedor), en el momento de producirse el evento.

- x_root. Coordenada x del ratón, relativa a la esquina superior izquierda de la pantalla, en el momento de producirse el evento.

- y_root. Coordenada y del ratón, relativa a la esquina superior izquierda de la pantalla, en el momento de producirse el evento.

Dependiendo del tipo de evento, este objeto contendrá unos u otros atributos.

El manejo de eventos es imprescindible en interfaces de usuario de cierta complejidad. Por ese motivo, en el siguiente apartado se van a realizar una serie de prácticas que muestran cómo utilizar los conceptos descritos en este capítulo.

9.4 PRÁCTICAS

En las siguientes prácticas, va a tener ocasión de manejar diferentes tipos de eventos. Como ya habrá descubierto, su dominio es fundamental para que una interfaz se comporte de forma personalizada, más allá del funcionamiento estándar o habitual de los *widgets* utilizados. Al poder capturar cualquier tipo de evento, será capaz de adecuar la respuesta ofrecida por cada uno de ellos a sus necesidades concretas.

En la primera práctica, se partirá de otra realizada anteriormente, en la que se hacía botar una pelota en las paredes de un *canvas*. En aquella ocasión, el tamaño de la ventana era fijo. Ahora podrá modificarse, por lo que se deberá saber en todo momento dónde están los límites de la ventana, para que la pelota rebote en el punto adecuado.

En la segunda práctica, también se partirá de un programa desarrollado en otra anterior, en el que se podía cargar un fichero, modificar su contenido y volver a guardarlo. Para llevar a cabo todas estas operaciones, se tenían que seleccionar las entradas del menú correspondientes. A partir de ahora, también podrá hacerse con atajos de teclado. Además, al tratar de matar la ventana, aparecerá un mensaje en el que le preguntará si realmente desea salir de la aplicación.

En la última práctica, desarrollará un completo editor gráfico que le permitirá dibujar cuadrados, círculos o triángulos. Una vez creados, podrá moverlos, cambiar su color, colocarlos encima o debajo de otros, y borrarlos; todo ello mediante menús contextuales, cuyas opciones serán diferentes dependiendo de si pulsa en una zona vacía de la ventana o sobre una figura geométrica.

9.4.1 Control del tamaño de la ventana

Tal como se acaba de comentar, en esta práctica se va a modificar el código del programa desarrollado en otra anterior, que mostraba una pelota rebotando en las paredes de un *canvas*. En dicho programa, se impedía cambiar el tamaño de la ventana por simplicidad, ya que era necesario conocer las dimensiones del *canvas* para saber dónde tenía que rebotar. Con el fin de eliminar esta restricción, se tendría que obtener el tamaño del *canvas* cada vez que hubiera que actualizar la posición de la pelota. Eso se puede conseguir de diversas maneras; una de ellas es usando el evento Configure.

El código del programa quedaría ahora de la siguiente forma:

```python
from tkinter import Tk, Canvas, PhotoImage
from random import randint

radio = 20
ancho = 400
alto = 200
desplazamiento_x = 1
desplazamiento_y = 1
intervalo = 2

centro_x = randint(radio, ancho)
centro_y = randint(radio, alto)

def redimensiona(evento):
    global ancho, alto

    ancho = evento.width
    alto = evento.height

def mueve_pelota():
    global desplazamiento_x, desplazamiento_y

    x, y = canvas.coords(pelota)
    root.minsize(int(x)+radio+1, int(y)+radio+1)
    if x-radio <= 0 or x+radio >= ancho:
        desplazamiento_x = -desplazamiento_x
    if y-radio <= 0 or y+radio >= alto:
        desplazamiento_y = -desplazamiento_y
    canvas.move(pelota, desplazamiento_x, desplazamiento_y)
    root.after(intervalo, mueve_pelota)
```

```
root = Tk()
canvas = Canvas(width = ancho, height = alto, bg="white")
canvas.pack(fill="both", expand=True)

img = PhotoImage(file="../imagenes/pelota.gif")
pelota = canvas.create_image(centro_x, centro_y, image=img)

root.bind("<Configure>", redimensiona)

mueve_pelota()

root.mainloop()
```

Se comentarán únicamente los cambios realizados en el programa utilizado de base. En primer lugar, se añade la función `redimensiona()`, que se invocará cada vez que cambie el tamaño de la ventana. En ella, lo único que se hace es almacenar las dimensiones que tenga en ese instante en las variables `ancho` y `alto`. Como serán utilizadas fuera de la función, se declaran de tipo global. Los valores de cada una de ellas se obtendrán de los atributos `width` y `height` del evento generado al redimensionar la ventana, es decir, del objeto de la clase `Event` pasado como argumento (`evento`):

```
def redimensiona(evento):
    global ancho, alto

    ancho = evento.width
    alto = evento.height
```

La función `mueve_pelota()`, encargada de actualizar la posición de la pelota, no sufre cambios relevantes. Únicamente se ha añadido una sentencia que invoca el método `minsize()` para que la pantalla no se pueda redimensionar dejando la pelota fuera de sus límites:

```
root.minsize(int(x)+radio+1, int(y)+radio+1)
```

En el flujo principal del programa, se elimina la sentencia donde se llamaba al método `resizable()`, que impedía redimensionar la ventana principal. Además, se vincula al *canvas* con las opciones `fill` y `expand` para que siempre tengan el mismo tamaño:

```
canvas.pack(fill="both", expand=True)
```

El último cambio ha consistido en añadir la sentencia en la que se invoca el método `bind()` para asociar el evento `"<Configure>"` a la ventana principal. Este se disparará cuando se redimensione, momento en el que se ejecutará la función `redimensiona()`, descrita anteriormente:

```
root.bind("<Configure>", redimensiona)
```

> **i** Puesto que, en este caso, el tamaño del *canvas* coincide con el de la ventana que lo contiene, una forma más sencilla de realizar esta práctica (sin utilizar eventos) sería llamando a los métodos `winfo_width()` y `winfo_height()` de la ventana principal al inicio de la función `mueve_pelota()`, con el fin de obtener sus dimensiones antes de calcular la nueva posición de la pelota.

Ejecute el programa y verifique que, independientemente del tamaño de la ventana, la pelota rebota correctamente en sus límites.

9.4.2 Atajos de teclado

En esta nueva práctica, completará el editor de ficheros de texto utilizado en prácticas anteriores para añadir atajos de teclado a las entradas del menú que permiten abrir un fichero, guardarlo y salir de la aplicación. En concreto, utilizará la combinación de teclas Alt-a, Alt-g y Alt-s para realizar las mismas acciones que si hubiera seleccionado las opciones "Archivo" → "Abrir", "Archivo" → "Guardar" y "Archivo" → "Salir".

> **i** Por simplicidad, solo se utilizan atajos para estas tres opciones, pero usted podrá añadir todos los que crea conveniente.

Además, se va a capturar el evento que produce el cierre de la ventana con el fin de preguntar al usuario si realmente desea salir de la aplicación.

Puesto que el código del editor de texto es extenso, no se va a reproducir completamente, sino que se van a comentar los cambios realizados sobre el utilizado de base.

El primero se encuentra en la sentencia encargada de importar todo aquello que se necesita. En ella, se añade el módulo *messagebox*, necesario para mostrar al usuario la ventana donde se le preguntará si realmente desea salir de la aplicación cuando trate de cerrar la ventana:

```
from tkinter import Tk, Menu, Text, filedialog, Scrollbar, messagebox
```

El siguiente cambio consiste en incluir la opción `accelerator` en las sentencias que añaden al menú "Archivo" las entradas con atajos de teclado ("Abrir", "Guardar" y "Salir"). De esta forma, se mostrará un texto a la derecha de cada una de ellas con la combinación de teclas correspondiente:

```
submenu_abrir.add_command(label="Archivo", command=abrir,
                          accelerator="Alt-a")
...
menu_archivo.add_command(label="Guardar", command=guardar,
                         accelerator="Alt-g")
...
menu_archivo.add_command(label="Salir", command=salir,
                         accelerator="Alt-s")
```

Dichas opciones se verán ahora de la siguiente forma:

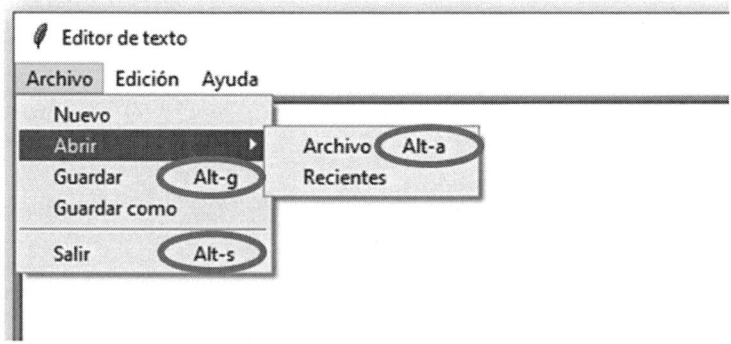

Antes de invocar el método `mainloop()`, se añade la sentencia mediante la que se vincula la secuencia de eventos provocada al pulsar de forma simultánea las teclas Alt y cualquier otra en la ventana principal, a la función `eventos_menu()`:

```
root.bind("<Alt-KeyPress>", eventos_menu)
```

Evidentemente, esta función deberá añadirse al código utilizado de base para que se realicen las mismas tareas que al pulsar las opciones "Archivo" → "Abrir", "Archivo" → "Guardar" y "Archivo" → "Salir". En ella, se extrae del evento producido (`evento`, objeto de la clase `Event` pasado como argumento) el carácter pulsado junto con la tecla Alt. Como sabe, dicho carácter se encuentra en su atributo `char`, por lo que lo único que hace falta es saber si es uno de los que forman parte de los atajos del teclado ("a", "g" y "s") y ejecutar las mismas funciones que las entradas del menú correspondientes (las asignadas a la opción `command` de dichas entradas):

```
def eventos_menu(evento):
    opcion = evento.char
    if opcion == "a":abrir()
    elif opcion == "g":guardar()
    elif opcion == "s":salir()
```

Una vez realizados estos cambios, ejecute el programa y despliegue las entradas del menú "Archivo"; comprobará que aquellas que tienen asociado un atajo muestran a su derecha la combinación de teclas correspondiente. Luego, pulse Alt-a, Alt-g y Alt-s y verifique que permiten abrir un fichero, guardarlo o salir, respectivamente.

Vaya de nuevo al código del programa y añada, después de la sentencia que invoca el método bind(), aquella que captura el evento de cierre de la ventana ("WM_DELETE_WINDOW") con el método protocol(). De esta forma, en vez de finalizar la aplicación, se llamará a la función cerrar_ventana():

```
root.protocol("WM_DELETE_WINDOW", cerrar_ventana)
```

Dicha función, que también deberá añadir al código del programa utilizado de base, muestra una ventana emergente en la que se pregunta al usuario si realmente quiere salir. Para ello, se utiliza la función askokcancel del módulo *messagebox*. Esta función devolvería True si el usuario pulsara el botón "Aceptar", lo cual provocaría que finalmente se cerrara la ventana con el método destroy(). En caso contrario, no sucedería nada:

```
def cerrar_ventana():
    if messagebox.askokcancel("Salir", "¿Desea realmente salir?"):
        root.destroy()
```

Ejecute de nuevo el programa y trate de cerrar la ventana de la aplicación pulsando sobre la "x" situada en la parte superior derecha. En ese momento, aparecerá la ventana emergente mostrada en la siguiente imagen. Solo si pulsara "Aceptar", finalizaría la ejecución de la aplicación.

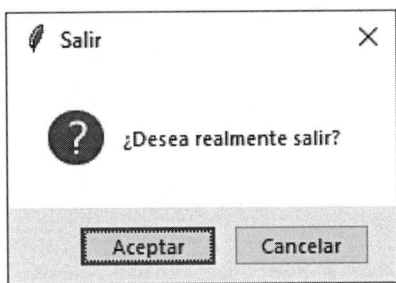

9.4.3 Editor gráfico

Esta práctica le demostrará la potencia de Tkinter en el manejo de objetos gráficos. En ella, desarrollará un editor que le permitirá trabajar con cuadrados, círculos y triángulos. Todas las operaciones se realizarán a través de menús contextuales, cuyas opciones se desplegarán en el punto donde se pulsó con el botón derecho del ratón. Si este fuera una zona libre del *canvas*, las entradas mostradas corresponderían a la creación de las figuras geométricas citadas anteriormente. Si hubiera pulsado sobre una de ellas, las opciones desplegadas le permitirían cambiar el color de la figura, situarla en primer plano, llevarla al fondo o borrarla.

Si, en vez de pulsar con el botón derecho del ratón, pulsara con el izquierdo sobre una figura, sería capaz de arrastrarla por el *canvas* mientras lo mantuviera presionado.

El código del programa es el siguiente:

```python
from tkinter import Tk, Canvas, Menu, colorchooser

ancho_canvas = 600
alto_canvas = 300

objeto_pulsado = False
dimension_objeto = 50
posicion_x_previa = posicion_y_previa = 0


#----------------------------------------------------------------
#---------------- MENÚS CONTEXTUALES ---------------
#----------------------------------------------------------------

def mostrar_popup_canvas(evento):
    global objeto_pulsado

    x = evento.x
    y = evento.y
    if not(objeto_pulsado) and
        x-dimension_objeto > 0 and
        x+dimension_objeto < ancho_canvas and
        y-dimension_objeto > 0 and
        y+dimension_objeto < alto_canvas:
```

```
        menu_canvas = Menu(tearoff=0)
        menu_canvas.add_command(label="Cuadrado",
                                command=lambda:crear_cuadrado(x, y))
        menu_canvas.add_command(label="Círculo",
                                command=lambda:crear_circulo(x, y))
        menu_canvas.add_command(label="Triángulo",
                                command=lambda:crear_triangulo(x, y))
        menu_canvas.post(evento.x_root, evento.y_root)


    objeto_pulsado = False

def mostrar_popup_objeto(evento):
    global objeto_pulsado
    objeto_pulsado = True

    id = canvas.find_withtag('current')[0]

    menu_objeto = Menu(tearoff=0)
    menu_objeto.add_command(label="Color",
                            command=lambda:pintar(id))
    menu_objeto.add_command(label="Traer al frente",

command=lambda:enviar_al_frente(id))
    menu_objeto.add_command(label="Enviar al fondo",
                            command=lambda:enviar_al_fondo(id))
    menu_objeto.add_command(label="Borrar",

command=lambda:borrar(id))
    menu_objeto.post(evento.x_root, evento.y_root)


#----------------------------------------------------------------
#----------------- OPCIONES DE MENÚS ----------------------------
#----------------------------------------------------------------


def crear_cuadrado(x, y):
    id = canvas.create_rectangle(x-dimension_objeto,
                                 y-dimension_objeto,
                                 x+dimension_objeto,
                                 y+dimension_objeto, fill="white")
```

```
        canvas.tag_bind(id, "<Button-3>", mostrar_popup_objeto)

    def crear_circulo(x, y):
        id = canvas.create_oval(x-dimension_objeto,y-dimension_objeto,
                                x+dimension_objeto,y+dimension_objeto,
                                fill="white")
        canvas.tag_bind(id, "<Button-3>", mostrar_popup_objeto)

    def crear_triangulo(x, y):
        puntos = [x, y-dimension_objeto, x+dimension_objeto,
                  y+dimension_objeto, x-dimension_objeto,
                  y+dimension_objeto]
        id = canvas.create_polygon(puntos, fill="white", outline="black")
        canvas.tag_bind(id, "<Button-3>", mostrar_popup_objeto)

    def pintar(id):
        color = colorchooser.askcolor(title ="Elige un color")
        if color:
            canvas.itemconfigure(id, fill=color[1], outline=color[1])

    def enviar_al_frente(id):
        canvas.tag_raise(id)

    def enviar_al_fondo(id):
        canvas.tag_lower(id)

    def borrar(id):
        canvas.delete(id)


    #-------------------------------------------------------------------
    #---- MOVIMIENTO DE OBJETOS GRÁFICOS --------
    #-------------------------------------------------------------------

    def iniciar_movimiento(evento):
        global posicion_x_previa, posicion_y_previa

        posicion_x_previa = evento.x
        posicion_y_previa = evento.y
```

```python
def mover_objeto(evento):
    global posicion_x_previa, posicion_y_previa

    lista_id = canvas.find_withtag('current')
    if lista_id != ():
        incremento_x = evento.x - posicion_x_previa
        incremento_y = evento.y - posicion_y_previa
        id= lista_id[0]
        esquinas = canvas.bbox(id) #(x1, y1, x2, y2)
        if esquinas[0]+incremento_x > 0 and
            esquinas[2]+incremento_x < ancho_canvas and
            esquinas[1]+incremento_y > 0 and
            esquinas[3]+incremento_y < alto_canvas:
                canvas.move(id, incremento_x, incremento_y)
        posicion_x_previa = evento.x
        posicion_y_previa = evento.y



#-------------------------------------------------------------------
#------------------ VENTANA PRINCIPAL -------------------
#-------------------------------------------------------------------

root = Tk()
root.resizable(False, False)
root.title("Editor gráfico")
canvas = Canvas(width = ancho_canvas, height = alto_canvas)
canvas.pack()

canvas.bind("<Button-3>", mostrar_popup_canvas)
canvas.bind("<Button-1>", iniciar_movimiento)
canvas.bind("<B1-Motion>", mover_objeto)

root.mainloop()
```

En primer lugar, se importan las clases `Tk`, `Canvas` y `Menu` para crear la ventana principal, el *canvas* y los menús contextuales, respectivamente. También se importa el módulo `colorchooser` para mostrar la ventana desde la que se podrá elegir el color de las figuras geométricas:

```python
from tkinter import Tk, Canvas, Menu, colorchooser
```

259

A continuación, se declaran las variables de configuración. Las dos primeras (ancho_canvas y alto_canvas) establecen las dimensiones del *canvas:*

```
ancho_canvas = 600
alto_canvas = 300
```

Cuando se pulse con el botón izquierdo en un objeto, la variable objeto_pulsado asegurará que solo se despliegue el menú contextual del objeto, no el del *canvas*. Tenga en cuenta que ambos menús comparten el mismo evento:

```
objeto_pulsado = False
```

La variable dimension_objeto determina el tamaño de los objetos gráficos. Por simplicidad, siempre será el mismo:

```
dimension_objeto = 50
```

Las dos variables siguientes son auxiliares y se utilizan para mover las figuras con el ratón. Más adelante descubrirá cómo se utilizan:

```
posicion_x_previa = posicion_y_previa = 0
```

Saltando la declaración de las funciones, lo que se hace es crear la ventana principal (root), a la que se asigna un título y se impide que pueda redimensionarse:

```
root = Tk()
root.resizable(False, False)
root.title("Editor gráfico")
```

A continuación, se crea el *canvas* con el ancho y alto establecidos al principio del programa (variables ancho_canvas y alto_canvas), y se vincula a la ventana principal con el método pack():

```
canvas = Canvas(width = ancho_canvas, height = alto_canvas)
canvas.pack()
```

Después, se asocian los eventos producidos en el *canvas* con los controladores correspondientes a través del método bind(). En concreto:

- La pulsación del botón derecho del ratón con la función mostrar_popup_canvas(), encargada de mostrar el menú contextual del canvas:

```
canvas.bind("<Button-3>", mostrar_popup_canvas)
```

- La pulsación del botón izquierdo del ratón con la función `iniciar_movimiento()`, para identificar el objeto que podrá desplazarse:

```
canvas.bind("<Button-1>", iniciar_movimiento)
```

- El movimiento del ratón mientras se mantiene pulsado el botón izquierdo con la función `mover_objeto()`, para arrastrar el objeto seleccionado:

```
canvas.bind("<B1-Motion>", mover_objeto)
```

Por último, se invoca el método `mainloop()` para que se puedan empezar a capturar dichos eventos.

Llegados a este punto, solo queda conocer cada una de estas funciones, empezando por `mostrar_popup_canvas()`, que será la que despliegue las opciones del menú contextual del *canvas* cuando se pulse en un área donde no haya ninguna figura geométrica. Precisamente, la variable global `objeto_pulsado` será la que indique este hecho. Se trata de una variable booleana, que tendría el valor `True` si se hubiera pulsado sobre un objeto gráfico (más adelante descubrirá dónde se le asigna dicho valor):

```
def mostrar_popup_canvas(evento):
    global objeto_pulsado
    ...
```

A continuación, se obtienen las coordenadas x, y donde se pulsó el ratón. Estas se encuentran en el objeto de la clase `Event` (`evento`) pasado como argumento:

```
x = evento.x
y = evento.y
```

Luego, hay una sentencia if que realiza dos comprobaciones. La primera asegura que realmente se haya pulsado en una zona donde no hay ninguna figura geométrica, es decir, que la variable `objeto_pulsado` tenga el valor `False`. La segunda verifica que la figura geométrica no salga fuera de los límites del *canvas* cuando se dibuje. Para ello, se utiliza la variable `dimension_objeto`, con la que se establece su tamaño.

Observando la siguiente imagen, entenderá mejor cómo se realiza esta última comprobación, ya que muestra la forma de dibujar las figuras geométricas tomando como referencia el punto donde se pulsó el ratón y la variable `dimension_objeto`:

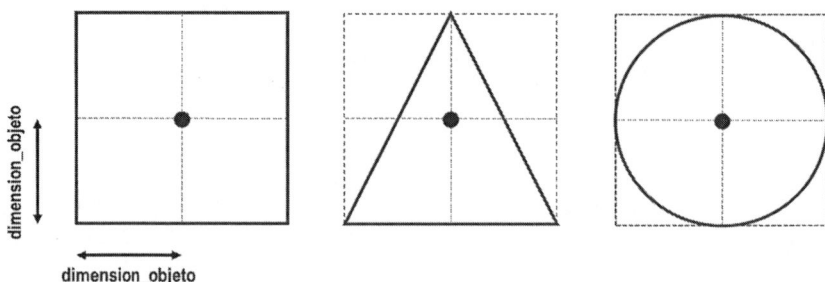

Solo si se cumplen ambas condiciones, se mostrará el menú contextual del *canvas*. En cualquier caso, siempre se iniciará a False la variable objeto_pulsado:

```
if not(objeto_pulsado) and
    x-dimension_objeto > 0 and
    x+dimension_objeto < ancho_canvas and
    y-dimension_objeto > 0 and
    y+dimension_objeto < alto_canvas:
    ...
objeto_pulsado = False
```

> ℹ️ Por simplicidad, se ha optado por no mostrar el menú contextual si la figura geométrica no cabe en el *canvas*, pero también se podría haber decidido mostrarlo y no hacer nada cuando se pulsara cualquiera de las opciones de este menú. Otra estrategia sería desplazar la figura lo necesario para que entrara dentro del *canvas*.

Las sentencias que hay dentro del if son las encargadas de mostrar el menú contextual del *canvas*. Para ello, primero hay que crearlo y, luego, añadir las entradas que permitan seleccionar la figura geométrica que se pretende dibujar (un cuadrado, un círculo o un triángulo). Cada una de ellas está asociada a la función que pinta la figura geométrica correspondiente. Puesto que dichas funciones necesitan las coordenadas x, y donde se pulsó el ratón (serán el centro de la figura), se asigna a la opción command la correspondiente función lambda con dichos argumentos; en concreto, crear_cuadrado() para trazar un cuadrado, crear_circulo() si se trata de un círculo y, finalmente, crear_triangulo() si fuera un triángulo:

```
menu_canvas = Menu(tearoff=0)
menu_canvas.add_command(label="Cuadrado",
                    command=lambda:crear_cuadrado(x, y))
```

```
menu_canvas.add_command(label="Círculo",
                         command=lambda:crear_circulo(x, y))
menu_canvas.add_command(label="Triángulo",
                         command=lambda:crear_triangulo(x, y))
```

Por último, estas opciones se muestran como un menú contextual en el punto donde se pulsó el botón derecho del ratón, lo que se consigue invocando el método `post()` del menú recién creado (`menu_canvas`):

```
menu_canvas.post(evento.x_root, evento.y_root)
```

En la siguiente imagen puede verlo tal como aparecería en el *canvas:*

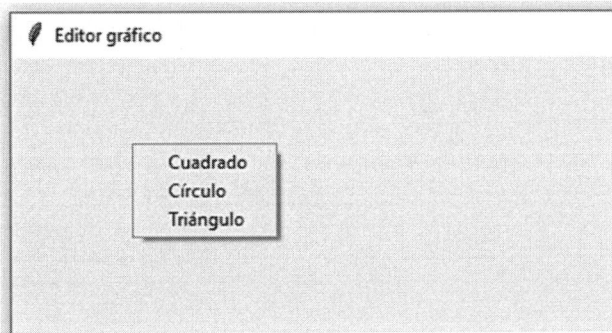

A continuación, se describen las funciones que se ejecutarán cuando se seleccione cada una de estas opciones. La primera es aquella que dibuja un cuadrado:

```
def crear_cuadrado(x, y):
    ...
```

Dentro, se utiliza el método `create_rectangle()`, cuyos argumentos x0, y0, x1 e y1 representan las coordenadas de sus esquinas superior izquierda e inferior derecha. Estas se obtienen a partir del punto x, y en el que se pulsó el ratón y la variable `dimension_objeto`, tal como se mostraba en una imagen anterior:

```
id = canvas.create_rectangle(x-dimension_objeto,
                             y-dimension_objeto,
                             x+dimension_objeto,
                             y+dimension_objeto, fill="white")
```

La siguiente sentencia asocia el evento producido al pulsar el botón derecho del ratón (`"<Button-3>"`) con el cuadrado recién creado (`id`), utilizando el método `tag_bind()` del *canvas*. La función que se ejecute cuando se produzca este evento, `mostrar_popup_objeto()`, desplegará las entradas del menú contextual asociado a las figuras geométricas (lo veremos un poco más adelante):

```
canvas.tag_bind(id, "<Button-3>", mostrar_popup_objeto)
```

Habrá observado que el cuadrado se ha creado con un fondo blanco (opción `fill`). Esto no se ha hecho por motivos estéticos, sino porque, para que se lance el evento cuando se pulse dentro, deberá estar relleno de algún color. De lo contrario, únicamente los puntos del borde formarían parte del cuadrado.

La función que dibuja el círculo es prácticamente idéntica, solo que en este caso se utiliza el método `create_oval()` del *canvas*. Sus argumentos son los mismos del método `create_rectangle()`, ya que el círculo se dibuja tomando como referencia las esquinas del cuadrado dentro del que se circunscribe. Una vez creado (`id`), se llama también al método `tag_bind()` para que, al pulsarlo con el botón derecho del ratón, aparezca el menú contextual asociado a los objetos gráficos:

```
def crear_circulo(x, y):
    id = canvas.create_oval(x-dimension_objeto,y-dimension_objeto,
                        x+dimension_objeto,y+dimension_objeto,
                        fill="white")
    canvas.tag_bind(id, "<Button-3>", mostrar_popup_objeto)
```

Finalmente, el método del *canvas* utilizado para dibujar un triángulo es `create_polygon()`. En este caso, los vértices (que se calculan a partir de las coordenadas x, y donde se pulsó el ratón y la variable `dimension_objeto`, tal como se mostraba en una figura anterior) se almacenan previamente en una lista (`puntos`). Al igual que en las funciones previas, la última sentencia vincula el evento producido cuando se pulsa con el botón derecho del ratón a la función `mostrar_popup_objeto()`, que despliega las opciones del menú contextual asociado a los objetos gráficos:

```
def crear_triangulo(x, y):
    puntos = [x, y-dimension_objeto, x+dimension_objeto,
            y+dimension_objeto, x-dimension_objeto,
            y+dimension_objeto]
    id = canvas.create_polygon(puntos, fill="white", outline="black")
    canvas.tag_bind(id, "<Button-3>", mostrar_popup_objeto)
```

En la siguiente imagen puede ver el *canvas*, dentro del que se han creado las tres figuras geométricas posibles:

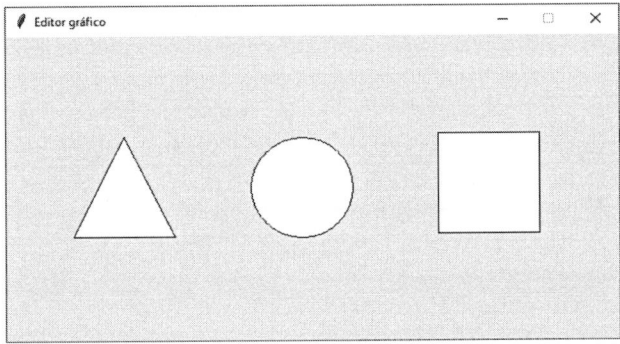

Cada vez que se ha creado una figura geométrica, se le ha asociado el evento que se produce al pulsarla con el botón derecho del ratón. En ese momento, se ejecutará la función `mostrar_popup_objeto()` encargada de desplegar las entradas del menú contextual asociado a los objetos gráficos. Veamos cómo lo hace.

En primer lugar, se declara global la variable `objeto_pulsado`, a la que se asigna el valor `True`, para que no se despliegue el menú contextual del *canvas*. Recuerde que, cuando se pulsa sobre un objeto gráfico, también se está pulsando en el *canvas* que lo contiene:

```
def mostrar_popup_objeto(evento):
    global objeto_pulsado
    objeto_pulsado = True
    ...
```

A continuación, se obtiene el identificador del objeto gráfico sobre el que se ha pulsado. Para ello, se invoca el método `find_withtag()` usando la etiqueta `'current'`. El valor devuelto por este método es una lista, cuyo único elemento (índice 0) es la figura geométrica sobre la que se ha pulsado:

```
id = canvas.find_withtag('current')[0]
```

Las siguientes sentencias crean el menú (`menu_objeto`) y le añaden las entradas que permitan cambiar el color de fondo del objeto, enviarlo al fondo, al frente o borrarlo. Puesto que las funciones que se ejecutan al seleccionar cada una de estas entradas requieren el identificador del objeto gráfico, la opción `command` de todas ellas tiene como valor la correspondiente función lambda, cuyo argumento es dicho id:

```
menu_objeto = Menu(tearoff=0)
menu_objeto.add_command(label="Color",
                        command=lambda:pintar(id))
menu_objeto.add_command(label="Traer al frente",
                        command=lambda:enviar_al_frente(id))
menu_objeto.add_command(label="Enviar al fondo",
                        command=lambda:enviar_al_fondo(id))
menu_objeto.add_command(label="Borrar",
                        command=lambda:borrar(id))
```

Con la última sentencia, se muestra el menú contextual en el punto donde se pulsó el botón derecho del ratón:

```
menu_objeto.post(evento.x_root, evento.y_root)
```

En la siguiente imagen puede ver el aspecto de dicho menú después de crear un triángulo y pulsar en su interior:

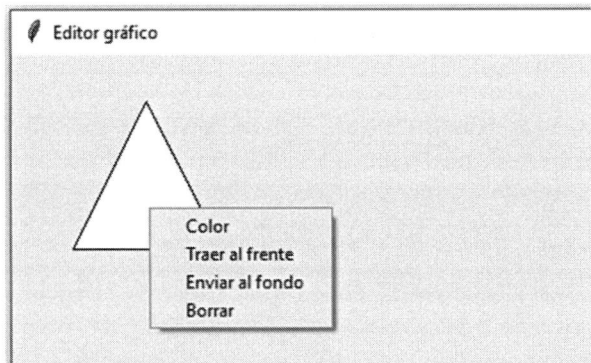

A continuación, se describen las funciones que se ejecutarán cuando se seleccione cada una de las opciones de dicho menú, empezando por la que cambia el color de fondo: pintar(). Dentro, se llama a la función askcolor() del módulo *colorchooser*, para mostrar el cuadro de diálogo. El valor devuelto por esta función es una terna (color), de la que solo interesa su segundo elemento (color[1]), ya que contiene el valor hexadecimal de dicho color (si se hubiera escogido alguno), y lo asigna como color de fondo y de línea a la figura geométrica sobre la que se pulsó. Para ello, se utiliza el método itemconfigure(), cuyo primer argumento es el identificador de dicha figura (id), y los dos restantes, las opciones cuyos valores se van a modificar (fill y outline):

```
def pintar(id):
    color = colorchooser.askcolor(title ="Elige un color")
    if color:
        canvas.itemconfigure(id, fill=color[1], outline=color[1])
```

En la siguiente imagen, puede observar el resultado de seleccionar esta entrada del menú contextual, después de haber pulsado con el botón derecho del ratón sobre el triángulo mostrado anteriormente:

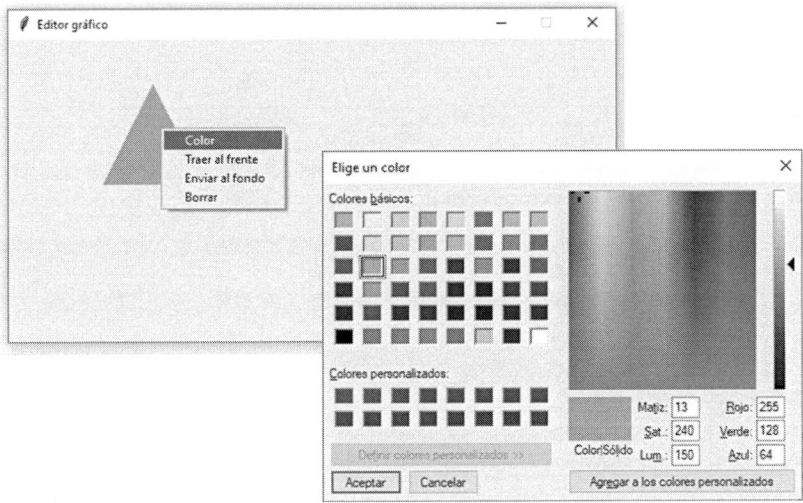

La función que permite traer al frente una figura geométrica únicamente invoca el método `tag_raise()` del *canvas*, que tiene como argumento su identificador (`id`):

```
def enviar_al_frente(id):
    canvas.tag_raise(id)
```

De forma similar, la función con la que se puede enviar al fondo una figura geométrica llama al método `tag_lower()` con el mismo argumento:

```
def enviar_al_fondo(id):
    canvas.tag_lower(id)
```

Por último, la función que borra un objeto llama al método `delete()` del *canvas*, cuyo argumento es el identificador de la figura geométrica sobre la que se pulsó (`id`):

```
def borrar(id):
    canvas.delete(id)
```

Cuando se crean las figuras geométricas, estas se pintan en primer plano. En la siguiente imagen, puede observar que primero se ha creado el cuadrado, luego el círculo y, por último, el triángulo:

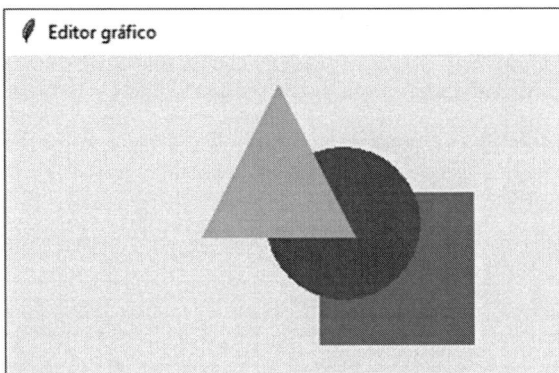

A continuación, se aprecia el resultado de pulsar con el botón derecho del ratón sobre el círculo y seleccionar la entrada "Traerlo al frente":

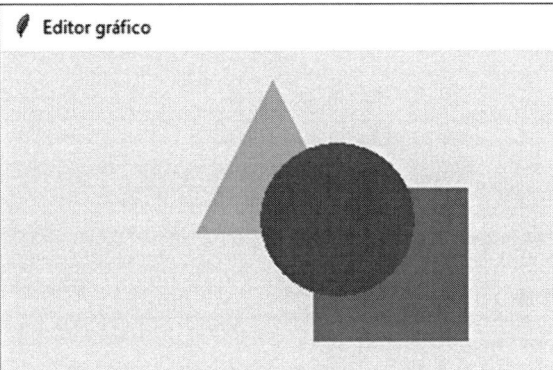

En esta última imagen, se pulsa de nuevo sobre el círculo, pero esta vez se selecciona la opción de enviarlo al fondo:

Las últimas funciones que faltan por describir son las que permiten mover las figuras geométricas pulsando el botón izquierdo del ratón. La primera, iniciar_movimiento(), se ejecutará cuando se pulse dicho botón. Lo único que hace es iniciar el valor de las variables auxiliares posicion_x_previa y posicion_y_previa con el valor de las coordenadas del ratón en ese momento. Para ello, se usan los atributos x e y del objeto Event (evento) pasado como argumento. Como dichas variables serán utilizadas fuera de esta función, se declaran como globales:

```
def iniciar_movimiento(evento):
    global posicion_x_previa, posicion_y_previa

    posicion_x_previa = evento.x
    posicion_y_previa = evento.y
```

La siguiente función, mover_objeto(), se ejecuta cuando se desplaza el ratón manteniendo pulsado el botón izquierdo. Es la que realmente provoca el movimiento de la figura geométrica. Para ello, usa las variables anteriores. Por ese motivo, aquí también se declaran como globales:

```
def mover_objeto(evento):
    global posicion_x_previa, posicion_y_previa
    ...
```

Dentro de esta función, lo primero que se hace es comprobar si se ha pulsado sobre alguno de los objetos gráficos que contiene el *canvas*. Para ello, utilizará de nuevo el método find_withtag() usando como etiqueta 'current':

```
lista_id = canvas.find_withtag('current')
if lista_id != ():
    ...
```

Una vez confirmado que se ha pulsado sobre un objeto gráfico (la lista devuelta por el método anterior no está vacía), se obtiene la diferencia entre la posición del ratón antes de moverse (posicion_x_previa, posicion_y_previa) y la posición actual (evento.x, evento.y). El resultado es el desplazamiento realizado por el ratón entre eventos consecutivos de movimiento (incremento_x y incremento_x):

```
incremento_x = evento.x - posicion_x_previa
incremento_y = evento.y - posicion_y_previa
```

Luego, se obtiene el identificador del objeto que se debe mover. Para ello, recuerde que el método `find_withtag()` devuelve una lista, cuyo único elemento es dicho objeto:

```
id= lista_id[0]
```

Con esto, ya se tienen todos los datos para invocar el método `move()` del *canvas*, al que se pasan como argumentos el identificador del objeto gráfico y la distancia que se desplazaría en las coordenadas x, y. Sin embargo, para evitar que en este recorrido se salga de los límites del *canvas*, primero se obtienen las coordenadas del rectángulo que contiene la figura con `bbox()` y, luego, se comprueba que no se superen los límites del *canvas* tras el movimiento. Solo en ese caso se invocará el método `move()`, que arrastrará la figura geométrica a su nueva posición:

```
esquinas = canvas.bbox(id)
if esquinas[0]+incremento_x > 0 and
    esquinas[2]+incremento_x < ancho_canvas and
    esquinas[1]+incremento_y > 0 and
    esquinas[3]+incremento_y < alto_canvas:
    canvas.move(id, incremento_x, incremento_y)
```

Por último, se asigna a las variables `posicion_x_previa` y `posicion_y_previa` la posición actual del ratón para que, al seguir moviéndolo, la figura geométrica continúe el desplazamiento:

```
posicion_x_previa = evento.x
posicion_y_previa = evento.y
```

Ejecute el programa y pruebe cada una de las entradas de los menús contextuales. Verifique también que las figuras geométricas creadas se pueden mover por el *canvas*.

Por supuesto, le animo a que complete este editor gráfico con nuevas funcionalidades que permitan crear otros tipos de objetos, cambiar su tamaño, distinguir entre el color de fondo y el del borde, etc. Dispone de los conocimientos necesarios para ello.

El módulo ttk proporciona muchos de los *widgets* vistos hasta ahora, a los que se aplican estilos predeterminados para ofrecer un aspecto similar al de los controles gráficos del sistema operativo en el que se ejecuten. Las ventajas de usar ttk son las siguientes:

- Ofrece una apariencia específica para Windows, macOS, etc.; su aspecto se asemejará al del resto de las aplicaciones que se ejecutan en dichos sistemas operativos. El desarrollo que haga será genérico, ya que el propio módulo se encarga de adaptarlo a cada uno de ellos.

- Permite realizar cambios de aspecto a nivel global, es decir, que afecten a todos los *widgets* de la interfaz. Además, podrá crear sus propios estilos a partir de los predefinidos por ttk para cada uno de ellos. Naturalmente, siempre tendrá la posibilidad de modificar un único *widget*.

- Estructura y simplifica el comportamiento de un *widget* dependiendo de su estado. En Tkinter, los *widgets* disponen de conjuntos específicos de opciones para establecer su aspecto en función de cada estado; por ejemplo, las opciones `activebackground`, `activeforeground`, `activeborderwidth`, `activerelief`, etc., cambian el color de fondo, de primer plano, del borde, del relieve, etc., del *widget* cuando está activo. El módulo ttk racionaliza todas estas combinaciones de opciones-estados en un sistema homogéneo, cuyas bases son:

  - Una lista de indicadores, que se pueden activar o desactivar de forma independientemente (está seleccionado, tiene el foco, se ha situado encima el ratón, etc.). El estado de un *widget* será la suma de todos estos indicadores.

  - Un conjunto de mapas de estilos que permitan configurar el aspecto de un *widget* en función de una lista de indicadores de estado.

Como inconveniente, este aspecto más "nativo" se obtendrá a cambio de una menor capacidad de configuración.

Para poder utilizar los *widgets* de este módulo, primero deberá importarlo:

```
from tkinter import ttk
```

Una vez importado, si quisiera crear, por ejemplo, una etiqueta con este módulo, el constructor utilizado sería:

ttk.Label(*widget contenedor, opción, ...*)

Esta será la forma de usar ttk en las prácticas del libro. Pero, si es de los que importa todos los componentes de Tkinter para no tener que seleccionar las clases concretas que vaya a utilizar, deberá emplear las sentencias:

```
from tkinter import *
from ttk import *
```

Es importante ejecutarlas en el orden indicado, de modo que los *widgets* de ttk reemplacen los equivalentes de Tkinter, que son: Button, Checkbutton, Entry, Frame, Label, LabelFrame, Menubutton, PanedWindow, Radiobutton, Scale y Scrollbar. Además, este módulo trae consigo otros *widgets* muy útiles que Tkinter no tiene; en concreto, Combobox, Notebook, Progressbar, Separator, Sizegrip y Treeview. En contrapartida, no dispondrá de otros *widgets* como Menu, OptionMenu, Spinbox, Text o Canvas.

Tampoco dispone de muchas de las opciones que hay en los *widgets* Tkinter. Tenga en cuenta que ttk pretende asegurar que su aspecto sea específico para cada sistema operativo. Por ese motivo, evita ciertas opciones que, de usarlas, irían en contra de ese principio. Sin embargo, en algunos casos hay formas de obtener el mismo resultado, aunque no se disponga de dichas opciones. Más adelante se explica cómo hacerlo.

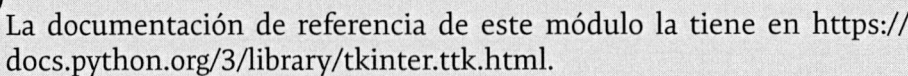

La documentación de referencia de este módulo la tiene en https://docs.python.org/3/library/tkinter.ttk.html.

10.1 TEMAS Y ESTILOS

En Tkinter, la configuración de los *widgets* era muy flexible, ya que bastaba con emplear las opciones más adecuadas a sus necesidades. En ttk, debido a que su aspecto ya viene prediseñado con base en el sistema operativo, su modificación implica tres niveles de abstracción:

- Tema (*theme*). Determina la apariencia global de la interfaz, dando un aspecto homogéneo a todos sus *widgets*.

- Estilo (*style*). Describe el aspecto de un tipo de *widgets*. Cada tema viene con un conjunto predefinido de estilos, pero puede personalizarlos o crear los suyos propios.

- Elementos (*elements*). Expresa las características visuales de un *widget* en concreto; por ejemplo, el estilo de una etiqueta puede estar formado por un borde exterior, un color de fondo, el del texto, etc. Así es como normalmente ha trabajado hasta ahora con Tkinter.

Dependiendo del sistema operativo, tendrá disponibles diferentes temas. Para saber cuáles son, utilice el método `theme_names()` de la clase `Style` contenida en el módulo ttk. Compruébelo escribiendo las siguientes sentencias en la *shell* de Python:

```
from tkinter import ttk
estilo=ttk.Style()
estilo.theme_names()
```

El resultado lo puede ver a continuación:

Si desea saber cuál de ellos está usando, deberá invocar el siguiente método de la clase `Style`:

```
theme_use()
```

Por consiguiente, ejecute ahora en la *shell* la siguiente sentencia:

```
estilo.theme_use()
```

Como puede observar más abajo, el estilo que yo estoy utilizando de forma predeterminada es `'vista'`:

```
Python 3.7.9 Shell                                    —    □    ×

File  Edit  Shell  Debug  Options  Window  Help
Python 3.7.9 (tags/v3.7.9:13c94747c7, Aug 17 2020, 18:58:18) [MSC v.1900 64 bit
(AMD64)] on win32
Type "help", "copyright", "credits" or "license()" for more information.
>>> from tkinter import ttk
>>> estilo=ttk.Style()
>>> estilo.theme_names()
('winnative', 'clam', 'alt', 'default', 'classic', 'vista', 'xpnative')
>>> estilo.theme_use()
'vista'
>>> |
```

Si quisiera usar cualquier otro, deberá ejecutar este mismo método, pero incluyendo como argumento el tema:

```
theme_use(tema)
```

Cada *widget* tiene su propio estilo, aunque puede modificarse. En prácticamente todos los casos, el nombre del estilo predeterminado coincide con el de la clase del *widget* precedido de la letra T; por ejemplo, el estilo de un botón sería 'TButton'. Para conocer el estilo de un *widget*, ejecute el método:

```
winfo_class()
```

Cada estilo tiene un conjunto de elementos específicos que definen su apariencia. Para cambiar el valor de dichas opciones, use el siguiente método de la clase Style:

```
configure(estilo, opción, …)
```

El primer argumento de este método es el nombre de un estilo, mientras que el resto son las opciones cuyos valores desea modificar (las estudiará más adelante).

El siguiente código de ejemplo muestra una etiqueta centrada en la ventana con el estilo predeterminado:

```
from tkinter import Tk, ttk


root = Tk()
root.minsize(200, 100)


etiqueta = ttk.Label(text="Etiqueta ttk")
etiqueta.pack(expand=True,padx=20,pady=20,ipadx=10,ipady=10)
```

En primer lugar, se importa la clase Tk con la que se creará la ventana principal, así como el módulo ttk, del que se va a utilizar la etiqueta:

```
from tkinter import Tk, ttk
```

Luego, se crea dicha ventana, cuyo tamaño no podrá ser inferior a 200 x 100 píxeles:

```
root = Tk()
root.minsize(200, 100)
```

A continuación, se crea la etiqueta, cuya clase deberá estar precedida del nombre del módulo ttk. De lo contrario, se usaría la del módulo Tkinter:

```
etiqueta = ttk.Label(text="Etiqueta ttk")
```

Por último, se sitúa centrada en la ventana principal con la opción expand del método pack(). Además, se establecen unos márgenes interiores y exteriores con las opciones padx, pady, ipadx e ipady:

```
etiqueta.pack(expand=True,padx=20,pady=20,ipadx=10,ipady=10)
```

El resultado lo puede ver en esta imagen:

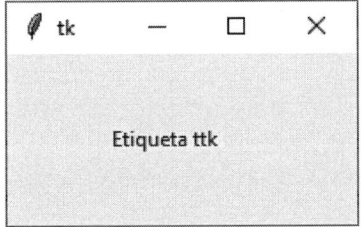

Para cambiar su apariencia, y hacer que el texto quede centrado dentro de los límites de la etiqueta, con un color de fondo, otro de primer plano y una fuente determinados, el código sería este otro:

```
from tkinter import Tk, ttk

root = Tk()
root.minsize(200, 100)

estilo = ttk.Style()
estilo.configure("TLabel", foreground="white", background="red",
                font=("Arial", 20, "bold"), anchor="center")

etiqueta = ttk.Label(text="Etiqueta ttk")
etiqueta.pack(expand=True,padx= 20,pady=20,ipadx=10,ipady=10)
```

El único cambio introducido respecto del código anterior son las sentencias en las que se crea un objeto de la clase Style (estilo), del que se invoca posteriormente el método `configure()` para modificar las opciones `foreground`, `background`, `font` y `anchor` del estilo predeterminado de las etiquetas (`"TLabel"`):

```
estilo = ttk.Style()
estilo.configure("TLabel", foreground="white", background="red",
          font=("Arial", 20, "bold"), anchor="center")
```

El resultado obtenido con este cambio es evidente, tal como puede ver a continuación:

> (i) El objeto de la clase `Style` se debe crear después de la ventana principal, ya que, de lo contrario, aparecerían dos ventanas.

Es importante destacar que, al haber modificado el estilo predeterminado de las etiquetas (`"TLabel"`), todas las que creen a partir de ahora tendrán ese nuevo aspecto.

Si lo que quiere es crear su propio estilo, deberá hacerlo a partir de uno predeterminado. Para ello, se utiliza también el método `configure()`, solo que ahora el primer argumento (estilo) tendrá la sintaxis:

Nuevo estilo.estilo predeterminado

Es decir, el nombre del nuevo estilo se forma a partir del nombre del que está basado. Usando esta misma sintaxis, podrá incluso crear jerarquías de estilos.

Para que un *widget* utilice un nuevo estilo, deberá añadirle la opción `style`.

En la siguiente práctica, va a crear su propio estilo. Para ello, se parte del código de la práctica anterior que, una vez modificado, quedaría de la siguiente forma:

```
from tkinter import Tk, ttk

root = Tk()
root.minsize(200, 100)

estilo = ttk.Style()
estilo.configure("miEstilo.TLabel",
                foreground="white", background="blue",
                font=("Arial", 20, "bold italic"), anchor="center")

etiqueta = ttk.Label(text="Etiqueta ttk", style="miEstilo.TLabel")
etiqueta.pack(expand=True,padx=20,pady=20,ipadx=10,ipady=10)
```

En este caso, el primer argumento del método `configure()` no es el nombre del estilo predeterminado de las etiquetas (`"TLabel"`), sino `"miEstilo.`
`TLabel"`. Eso significa que se acaba de crear un nuevo estilo a partir de este, cuyas opciones son las establecidas en los siguientes argumentos. Los valores son prácticamente los mismos que los de la práctica anterior, excepto que ahora el texto se escribirá en cursiva sobre un fondo azul:

```
estilo.configure("miEstilo.TLabel",
                foreground="white", background="blue",
                font=("Arial", 20, "bold italic"), anchor="center")
```

El otro cambio se produce en la sentencia donde se crea la etiqueta, ya que ahora en el constructor se utiliza la opción `style` para establecer el estilo que deberá utilizarse; en este caso, el que se acaba de crear (`miEstilo.TLabel`):

```
etiqueta = ttk.Label(text="Botón ttk", style="miEstilo.TLabel")
```

Ejecute el programa y observe el cambio producido en el aspecto de la etiqueta:

Para finalizar este apartado, es importante que conozca la existencia de un estilo raíz cuyo nombre es '.', con el cual se puede cambiar la apariencia de todos los *widgets* de la aplicación (por ejemplo, la fuente de todos los textos de un programa, con objeto de dar un aspecto uniforme a la interfaz).

10.2 ESTADO

En ttk, el estado de un *widget* lo forman una lista de características (indicadores), que pueden estar activadas o desactivadas. Dispone de los siguientes indicadores de estado, que podrán tomar el valor `True` o `False`:

- `active`. El cursor del ratón está situado sobre el *widget*.

- `disabled`. El *widget* no responde a eventos.

- `focus`. El *widget* tiene el foco, es decir, puede verse afectado por la pulsación de cualquier tecla.

- `pressed`. Se ha pulsado sobre el *widget*.

- `selected`. Aplicable a *checkbuttons* y *radiobuttons* cuando están seleccionados.

- `background`. Estado de aquellos *widgets* pertenecientes a una ventana que no está en primer plano (activa).

- `readonly`. El usuario no puede modificar el valor de un *widget* de entrada de datos.

- `alternate`. En aquellos *widgets* que se muestran de dos formas diferentes según su estado, cambiaría de uno a otro (por ejemplo, *checkbuttons* o *radiobuttons*).

- `invalid`. El valor introducido en el *widget* no es válido.

> *i*
>
> En la documentación en inglés, se hace referencia a estos indicadores con el nombre *state names* o *state flags*. Por eso, el estado de un *widget* se expresa como un *bitmap* de *state flags*. En este contexto, la palabra "bitmap" no hace referencia a una imagen, sino a un conjunto de bits (unos y ceros) que representan el estado de cada indicador (activo, inactivo).

Si cualquiera de dichos valores estuviera precedido por un signo de exclamación (!), el comportamiento sería el contrario al descrito; por ejemplo, si con `focus` un *widget* adquiere el foco, con `!focus` lo perdería.

Ya conoce la forma de describir un estado. Para asignárselo a un *widget,* se emplea el método:

```
state(estado)
```

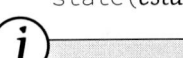

El argumento de este método es una lista por lo que, aunque solo tenga un elemento, deberá ir entre corchetes ([]).

El valor del argumento de este método sigue la nomenclatura descrita anteriormente; por ejemplo, si quisiera desactivar el indicador `disable` y activar `readonly` en un *widget,* debería invocarlo de la siguiente forma:

```
state(['!disabled', 'readonly'])
```

Si no indicara ningún argumento, el método devolvería una tupla con el valor actual de los indicadores de estado del *widget.*

Es importante destacar que la opción `state` de los *widgets* ttk se mantiene por compatibilidad con los de Tkinter. Sin embargo, el método `state()` no afecta al valor de dicha opción. Como el valor de un indicador de estado no tiene por qué coincidir con el equivalente de la opción `state`, se aconseja dejar de usar esta opción para evitar inconsistencias.

Podrá seguir utilizando el método `configure()` para asignar un valor a la opción `state`, y `cget()` para obtenerlo. Los valores de dicha opción son los vistos en Tkinter para cada *widget,* no los descritos en este apartado (aunque algunos nombres coincidan).

Un método interesante es aquel que permite ejecutar una función cuando el *widget* pasa a un estado determinado:

```
instate(estado, función)
```

Si la función tuviera argumentos, estos irían después del nombre. Si no se incluyera ninguna función, el método devolvería `True` si el estado del *widget* coincidiera con el especificado en el primer argumento, y `False` en caso contrario.

El estado de un *widget* puede condicionar el aspecto que presenta; por ejemplo, dependiendo de si un campo de texto tiene el foco o de si el cursor del ratón pasa por encima, su color de fondo o primer plano pueden cambiar. Para conseguir este comportamiento dinámico, ttk permite la creación de mapas de estilo, con los que es posible modificar el valor de cualquiera de sus opciones, dependiendo de si están activados (o desactivados) los indicadores de estado correspondientes. El método utilizado para crear un mapa de estilo es:

map(*estilo, opción*=[(*indicador, valor*), ...], ...)

El primer argumento hace referencia al estilo, cuyas opciones serán modificadas según los indicadores de estado especificados. Dichos indicadores formarán parte de una tupla, junto con el valor asignado a la opción, en caso de activarse. Cada opción estará asociada a una lista de tuplas indicador-valor.

La mejor forma de entender cómo funciona este método es con un ejemplo. En concreto, se creará un botón en el que cambien el color y la fuente del texto cuando el cursor del ratón se sitúe encima. Cuando eso suceda, el texto se mostrará en naranja, con un tamaño más grande y en negrita. Si se pulsara, cambiaría de nuevo el color del texto, que pasaría a ser azul. El código utilizado es el siguiente:

```python
from tkinter import Tk, ttk


root = Tk()


estilo = ttk.Style()
estilo.configure('miEstilo.TButton', font=('Arial', 24))
estilo.map('miEstilo.TButton',
        foreground=[('pressed', 'blue'),('active', 'orange')],
        font=[('active', ('Arial', 28, 'bold'))])


boton = ttk.Button(style='miEstilo.TButton', text="Botón")
boton.pack(padx=10, pady=10, ipadx=5, ipady=5)
```

Del código anterior, lo realmente interesante comienza con la creación de un estilo propio, derivado del estándar de un botón ('miEstilo.TButton'), que tendrá una fuente Arial de 24 píxeles:

```python
estilo = ttk.Style()
estilo.configure('miEstilo.TButton', font=('Arial', 24))
```

A continuación, se crea el mapa de estilo formado por dos opciones: foreground y font. A la primera se le asignará el color naranja cuando el botón esté activo (el ratón se coloca encima) y el azul al presionarlo. Con la segunda, se incrementará el tamaño de la fuente a 28 píxeles, y su tipografía cambiará a negrita cuando el botón esté activo:

```
estilo.map('miEstilo.TButton',
           foreground=[('pressed', 'blue'),('active', 'orange')],
           font=[('active', ('Arial', 28, 'bold'))])
```

Finalmente, se crea el botón utilizando este nuevo estilo y se sitúa en la ventana:

```
boton = ttk.Button(style='miEstilo.TButton', text="Botón")
boton.pack(padx=10, pady=10, ipadx=5, ipady=5)
```

Ejecute el programa. Observe que, al poner el ratón sobre el botón, el texto crece de tamaño y pasa a ser de color naranja. Al pulsarlo, se mostrará en azul. La siguiente secuencia de imágenes muestra, de izquierda a derecha, el aspecto del botón en estado normal, activo y pulsado:

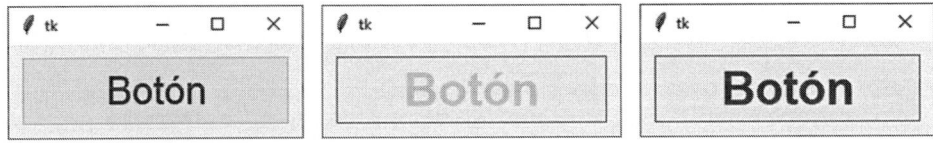

10.3 OPCIONES COMUNES

Como se ha comentado anteriormente, los *widgets* de ttk compartidos con Tkinter no disponen de las mismas opciones. Con objeto de saber cuáles pueden usarse y cuáles no, se empezará tratando aquellas que son comunes para, a continuación, seguir con las específicas de cada *widget*.

Respecto a las opciones comunes, todos los *widgets* de ttk aceptan el uso de cursor, takefocus y style. Además, tal como se ha comentado en el apartado anterior, se mantiene por compatibilidad la opción state.

Aquellos que puedan tener asociada una barra de *scroll*, también disponen de las opciones xscrollcommand e yscrollcommand.

Las siguientes opciones son admitidas por etiquetas, botones y todos aquellos *widgets* con aspecto similar: text, textvariable, underline, image, compound y width.

> ⓘ No utilice nombres abreviados de opciones como, por ejemplo, bd, bg o fg.

Todo lo comentado anteriormente hace referencia a las opciones comunes de los *widgets* Tkinter que pueden seguir utilizándose en ttk. A continuación, se indica la lista de las que desaparecen en ttk, así como la alternativa ofrecida:

- activebackground. Utilice un mapa de estilo para configurar la opción background cuando el indicador de estado active sea True.

- activeforeground. Utilice un mapa de estilo para configurar la opción foreground cuando el indicador de estado active sea True.

- bitmap. No soportado.

- borderwidth. Use un estilo.

- disabledforeground. Utilice un mapa de estilo para configurar la opción foreground cuando el indicador de estado disabled sea True.

- height. No soportado.

- highlightbackground. Utilice un mapa de estilo para configurar la opción highlightcolor cuando el indicador de estado focus sea True.

- highlightcolor. Configure esta opción con un estilo.

- highlightthickness. Use un estilo. Es posible que no funcione en todos los temas.

- padx. No soportado.

- pady. No soportado.

- readonlybackground. Utilice un mapa de estilo para configurar la opción background cuando el indicador de estado readonly sea True.

No están soportadas las opciones específicas de los campos de texto insertbackground, insertborderwidth, insertofftime, insertontime e insertwidth. Además, las opciones selectbackground, selectborderwidth y selectforeground deberán ser sustituidas por un mapa de estilo que asigne el valor correspondiente a background, borderwidth y foreground, cuando el indicador de estado selected sea True.

Relacionadas con los *checkbuttons* y *radiobuttons*, las opciones indicatoron, height, offrelief, selectcolor y selectimage no están soportadas. En cuanto a overrelief, deberá utilizar un mapa de estilo para configurar la opción relief cuando el indicador de estado active sea True.

Tampoco están soportadas las opciones específicas de los *menubuttons* buttonbackground, buttoncursor, buttondownrelief y buttonup.

En lo que respecta a los *panedwindow,* no se soportan las opciones `handlepad`, `handlesize`, `relief`, `sashrelief`, `sashwidth` y `showhandle`.

Las barras de desplazamiento (clase `Scale`) no admiten las opciones `digits`, `font`, `foreground` o `fg`, `highlightbackground`, `highlightbackground`, `highlightthickness`, `label`, `relief`, `resolution`, `showvalue`, `tickinterval`. Las opciones `sliderlength`, `sliderrelief`, `troughcolor` y `width` deberán configurarse utilizando un estilo.

Por último, la barra de *scroll* no soporta `elementborderwidth`, `highlightbackground`, `highlightcolor`, `highlightthickness` y `jump`. La opción `activerelief` deberá ser sustituida por un mapa de estilo para configurar la opción `relief` cuando el indicador de estado `active` sea `True`. Por último, la opción `troughcolor` deberá ser configurada utilizando un estilo.

10.4 MÉTODOS COMUNES

Todos los *widgets* ttk disponen de una serie de métodos comunes. Algunos ya los conoce, como `configure()`, `instate()` o `state()`. Pero quedan dos más que le pueden interesar.

El primero es compartido con los *widgets* de Tkinter, ya que permite obtener el valor de una opción:

```
cget(opción)
```

El segundo devuelve el nombre del elemento situado en las coordenadas x, y pasadas como argumentos. Si no hubiera ninguno, se retornaría la cadena vacía:

```
identify(x, y)
```

10.5 ADAPTACIÓN DE UNA APLICACIÓN TKINTER A TTK

En esta nueva práctica, modificará el código del formulario de entrada de datos de usuario realizado en prácticas anteriores, para que ahora use los *widgets* proporcionados por el módulo ttk —en vez de los de Tkinter.

El código resultante sería el siguiente:

```
from tkinter import Tk, IntVar, StringVar, messagebox, ttk

edad_minima = 18
edad_maxima = 65
```

```
######################################################
#Funciones que se ejecutan al pulsar los botones
######################################################
def aceptar():
    selecciones=nombre=edad=sexo=aficiones = ""

    nombre = nombre_entry.get()
    direccion = direccion_entry.get()
    provincia = var_provincia.get()
    edad = edad_entry.get()
    sexo = radio_var.get()
    aficion1 = check_var1.get()
    aficion2 = check_var2.get()
    aficion3 = check_var3.get()
    if aficion1: aficiones += "Música "
    if aficion2: aficiones += "Deporte "
    if aficion3: aficiones += "Lectura"

    if nombre:selecciones = "Nombre : "+nombre+"\n"
    if direccion:selecciones += "Dirección : "+direccion+"\n"
    if provincia != "Pulse para ver las permitidas":
        selecciones += "Provincia: "+provincia+"\n"
    selecciones += "Edad: "+edad+"\n"
    selecciones += "Sexo: "+sexo+"\n"
    if aficiones:selecciones += "Aficiones: "+aficiones+"\n"

    messagebox.showinfo("Selección", selecciones)

def cancelar():
    nombre_entry.delete(0, "end")
    direccion_entry.delete(0, "end")
    var_provincia.set("Pulse para ver las permitidas")
    edad_entry.delete(0, "end")
    edad_entry.insert(0, edad_minima)
    #hombre_radiobutton.select()
    radio_var.set("Hombre")
    #aficion1_checkbutton.deselect()
    #aficion2_checkbutton.deselect()
```

```
        #aficion3_checkbutton.deselect()
        check_var1.set(False)
        check_var2.set(False)
        check_var3.set(False)

#Ventana principal
root = Tk()
root.title("Formulario")
root.resizable(True, False)
root.minsize(300, 100)

#Variables de control
var_provincia = StringVar()
radio_var = StringVar()
check_var1 = IntVar()
check_var2 = IntVar()
check_var3 = IntVar()


###################################################
#Creación de widgets
###################################################

#Creación de la etiqueta y el campo del nombre
nombre_label = ttk.Label(text="Nombre:")
nombre_entry = ttk.Entry()

#Creación de la etiqueta y el campo de la dirección
direccion_label = ttk.Label(text="Dirección:")
direccion_entry = ttk.Entry()

#Creación de la etiqueta y el campo de la provincia
provincia_label = ttk.Label(text="Provincia:")
provincia_menu = ttk.OptionMenu(root,var_provincia,"León","Zamora",
                                "Salamanca","Valladolid","Palencia")
var_provincia.set("Pulse para ver las permitidas")

#Creación de la etiqueta y el campo de la edad
edad_label = ttk.Label(text="Edad:")
edad_entry=ttk.Spinbox(from_=edad_minima,to=edad_maxima,width=3)
```

```
edad_entry.insert(0, edad_minima)

#Creación de la etiqueta, los radiobuttons de sexo y
#el frame que los contiene
sexo_label = ttk.Label(text="Sexo:")
frame_radiobuttons = ttk.Frame()
hombre_radiobutton = ttk.Radiobutton(frame_radiobuttons,
                                     text="Hombre",
                                     variable=radio_var,
                                     value="Hombre")
mujer_radiobutton = ttk.Radiobutton(frame_radiobuttons,
                                    text="Mujer",
                                    variable=radio_var,
                                    value="Mujer")
radio_var.set("Hombre")

#Creación de la etiqueta, los radiobuttons de las aficiones y
#el frame que los contiene
aficiones_label = ttk.Label(text="Aficiones:")
frame_checkbuttons = ttk.Frame()
aficion1_checkbutton = ttk.Checkbutton(frame_checkbuttons,
                                       text = "Música",
                                       variable = check_var1)
aficion2_checkbutton = ttk.Checkbutton(frame_checkbuttons,
                                       text = "Deporte",
                                       variable = check_var2)
aficion3_checkbutton = ttk.Checkbutton(frame_checkbuttons,
                                       text = "Lectura",
                                       variable = check_var3)

#creación de los botones
boton_aceptar = ttk.Button(text="ACEPTAR", command=aceptar)
boton_cancelar = ttk.Button(text="CANCELAR", command=cancelar)

####################################################
#Composición de los widgets en la interfaz
####################################################

#Composición de los widgets del nombre
nombre_label.grid(row=0, column=0, sticky= "w", padx=10, pady=10)
nombre_entry.grid(row=0, column=1, sticky= "ew", padx=10)
```

```
#Composición de los widgets de la dirección
direccion_label.grid(row=1, column=0, sticky= "w", padx=10, pady=10)
direccion_entry.grid(row=1, column=1, sticky= "ew", padx=10)

#Composición de los widgets de la provincia
provincia_label.grid(row=2, column=0, sticky= "w", padx=10, pady=10)
provincia_menu.grid(row=2, column=1, sticky= "w", padx=10)

#Composición de los widgets de la edad
edad_label.grid(row=3, column=0, sticky= "w", padx=10, pady=10)
edad_entry.grid(row=3, column=1, sticky= "w", padx=10)

#Los campos de entrada de texto crecen a lo ancho con la ventana
root.columnconfigure(1, weight=1)

#Composición de los widgets del sexo
sexo_label.grid(row=4, column=0, sticky= "w", padx=10, pady=10)
frame_radiobuttons.grid(row=4,column=1,sticky="w",padx=10,pady=10)
hombre_radiobutton.pack(side= "left")
mujer_radiobutton.pack(side= "left")
#hombre_radiobutton.select()

#Composición de los widgets de las aficiones
aficiones_label.grid(row=5, column=0, sticky= "w", padx=10, pady=10)
frame_checkbuttons.grid(row=5,column=1,sticky="w",padx=10,pady=10)
aficion1_checkbutton.pack(side= "left")
aficion2_checkbutton.pack(side= "left")
aficion3_checkbutton.pack(side= "left")

#Composición de los widgets de los botones
boton_aceptar.grid(row=6, column=0, padx=10, pady=10, sticky= "W")
boton_cancelar.grid(row=6, column=1, padx=10, pady=10, sticky= "E")

root.mainloop()
```

En este nuevo programa, únicamente se describirán los cambios realizados respecto del utilizado de base. El primero lo encontrará en la sentencia donde se importa lo que se va a usar. Como puede apreciar, se eliminan todas las clases de los *widgets* empleados en el programa de base (Label, Button, Entry, Spinbox, OptionMenu, Radiobutton, Checkbutton y Frame) y se importa, en su lugar, el módulo ttk del que se van a obtener:

```
from tkinter import Tk, IntVar, StringVar, messagebox, ttk
```

Los siguientes cambios se producen en la creación de cada uno de estos *widgets,* ya que las opciones bd, highlightcolor y highlightthickness no existen en ttk. Por lo tanto, las sentencias en las que se invoca a los constructores de los *widgets* Entry y Spinbox quedan de la siguiente forma:

```
nombre_entry = ttk.Entry()

...

direccion_entry = ttk.Entry()

...

edad_entry=ttk.Spinbox(from_=edad_minima,to=edad_maxima,width=3)
```

Al usar ttk, el *spinbox* no muestra el valor inicial del rango, por lo que deberá llamarse al método insert() para inicializar este valor:

```
edad_entry.insert(0, edad_minima)
```

Lo mismo sucede con el *radiobutton* por lo que, para que aparezca seleccionada por defecto la opción "Hombre", deberá asignar dicho valor a la variable de control que tiene asociada (radio_var):

```
radio_var.set("Hombre")
```

Los últimos cambios se han realizado en la función que se invoca cuando se pulsa el botón "CANCELAR" (la del botón "ACEPTAR" no sufre cambios). En ttk, los *radiobuttons* y los *checkbuttons* no tienen los métodos select() ni deselect() por lo que, para marcar o desmarcar una opción, se deberá asignar el valor correspondiente a las variables de control que tengan asociadas. En consecuencia, las sentencias dentro de la función cancelar() que los devolverían a su estado inicial (seleccionando la opción "Hombre" y desmarcando las casillas de verificación de todas las aficiones) serían ahora las siguientes:

```
radio_var.set("Hombre")

...

check_var1.set(False)
check_var2.set(False)
check_var3.set(False)
```

Ha llegado el momento de ejecutar el programa. El aspecto que presentaría en Windows sería el mostrado a continuación:

Tal como pudo ver en un apartado anterior, el tema que estoy utilizando de forma predeterminada en mi ordenador es `'vista'`. A título informativo, se muestra también el aspecto que tendría esta misma interfaz con los temas `'alt'` y `'default'`:

 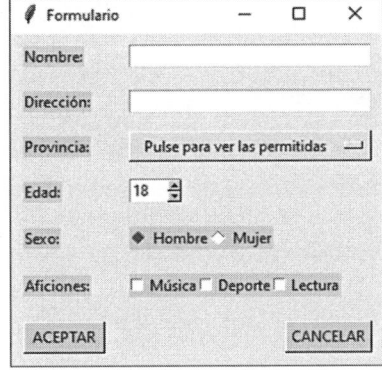

10.6 *WIDGETS* ESPECÍFICOS DE TTK

A continuación, se van a describir los *widgets* específicos de ttk, representados por las siguientes clases:

- `Combobox`. Es la combinación entre un campo de texto y un menú desplegable.

- `Notebook`. Estructura la información en pestañas. Para ver lo que hay en cada una de ellas, solo tendrá que pulsar en la etiqueta correspondiente.

- `Progressbar`. Refleja gráficamente el progreso de una operación que tarda tiempo en ejecutarse.

- `Separator`. Separa diferentes áreas de una interfaz con una barra horizontal o vertical.

- `Sizegrip`. Aparece en la parte inferior izquierda de la ventana principal con el fin de facilitar su redimensionamiento.

> (i) Además de los *widgets* anteriores, existe otro que presenta gráficamente una estructura jerárquica. Un ejemplo práctico de jerarquía es la estructura de carpetas mostrada en el explorador de archivos. Si le interesa conocer este *widget*, encontrará la información que necesita en https://docs.python.org/3/library/tkinter.ttk.html#treeview.

Veamos cada uno de estos *widgets* detenidamente.

10.6.1 Combobox

Uno de los *widgets* de ttk que Tkinter no tiene es el *combobox*. Este control gráfico es una combinación entre un campo de entrada de texto y un menú desplegable. Se emplean con frecuencia en muchos formularios web. Incluso hizo algo similar en una práctica anterior, donde utilizó un *menubutton* y un campo de texto para solicitar el sexo de la persona en un formulario. En un *combobox*, el menú está integrado en el propio campo de texto, de forma que los datos se pueden introducir escribiéndolos directamente o seleccionándolos de una lista desplegable:

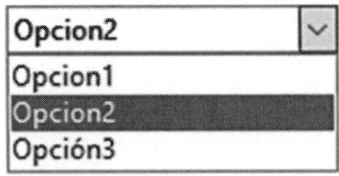

10.6.1.1 *Opciones y métodos*

En el módulo ttk, este *widget* se representa con la clase `Combobox`, cuyo constructor es:

`Combobox` (*widget contenedor, opción, ...*)

El primer argumento es el *widget* contenedor. Si no se incluyera, se consideraría que se trata de la ventana principal. En los siguientes, además de las opciones comunes `cursor`, `height`, `state` y `width`, dispone de:

- `exportselection`. Por defecto, cuando se selecciona texto dentro de un *widget* de entrada de datos, este se copia automáticamente en el portapapeles. Para evitarlo, asigne el valor `False` a esta opción.

- `justify`. Controla la posición del texto en el campo de entrada del *widget*; de forma predeterminada, se justifica a la izquierda (`LEFT`). Para que lo haga a la derecha o centrado, deberá asignar a esta opción el valor `RIGHT` o `CENTER`, respectivamente.

- `style`. Determina el estilo utilizado.

- `textvariable`. Nombre de la variable de control que contiene el valor del campo.

- `validate` y `validatecommand`. El valor de la primera opción determina cuándo se debe llamar a la función indicada en la segunda. Su uso se explicó en el capítulo de validación de entradas de datos.

- `values`. Lista de opciones del menú desplegable.

- `xscrollcommand`. Permite añadir una barra de desplazamiento horizontal.

Aparte de los métodos comunes a todos los *widgets* ttk, este control gráfico comparte los mismos métodos de los campos de texto (`Entry`) estudiados anteriormente. Además, dispone de los suyos propios, como el siguiente, que rellena el campo con la entrada del menú situada en la posición dada como argumento (la primera es la 0):

```
current(posición)
```

Si, en vez del texto de una de las opciones del menú desplegable, quisiera poner cualquier otro valor en el campo, el método utilizado sería:

```
set(valor)
```

10.6.1.2 *Práctica*

En esta nueva práctica, va a modificar el formulario desarrollado en la anterior para que el usuario seleccione la provincia con un objeto gráfico de la clase `Combobox`, en vez de `OptionMenu`.

No se reproducirá de nuevo el código debido a su extensión y porque los cambios son pocos.

El primero es la inclusión al principio del programa de una sentencia en la que se declara la variable que contiene la lista de provincias desplegadas por el *combobox*:

```
lista_provincias = ['León', 'Zamora', 'Salamanca', 'Valladolid', 'Palencia']
```

En el bloque de sentencias de creación de los *widgets* del formulario, se sustituye aquella en la que se llamaba al constructor de la clase `OptionMenu` por la de `Combobox`:

```
provincia_combobox = ttk.Combobox(values=lista_provincias)
```

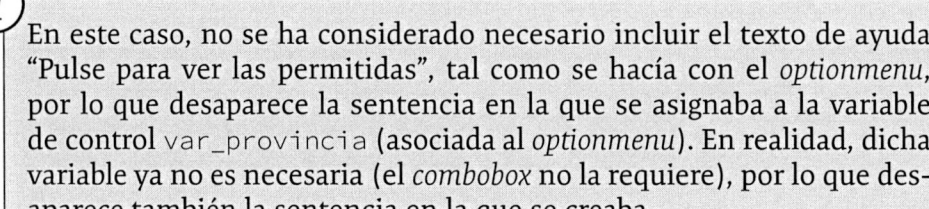

En este caso, no se ha considerado necesario incluir el texto de ayuda "Pulse para ver las permitidas", tal como se hacía con el *optionmenu*, por lo que desaparece la sentencia en la que se asignaba a la variable de control `var_provincia` (asociada al *optionmenu*). En realidad, dicha variable ya no es necesaria (el *combobox* no la requiere), por lo que desaparece también la sentencia en la que se creaba.

La forma de situarlo en la ventana principal es con el mismo método y las mismas opciones que en el caso del *optionmenu*. Por lo tanto, sustituya dicha sentencia por:

```
provincia_combobox.grid(row=3, column=2, sticky= "w", padx=10)
```

A continuación, se describen los cambios en las funciones que se invocan al presionar los botones "ACEPTAR" y CANCELAR." En el primer caso, se llamará a la función `aceptar()`, dentro de la que se obtiene la provincia seleccionada por el usuario con el método `get()` del *combobox*:

```
provincia = provincia_combobox.get()
```

Una vez recogida la provincia, solo queda añadirla al texto que se compondrá con el resto de la información personal introducida por el usuario (siempre que se haya seleccionado alguna):

```
if provincia: selecciones += "Provincia: "+provincia+"\n"
```

Si se pulsara el botón "CANCELAR", se borraría el contenido del campo de texto del *combobox* al asignar la cadena vacía con el método `set()`:

```
provincia_combobox.set("")
```

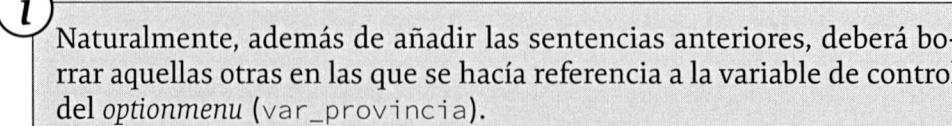

Naturalmente, además de añadir las sentencias anteriores, deberá borrar aquellas otras en las que se hacía referencia a la variable de control del *optionmenu* (`var_provincia`).

Ejecute el programa. Su aspecto deberá ser ahora el siguiente:

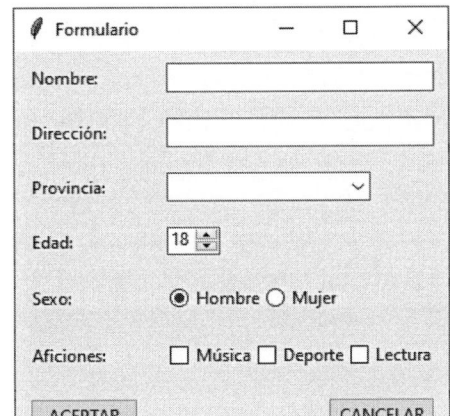

10.6.2 Notebook

Este *widget* permite estructurar el contenido de una interfaz por secciones. Podría compararse con un archivador de carpetas colgantes con pestañas que identifican lo que almacenan. De igual forma, un *notebook* tiene en la parte superior una serie de etiquetas (pestañas) que, al ser pulsadas, muestran el contenido del *frame* asociado.

En la siguiente imagen puede ver el aspecto de un *notebook* con tres pestañas, la última de las cuales contiene un área de texto en la que se ha escrito una frase:

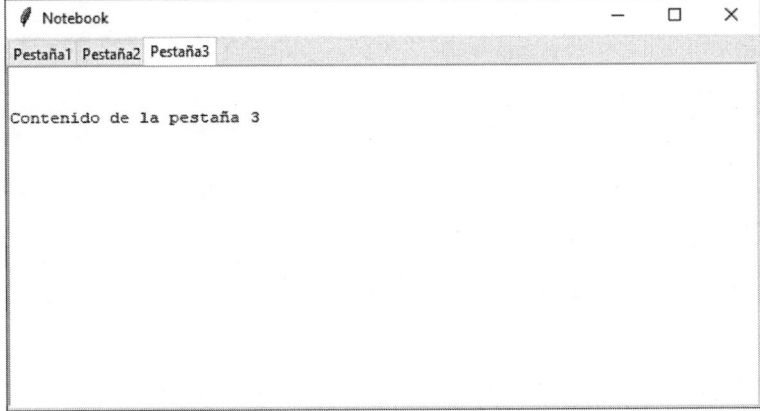

10.6.2.1 *Opciones y métodos*

En ttk, este *widget* se representa por la clase `Notebook`, cuyo constructor es:

`Notebook`(*widget contenedor, opción, ...*)

Las opciones de las que dispone son, aparte de las conocidas `cursor`, `height`, `style`, `takefocus` y `width`, otras específicas, entre las que únicamente destacaremos `padding`, utilizada para agregar espacio adicional alrededor del *notebook*.

Respecto a los métodos, además de los comunes a todos los *widgets* ttk, el primero que se describirá es aquel que permite añadir una pestaña a un *notebook*:

`add`(*frame, opción, ...*)

El primer argumento es el *frame* que agrupa el contenido mostrado por la pestaña. Las opciones permiten controlar su apariencia:

- `compound`. Si la etiqueta mostrara una imagen, esta opción establecería su posición respecto al texto. Sus valores pueden ser `BOTTOM`, `TOP`, `LEFT`, `RIGHT` o `CENTER`, dependiendo de si la imagen se sitúa debajo, encima, a la izquierda, a la derecha o centrada con el texto, respectivamente.

- `padding`. Agrega espacio adicional (en píxeles) alrededor del *frame* asociado.

- `sticky`. Cuando el contenido de un *frame* no lo llena completamente, con esta opción se determina dónde deberá colocarse. Los valores y significado son los mismos descritos para esta opción en el gestor de geometría *grid*.

- `image`. Imagen que aparecería en la etiqueta de la pestaña. Podrá ser un objeto de la clase `BitmapImage` o `PhotoImage`.

- `text`. Texto de la etiqueta (solapa).

- `underline`. Fija el carácter del texto de la etiqueta que quiera que aparezca subrayado. Su valor es la posición que ocupa en dicho texto, empezando a contar desde 0. Se utiliza para indicar la existencia de atajos de teclado. El valor por defecto es -1, lo que significa que no habrá ninguno subrayado.

El método anterior añade la pestaña al final. Si tuviera varias y quisiera hacerlo en una posición determinada, utilice este otro:

`insert`(*posición, frame, opción, ...*)

En este caso, la pestaña asociada al *frame* del segundo argumento se colocaría en la posición indicada en el primero. La posición inicial toma el valor 0, mientras que la última sería "end" (o la constante END). Las opciones pueden ser cualquiera de las descritas anteriormente.

Para eliminar una pestaña, el método empleado sería:

forget(*identificador de la pestaña*)

Su único argumento es el identificador de la pestaña que se pretende hacer desaparecer. Este podrá tomar los siguientes valores:

- Un número entero con la posición de la pestaña.
- El *frame* asociado, en el que está contenida la información mostrada por la pestaña.
- El valor "current", correspondiente a la pestaña seleccionada actualmente.

Si quiere hacerla invisible, el método al que tiene que llamar es:

hide(*identificador de la pestaña*)

Para que vuelva a aparecer, deberá invocar de nuevo el método add().

Como sabe, para mostrar el contenido de una pestaña, se debe pulsar en su etiqueta. Con objeto de hacer lo mismo desde el código del programa, ejecute el método:

select(*identificador de la pestaña*)

Si se llamara a este método sin argumento, devolvería el identificador del *frame* asociado a la pestaña actualmente seleccionada (visible). Posteriormente, este identificador permitiría obtener el objeto que representa al propio *frame* mediante el método:

nametowidget(*identificador de un frame*)

El identificador de un *frame* es el nombre con el que Tkinter lo maneja internamente.

Una vez conocido el *frame* asociado a la pestaña activa, ya se tendrá acceso a los *widgets* que contiene con el método winfo_children().

El método que permite obtener la posición de una pestaña es:

index(*identificador*)

Para habilitar el movimiento del foco entre pestañas usando el teclado, ejecute el método:

```
enable_traversal()
```

De esta forma, pulsando Ctrl-tab, se seleccionaría la pestaña siguiente (si fuera la última, iría a la primera). Por el contrario, con Shift-Ctrl-tab, el foco iría a la pestaña anterior, y pasaría a la última si estuviera en la primera.

Además, una vez ejecutado este comando, podrá configurar teclas de acceso rápido para seleccionar directamente una pestaña. La forma de hacerlo es subrayando uno de los caracteres de la etiqueta con la opción `underline`. A partir de ese momento, para seleccionar la pestaña solo tendrá que pulsar Alt-*x* (siendo *x* el carácter subrayado en su etiqueta).

Por último, la forma de modificar las opciones de las pestañas una vez creadas es con el método:

```
tab(identificador, opción=valor, ...)
```

El primer argumento es el identificador de la pestaña, mientras que los siguientes son cualquiera de las opciones vistas anteriormente, a las que se asignaría el valor correspondiente.

Si llamara a este método sin opciones (solo con el identificador), devolvería un diccionario con el valor de todas las que tuviera la pestaña en vigor. Pero, si lo que quiere es conocer el valor de una opción en concreto, invóquelo de la siguiente forma:

```
tab(identificador, option="opción")
```

10.6.2.2 *Práctica*

En esta práctica, va a desarrollar un editor de texto en el que podrá crear contenido, cargar el existente en un archivo con extensión ".txt" o guardarlo una vez modificado. Al cargar un fichero, se creará una pestaña con el nombre del archivo (sin la extensión ".txt"). También puede crear una pestaña sin contenido, para empezar a editarlo. En cualquier caso, cuando se guarde tomará el nombre del archivo utilizado. La operación de almacenamiento se realiza únicamente sobre la pestaña activa. De esa forma, será posible editar varios ficheros a la vez y guardarlos cuando lo precise. Si ya no necesitara una pestaña, podrá eliminarla manteniendo el resto.

El aspecto del editor, en el que se han abierto dos archivos ("archivo_texto.txt" y "archivo_texto2.txt"), es el mostrado en esta imagen:

En la parte superior hay una barra de herramientas con una serie de botones. Los de la izquierda permiten crear una pestaña vacía o eliminar la actual. Con los de la derecha, se puede cargar el contenido de un fichero en una nueva pestaña o guardar el existente en la actual.

La interfaz anterior se compone de una serie de *widgets* dispuestos de acuerdo con la siguiente jerarquía:

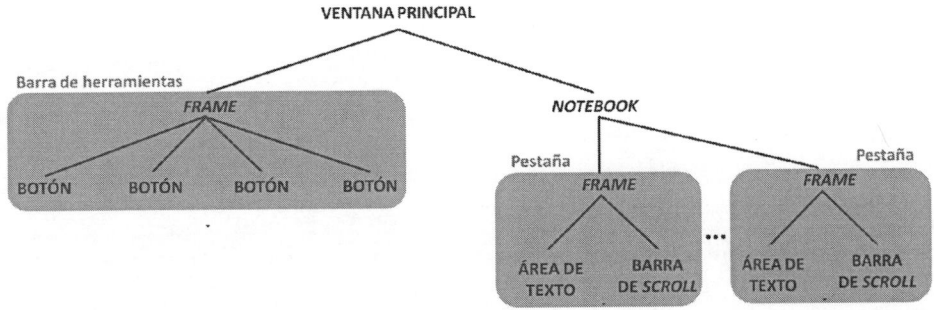

Como puede observar, la ventana principal contiene un *frame* y un *notebook*. En el *frame* se encuentran los botones de la barra de herramientas con los que se podrán ejecutar las operaciones descritas anteriormente. El *notebook* estará formado por pestañas, cada una de las cuales se compone de un *frame* que agrupa el área de texto y su correspondiente barra de *scroll*.

El código del programa es el siguiente:

```
from tkinter import Tk,Text,Button,PhotoImage,filedialog,messagebox,ttk
from pathlib import Path

####################################################
#Funciones que se ejecutan al pulsar los botones
####################################################
def anadir_pestana():
    frame_editor = ttk.Frame()
    area_texto = Text(frame_editor)
    scrollbar = ttk.Scrollbar(frame_editor, command=area_texto.yview)
    area_texto.config(yscrollcommand = scrollbar.set)
    area_texto.pack(expand= True, fill="both", side = "left")
    scrollbar.pack(side = "right", fill = "y")
    editor.add(frame_editor, text="(vacío)")
    if len(editor.tabs()) > 1:
        posicion_etiqueta_actual = editor.index('current')
        editor.select(posicion_etiqueta_actual+1)

def borrar_pestana():
    if len(editor.tabs()) > 0:
        posicion_etiqueta = editor.index('current')
        editor.forget(posicion_etiqueta)

def guardar():
    if len(editor.tabs()) == 0: return
    posicion_etiqueta = editor.index('current')
    etiqueta = editor.tab(posicion_etiqueta, option='text')
    id_frame_editor = editor.select()
    frame_editor = editor.nametowidget(id_frame_editor)
    lista_widgets = frame_editor.winfo_children()
    area_texto = lista_widgets[0]

    if etiqueta == "(vacío)":
        fichero = filedialog.asksaveasfilename(initialdir = ".",
                title = "Guardar", filetypes = [("ficheros texto", "*.txt")],
                defaultextension=".txt")
```

```
        else:
            fichero = etiqueta + ".txt"

        if fichero:
            etiqueta = Path(fichero).stem
            editor.tab(posicion_etiqueta, text=etiqueta)
            texto = area_texto.get(1.0, "end")
            f = open(fichero, "w", encoding='utf-8')
            f.write(texto)
            f.close
            messagebox.showinfo("Guardar",
                            fichero+" guardado correctamente.")

def abrir():
    fichero = filedialog.askopenfilename(initialdir = ".",
                                title = "Abrir archivo",
                                filetypes=[("ficheros texto","*.txt")])
    etiqueta = Path(fichero).stem
    if fichero:
        frame_editor = ttk.Frame()
        area_texto = Text(frame_editor)
        scrollbar=ttk.Scrollbar(frame_editor,command=area_texto.yview)
        area_texto.config(yscrollcommand = scrollbar.set)
        area_texto.pack(expand= True, fill="both", side = "left")
        scrollbar.pack(side = "right", fill = "y")
        editor.add(frame_editor, text=etiqueta)
        if len(editor.tabs()) > 1: editor.select(editor.index('current')+1)

        f = open(fichero, "r", encoding='utf-8')
        area_texto.delete(1.0, "end")
        area_texto.insert(1.0, f.read())
        f.close()


####################################################
#Ventana principal
####################################################
root = Tk()
root.title("Editor de texto")
root.minsize(600, 300)
```

```
####################################################
#Barra de herramientas
####################################################
barra_herramientas = ttk.Frame()
img_anadir_pestana=PhotoImage(file="../imagenes/anadir_pestana.gif")
img_borrar_pestana=PhotoImage(file="../imagenes/borrar_pestana.gif")
img_abrir_archivo = PhotoImage(file="../imagenes/abrir_archivo.gif")
img_guardar_archivo=PhotoImage(file="../imagenes/guardar_archivo.gif")
boton_anadir_pestana = Button(barra_herramientas,
                              image=img_anadir_pestana,
                              background="white",
                              command=anadir_pestana)
boton_borrar_pestana = Button(barra_herramientas,
                              image=img_borrar_pestana,
                              background="white",
                              command=borrar_pestana)
boton_abrir_archivo = Button(barra_herramientas,
                             image=img_abrir_archivo,
                             background="white", command=abrir)
boton_guardar_archivo = Button(barra_herramientas,
                               image=img_guardar_archivo,
                               background="white",
                               command=guardar)
boton_anadir_pestana.pack(side="left", padx=5, pady=10)
boton_borrar_pestana.pack(side="left")
boton_guardar_archivo.pack(side="right", padx=5, pady=5)
boton_abrir_archivo.pack(side="right")
barra_herramientas.pack(fill="x")


####################################################
#Notebook
####################################################
editor = ttk.Notebook()
editor.pack(expand= True, fill="both")


root.mainloop()
```

En primer lugar, se importa todo lo necesario para el correcto funcionamiento del programa; en concreto, la clase Tk para crear la ventana principal, Text para las áreas de texto de cada pestaña y Button para los botones de la barra de herramientas. En ttk, ya existe la clase Button (no así Text), pero se ha preferido usar la de Tkinter, porque los botones de la barra de herramientas no son los estándares (tienen una imagen personalizada). Por último, también se importan los módulos *filedialog*, *messagebox* y ttk. Del primero se utilizará la función que muestra una ventana informativa cada vez que se guarde en un fichero el contenido de una pestaña. De *filedialog* se emplearán las funciones con las que se permite abrir o guardar un fichero con el explorador de archivos. De ttk se tomarán las clases con las que se creen el *notebook*, los *frames* y las barras de *scroll* de las áreas de texto.

El módulo *pathlib* contiene la clase `Path`, que servirá para extraer el nombre del archivo (sin extensión) de la ruta donde se encuentra. Es el que verá en la etiqueta de la pestaña donde se muestre su contenido:

```
from tkinter import Tk,Text,Button,PhotoImage,filedialog,messagebox,ttk
from pathlib import Path
```

Salte la declaración de las funciones, para ver cómo se construye la interfaz con la jerarquía descrita anteriormente. En primer lugar, se crea la ventana principal (`root`), a la que se da un título y se asigna un tamaño mínimo:

```
root = Tk()
root.title("Editor de texto")
root.minsize(600, 300)
```

Luego se crea la barra de herramientas, formada por un *frame* en el que estarán ubicados los botones con las distintas opciones ofrecidas por el editor; en concreto, crear una pestaña sin contenido, borrar la pestaña actual, crear una pestaña a partir del contenido de un archivo o guardar el que tenga la pestaña actual:

```
barra_herramientas = ttk.Frame()
```

Cada uno de estos botones muestra una imagen, que deberá ser cargada en un objeto de la clase `PhotoImage`:

```
img_anadir_pestana=PhotoImage(file="../imagenes/anadir_pestana.gif")
img_borrar_pestana=PhotoImage(file="../imagenes/borrar_pestana.gif")
img_abrir_archivo=PhotoImage(file="../imagenes/abrir_archivo.gif")
img_guardar_archivo=PhotoImage(file="../imagenes/guardar_archivo.gif")
```

Una vez que se dispone de las imágenes, ya se pueden crear los botones. Preste especial atención al hecho de que el primer argumento del constructor es el *frame* donde estarán contenidos (`barra_herramientas`). Todos tendrán un fondo blanco (opción `background`), así como la imagen y la función de *callback* correspondiente (opciones `image` y `command`):

```
boton_anadir_pestana = Button(barra_herramientas,
                              image=img_anadir_pestana,
                              background="white",
                              command=anadir_pestana)
boton_borrar_pestana = Button(barra_herramientas,
                              image=img_borrar_pestana,
                              background="white",
                              command=borrar_pestana)
boton_abrir_archivo = Button(barra_herramientas,
                             image=img_abrir_archivo,
                             background="white", command=abrir)
boton_guardar_archivo = Button(barra_herramientas,
                               image=img_guardar_archivo,
                               background="white",
                               command=guardar)
```

A continuación, se añaden los botones a la barra de herramientas con el método `grid()`. Los que crean las pestañas en vacío y las eliminan van a la izquierda, por lo que se les asigna el valor `"left"` en la opción `side`. Los otros dos botones irán a la derecha, por lo que en ambos la opción `side` tendrá el valor `"right"`:

```
boton_anadir_pestana.pack(side="left", padx=5, pady=5)
boton_borrar_pestana.pack(side="left")
boton_guardar_archivo.pack(side="right", padx=5, pady=5)
boton_abrir_archivo.pack(side="right")
```

Solo quedaría situar la barra de herramientas en la ventana principal. Para ello, se vuelve a utilizar el método `pack()`, en el que se da el valor `"x"` a la opción `fill` para que pueda redimensionarse a lo ancho cuando cambie el tamaño de la ventana principal:

```
barra_herramientas.pack(fill="x")
```

Después, se crea el *notebook* (`editor`). Como este se sitúa debajo de la barra de herramientas, se utiliza de nuevo el método `pack()` que, por defecto, coloca los *widgets* uno debajo del otro. En este caso, las opciones `expand` y `fill` determinan que ocupe todo el espacio asignado, incluso cuando se modifique el tamaño de la ventana principal:

```
editor = ttk.Notebook()
editor.pack(expand= True, fill="both")
```

Por último, no podía faltar la sentencia que da vida a la interfaz, con la que se empieza a atender los eventos que se producen:

```
root.mainloop()
```

A continuación, se muestra una imagen del editor cuando se arranca, en el que todavía no se ha creado ninguna pestaña:

Una vez completada la disposición de cada uno de los elementos de la interfaz, se describirán las funciones asociadas a cada uno de los botones con los que se controlan.

Empecemos por anadir_pestana(), que agrega una pestaña sin contenido al *notebook*. Para ello, lo primero que se hace es crear el *frame* asociado a la pestaña:

```
frame_editor = ttk.Frame()
```

Dicho *frame* contendrá un área de texto y una barra de *scroll*, que se vinculan tal como ya conoce. Es importante destacar que el primer argumento del constructor de ambos *widgets* deberá ser el *frame* recién creado, que es en el que estarán contenidos (frame_editor):

```
area_texto = Text(frame_editor)
scrollbar = ttk.Scrollbar(frame_editor, command=area_texto.yview)
area_texto.config(yscrollcommand = scrollbar.set)
```

Una vez creados ambos *widgets*, el área de texto se sitúa a la izquierda y la barra de *scroll* a la derecha (vea los valores de la opción side de cada uno de ellos). Además, los valores de las opciones fill y both del área de texto son los necesarios para ocupar siempre todo el espacio disponible en el *frame*, aunque este cambie sus dimensiones. La barra de *scroll* únicamente adaptará su tamaño al del *frame* en sentido vertical. Por eso, únicamente se utiliza la opción fill, a la que asigna el valor "y":

```
area_texto.pack(expand= True, fill="both", side = "left")
scrollbar.pack(side = "right", fill = "y")
```

Por último, se asocia el *frame* a la pestaña con el método add(). Se aprovecha para asignar el texto "(vacío)" a la etiqueta (opción text):

```
editor.add(frame_editor, text="(vacío)")
```

Si la pestaña creada fuera la primera, esta quedaría visible. En caso contrario, habría que seleccionarla. Para ello, se emplea una sentencia if, en cuya condición se obtiene la lista actual de pestañas del *notebook* con el método tabs(). Si su tamaño fuera mayor que 1 (al menos hay una, la que se acaba de crear), significaría que hay otra visible. En ese caso, se obtendría su posición con el método index(), ya que la nueva se habría creado a continuación. Solo quedaría invocar el método select() con esa posición para seleccionarla:

```
if len(editor.tabs()) > 1:
    posicion_etiqueta_actual = editor.index('current')
    editor.select(posicion_etiqueta_actual+1))
```

Más abajo puede ver el aspecto del editor una vez creada la primera pestaña:

La función borrar_pestana() es la responsable de eliminar la pestaña actual. Pero, antes, hay que comprobar si el *notebook* tiene realmente pestañas, para lo que se vuelve a utilizar el método tabs() en la condición de un if. Si la lista devuelta por este método no estuviera vacía, se obtendría la posición de la pestaña visible con el método index(), que se utilizaría posteriormente como argumento del método forget() para borrarla:

```
if len(editor.tabs()) > 0:
    posicion_etiqueta = editor.index('current')
    editor.forget(posicion_etiqueta)
```

La función `guardar()` permite almacenar en un fichero el contenido de una pestaña. Su nombre sería el de la propia pestaña con extensión ".txt". Si se hubiera creado sin contenido (y, por lo tanto, sin nombre), se mostraría el explorador de archivos para que seleccionara uno de ellos.

De todas formas, antes se tiene que comprobar si realmente hay alguna pestaña. Para ello, se vuelve a invocar el método `tabs()` del *notebook* en la condición de un `if` que, en caso de devolver el valor 0 (no hay ninguna), provocaría la salida inmediata de la función:

```
if len(editor.tabs()) == 0: return
```

Para almacenar el contenido de una pestaña en un archivo, hay que conocer dos datos:

- El nombre del archivo.
- El área de texto de la que se va a extraer el contenido, situada en el *frame* asociado a la pestaña.

Puesto que el nombre del archivo será el de la etiqueta de la pestaña visible (a no ser que se haya creado vacío), primero hay que saber la posición que ocupa en el *notebook*. De nuevo, la forma de conseguirlo es llamando al método `index()` con el argumento `'current'`. Una vez conocida dicha posición, solo queda hacer uso del método `tab()` del *notebook* para obtener el valor de la opción `'text'` (nombre de la etiqueta):

```
posicion_etiqueta = editor.index('current')
etiqueta = editor.tab(posicion_etiqueta, option='text')
```

Conocido el nombre del fichero, ahora hay que obtener el contenido de la pestaña. La manera de hacerlo es invocando el método `select()` del *notebook* sin argumentos, que devuelve el identificador del *frame* asociado a la pestaña actual (`id_frame_editor`). Dicho identificador se utiliza como argumento del método `nametowidget()`, cuyo resultado es el propio *widget*; en este caso, el *frame* asociado a la pestaña actual (`frame_editor`). Solo queda obtener la lista de *widgets* que agrupa; en concreto, el área de texto y la barra de *scroll* (en ese orden, ya que es el orden en el que se situaron en el *frame*). Eso se consigue llamando al método `winfo_children()` del *frame*, de cuyo resultado se extrae el primer elemento, correspondiente al área de texto (`area_texto`):

```
id_frame_editor = editor.select()
frame_editor = editor.nametowidget(id_frame_editor)
lista_widgets = frame_editor.winfo_children()
area_texto = lista_widgets[0]
```

Tal como habíamos comentado anteriormente, se puede crear una pestaña vacía, editarla y luego guardarla en un archivo, o crearla a partir del contenido de un fichero ya existente. Eso es precisamente lo que discrimina la condición de la siguiente sentencia `if`. Si la etiqueta indica que la pestaña se ha creado vacía, se abrirá el explorador de archivos para que el usuario introduzca el nombre del fichero. Eso se consigue con la función `asksaveasfilename()` del módulo *filedialog*, cuyos argumentos ya conoce de una práctica anterior. El resultado devuelto por esta función es el *path* del archivo (`fichero`):

```
if etiqueta == "(vacío)":
    fichero = filedialog.asksaveasfilename(initialdir = ".",
            title = "Guardar", filetypes = [("ficheros texto", "*.txt")],
            defaultextension=".txt")
```

Si no se hubiera cumplido la condición del `if`, el nombre del archivo sería el de la etiqueta, al que se añade la extensión ".txt" (`fichero`):

```
else:
    fichero = etiqueta + ".txt"
```

Al abrir el explorador de archivos, puede que el usuario se arrepienta y pulse el botón "Cancelar" en el cuadro de diálogo del explorador. En ese caso, la variable `fichero` estaría vacía, por lo que no se podría realizar la operación de almacenamiento. Eso es precisamente lo que se confirma con la siguiente sentencia if:

```
if fichero:
```

De haber elegido un archivo, se crea un objeto de la clase `Path` (importada del módulo *pathlib*), cuyo constructor tiene como argumento la ruta del archivo elegido. En el atributo `stem` de este objeto, se encontrará el nombre del fichero sin la extensión, que es precisamente el texto que se quiere asignar a la etiqueta, una vez guardado allí su contenido. Solo quedaría invocar el método `tab()` del *notebook*, para asignar dicho nombre a la pestaña actual (recuerde que su posición está en la variable `posicion_etiqueta`):

```
etiqueta = Path(fichero).stem
editor.tab(posicion_etiqueta, text=etiqueta)
```

Las siguientes sentencias obtienen el contenido del área de texto con el método `get()`, abren el fichero en modo escritura con la función `open()` y lo escriben con el método `write()`. Finalizada la escritura, se cierra con el método `close()`:

```
texto = area_texto.get(1.0, "end")
f = open(fichero, "w", encoding='utf-8')
f.write(texto)
f.close
```

La última sentencia de esta función abre una ventana informativa que indica la finalización de este proceso:

```
messagebox.showinfo("Guardar", fichero+" guardado correctamente.")
```

La siguiente imagen muestra el comportamiento de esta función. Tras crear una pestaña nueva y editar su contenido, se decide almacenarlo en el archivo "archivo_texto2.txt":

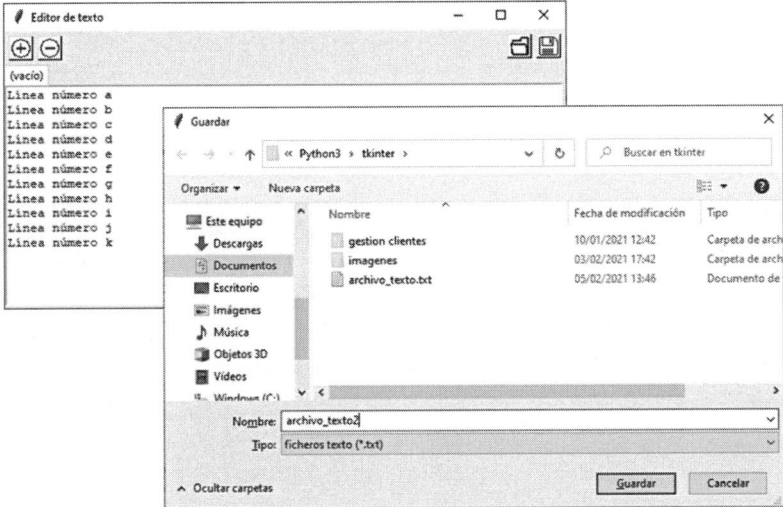

Al pulsar el botón "Guardar", aparece una ventana informativa, que indica el resultado de la operación. Además, la pestaña exhibirá ahora el nombre de dicho fichero:

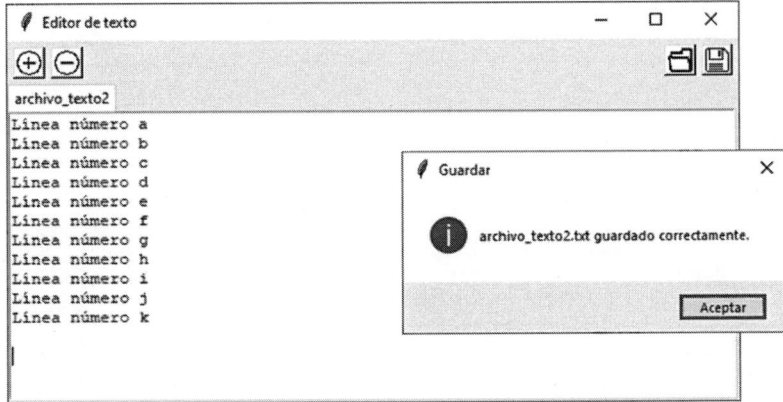

Por simplicidad, cuando una pestaña tiene nombre, el fichero se guarda en la carpeta donde se encuentra el programa (tanto si son nuevos como si estaban ubicados en otras carpetas). Se anima al lector a modificar el código del programa para eliminar esta restricción.

La última función que queda por describir es `abrir()`, responsable de crear una nueva pestaña con el contenido de un archivo. Por ese motivo, en la primera sentencia se llama a la función `askopenfilename()` del módulo *filedialog*, cuyos argumentos también conoce de una práctica anterior. El resultado devuelto por esta función es el *path* del archivo (`fichero`):

```
fichero=filedialog.askopenfilename(initialdir=".", title="Abrir archivo",
                            filetypes=[("ficheros texto","*.txt")])
```

Como la etiqueta de la nueva pestaña debe tener el nombre del archivo sin la extensión, de nuevo se utiliza el atributo `stem` del objeto de la clase `Path`, creado con el *path* del fichero que se va a abrir:

```
etiqueta = Path(fichero).stem
```

Si no se hubiera elegido ningún fichero (se ha pulsado el botón "Cancelar" del explorador de archivos), no se haría nada; es decir, la pestaña se crearía solo cuando se cumpliera la condición del siguiente `if`:

```
if fichero:
    ...
```

Si suponemos que ha sido así (se ha elegido un archivo del explorador), habrá que mostrar su contenido en la pestaña. Evidentemente, antes tendrá que crearla, asociándola a un *frame* que contenga un área de texto y su correspondiente barra de *scroll*. Para ello, observe que se utilizan las mismas sentencias de la función `anadir_pestana()`, por lo que no se dará ninguna explicación adicional:

```
frame_editor = ttk.Frame()
area_texto = Text(frame_editor)
scrollbar = ttk.Scrollbar(frame_editor, command=area_texto.yview)
area_texto.config(yscrollcommand = scrollbar.set)
area_texto.pack(expand= True, fill="both", side = "left")
scrollbar.pack(side = "right", fill = "y")
editor.add(frame_editor, text=etiqueta)
if len(editor.tabs()) > 1: editor.select(editor.index('current')+1)
```

Lo nuevo viene a continuación ya que, una vez creada la pestaña, se abre el fichero en modo lectura con la función open(), se añade el contenido del fichero al área de texto y, finalmente, se cierra:

```
f = open(fichero, "r", encoding='utf-8')
area_texto.insert(1.0, f.read())
f.close()
```

La siguiente imagen muestra el resultado de haber creado una pestaña a partir del contenido del archivo "archivo_texto2.txt":

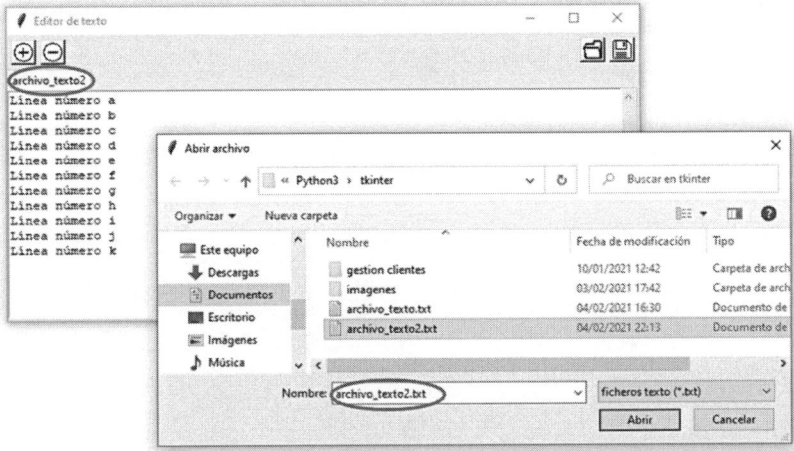

Ejecute el programa y compruebe que el editor funciona según lo esperado. Aunque sencillo, es completamente operativo. Puede incorporar todas las mejoras que se le ocurran, añadiendo más botones a la barra de herramientas e, incluso, una barra de menús con todo tipo de opciones.

10.6.3 Progressbar

Este *widget* tiene como objetivo visualizar el progreso de un proceso que puede tardar tiempo en finalizar. Suele utilizarse en operaciones con una carga de procesamiento alta o en las que se requiera la conexión a dispositivos remotos por canales de comunicación lentos o con un volumen elevado de datos.

Puede operar de dos modos:

- Determinado. Exhibe un indicador que se mueve por una barra de principio a fin, mostrando cuánto queda para finalizar.

- Indeterminado. Aparece una animación advirtiendo de que el trabajo está en progreso.

En la siguiente imagen, puede ver el aspecto de dos barras de progreso. La de la izquierda está en el modo determinado y la otra en el indeterminado:

En cualquier modo, la posición del indicador tiene asociado un valor numérico. Se podrá especificar un valor máximo, el valor actual o el avance que deberá experimentar cada vez que transcurra un intervalo de tiempo determinado.

10.6.3.1 *Opciones y métodos*

En ttk, una barra de progreso se representa por la clase `ProgressBar`, cuyo constructor es el siguiente:

```
Progressbar(widget contenedor, opción, …)
```

Entre las opciones de que dispone, además de las comunes `cursor`, `length`, `style` y `takefocus`, se encuentran las siguientes:

- `máximum`. Valor máximo del indicador (por defecto es 100).

- `mode`. Sus valores pueden ser `'determinate'` (por defecto) e `'indeterminate'`. Use este último cuando no pueda precisar el progreso relativo de la tarea en curso. Mostrará un indicador moviéndose hacia delante y hacia atrás entre los extremos del *widget*.

- `orient`. Establece la orientación de la barra. Sus valores pueden ser `HORIZONTAL` (predeterminado) o `VERTICAL`.

- `variable`. Variable de control asociada al *widget*. Con ella podrá obtener o establecer el valor actual del indicador.

Respecto a los métodos, además de los compartidos con el resto de los *widgets* ttk, están los tres que permiten controlar el avance del indicador por la barra de progreso: `step()`, `start()` y `stop()`.

El primero desplaza el indicador el valor utilizado como argumento (por defecto, 1.0):

```
step(incremento)
```

El incremento, como indica la palabra, hace que el progreso de la barra avance el valor indicado a partir del punto en el que se encuentra en ese momento. No es un valor absoluto. Cuando el progreso llegue a 100, se mostrará igual que si estuviera a 0. Si lo superase, volvería a verse como si empezara de nuevo; por ejemplo, un progreso de 120 sería igual que 20.

El segundo método mueve el indicador de forma automática cada vez que transcurre el número de milisegundos indicado en su argumento (por defecto, 50 ms):

```
start(intervalo)
```

El último método detiene el progreso automático iniciado con el método anterior:

```
stop()
```

10.6.3.2 *Práctica*

La siguiente práctica muestra un botón en la ventana principal que, al pulsarlo, simula el inicio de una tarea que tardará varios segundos en ejecutarse. Durante ese tiempo, el botón quedará deshabilitado y aparecerá una barra de progreso que irá mostrando el avance realizado hasta su finalización, momento en el que la barra desaparecerá y el botón volverá a habilitarse.

El código del programa es el siguiente:

```python
from tkinter import Tk, ttk
import time, threading


def proceso():
    boton.configure(state='disabled')
    barra_progreso.grid(row=1)
    for i in range (0, 100, 10):
        time.sleep(0.5)
        barra_progreso.step(10)
    barra_progreso.grid_forget()
    boton.configure(state='enabled')


def arrancar_proceso():
    hilo = threading.Thread(target=proceso)
    hilo.start()
```

```
root = Tk()
root.geometry("200x100")
root.resizable(False, False)
root.columnconfigure(0,weight=1)

boton = ttk.Button(text="PULSAR", command=arrancar_proceso)
boton.grid(row=0, pady=20)

barra_progreso = ttk.Progressbar()

root.mainloop()
```

En primer lugar, se importa la clase Tk del módulo Tkinter, para crear la ventana principal. También se importa el módulo ttk, ya que es el que contiene la clase que representa la barra de progreso (Progressbar), además del botón con el que se va a arrancar la tarea (Button). Como novedad, se importan dos nuevos módulos: *time*, para provocar esperas en la ejecución de un proceso, y *threading*, para crear un hilo de ejecución que no bloquee la interfaz durante dicha temporización:

```
from tkinter import Tk, ttk
import time, threading
```

Saltando la declaración de las funciones, aparecen las sentencias que crean la ventana principal (root), estableciendo un tamaño fijo de 200 x 100 píxeles. Además, como se va a utilizar el gestor de geometría *grid* para situar el botón y la barra de progreso en la ventana principal, se ejecuta el método columnconfigure(), con objeto de que el tamaño de la única columna que se va a utilizar ocupe todo el ancho de la ventana:

```
root = Tk()
root.geometry("200x100")
root.resizable(False, False)
root.columnconfigure(0,weight=1)
```

A continuación, se crea el botón y se coloca en la ventana principal con el método grid(). Cuando se pulse, se ejecutará la función arrancar_proceso(), responsable de iniciar la tarea que tardará varios segundos en finalizar, y cuyo avance será mostrado por la barra de progreso:

```
boton = ttk.Button(text="PULSAR", command=arrancar_proceso)
boton.grid(row=0, pady=20)
```

El último *widget* que se crea es la barra de progreso. Sin embargo, observe que no se muestra en la ventana principal:

```
barra_progreso = ttk.Progressbar()
```

La última sentencia, como es habitual, permitirá atender los eventos que se produzcan durante el uso de la interfaz:

```
root.mainloop()
```

Tal como se ha comentado, al pulsar el botón, se ejecutará la función `arrancar_proceso()`. Dicha función inicia un subproceso concurrente con el flujo principal de la aplicación para no bloquear la interfaz mientras se ejecuta. Por eso, crea una instancia de la clase `Thread` (`hilo`), cuyo argumento es el nombre de la función que contiene el código del subproceso; en este caso, `proceso()`. A continuación, se arranca con el método `start()`:

```
def arrancar_proceso():
    hilo = threading.Thread(target=proceso)
    hilo.start()
```

Ya solo queda conocer el código de la función `proceso()`, que simula una tarea que tarda varios segundos en finalizar. En dicha función, lo primero que se hace es deshabilitar el botón para que no se pueda pulsar, evitando así que se puedan arrancar nuevas tareas:

```
boton.configure(state='disabled')
```

Luego, se muestra la barra de progreso debajo del botón (fila 1):

```
barra_progreso.grid(row=1)
```

El bucle `for` que hay a continuación es el que simula la duración del proceso llamando a la función `sleep()` del módulo *time* en cada ciclo. Dicha duración se muestra en la barra de progreso con el método `step()`:

```
for i in range (0, 100, 10):
    time.sleep(0.5)
    barra_progreso.step(10)
```

Antes de finalizar, se vuelve a habilitar el botón y se oculta la barra:

```
barra_progreso.grid_forget()
boton.configure(state='enabled')
```

Ejecute el programa. Aparecerá la siguiente ventana:

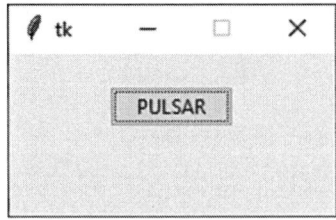

Pulse el botón y observe cómo avanza la barra de progreso según pasa el tiempo, y cómo desaparece una vez finalizada la ejecución de la tarea cuya evolución se estaba mostrando:

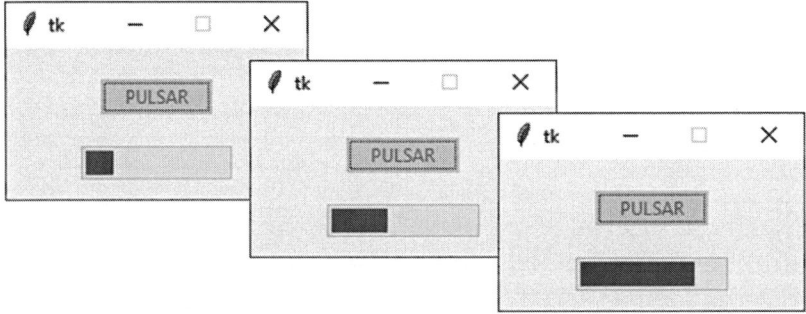

Si prefiere que la barra de progreso trabaje en modo indeterminado, añada la opción mode al constructor de este *widget*:

```
barra_progreso = ttk.Progressbar(mode='indeterminate')
```

El aspecto que tendrá ahora es el siguiente:

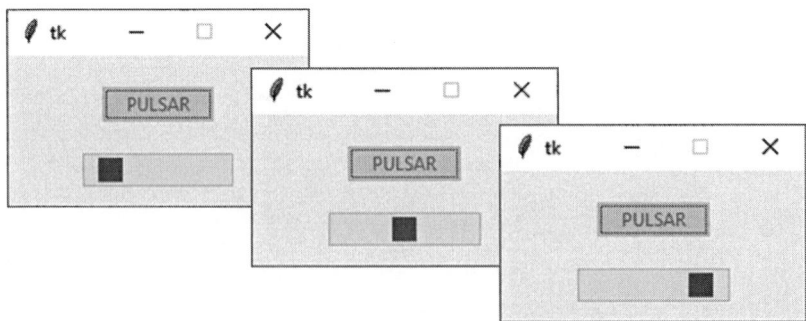

10.6.4 Separator

Este *widget* se utiliza para separar otros *widgets* mediante una barra horizontal o vertical de dos píxeles de ancho.

10.6.4.1 *Opciones y métodos*

En ttk, este *widget* se representa por la clase `Separator`, cuyo constructor es:

```
Separator(widget contenedor, opción, ...)
```

Las principales opciones que se pueden utilizar son `orient` y `style`. Con la primera, se establece la orientación de la barra (`HORIZONTAL` o `VERTICAL`). Con la segunda, solo podrá configurar el color de fondo (`background`). El color predeterminado es gris oscuro.

> *i*
>
> Utilice siempre la opción `sticky` al invocar el método `grid()` para alargar este *widget* ya que, de lo contrario, aparecería como un solo píxel.

Los únicos métodos de esta clase son los comunes a todos los *widgets* ttk.

10.6.4.2 *Práctica*

A continuación, se va a completar el formulario desarrollado en una práctica anterior, al que se incluyó un *combobox* para introducir la provincia. Lo que se va a hacer ahora es añadir un separador entre este *combobox* y el de la edad. De esa forma, se crean dos grupos de campos diferenciados que ayudan a estructurar el formulario. El resultado que se pretende conseguir es el siguiente:

Solo se comentarán los cambios realizados sobre el programa utilizado de base. En él, después de crear el *combobox* con el que se selecciona la provincia, se añade la sentencia que crea la barra separadora:

```
separador = ttk.Separator()
```

Más adelante, una vez situado el *combobox* en la fila 2 de la ventana principal (recuerde que se utiliza el gestor de geometría *grid*), la línea de separación se coloca en la fila 3. Será necesario incluir la opción `columnspan`, para que la celda ocupe el ancho completo del formulario (dos columnas). Además, el valor de la opción `sticky` deberá hacer que la línea se extienda por todo el ancho de la celda:

```
separador.grid(row=3, column=0, sticky= "ew", columnspan=2,
                padx=10, pady=10)
```

Evidentemente, el resto de los *widgets* que van debajo deberán desplazarse una fila hacia abajo, lo que deberá reflejarse en la opción `row` del método `grid()` con el que se añaden a la ventana principal.

Ejecute el programa y compruebe que su aspecto es el mismo de la imagen anterior.

10.6.5 Sizegrip

Este *widget*, ubicado habitualmente en la esquina inferior derecha de la aplicación, se utiliza para cambiar el tamaño de la ventana principal. Su aspecto es el siguiente:

i El hecho de que exista o no este *widget* es independiente de que la ventana principal pueda redimensionarse arrastrando cualquiera de sus lados. Su función es facilitar esta operación debido a su tamaño, mayor que el grosor de los bordes de la ventana.

10.6.5.1 *Opciones y métodos*

Este *widget* queda representado por la clase `Sizegrip`, cuyo constructor es:

`Sizegrip(widget contenedor, opción, ...)`

Esta clase no tiene opciones ni métodos específicos, excepto aquellos comunes a todos los *widgets* ttk. Al igual que en el caso de la clase `Separator`, la única consideración que podría hacerse sobre él es que, cuando se asigne un estilo (opción `style`), lo único que se puede configurar es el color de fondo (`background`).

10.6.5.2 *Práctica*

En la práctica que va a realizar a continuación, va a añadir este *widget* al editor de texto desarrollado con un *notebook* en una práctica anterior, situándolo en la parte inferior derecha. Para ello, solo tiene que añadir las siguientes sentencias antes de llamar al método `mainloop()` de la ventana principal. La primera crea el *widget* (`sg`), mientras que la segunda lo sitúa en la parte inferior derecha con la opción `side` del método `pack()`:

```
sg = ttk.Sizegrip()
sg.pack(side="right")
```

> *i*
> Para situar este *widget* en la parte más baja de la ventana, se tuvo especial precaución en añadirlo el último con el método `pack()`.

A continuación, se muestra el resultado obtenido:

Con este último *widget* ha llegado al final del libro, que supone el principio del camino que tiene por delante para seguir profundizando en el desarrollo de interfaces gráficas con Tkinter. A lo largo de todos estos capítulos, se han tratado de exponer muchos de los controles gráficos ofrecidos por esta librería, sus opciones de configuración y los métodos proporcionados para determinar su comportamiento. Sin embargo, no se ha visto todo lo que tiene a su disposición. Eso hubiera supuesto escribir más de un libro, por lo que se ha elegido lo que, en la modesta opinión del autor, se utiliza con más frecuencia.

Cuando afronte el desarrollo de sus propias interfaces, tendrá que acudir a las fuentes oficiales para obtener información y, sobre todo, a foros como *stackoverflow*, en los que encontrará respuesta a casi cualquier pregunta. Lo importante —y ese ha sido el principal objetivo de este libro— es que haya adquirido los fundamentos de Tkinter. Con ellos, podrá navegar por Internet buscando soluciones a sus propias necesidades, adaptándolas a su gusto. Incluso podrá optar por conocer otras librerías gráficas; descubrirá que los principios de funcionamiento son similares.

Solo espero que haya disfrutado la lectura de estas páginas, aunque el simple hecho de haber llegado hasta aquí es indicio de que, al menos, he logrado atraer su atención hasta el final.

Unidad 11
EL MÓDULO TKCALENDAR

Curiosamente, Tkinter no dispone de un selector de fechas, es decir, un calendario en el que se pueda elegir una fecha. Sin embargo, muchas aplicaciones gráficas, especialmente aquellas en las que se trabaja con formularios, requieren alguno. Por ese motivo, aunque no forma parte de Ttkinter, en este capítulo se describirá uno de los módulos en los que se ofrecen los *widgets* de manejo de fechas más populares.

Se trata de tkcalendar y sus *widgets* Calendar y DateEntry. En el primero se muestra la imagen de un calendario personalizable, en el que podrá seleccionar un día cualquiera e incluso crear todo tipo de eventos. El segundo es similar a un combobox, aunque el menú desplegable no es una lista, sino el calendario anterior.

Al no ser uno de los módulos que forman parte del entorno de Python, tendrá que descargarlo e instalarlo con el siguiente comando en una ventana de símbolo del sistema:

```
pip install tkcalendar
```

En el anexo, hay una sección dedicada a los módulos en la que se explica este comando y cómo ejecutarlo en una ventana de símbolo de sistema.

En la imagen anterior se observa que, junto con tkcalendar, también se ha instalado el módulo Babel. Este último proporciona una colección de herramientas que permiten internacionalizar las aplicaciones Python. Se utilizará para trabajar con formatos de fechas en español.

A continuación, se analizarán los atributos y los métodos que conforman cada una de las clases correspondientes a estos *widgets*, cuya documentación oficial se puede visitar en https://pypi.org/project/tkcalendar/.

11.1 CALENDAR

En el widget calendar se muestra, mes a mes, un calendario personalizado. En la parte superior, se ofrece la posibilidad de cambiar el mes o el año.

Los números que aparecen a la izquierda son los de la semana.

Este widget ofrece multitud de opciones de configuración, tanto en lo que afecta al aspecto (por ejemplo, los colores de las diferentes partes que lo componen, ya sea el del fondo, el de la fuente o el de las líneas) como al contenido (por ejemplo, el día seleccionado por defecto, si se muestran los números de las semanas o los días de los meses anterior y posterior, etc.).

11.1.1 Opciones

La clase que representa este *widget* es `Calendar`, cuyo constructor es el siguiente:

`Calendar`(*widget contenedor*, *opción, …*)

El primer argumento es el widget contenedor. Si no se incluyera, se tomaría por defecto la ventana principal.

Entre las opciones comunes a otros *widgets*, se encuentran `state`, `border`, `cursor` y `font`.

Las opciones específicas son muy numerosas, por lo que se describirán por grupos, el primero de los cuales afecta al contenido presentado en el calendario:

- `year`. Año mostrado inicialmente. Por defecto, es el actual.

- `month`. Mes mostrado inicialmente. Por defecto, es el actual.

- `day`. Día seleccionado inicialmente. Por defecto, es el actual, a no ser que se hubiera especificado el mes o el año, pero no el día, en cuyo caso no habría una selección inicial.

- `mindate`. Fecha a partir de la que podrá seleccionarse un día del calendario. Los anteriores estarán deshabilitados. Su valor es un objeto de la clase `datetime.date` o `datetime.datetime`.

- `maxdate`. Fecha a partir de la que no podrá seleccionarse un día del calendario. Las posteriores estarán deshabilitadas. Su valor también es un objeto de las clases `datetime.date` o `datetime.datetime`.

- `firstweekday`. Primer día de la semana. Su valor podrá ser la cadena `"monday"` o `"sunday"` (lunes o domingo). Si la configuración local es la española, por defecto será `"monday"`.

- `showweeknumbers`. Ofrece la posibilidad de mostrar los números de las semanas. Su valor por defecto es `True`.

- `showothermonthdays`. Cuando su valor es `True` (por defecto), se muestran los últimos días del mes anterior y los primeros del mes siguiente.

- `locale`. Sirve para establecer el idioma en el que se verán los meses y el formato por defecto en el que se devolverá la fecha seleccionada con el método `get_date()`, que se estudiará en la siguiente sección. El valor correspondiente a la configuración regional española es `'es_ES'`.

- `date_pattern`. Formato de fecha utilizado. Por defecto, es el formato corto del módulo Babel, asociado a la configuración regional (valor asignado a la opción `locale`). Se trata de una cadena que contiene un patrón formado por las letras `'d'` o `'dd'`, `'m'` o `'mm'` e `'yy'` o `'yyyy'`, combinadas por caracteres separadores (habitualmente, "/" o "-"), que indican el orden y el número de dígitos del día, el mes y el año.

  Por ejemplo, el 2 de junio de 2025 podría expresarse así:

  > `'d-m-yy'` → 2-6-25
  > `'d/m/yy'` → 2/6/25
  > `'dd-mm-yyyy'` → 02-06-2025

- `selectmode`. Su valor es una cadena que indica si el usuario puede cambiar el día seleccionado pulsando sobre él con el ratón (`"day"`, valor por defecto) o no (`"none"`).

- `textvariable`. Variable de control asociada al widget.

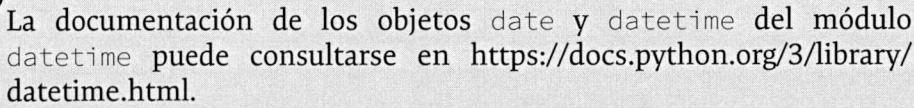

La documentación de los objetos `date` y `datetime` del módulo `datetime` puede consultarse en https://docs.python.org/3/library/datetime.html.

El resto de las opciones están vinculadas a los colores que pueden llegar a tener los distintos elementos que componen el calendario, las primeras de las cuales afectan al color de la fuente y el del fondo del mes y del año, el nombre de los días de la semana y el número de cada una de ellas:

- `background`. Color de fondo del mes y del año.

- `foreground`. Color de fuente del mes y del año.

- `headersforeground`. Color de fuente de los nombres de los días y de los números de la semana.

- `headersbackground`. Color de fondo de los nombres de los días y de los números de la semana.

La opción `background` anterior también determina el color del borde del calendario. La que fija el de las líneas que conforman las celdas con los días es:

- `bordercolor`. Color de las líneas mediante las que se dibuja la tabla con los días del mes.

Con este nuevo grupo de opciones se establecen, de forma independiente, los colores de fuente y de fondo de los días que conforman el fin de semana y los del resto de la semana:

- `weekendforeground`. Color de fuente de los días del fin de semana.
- `normalforeground`. Color de fuente del resto de días de la semana.
- `weekendbackground`. Color de fondo de los días del fin de semana.
- `normalbackground`. Color de fondo del resto de días de la semana.

Con este conjunto de opciones adicional, se especifican el color de fuente y el de fondo de los días pertenecientes a los meses anterior y posterior, en el que también se distinguen los que pertenecen al fin de semana:

- `othermonthweforeground`. Color de fuente de los días del fin de semana del mes anterior/posterior.
- `othermonthforeground`. Color de fuente del resto de días de la semana del mes anterior/posterior.
- `othermonthwebackground`. Color de fondo de los días del fin de semana del mes anterior/posterior.
- `othermonthbackground`. Color de fondo del resto de días de la semana del mes anterior/posterior.

Con estas dos opciones, se fijan el color de fuente y el del fondo del día seleccionado:

- `selectbackground`. Color de fondo del día seleccionado.
- `selectforeground`. Color de fuente del día seleccionado.

En cambio, estas otras lo hacen con aquellos que tienen asociado un evento:

- `tooltipforeground`. Color del texto del día que tiene asociado un evento.
- `tooltipbackground`. Color de fondo del día que tiene asociado un evento.

El texto del evento aparece cuando se sitúa el ratón sobre el día al que está vinculado. Lo único que se puede modificar en dicho texto es su transparencia con la opción:

- `tooltipalpha`. Su valor varía entre 0 (totalmente transparente, no se ve el mensaje) y 1 (se ve el mensaje sin transparencia). Valores intermedios mostrarían, en mayor o menor medida, lo que hay debajo del mensaje.

El último grupo de opciones lo componen aquellas relacionadas con los colores de fuente y de fondo del calendario cuando está desactivado (el valor de `state` es `False`):

- `disabledbackground`. Color de fondo del mes y del año.
- `disableforeground`. Color de fuente del mes y del año.
- `disabledselectbackground`. Color de fondo del día seleccionado.
- `disabledselectforeground`. Color de fuente del día seleccionado.
- `disableddaybackground`. Color de fondo del resto de días.
- `disableddayforeground`. Color de fuente del resto de días.

11.1.2 Métodos

En lo que respecta a los métodos de la clase `Calendar`, además de los comunes a todos los *widgets* tk y ttk, se encuentran los relacionados con la fecha seleccionada, el primero de los cuales la devuelve como una cadena:

```
get_date()
```

El formato de la fecha dependerá del valor de la opción `locale` (recuerde que es el formato corto del módulo Babel; en el caso del español, "dd/mm/yy"). Si no se hubiera seleccionado ninguna fecha, devolvería la cadena vacía ("").

Este otro método hace lo mismo, solo que devuelve la fecha seleccionada como un objeto de la clase `datetime.date`:

```
selection_get()
```

Si en el calendario no hubiera ninguna fecha seleccionada, devolvería el valor `None` (en vez de la cadena vacía).

Cuando la selección de un día del calendario tuviera que realizarla el propio programa, en vez del usuario, llame al método:

```
selection_set(fecha)
```

La fecha pasada como argumento podrá ser un objeto de la clase `datetime.date` o una cadena con el formato regional definido en la opción `locale`.

Todos los métodos anteriores necesitan que el valor de la opción `selectmode` **sea** `'day'`.

El método opuesto al anterior sería este otro, ya que elimina la selección:

```
selection_clear()
```

A veces, solo interesará conocer el mes y/o el año mostrado en pantalla, en cuyo caso el siguiente método sería el más adecuado, ya que devuelve una tupla del tipo (mes, año):

```
get_displayed_month()
```

Este nuevo método mostraría en pantalla el mes cuya fecha se pasara como argumento (se trata de un objeto de la clase `datetime.date` o `datetime.datetime`):

```
see(fecha)
```

La selección de fechas en un calendario resulta de interés en multitud de aplicaciones en las que se realizan trámites que requieren este tipo de información. Sin embargo, los calendarios no solo sirven para seleccionar fechas, sino también para registrar eventos, como la cita de un médico o el recordatorio de un cumpleaños. La clase `Calendar` no podía ser ajena a ello, por lo que se ofrece un conjunto de métodos orientados a facilitar esta labor. Veamos cuáles son.

Al tratarse de eventos, quizá el método más relevante sea el que permite crearlos:

```
calevent_create(fecha, texto, tags=[])
```

Dispone de tres argumentos de entrada:

- Fecha a la que está asociada el evento: es un objeto de la clase `datetime.date` o `datetime.datetime`.

- Texto descriptivo del evento: será el que aparezca al situar el ratón sobre el día del calendario al que esté ligado.

- Argumento posicional `tags`, que contiene la lista de etiquetas con las que se clasificaría el evento (generalmente, una); por ejemplo, los eventos privados podrían vincularse al tag "personal", los relacionados con el ámbito laboral a "trabajo", etc. Eso hará posible diferenciarlos con colores diferentes que faciliten su reconocimiento.

El valor devuelto será el identificador del evento.

Si el método anterior creaba un evento, este otro hace justo lo contrario, ya que elimina del calendario los que tienen los identificadores pasados como argumentos:

```
calevent_remove(identificador, …) :
```

Para borrarlos todos, invóquelo con un único identificador: la palabra clave `'all'`.

En vez de identificadores, este mismo método se puede llamar con una o dos opciones:

```
calevent_remove(opción, ...):
```

Se trata de las siguientes:

- `date`. Fecha, objeto de la clase `datetime.date` o `datetime.datetime`.

- `tag`. Etiqueta.

Según se incluyera la primera o la segunda opción, se borrarían todos los eventos que hubiera en una fecha o tuvieran una etiqueta determinada, respectivamente. Si se incluyeran las dos, se borrarían solo los que hubiera en una fecha con dicha etiqueta.

Si lo que se quiere borrar no es un evento, sino una etiqueta, este método la eliminaría de todos aquellos a los que estuviera asociada:

```
tag_delete(etiqueta)
```

Cuando lo que se quiere es conocer los eventos que hay en una fecha, los que tienen una etiqueta determinada o los que cumplen la combinación de ambos criterios, deberá hacerse uso de este método, que devuelve una lista con sus identificadores:

```
get_calevents(date=None, tag=None)
```

Para terminar, este último grupo de métodos permite conocer el valor de cualquiera de las opciones de un evento o de una etiqueta (los dos primeros) o asignárselo (los dos últimos):

```
calevent_cget(id_evento, opción)
tag_cget(etiqueta, opción)
calevent_configure(id_evento, opción=valor, opción=valor, ...)
tag_config(etiqueta, opción=valor, opción=valor, ...)
```

11.1.3 Eventos

A diferencia de las opciones y de los métodos, el número de eventos de la clase `Calendar` es muy pequeño:

- `CalendarSelected`. Se genera al seleccionar un día con el ratón.

- `CalendarMonthChanged`. Se produce cuando se cambia de mes.

Los eventos anteriores son diferentes a los manejados hasta ahora, ya que los generan internamente los objetos de la clase `Calendar`. Por ese motivo, pertenecen a la categoría de eventos virtuales, utilizados generalmente como mecanismo de notificación o para coordinar tareas entre distintas partes de la aplicación. Con el fin de diferenciarlos, cuando se haga referencia a ellos en el código de un programa, deberán escribirse entre los caracteres "<<" y ">>" de esta forma: `<<CalendarSelected>>` y `<<CalendarMonthChanged>>`).

11.1.4 Práctica

El resultado del presente ejercicio será un práctico calendario, al que podrá añadir los eventos que quiera. A modo de ejemplo, en la imagen inferior se muestra que el 24 de julio tengo una revisión con el dentista a las 12:30 y, luego, una comida con los amigos a las 15:00.

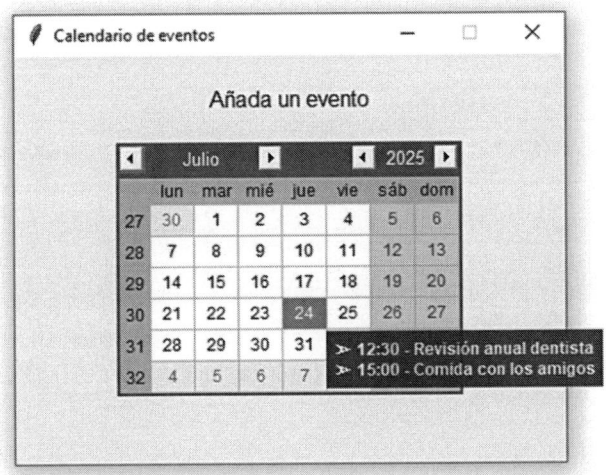

A pesar de su tamaño, el código de este programa es mucho más sencillo de lo que parece:

```python
from tkinter import Tk, Label, Button, Entry, Toplevel, Frame, Spinbox
from tkcalendar import Calendar

def crea_evento(evento):
    global ventana_evento, texto_entry, hora_entry, minuto_entry
    cal.configure(state= "disabled")

    ventana_evento = Toplevel(root)
    ventana_evento.title("Evento")
```

```
        ventana_evento.resizable(True, False)
        ventana_evento.minsize(300, False)
        ventana_evento.protocol("WM_DELETE_WINDOW", cancelar)

        frame_superior = Frame(ventana_evento)
        frame_central = Frame(ventana_evento)
        frame_inferior = Frame(ventana_evento)

        texto_label = Label(frame_superior, text="Texto:")
        texto_entry = Entry(frame_superior,bd=3,width=40,highlightthickness=2)
        hora_label = Label(frame_central, text="Hora: ")
        hora_entry = Spinbox(frame_central, from_=0,to=23,format= '%02.0f',
                             width=3, bd=3, highlightthickness=2)
        minuto_label = Label(frame_central, text=":")
        minuto_entry = Spinbox(frame_central, from_=0, to=59, format='%02.0f',
                               width=3, bd=3, highlightthickness=2)
        boton_aceptar = Button(frame_inferior, text="ACEPTAR",
                                 command=aceptar)
        boton_cancelar = Button(frame_inferior, text="CANCELAR",
                                 command=cancelar)

        frame_superior.pack(fill="x", padx=10, pady=10)
        frame_central. pack(fill="x", padx=10, pady=10)
        frame_inferior.pack(fill="x", padx=10, pady=10)

        texto_label.pack(side = "left")
        texto_entry.pack(fill="x")

        hora_label.pack(side = "left")
        hora_entry.pack(side = "left")
        minuto_label.pack(side = "left")
        minuto_entry.pack(side = "left")

        boton_aceptar.pack(side = "right")
        boton_cancelar.pack(side = "left")

    def aceptar():
        texto_evento = texto_entry.get()
        if texto_evento:
```

```
            hora_evento = hora_entry.get() + ":" + minuto_entry.get()
            fecha_evento = cal.selection_get()
            cal.calevent_create(fecha_evento,
                                hora_evento + " - " + texto_evento, ['evento'])
        cal.configure(state= "normal")
        ventana_evento.destroy()

    def cancelar():
        cal.configure(state= "normal")
        ventana_evento.destroy()

    root = Tk()
    root.title("Calendario de eventos")
    root.geometry("400x300")
    root.resizable(False, False)
    root.update_idletasks()

    cal = Calendar(locale="es_ES")
    cal.tag_config('evento', background='red', foreground='yellow')
    encabezado = Label(text = "Añada un evento", font=("Arial", 12))
    encabezado.pack(pady = 20)
    cal.pack()

    cal.bind("<<CalendarSelected>>", crea_evento)

    root.mainloop()
```

Como viene siendo habitual, lo primero que se hace es importar las clases de todos los *widgets* que se van a utilizar en el programa:

```
from tkinter import Tk, Label, Button, Entry, Toplevel, Frame, Spinbox
```

La clase Tk representa la ventana principal, en la que se mostrará el calendario, con su correspondiente encabezado (Label).

Al pulsar sobre cualquier día del calendario se abrirá otra ventana (Toplevel), en la que se podrá introducir la información del evento. A tal efecto, dispondrá de un campo de entrada de texto (Entry) y dos *spinboxes*, con los que será posible especificar la hora y el minuto (Spinbox) de dicho evento, *widgets* que vendrán precedidos por sus correspondientes etiquetas (Label). En la parte inferior de la ventana, se situarán los botones "ACEPTAR" y "CANCELAR" (Button) que permitirán crear el evento o descartar esta acción.

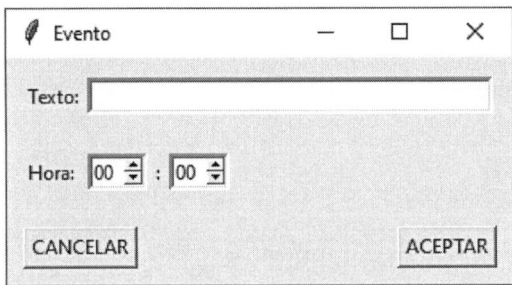

Después, se importa la clase `Calendar` del módulo `tkcalendar`, protagonista de esta práctica:

```
from tkcalendar import Calendar
```

Saltando por encima de la definición de las funciones, con el fin de no abandonar el flujo principal del programa, lo siguiente que se hace es crear la ventana principal (`root`), a la que se le asigna un título y un tamaño que no se pueden modificar:

```
root = Tk()
root.title("Calendario de eventos")
root.geometry("400x300")
root.resizable(False, False)
root.update_idletasks()
```

La última sentencia del bloque anterior llama a un método que no conoce, `update_idletasks()`, cuya función es procesar todos los eventos pendientes en ese punto, antes de hacer nada más. Se utiliza para resolver un problema de este widget en Windows, que no permite ver los eventos como mensajes flotantes cuando se sitúa el ratón sobre el día al que están asociados (salvo que se maximice la ventana y se vuelva a restaurar su tamaño).

Posteriormente, se crea el calendario con una configuración regional española (el valor de la opción `locale` es `"es_ES"`):

```
cal = Calendar(locale="es_ES")
```

Luego, se establece que los días en los que haya algún evento etiquetado como `"evento"` aparezcan con un color de fuente amarillo sobre un fondo rojo:

```
cal.tag_config("evento", background='red', foreground='yellow')
```

El tag de todos los eventos será `"evento"`.

Seguidamente, se crea la etiqueta que hace de encabezado con una fuente Arial de 12 píxeles de tamaño:

```
encabezado = Label(text = "Añada un evento", font=("Arial", 12))
```

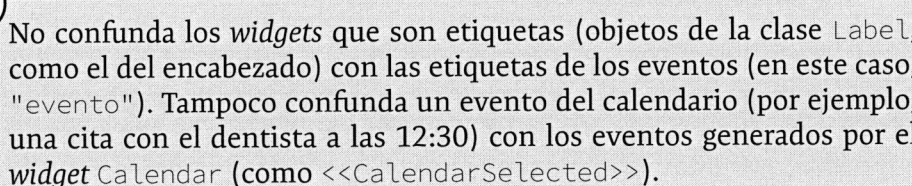 No confunda los *widgets* que son etiquetas (objetos de la clase `Label`, como el del encabezado) con las etiquetas de los eventos (en este caso, `"evento"`). Tampoco confunda un evento del calendario (por ejemplo, una cita con el dentista a las 12:30) con los eventos generados por el *widget* `Calendar` (como `<<CalendarSelected>>`).

Una vez creados ambos *widgets*, solo queda añadirlos a la ventana principal con el método `pack()`:

```
encabezado.pack(pady = 20)
cal.pack()
```

Finalmente, se vincula al calendario la función de callback `crea_evento()`, que se ejecutará cada vez que se genere el evento `CalendarSelected`; es decir, cuando se pulse sobre un día. Será la encargada de abrir la ventana en la que se introduzca la información del evento asociado a ese día. Veamos cómo lo hace:

```
cal.bind("<<CalendarSelected>>", crea_evento)
```

En primer lugar, se declaran las variables que representan la ventana emergente (`ventana_evento`), el campo de entrada del texto del evento (`texto_entry`) y los spiboxes en los que se introducirá la hora y el minuto (`hora_entry` y `minuto_entry`) del evento. Se trata de variables globales porque, como verá más adelante, se hace referencia a ellas desde otras funciones:

```
def crea_evento(evento):
    global ventana_evento, texto_entry, hora_entry, minuto_entry
```

A continuación, se desactiva el calendario (la opción `state` toma el valor `"disabled"`) para que no se puedan seleccionar más fechas mientras esté abierta la ventana en la que se define el evento de una de ellas:

```
cal.configure(state= "disabled")
```

En la imagen inferior, se muestra el aspecto del calendario desactivado, tras pulsar sobre el día 24.

Luego, se crea la ventana emergente asociada a la principal (`ventana_evento`), a la que se le asigna un título:

```
ventana_evento = Toplevel(root)
ventana_evento.title("Evento")
```

El método `resizable()` permitirá cambiar su tamaño a lo ancho (no a lo alto) para introducir y ver textos descriptivos más largos. Por ese motivo, se hace necesaria la presencia del método `minsize()`, que establece un ancho mínimo de 300 píxeles, a partir del que se descompondría la estructura de los *widgets* que la componen:

```
ventana_evento.resizable(True, False)
ventana_evento.minsize(300, False)
```

En la imagen inferior, puede apreciarse que el campo de entrada de texto aumenta su tamaño para ajustarse al de la ventana, mientras que los botones "ACEPTAR" y "CANCELAR" mantienen su posición en ambos extremos (más adelante, se explicará cómo se consigue).

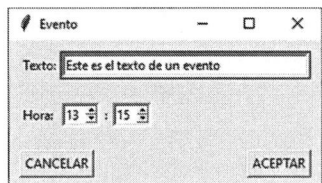 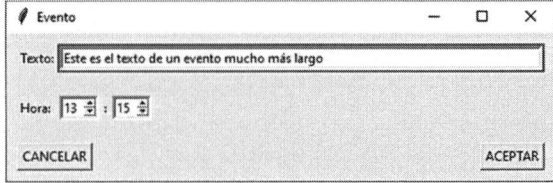

Con el método `protocol()`, se llama a la función `cancelar()` para que, al pulsar el aspa situada en la esquina superior derecha de la ventana (utilizado para cerrarla), provoque el mismo efecto que al presionar el botón "CANCELAR" (como pronto descubrirá, tiene asociada la misma función):

```
ventana_evento.protocol("WM_DELETE_WINDOW", cancelar)
```

Lo único que hace la función `cancelar()` es activar el calendario (asigna el valor `"normal"` a la opción `state`), antes de cerrar la ventana con el método `destroy()`. Si no se hiciera así, no se podría volver a crear otro evento, ya que no sería posible pulsar sobre ningún día del calendario:

```
def cancelar():
    cal.configure(state= "normal")
    ventana_evento.destroy()
```

Como los *widgets* de esta ventana se colocan haciendo uso del gestor de geometría *pack*, se han tenido que crear tres contenedores de la clase `Frame` para agruparlos y distribuirlos de forma independiente.

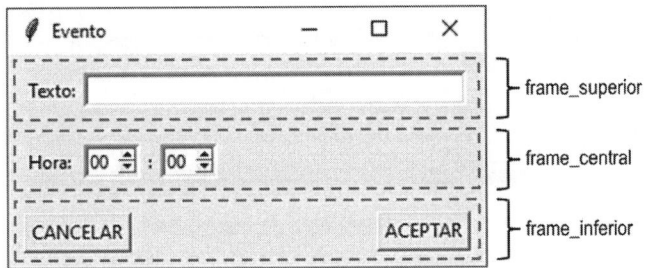

Se trata de los *frames* `frame_superior`, `frame_central` y `frame_inferior`:

```
frame_superior = Frame(ventana_evento)
frame_central = Frame(ventana_evento)
frame_inferior = Frame(ventana_evento)
```

En el *frame* superior, hay un campo de entrada de texto (`texto_entry`) precedido de la etiqueta correspondiente (`texto_label`). El campo de texto se define con un borde de 3 píxeles de grosor (opción `bd`) y un ancho de 40 caracteres (opción `width`). Cuando tenga el foco, quedará delimitado por un rectángulo de 2 píxeles de grosor (opción `highlightthickness`). Observe que el primer argumento de sus constructores es el *frame* contenedor al que pertenecen (`frame_superior`):

```
texto_label = Label(frame_superior, text="Texto:")
texto_entry = Entry(frame_superior, bd=3, width=40, highlightthickness=2)
```

En el *frame* central, la hora y el minuto son dos *spinboxes* (`hora_entry` y `minuto_entry`) precedidos de su respectiva etiqueta (`hora_label` y `minuto_label`). Con las opciones `from_` y `to`, se establecen los rangos de valores de cada uno de ellos (0-23 y 0-59, respectivamente). Del resto de opciones, cabe destacar únicamente `format`, cuyo valor especifica un número entero con dos dígitos, en el que los números menores de 10 se preceden por 0 (`'%02.0f'`). Cabe señalar, nuevamente, que el primer argumento de sus constructores es el *frame* contenedor en el que se incluyen (`frame_central`):

```
hora_label = Label(frame_central, text="Hora: ")
hora_entry = Spinbox(frame_central, from_=0,to=23,format= '%02.0f',
                     width=3, bd=3, highlightthickness=2)
minuto_label = Label(frame_central, text=":")
minuto_entry = Spinbox(frame_central, from_=0, to=59, format='%02.0f',
                       width=3, bd=3, highlightthickness=2)
```

Por último, se crean los botones "ACEPTAR" y "CANCELAR", contenidos en el `frame_inferior`, a los que se les asocia la función que se ejecutará cuando se pulsen, que es `aceptar()` y `cancelar()`, respectivamente:

```
boton_aceptar = Button(frame_inferior, text="ACEPTAR",
                       command=aceptar)
boton_cancelar = Button(frame_inferior, text="CANCELAR",
                        command=cancelar)
```

Una vez creados los *widgets*, llegó el momento de ubicarlos en su posición. En primer lugar, los *frames* se colocan uno debajo del otro, con un margen de separación horizontal y vertical de 10 píxeles (opciones `padx` y `pady`). Su tamaño será el de la ventana en sentido horizontal (el valor de la opción `fill` es `"x"`), con el fin de que, para la posición y el tamaño de los *widgets* que incluyan, se tenga en cuenta el ancho de la ventana:

```
frame_superior.pack(fill="x", padx=10, pady=10)
frame_central. pack(fill="x", padx=10, pady=10)
frame_inferior.pack(fill="x", padx=10, pady=10)
```

En el *frame* superior, la etiqueta asociada al campo de texto se añade en el lado izquierdo de la ventana (el valor de la opción `side` es `"left"`). El valor asignado a la opción `fill` de dicho campo de texto (`"x"`) hace que este ocupe el resto del ancho de la ventana, incluso cuando se redimensione (no requiere la opción `side`):

```
texto_label.pack(side = "left")
texto_entry.pack(fill="x")
```

En el *frame* central, los *spinboxes* y sus correspondientes etiquetas se van situando a la izquierda en orden de aparición (el valor de la opción `side` de todas ellas es `"left"`):

```
hora_label.pack(side = "left")
hora_entry.pack(side = "left")
minuto_label.pack(side = "left")
minuto_entry.pack(side = "left")
```

En el *frame* inferior, el botón "ACEPTAR" se lleva al extremo derecho de la ventana y el botón "CANCELAR" al izquierdo, tal como se indica en su opción `side`. Dichos botones mantendrán su posición, aunque se redimensione la ventana:

```
boton_aceptar.pack(side = "right")
boton_cancelar.pack(side = "left")
```

Cuando se pulsan los botones "ACEPTAR" y "CANCELAR", se ejecutan las funciones `aceptar()` y `cancelar()`. La segunda ya la conoce; veamos lo que hace la primera. En primer lugar, se obtiene la información del evento introducida en el campo de texto con el método `get()`:

```
texto_evento = texto_entry.get()
```

Si se hubiera escrito algo (condición de la sentencia `if`), se crearía el evento con el método `calevent_create()` del calendario:

```
if texto_evento:
    hora_evento = hora_entry.get() + ":" + minuto_entry.get()
    fecha_evento = cal.selection_get()
    cal.calevent_create(fecha_evento,
                        hora_evento + " - " + texto_evento, ['evento'])
```

Como puede ver en el código anterior, los tres argumentos de este método son los siguientes:

- La fecha seleccionada en el calendario (`fecha_evento`), que se obtiene con el método `selection_get()`.

- Un texto descriptivo, formado por el introducido en el campo de texto, junto con la hora y el minuto seleccionados en los *spinboxes* `hora_entry` y `minuto_entry`, según el formato:

  fecha – hora:minuto

- Una lista compuesta de una única etiqueta, `'evento'`, que es con la que se crearán todos los eventos.

Por último, antes de cerrar la ventana con el método destroy(), se activa el calendario para que se pueda volver a elegir otra fecha:

```
cal.configure(state= "normal")
ventana_evento.destroy()
```

La forma de verificar el funcionamiento del programa es seleccionar una fecha del calendario. Aparecerá una ventana en la que tendrá que rellenar, al menos, el campo de entrada de texto. Al pulsar el botón "ACEPTAR", la ventana deberá desaparecer. A continuación, sitúe el ratón sobre ese mismo día hasta que vea el evento que acaba de crear.

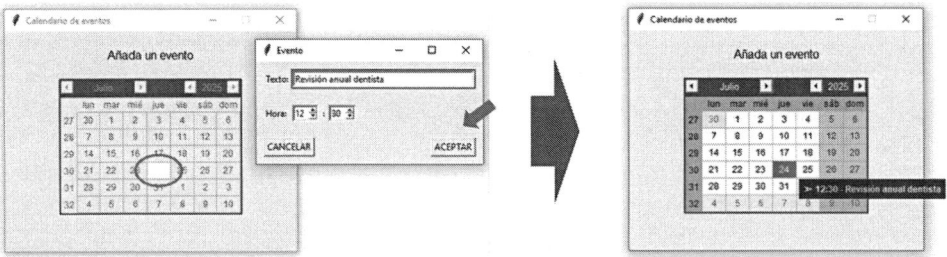

ⓘ El texto del evento no aparece de forma inmediata. Tenga paciencia.

Compruebe que no se crea ningún evento cuando no escribe ningún texto ni cuando pulsa el botón "CANCELAR" o el aspa que hay en la esquina superior derecha de la ventana. En todos los casos, el calendario tiene que volver a activarse.

Repita el proceso en otros días del mismo o de otro mes. Si quiere incluir más de un evento en el mismo día, solo tiene que volver a seleccionarlo y rellenar la información pertinente.

11.2 DateEntry

Tal como se indicó en la introducción del capítulo, este widget es similar a un combobox en el que, en vez de un menú desplegable, aparece un calendario donde podrá seleccionarse una fecha.

También se puede introducir directamente la fecha en el campo de entrada de texto. En ese caso, al mostrar el calendario aparecerá marcado ese día.

11.2.1 Opciones, métodos y eventos

La clase que representa este widget es `DateEntry`, cuyo constructor es:

`DateEntry(`*widget contenedor*`,` *opción, ...*`)`

El primer argumento es el widget contenedor. Si no se incluyera, se tomaría por defecto la ventana principal.

Entre las opciones que admite, se encuentran las de configuración de la clase `Calendar` vistas anteriormente, excepto `cursor`, que se ha sustituido por `calendar_cursor` para evitar conflictos de nombres con la misma opción de la clase `Entry`, correspondiente al campo de entrada.

Asimismo, de la clase `Calendar` se aprovechan las opciones `cursor`, `style`, `takefocus`, `xscrollcommand`, `exportselection`, `justify`, `show`, `state`, `textvariable`, `width`, `validate` y `validatecommand`, con alguna salvedad. La primera es que el valor por defecto de la opción `validate` es `'focusout'` (la validación del dato se realiza cuando el campo de entrada pierde el foco). La segunda es que `validatecommand` está configurado para que se restablezca la fecha válida anterior cuando la nueva no siga el formato regional establecido con la opción `locale`.

Entre los métodos de la clase `DateEntry`, se encuentran los comunes a todos los *widgets* tk y ttk, además de los pertenecientes a la clase `ttk.Entry`.

Además, dispone de sus propios métodos, el primero de los cuales permite mostrar el calendario (lo ocultaría si ya estuviera en pantalla):

`drop_down()`

Este otro método devuelve la fecha seleccionada como un objeto de la clase `datetime.date`:

`get_date()`

Con este último método, se puede escribir en el campo de entrada la fecha indicada como argumento. Dicha fecha podrá ser un objeto de la clase `datetime.date` o una cadena con el formato regional definido en la opción `locale`:

`set_date(`*fecha*`)`

Una vez descritas las opciones y los métodos de la clase `DateEntry`, solo quedaría conocer su único evento, `DateEntrySelected`, que se generará cada vez que el usuario seleccione una fecha. Al igual que sucedía con los de la clase `Calendar`, se trata de un evento virtual, por lo que en el código se hará referencia a él como `<<DateEntrySelected>>`.

11.2.2 Práctica

En esta ocasión, la interfaz de usuario estará formada por un encabezado y un campo de entrada, en el que se podrá introducir la fecha preferente de entrega de un pedido cuya compra acaba de realizarse. Dicha fecha deberá ser, al menos, dos días posterior a la actual. Adicionalmente, se cambia ligeramente el aspecto del calendario, tal como se aprecia en la imagen inferior.

El código del programa es el siguiente:

```
from tkinter import Tk, Label
from tkcalendar import DateEntry
from datetime import date, timedelta

diasEntrega = 2
hoy = date.today()
min_fecha_entrega = hoy + timedelta(days=diasEntrega)

root = Tk()
root.title("Pedidos")
root.geometry("300x100")
root.resizable(False, False)

cabecera_label = Label(text="ENTREGA DEL PEDIDO",
                       font=("Arial", 12,"bold"))
texto_label = Label(text="Fecha:")
cal = DateEntry(locale="es_ES", state="readonly",
                date_pattern="dd/mm/yyyy", mindate=min_fecha_entrega,
                showweeknumbers=False, background="red",
                foreground="white", headersbackground="yellow")

cabecera_label.pack(side= "top", fill="x", pady=10)
texto_label.pack(side = "left", padx= 10)
cal.pack(side = "left")

root.mainloop()
```

Lo primero que se hace es importar las clases de todos los *widgets* que se van a utilizar en el programa. En concreto, del módulo Tkinter procede la que representa la ventana principal (Tk) y las etiquetas (Label), una de las cuales hace de cabecera y la otra se sitúa a la izquierda del campo de entrada de la fecha:

```
from tkinter import Tk, Label
```

Del módulo tkcalendar, se importa la clase DateEntry, objeto de estudio de esta práctica:

```
from tkcalendar import DateEntry
```

Adicionalmente, se importan las clases `date` y `timedelta` del módulo `datetime`. La primera sirve para representar fechas, mientras que la segunda se utiliza para calcular diferencias entre instancias del objeto anterior, es decir, entre fechas:

```
from datetime import date, timedelta
```

Para conocer todas las propiedades y los métodos de los objetos `date` y `timedelta` de este módulo, consulte la documentación disponible en https://docs.python.org/3/library/datetime.html.

A continuación, se define la variable con la que se establecen los días que habitualmente tarda en hacerse un reparto (`diasEntrega`), con la que se calcula la fecha mínima de entrega de un pedido (`min_fecha_entrega`) a partir del día actual (`hoy`):

```
diasEntrega = 2
hoy = date.today()
min_fecha_entrega = hoy + timedelta(days=diasEntrega)
```

Con el siguiente bloque de sentencias, se crea la ventana principal y se le asigna un título y un tamaño fijo:

```
root = Tk()
root.title("Pedidos")
root.geometry("300x100")
root.resizable(False, False)
```

Luego, se crea la etiqueta que hace de cabecera en la ventana y la que acompaña al campo de la fecha de entrega (`cabecera_label` y `texto_label`). En la que hace de cabecera, se hace uso de la opción `font` para determinar el tipo y el tamaño de la fuente, cuyo texto se mostrará en negrita:

```
cabecera_label = Label(text="ENTREGA DEL PEDIDO",
                       font=("Arial", 12,"bold"))
texto_label = Label(text="Fecha:")
```

Solo queda crear el campo de entrada de la fecha del pedido, en el que se han especificado diversas opciones. Analicemos en detalle cada una de ellas:

```
cal = DateEntry(locale="es_ES", state="readonly",
                date_pattern="dd/mm/yyyy", mindate=min_fecha_entrega,
                showweeknumbers=False, background="red",
                foreground="white", headersbackground="yellow")
```

El valor de la opción `locale` (`"es_ES"`) establece una configuración regional española.

Para evitar que el usuario escriba una fecha incorrecta, el campo de entrada será de solo lectura (la opción `state` toma el valor `"readonly"`). De este modo, la única forma de introducirla será a través del calendario.

En la opción `date_pattern` se especifica el formato con el que aparecerá la fecha seleccionada en dicho campo. Observe que el año consta de cuatro dígitos (por defecto, serían dos).

La opción `mindate` quizá sea la más relevante ya que, al tomar el valor de la variable `min_fecha_entrega`, solo permite seleccionar fechas que sean dos días posteriores a la actual. Así, por ejemplo, en la imagen inferior se muestra el calendario correspondiente al 25 de julio. Advierta que solo se pueden seleccionar los días que hay a partir del 27.

En la imagen anterior, también se advierte el efecto del resto de opciones del constructor de la clase `DateEntry`, con las que se determina un color de fondo rojo y uno de fuente blanco para el nombre del mes y el número del año (`background` y `foreground`), así como un color de fondo amarillo para los días de la semana (`headersbackground`). Por último, al haber asignado el valor `False` a la opción `showweeknumbers` ya no aparecen los números de la semana a la izquierda.

Una vez creados los *widgets,* solo queda colocarlos en la pantalla con el gestor de geometría *pack.* La etiqueta que hace de cabecera se sitúa en la parte superior (el valor de la opción side es "top"). Como la opción fill toma el valor "x", esta ocupa todo el ancho de la ventana y queda centrada. La otra etiqueta y el campo de entrada de la fecha se sitúan a la izquierda, uno al lado del otro (el valor de la opción side es "left"):

```
cabecera_label.pack(side= "top", fill="x", pady=10)
texto_label.pack(side = "left", padx= 10)
cal.pack(side = "left")
```

Una vez desarrollado el programa, ejecútelo. En el campo de entrada, debe aparecer una fecha dos días posterior a la actual. Al abrir el calendario, no podrá seleccionar ninguna otra que sea anterior. Una vez elegida una fecha válida, esta será la reflejada en el campo de entrada.

Anexo A
FUNDAMENTOS DE PYTHON

Python es un lenguaje de programación creado a principios de la década de los noventa por Guido van Rossum, cuya afición al grupo de humoristas británicos Monty Python fue el origen de su nombre. Actualmente, es uno de los lenguajes más ampliamente utilizados porque resulta sencillo de aprender y muy fácil de usar. Sus características más relevantes son:

- Código abierto
- Múltiples paradigmas de programación
- Multiplataforma
- Interpretado
- Tipado dinámico

Veamos en detalle cada una de estas características.

En la primera se indica que es de código abierto porque su código fuente está disponible bajo una licencia compatible con GPL (*General Public License – Licencia Pública General*), que permite incluso modificaciones, sin exigir que estas sean a su vez de código abierto.

Tradicionalmente, los lenguajes de programación seguían un paradigma imperativo; es decir, los programas se desarrollaban partiendo de la base de que sus instrucciones debían seguir una secuencia ordenada. Posteriormente, surgieron otras formas diferentes de programar, de las cuales la más extendida es la orientada a objetos, en la que la lógica de los programas se establece a partir de una colección de objetos (que representan cualquier entidad manejada por la aplicación) y sus relaciones. Python permite el uso de ambos paradigmas.

Para que un programa pueda ser ejecutado, antes su código debe convertirse a lenguaje máquina, que es el que entienden los ordenadores y, más concretamente, los procesadores. Dicho código binario (formado únicamente de ceros y unos) puede ser generado por un compilador antes de ejecutarse. Eso es lo que hacen lenguajes de programación como C/C++. Otros, en cambio, convierten las instrucciones a código máquina según se van necesitando durante la ejecución del programa. Esa labor la realiza un intérprete; por eso, a este tipo de lenguajes se los llama "interpretados" (los anteriores eran "compilados").

Además de por las características anteriores, su gran aceptación viene dada también por ser multiplataforma y poder ejecutarse en Windows, Mac, Linux, Raspberry Pi, etc.

Finalmente, Python es un lenguaje de tipado dinámico porque, a diferencia de los de tipado estático (que generalmente son compilados), a una variable se le pueden asignar valores de distinto tipo durante la ejecución del programa; por ejemplo, en un momento dado, puede ser un número y, en otro, una cadena de caracteres.

A diferencia de otros lenguajes de programación, en los que suele utilizarse la última versión estable, en Python han convivido hasta hace poco tiempo dos familias: la 2.x (especialmente la 2.7) y la 3.x (actualmente la 3.13). ¿Qué ha provocado esta situación? La falta de compatibilidad entre ambas versiones; es decir, que lo que ya se había desarrollado en Python2 no funcionaba con el intérprete de la versión 3. Los cambios de adaptación eran realmente sencillos, pero había que esperar a que las librerías empleadas (punto fuerte de este lenguaje, debido a su amplia comunidad de desarrolladores) estuvieran adaptadas a la nueva versión. Con el paso del tiempo, este problema fue resuelto. Si a esto le añadimos el hecho de que Python2 ha sido oficialmente descontinuado el 1 de enero de 2020 (esta fecha había sido planeada inicialmente para 2015, pero el rechazo inicial obligó a retrasarla), únicamente debería programar con Python3.

Los ámbitos de uso de Python son muchos y muy variados, aunque destaca sobre todo en áreas de *big data*, inteligencia artificial o *deep learning*. También es ampliamente utilizado en programas de visión artificial, en los que se mezclan técnicas procedentes de los dos campos anteriores.

12.1 ENTORNO DE DESARROLLO

Antes de empezar a trabajar con este lenguaje, deberá instalar su entorno de desarrollo y aprender a manejarlo. Ese será el objetivo de los siguientes apartados.

12.1.1 Instalación

Para programar en Python, previamente deberá haber descargado e instalado el entorno de desarrollo de este lenguaje, que se encuentra en https://www.python.org/. Allí, pulse el menú desplegable "Downloads" y seleccione el sistema operativo en el que quiera instalarlo (en mi caso, Windows):

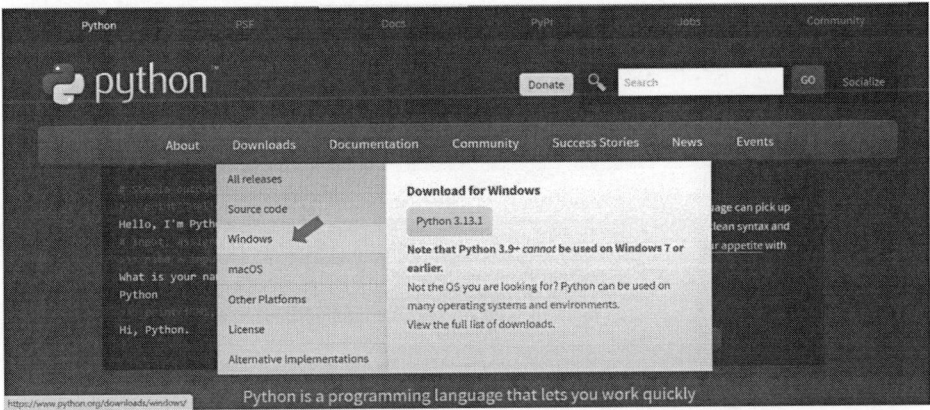

i Si dispone de Mac OS X, visite https://www.python.org/downloads/mac-osx/. Si lo que tiene es Red Hat, CentOS o Fedora, instale los paquetes python3 y python3-devel. Para Debian o Ubuntu, los paquetes serían python3.x y python3.x-dev.

A continuación, dependiendo de la forma en la que quiera instalar el entorno, y de si su ordenador es de 32 o 64 bits, pulse en el enlace correspondiente. Por sencillez, se va a utilizar un instalador. Para descargarlo, si su ordenador es de 32 bits, deberá pulsar en el enlace "Windows installer (32 bits)", mientras que, si fuera de 64 bits (como el mío), lo haría en "Windows installer (64 bits)":

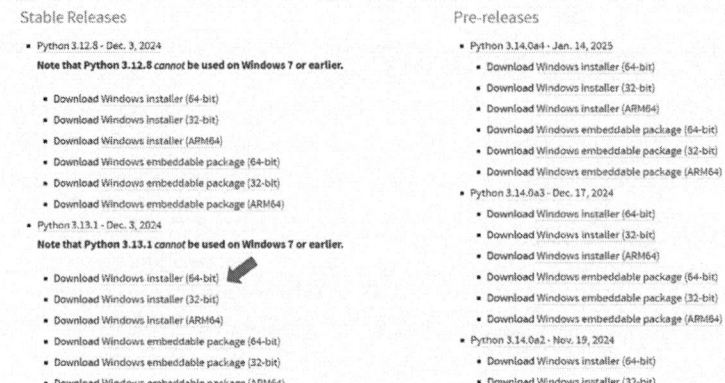

Una vez finalizada la descarga, ejecútelo. Aparecerá una primera ventana; le recomiendo seleccionar la casilla "Add Python 3.13 to PATH." De esta forma, podrá ejecutar los programas Python desde cualquier ruta (independientemente de la carpeta en la que se encuentre, Windows sabrá dónde está el intérprete). A continuación, pulse sobre el texto "Install Now":

> *i*
>
> Marque la opción "Use admin privileges when installing py.exe" si quiere que el entorno pueda ser utilizado por el resto de usuarios con los que comparta el ordenador.

Como puede observar, el directorio en el que se instala el entorno es c:\Users***\AppData\Local\Programs\Python\Python313 (donde *** es el nombre de su usuario Windows). Para ver la carpeta "AppData" en el explorador de Windows, deberá activar la opción "Elementos ocultos" del menú "Vista."

Si quisiera cambiar este u otro dato de configuración, pulse en el texto "Customize installation" de la ventana anterior.

En la última ventana, y de forma opcional, puede seleccionar la casilla "Disable path length limit." Eso eliminará la limitación que tiene Windows por defecto para establecer rutas (paths) de más de 260 caracteres. Fíjese en que el directorio raíz en el que se instala Python por defecto ya tiene más de 50 caracteres. Dentro hay más carpetas que, a su vez, tienen nuevas carpetas. Por eso, para evitar posibles problemas, conviene desactivar este límite.

Finalmente, pulse "Close." Ya dispone de un entorno de desarrollo de Python en su ordenador:

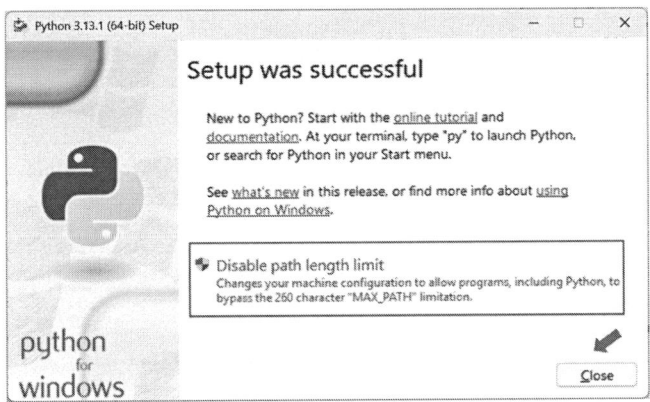

Para comprobarlo, abra una ventana de símbolo del sistema y escriba el comando:

```
python --version
```

El resultado, como puede apreciar en la siguiente imagen, es la versión de Python que tiene instalada (en este caso, 3.13.1):

> *i* Algunas distribuciones de Linux vienen con varias versiones de Python instaladas al mismo tiempo. En ese caso, el comando `python` suele reservarse a Python2, por lo que tendría que usar `python3`.

> (i) La forma más sencilla de abrir una ventana de símbolo del sistema en Windows es escribiendo su nombre en el campo de búsqueda situado en la parte inferior izquierda del escritorio. Enseguida le aparecerá un icono sobre el que podrá pulsar para abrir dicha ventana.

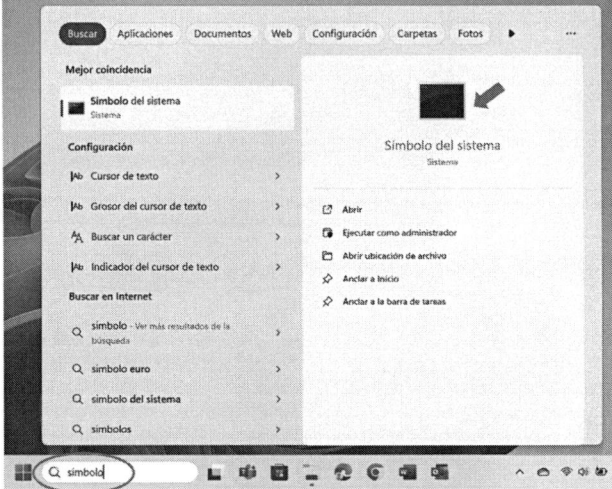

En macOS, la línea de comandos se obtiene ejecutando la aplicación Terminal situada en la carpeta "Utilidades", dentro de "Aplicaciones".

Ahora vaya al menú de Windows situado en la barra de tareas, muestre todas las aplicaciones instaladas en el ordenador y localice la carpeta "Python 3.13". Pulse sobre ella para ver su contenido:

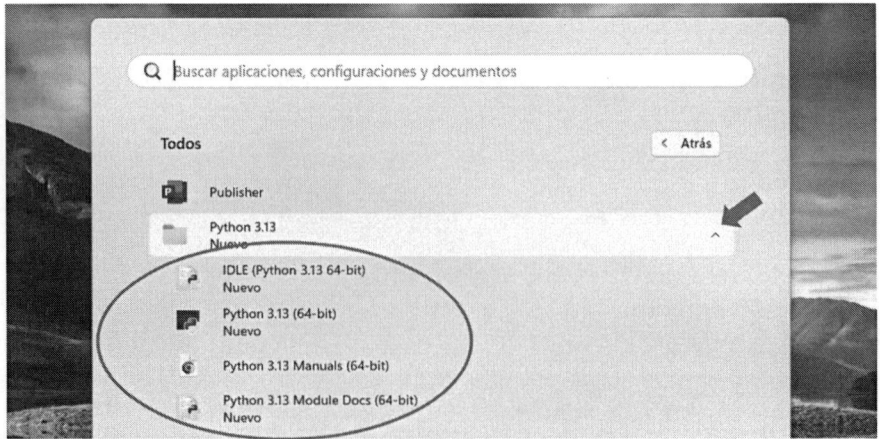

La opción "IDLE (Python 3.13 64-bit)" es la más importante, ya que abre el entorno que le permitirá editar y ejecutar programas en Python. Se explicará en detalle en el siguiente apartado.

La opción "Python 3.13 (64-bit)" ejecuta un intérprete (*shell*) de Python en el que podrá escribir sentencias y obtener su resultado. Como sabe, este lenguaje es interpretado, lo que significa que ejecuta el código, línea a línea.

> *i* El motivo de que a esta ventana se la llama *shell* es que el intérprete de Python funciona de manera similar a una *shell* de Unix (sería el equivalente a la ventana de símbolo del sistema en Windows); es decir, lee y ejecuta comandos de manera interactiva.

En la imagen inferior, puede ver el resultado de ejecutar la siguiente sentencia en la *shell* de Python:

```
print("Hola Mundo")
```

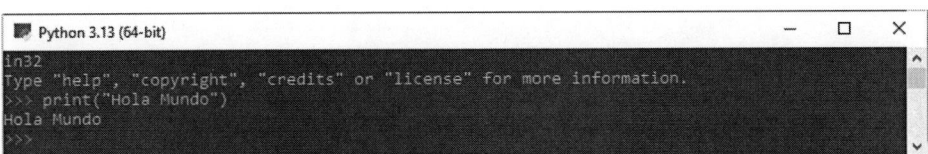

> *i* Para salir, mate la ventana o ejecute el comando `quit()`.

El intérprete de Python también se puede ejecutar desde una ventana de símbolo del sistema. Para ello, solo tiene que ejecutar el comando:

```
python
```

Como se aprecia en la siguiente imagen, aparecerán tres símbolos "mayor que" (>>>), que indican que se encuentra dentro del intérprete. A partir de ese momento, podrá empezar a introducir sentencias y ver su resultado.

En la siguiente imagen, puede ver cómo se arranca el intérprete desde una ventana de símbolo del sistema, en la que se ejecutan posteriormente los comandos `print()` y `quit()`, el último de los cuales permite abandonarlo:

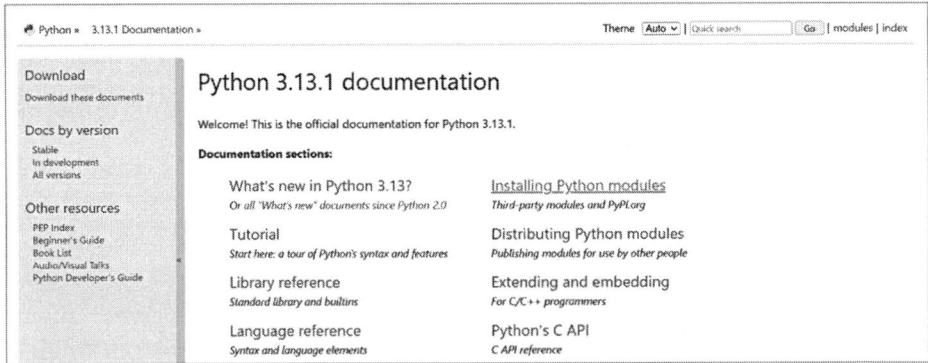

La opción "Python 3.13 Manuals (64-bit)" muestra una página web con amplia documentación de Python:

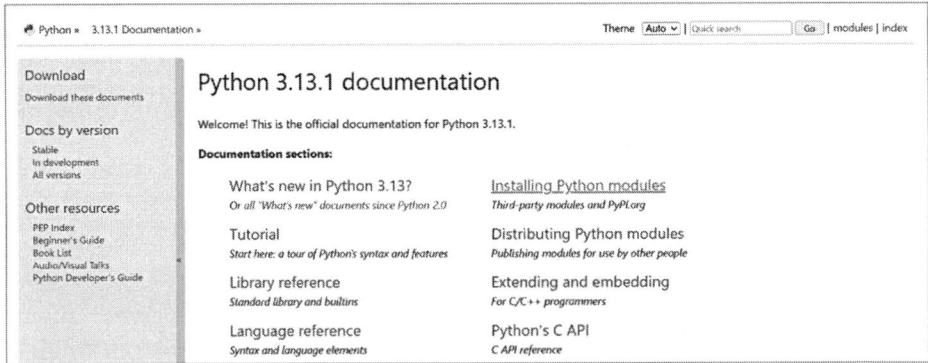

> *i* Esta página web es en realidad un archivo HTML situado en su propio ordenador, en concreto, en la ruta C:/Users/***/AppData/Local/Programs/Python/Python313/Doc/html/index.html (donde *** es el nombre de su usuario Windows).

Por último, la opción "Python 3.13 Module Docs (64-bit)" también muestra otra página web con información de ayuda, pero esta vez orientada específicamente a los módulos (elementos equivalentes a las librerías en otros lenguajes de programación):

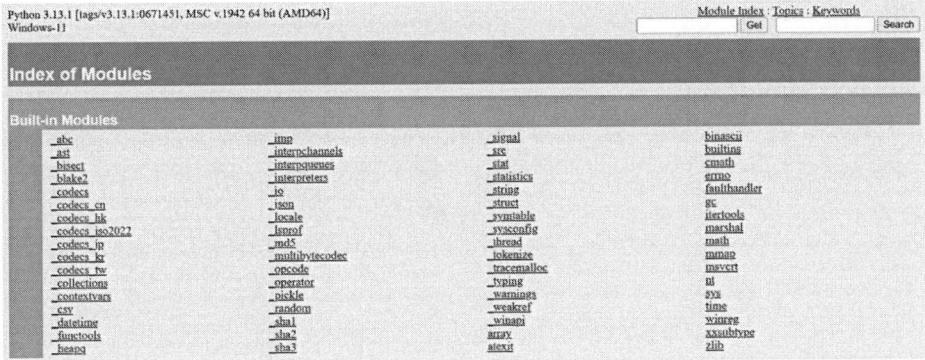

En este caso, se arranca un pequeño servidor web en su propio equipo para mostrar dicha información como páginas HTML, motivo por el que también se abre su navegador predeterminado, con el que podrá moverse entre ellas. Además, verá otra ventana, que es desde la que se arrancó el servidor web y el navegador. Para pararlo (y cerrar esta ventana), solo tiene que pulsar 'q' (abreviatura del comando quit) y el retorno de carro:

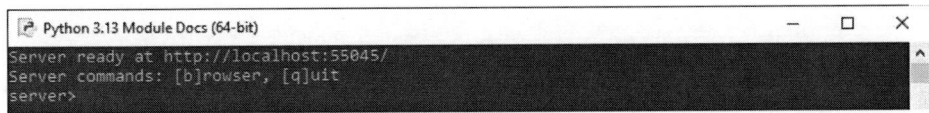

12.1.2 Descripción general

Al entorno de desarrollo de Python se lo conoce por su acrónimo inglés IDLE (Integrated Development and Learning Environment – Entorno Integrado de Desarrollo y Aprendizaje). Se trata de un entorno gráfico sencillo que le permitirá editar y ejecutar programas en Python. Para abrirlo, seleccione en el menú "Inicio" de Windows la opción: Inicio → Python 3.13 → IDLE (Python 3.13 64-bit).

```
IDLE Shell 3.13.1                                             —    □    ×
File  Edit  Shell  Debug  Options  Window  Help
    Python 3.13.1 (tags/v3.13.1:0671451, Dec  3 2024, 19:06:28) [MSC v.1942 64 bit (
    AMD64)] on win32
    Type "help", "copyright", "credits" or "license()" for more information.
>>>
                                                                  Ln: 3  Col: 0
```

Aparecerá una ventana con la *shell* de Python. En la parte superior podrá apreciar la versión de Python que utiliza. Los tres caracteres ">>>" indican que está lista para que introduzca las sentencias que quiera ejecutar.

Tras haber visto la opción Inicio → Python 3.13 → Python 3.13 (64-bit) y la ejecución del comando `python` en una ventana de símbolo del sistema, esta será la tercera forma de acceder al intérprete de Python. Escriba el conocido comando `print()` y observe cómo obtiene el mismo resultado:

```
print("Hola Mundo")
```

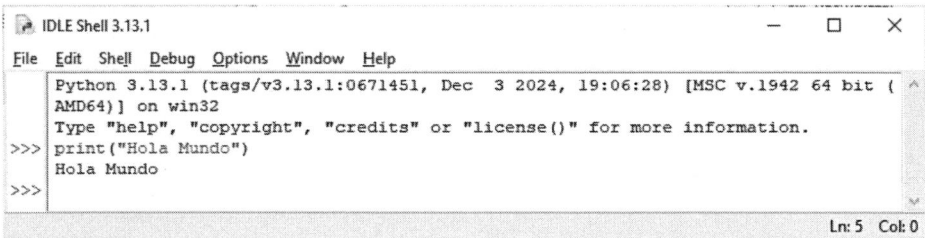

Desde la *shell* también se pueden ejecutar sentencias multilínea, pero, en esos casos, lo mejor es utilizar el editor de código que se describirá a continuación.

Como puede observar, los textos se muestran de diferentes colores dependiendo de su significado, lo que ayuda a identificar los distintos tipos de elementos que los componen. El código de colores utilizado es el siguiente:

- Naranja. Palabras reservadas (las que forman parte del lenguaje).

- Verde. Cadenas de texto.

- Púrpura. Funciones.

- Azul. Resultado de las órdenes.

- Rojo. Errores.

Desde esta ventana, se puede acceder al editor con el que se escribirán los programas Python, cuyos resultados de ejecución podrá ver aquí. Para abrirlo, seleccione la opción "New File" del menú "File":

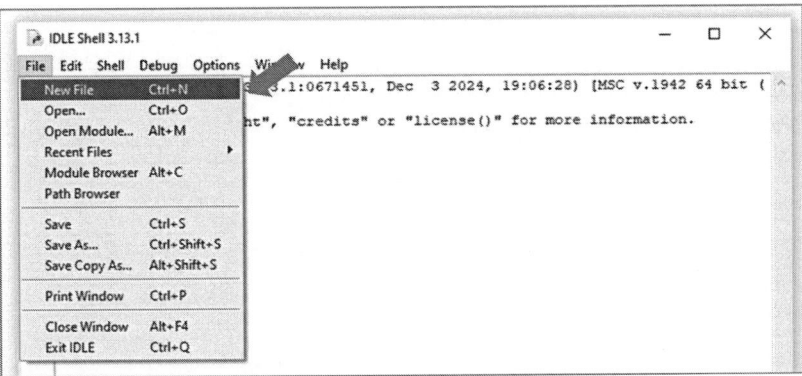

Aparecerá una nueva ventana, en la que podrá empezar a escribir el código de sus programas Python. Escriba el más conocido y sencillo de todos:

```
print("Hola Mundo")
```

Para ejecutarlo, solo tiene que seleccionar la opción "Run Module" del menú "Run" (o pulsar la tecla de función F5):

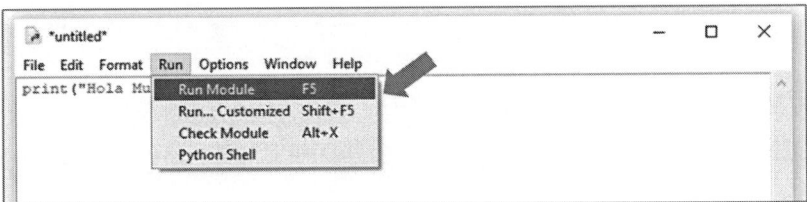

ⓘ El editor sigue el mismo código de colores que la *shell*.

Le pedirá que previamente lo guarde. Por lo tanto, pulse el botón "Aceptar":

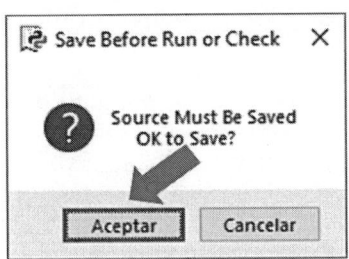

Se abrirá el explorador de Windows, en el que tendrá que seleccionar la carpeta y el nombre del fichero, al que le añadirá automáticamente la extensión "py". El resultado de la ejecución se mostrará en la ventana con la *shell* (intérprete) desde la que arrancó el editor:

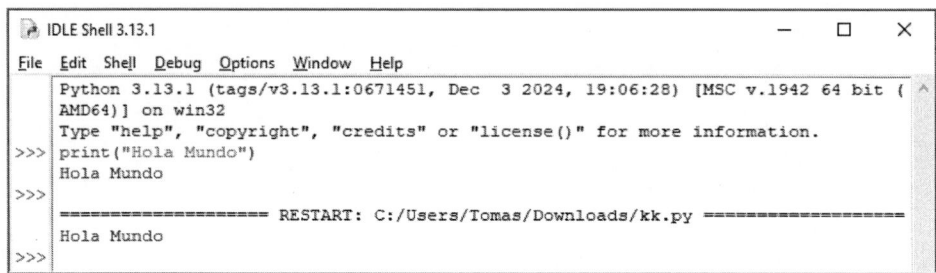

 La función de cada una de las opciones de los menús desplegables, tanto del editor como de la *shell*, la puede encontrar en https://docs. python.org/es/3/library/idle.html#code-context.

12.2 SINTAXIS BÁSICA DE PYTHON

Python fue diseñado para facilitar la lectura y escritura de programas que pueden desarrollarse con menos líneas de código que usando otros lenguajes tradicionales. Las principales diferencias de sintaxis respecto a esos lenguajes son:

- Las sentencias se finalizan con retorno de carro, en vez de punto y coma (";").

- Para definir el alcance de los bloques de sentencias (estructuras de control, funciones, etc.), se indentan un determinado número de espacios (en vez de encerrarlos entre llaves). Esta sangría es configurable, pero, en cualquier caso, siempre debe ser la misma para todas las sentencias. Además, se desaconseja el uso de tabuladores, que podrían dar lugar a errores de sintaxis.

- Los comentarios se preceden del carácter "#". Si requiriese de varias líneas, cada una de ellas deberá comenzar con dicho carácter.

Una vez conocidos los principios básicos de la sintaxis con la que se escriben las sentencias en Python, llegó el momento de comenzar el estudio de los diferentes elementos que lo componen, empezando por las variables.

12.3 VARIABLES

Las variables son espacios de memoria que, como su nombre indica, pueden tener valores diferentes a lo largo de la ejecución de un programa. Son, por lo tanto, contenedores de información que se identifican por su nombre; por ejemplo, la siguiente sentencia crea la variable `mi_variable`, a la que se asigna el valor 10:

```
mi_variable = 10
```

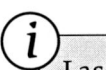

Las variables se crean en el momento en el que se les asigna un valor.

Los nombres de las variables son secuencias arbitrariamente largas de letras, dígitos y guion bajo ("_"). No se pueden usar espacios, caracteres especiales (acentos, !, @, #, $, %, etc.) ni cualquiera de las palabras clave del propio lenguaje. Tampoco pueden empezar con un número. Por lo tanto, nombres de variables como `2E2`, `día` o `alumnos-clase` no son válidos. Además, las letras mayúsculas y minúsculas son diferentes, por lo que `mi_variable` y `Mi_variable` son variables distintas.

Por convención, los nombres de las variables comienzan por letras minúsculas.

Si quiere conocer las palabras reservadas de Python, ejecute las sentencias:

```
import keyword
keyword.kwlist
```

```
IDLE Shell 3.13.1                                        —    □    ×
File  Edit  Shell  Debug  Options  Window  Help
    Python 3.13.1 (tags/v3.13.1:0671451, Dec  3 2024, 19:06:28) [MSC v.1942 64 bit (
    AMD64)] on win32
    Type "help", "copyright", "credits" or "license()" for more information.
>>> import keyword
>>> keyword.kwlist
    ['False', 'None', 'True', 'and', 'as', 'assert', 'async', 'await', 'break', 'cla
    ss', 'continue', 'def', 'del', 'elif', 'else', 'except', 'finally', 'for', 'from
    ', 'global', 'if', 'import', 'in', 'is', 'lambda', 'nonlocal', 'not', 'or', 'pas
    s', 'raise', 'return', 'try', 'while', 'with', 'yield']
>>> |
```

En una misma sentencia, se pueden asignar varios valores a diversas variables:

```
variable1, variable2, variable3 = 1, 2, 3
```

También se puede asignar el mismo valor a diferentes variables:

```
variable1 = variable2 = variable3 = 10
```

> *i*
>
> En la mayoría de los lenguajes existen las constantes, que podrían considerarse como un tipo especial de variable cuyo valor no puede ser modificado. En Python realmente no existen ya que, aunque se usen (las distinguirá porque, por convención, su nombre se escribe solo con letras mayúsculas), el lenguaje no proporciona ningún mecanismo que evite la reasignación de valores.

12.4 TIPOS DE DATOS BÁSICOS

Python tiene diferentes tipos de datos. Los básicos son:

- Números (enteros o de coma flotante)
- Cadenas de caracteres
- Booleanos

Como verá más adelante, estos se utilizan para componer otros más complejos como las listas, las tuplas, los diccionarios o los conjuntos.

> *i*
>
> Existe otro tipo de datos, llamado `NoneType`, cuyo único valor es `None`. Se utiliza cuando se quiere crear una variable pero sin asignarle ningún valor concreto.

En Python, el tipo de datos se establece de forma implícita cuando se asigna un valor a una variable. Se puede, por lo tanto, variar a lo largo de la ejecución de un programa (solo tendría que dar a esa misma variable un nuevo valor de otro tipo). Ese es el motivo por el que en la creación (declaración) de una variable no se indica ningún tipo, tal como ocurre en otros lenguajes de programación.

Si fuera necesario conocer el tipo de una variable en un determinado momento, dispone de la función `type()`. El siguiente código muestra un ejemplo de uso de dicha función, donde se observa que la variable mi_variable se crea como un número entero (int) pero, tras la segunda asignación, ha pasado a ser str (una cadena de caracteres o *string*):

```python
mi_variable = 10
tipo = type(mi_variable)
print(tipo)
mi_variable = "texto"
tipo = type(mi_variable)
print(tipo)
```

```
IDLE Shell 3.13.1                                          —   □   ×
File  Edit  Shell  Debug  Options  Window  Help
    Python 3.13.1 (tags/v3.13.1:0671451, Dec  3 2024, 19:06:28) [MSC v.1942 64 bit (
    AMD64)] on win32
    Type "help", "copyright", "credits" or "license()" for more information.
>>>
    ========= RESTART: C:\Users\Tomas\Documents\Python3\anexo\variables.py =========
    <class 'int'>
    <class 'str'>
>>>
```

12.4.1 Números

Los números pueden ser enteros (*integer*) o de punto flotante (*float*), es decir, con decimales. En ambos casos, pueden ser positivos o negativos. Además, se puede utilizar el carácter 'e' para expresar potencias de 10; por ejemplo:

```python
variable_entera1 = 10
variable_entera2 = -10
variable_float1 = 2.5
variable_float2 = -2.5e3
```

> *i* Python admite también números complejos (si recuerda las matemáticas que estudió en bachillerato, eran los que tenían una parte real y otra imaginaria).

> *i* Los números enteros pueden ser de cualquier longitud; esta solo quedará limitada por la memoria disponible. En el caso de los de coma flotante, el número máximo de decimales que pueden tener son 15.

Los operadores más comunes de los números son: +, -, * y /, que representan suma, resta, multiplicación y división, respectivamente. También hay otros como // (devuelve un número entero tras descartar los decimales), ** (eleva un número a una potencia), o % (devuelve el resto de dividir dos números).

En la siguiente imagen, se utilizan dichos operadores en la propia *shell*, que se emplea como una calculadora:

12.4.2 Cadenas de caracteres

Una cadena de caracteres es una secuencia de caracteres entre comillas, que podrán ser simples o dobles. Si el texto estuviera formado de varias líneas, entonces tendrían que ser triples, como puede ver en la imagen inferior:

> **ℹ**
>
> Python no tiene sintaxis específica para comentarios de varias líneas. Pero, como ignora las cadenas que no son asignadas a ninguna variable, a veces verá que, en vez de preceder los comentarios del carácter '#', estos se escriben encerrados entre comillas triples; por ejemplo:
>
> ```
> """
> Así se podría expresar
> un comentario
> de varias líneas
> """
> ```

> **ℹ**
>
> Si quisiera partir en varias líneas una sentencia muy larga, deberá añadir el carácter "\" al final de cada una de ellas. De esta forma, la sentencia:
>
> ```
> texto ="Esto pretende ser una línea de texto muy larga"
> ```
>
> podría escribirse en dos líneas de código:
>
> ```
> texto = "Esto pretende ser una línea \
>         de texto muy larga"
> ```

```
IDLE Shell 3.13.1                                              —    □    ✕
File  Edit  Shell  Debug  Options  Window  Help
    Python 3.13.1 (tags/v3.13.1:0671451, Dec  3 2024, 19:06:28) [MSC v.1942 64 bit (
    AMD64)] on win32
    Type "help", "copyright", "credits" or "license()" for more information.
>>> texto ="Esto pretende ser una línea de texto muy larga"
>>> texto = "Esto pretende ser una línea \
... de texto muy larga"
>>> texto
    'Esto pretende ser una línea de texto muy larga'
>>>
```

> **ℹ**
>
> Por motivos de maquetación, las líneas de código que sobrepasen el tamaño de una línea podrían cortarse en dos sin usar el carácter '\'. Eso no significa que puedan transcribirse tal cual en un editor de texto, ya que provocarían errores de ejecución.

Dentro de una cadena de caracteres, se tiene la posibilidad de introducir caracteres especiales, como retornos de carro, tabuladores, etc. Para ello, estos deben ir precedidos del carácter de escape '\'. Así, por ejemplo, si quisiera mostrar una tabla de números con tres filas y tres columnas, podría utilizar la sentencia:

```
print("1\t2\t3\n4\t5\t6\n7\t8\t9")
```

```
IDLE Shell 3.13.1                                          —    □    ×
File  Edit  Shell  Debug  Options  Window  Help
     Python 3.13.1 (tags/v3.13.1:0671451, Dec  3 2024, 19:06:28) [MSC v.1942 64 bit (
     AMD64)] on win32
     Type "help", "copyright", "credits" or "license()" for more information.
>>>  print("1\t2\t3\n4\t5\t6\n7\t8\t9")
     1        2        3
     4        5        6
     7        8        9
>>>
```

En dicha sentencia, las columnas se establecen con tabuladores ('\t'), mientras que las filas se crean introduciendo retornos de carro ('\n').

Si quisiera mostrar en la *shell* un mensaje que tuviera comillas simples o dobles, también debería precederlas del carácter '\'. Por lo tanto, para escribir en consola el texto

```
La última palabra de esta frase se escribe entre "comillas"
```

deberá ejecutar la sentencia siguiente:

```
IDLE Shell 3.13.1                                          —    □    ×
File  Edit  Shell  Debug  Options  Window  Help
     Python 3.13.1 (tags/v3.13.1:0671451, Dec  3 2024, 19:06:28) [MSC v.1942 64 bit (
     AMD64)] on win32
     Type "help", "copyright", "credits" or "license()" for more information.
>>>  print("La última palabra de esta frase se escribe entre \"comillas\"")
     La última palabra de esta frase se escribe entre "comillas"
>>>
```

> *i* Si no quiere que los caracteres precedidos por '\' se interpreten como caracteres especiales, deberá poner el carácter 'r' delante de la cadena.

Las cadenas se pueden concatenar (unir entre ellas) con el operador '+'. Así, por ejemplo, para escribir en consola "esto es un texto", además de la forma que ya conoce, podría hacerlo de esta otra manera:

```
texto = "esto es " + "un texto"
print(texto)
```

```
IDLE Shell 3.13.1                                          —    □    ×
File  Edit  Shell  Debug  Options  Window  Help
     Python 3.13.1 (tags/v3.13.1:0671451, Dec  3 2024, 19:06:28) [MSC v.1942 64 bit (
     AMD64)] on win32
     Type "help", "copyright", "credits" or "license()" for more information.
>>>  texto = "esto es " + "un texto"
>>>  print(texto)
     esto es un texto
>>>
```

Una forma de concatenar textos usando la función `print()` es poniéndolos como argumentos. En ese caso, las dos sentencias anteriores podrían sustituirse por:

```
print("esto es", "un texto")
```

Python se encargaría de añadir automáticamente los espacios entre los textos de cada argumento. Naturalmente, estos argumentos pueden ser variables o expresiones de cualquier tipo.

A diferencia de otros lenguajes de programación, la concatenación solo se puede realizar entre cadenas. Así, por ejemplo, la siguiente sentencia devolvería un error:

```
print("escribo el número " + 5)
```

```
IDLE Shell 3.13.1                                          —    □    ×
File  Edit  Shell  Debug  Options  Window  Help
    Python 3.13.1 (tags/v3.13.1:0671451, Dec  3 2024, 19:06:28) [MSC v.1942 64 bit (
    AMD64)] on win32
    Type "help", "copyright", "credits" or "license()" for more information.
>>> print("escribo el número " + 5)
    Traceback (most recent call last):
      File "<pyshell#0>", line 1, in <module>
        print("escribo el número " + 5)
    TypeError: can only concatenate str (not "int") to str
>>>
```

Aunque lo estudiará más adelante, en el apartado de conversión de tipos, para concatenar un número, previamente deberá convertirlo en una cadena con la función `str()`. De esta forma, la sentencia correcta sería:

```
print("escribo el número " + str(5))
```

Para obtener el carácter situado en una determinada posición de una cadena, se utiliza la expresión:

cadena[posición]

La posición del primer carácter es 0. Así, por ejemplo, en la cadena "esto es un texto", el carácter que está en la primera posición es 'e', el segundo 's', el tercero 't', y así sucesivamente.

La posición de un carácter también puede expresarse con un número negativo. De esta forma, la posición -1 sería el último carácter, la -2 el penúltimo, y así sucesivamente.

El número de caracteres de una cadena se obtiene con la función:

```
len()
```

En el caso de la cadena anterior, dicha función devolvería el valor 16.

Como resumen, la siguiente imagen muestra la ejecución de diversas sentencias que hacen uso de la concatenación y del acceso a los caracteres de una cadena:

Al igual que se puede obtener el carácter de una cadena situado en una posición determinada, seguramente suponga que también sea posible cambiarlo por otro diferente. Sin embargo, eso no es así porque las cadenas no se pueden modificar. Por ese motivo, la siguiente sentencia no haría que el texto empezara por mayúsculas, sino que provocaría un error:

```
texto[0] = 'E'
```

Para obtener no solo un carácter sino partes completas de una cadena, se usa la expresión:

cadena[*posición inicial* : *posición final*]

En el resultado se incluye el carácter situado en la posición inicial, pero se excluye el de la posición final. Si no se indica la posición inicial, se considera que su valor es 0. Si lo que no se establece es la posición final, se considera que es la última de la cadena.

En el siguiente ejemplo puede ver diversas formas de seleccionar la primera y la última palabra del texto usado de ejemplo:

```
IDLE Shell 3.13.1                                              —  □  ×
File  Edit  Shell  Debug  Options  Window  Help
    Python 3.13.1 (tags/v3.13.1:0671451, Dec  3 2024, 19:06:28) [MSC v.1942 64 bit (
    AMD64)] on win32
    Type "help", "copyright", "credits" or "license()" for more information.
>>> texto = "esto es un texto"
>>> print(texto[5:7])
    es
>>> print(texto[:4])
    esto
>>> print(texto[11:])
    texto
>>> print(texto[:])
    esto es un texto
>>>
```

Un método muy útil de las cadenas de caracteres es:

cadena.find(*texto buscado*)

Dicho método permite conocer la posición de la cadena pasada como argumento dentro de otra. Vea a continuación cómo utilizarlo:

```
IDLE Shell 3.13.1                                              —  □  ×
File  Edit  Shell  Debug  Options  Window  Help
    Python 3.13.1 (tags/v3.13.1:0671451, Dec  3 2024, 19:06:28) [MSC v.1942 64 bit (
    AMD64)] on win32
    Type "help", "copyright", "credits" or "license()" for more information.
>>> texto = "esto es un texto"
>>> texto.find("texto")
    11
>>>
```

ⓘ Si la cadena que busca no existe, se devolverá -1. Además, recuerde que las posiciones de los caracteres comienzan en 0.

Otro método muy práctico es:

cadena.replace(*texto a sustituir, nuevo texto*)

En este caso, en la cadena se sustituye el texto contenido en el primer argumento por el del segundo. En el siguiente ejemplo, se sustituye la palabra "texto" por "mensaje":

```
IDLE Shell 3.13.1                                            —    □    ×
File  Edit  Shell  Debug  Options  Window  Help
    Python 3.13.1 (tags/v3.13.1:0671451, Dec  3 2024, 19:06:28) [MSC v.1942 64 bit (
    AMD64)] on win32
    Type "help", "copyright", "credits" or "license()" for more information.
>>> texto = "esto es un texto"
>>> texto.replace("texto", "mensaje")
    'esto es un mensaje'
>>>
```

> ℹ️ El nombre de la cadena que se busca debe coincidir exactamente, por lo que se tienen en cuenta los espacios, las mayúsculas y las minúsculas.

Hay veces que resulta necesario escribir mensajes compuestos a partir de una plantilla de texto. Para ello, se utiliza el siguiente método:

cadena . format(*texto, …*)

Dentro de la cadena de texto que hace de plantilla, deberá situar los caracteres "{}" en las posiciones donde quiera insertar el valor de cada uno de los textos pasados como argumentos, en orden de aparición.

Por ejemplo, si quisiera mostrar en la *shell* una frase en la que se informara del número de teléfono de una persona, siendo persona y telefono las variables donde se almacena dicha información, la sentencia con la que se compondría sería:

```
print("El número de teléfono de {} es {}".format(nombre, telefono))
```

```
IDLE Shell 3.13.1                                            —    □    ×
File  Edit  Shell  Debug  Options  Window  Help
    Python 3.13.1 (tags/v3.13.1:0671451, Dec  3 2024, 19:06:28) [MSC v.1942 64 bit (
    AMD64)] on win32
    Type "help", "copyright", "credits" or "license()" for more information.
>>> nombre = "Tomás"
>>> telefono = 123456
>>> print("El número de teléfono de {} es {}".format(nombre, telefono))
    El número de teléfono de Tomás es 123456
>>>
```

> ℹ️ Habrá observado que find(), replace() y format() son métodos, no funciones. Aunque este concepto lo estudiará cuando se expliquen las clases, de momento considere que una cadena de caracteres, además de

> un tipo de datos, es una clase. Por su parte, un método es una función vinculada a dicha clase. Por ese motivo, su invocación siempre debe ir precedida del nombre de un objeto perteneciente a dicha clase (en este caso, una cadena).

12.4.3 Booleanos

Este tipo de datos está formado únicamente por dos valores: `True` o `False` (con la primera letra en mayúsculas):

```
IDLE Shell 3.13.1                                          —    □    ×
File  Edit  Shell  Debug  Options  Window  Help
     Python 3.13.1 (tags/v3.13.1:0671451, Dec  3 2024, 19:06:28) [MSC v.1942 64 bit (
     AMD64)] on win32
     Type "help", "copyright", "credits" or "license()" for more information.
>>>  variable_booleana = True
>>>  type(variable_booleana)
     <class 'bool'>
>>>
```

12.4.4 Conversión de tipos

Hay veces en las que una determinada expresión requiere que las variables o los valores empleados sean del mismo tipo. De no ser así, se produciría un error como el de la siguiente sentencia:

```
"2 " + 3
```

```
IDLE Shell 3.13.1                                          —    □    ×
File  Edit  Shell  Debug  Options  Window  Help
     Python 3.13.1 (tags/v3.13.1:0671451, Dec  3 2024, 19:06:28) [MSC v.1942 64 bit (
     AMD64)] on win32
     Type "help", "copyright", "credits" or "license()" for more information.
>>>  "2 " + 3
     Traceback (most recent call last):
       File "<pyshell#0>", line 1, in <module>
         "2 " + 3
     TypeError: can only concatenate str (not "int") to str
>>>  |
```

Eso es debido a que el operador "+" solo puede concatenar cadenas o sumar números; es decir, es imprescindible que lo que haya a ambos lados de dicho operador sean números o cadenas. Por eso, si lo que realmente quiere es sumar números, tendrá que forzar que ambos valores sean de ese mismo tipo. En el ejemplo anterior, pasaría por convertir la cadena "2" en el número 2. Si lo que desea es concatenar cadenas, tendrá que transformar el número 3 en la cadena "3".

A este tipo de conversiones se las conoce por el término inglés de *casting*.

Para convertir una cadena en un número, se pueden usar las funciones `int()` o `float()`, dependiendo de si lo que se quiere como resultado es un número entero o coma flotante, respectivamente. Si lo que pretende es convertir un número en una cadena, tendrá que utilizar la función `str()`.

Por lo tanto, siguiendo con el ejemplo anterior, si quisiera realizar una suma aritmética, la sentencia que tendría que seguir sería:

```
int("2") + 3
```

Y, si lo que buscara fuera la concatenación de dos cadenas, sería:

```
"2" + str(3)
```

La siguiente imagen muestra el resultado de la ejecución de ambas sentencias:

```
IDLE Shell 3.13.1                                           —    □    ×

File  Edit  Shell  Debug  Options  Window  Help
      Python 3.13.1 (tags/v3.13.1:0671451, Dec  3 2024, 19:06:28) [MSC v.1942 64 bit (
      AMD64)] on win32
      Type "help", "copyright", "credits" or "license()" for more information.
>>>   int("2") + 3
      5
>>>   "2" + str(3)
      '23'
>>>
```

12.5 OPERADORES

En programación, para el cálculo de valores, se utilizan expresiones formadas por operadores, a los que se les pasa uno o dos datos (operandos); por ejemplo, la expresión 2 + 3 utiliza el operador "suma" para obtener el valor 5 a partir de la suma de los operandos 2 y 3. El operador suma es binario porque necesita dos valores que sumar. También existen los operadores unarios, que solo tienen un operando como, por ejemplo, el de negación.

En Python existen los siguientes tipos de operadores:

- Operadores aritméticos
- Operadores de comparación
- Operadores lógicos
- Operador de asignación

Los operadores aritméticos son aquellos cuyos operandos son números y devuelven otro número. Los de comparación, como indica la palabra, comparan los operandos y devuelven True o False, dependiendo de si son iguales o no. Los operadores lógicos devuelven también un valor booleano, pero requieren que los operandos también sean booleanos. Finalmente, el operador de asignación permite dar un valor a una variable.

> ⓘ En realidad, los operadores lógicos también se podrían aplicar a operandos de cualquier tipo, ya que, al evaluarse la expresión, son convertidos a un valor booleano. Así, por ejemplo, la cadena vacía ("") o la cadena "0" se convertirían al valor False, al igual que el número 0.

Los operadores aritméticos ya los conoce:

- Suma ("+"). Suma dos números o concatena dos cadenas de caracteres.
- Resta ("-"). Resta sus dos operandos.
- Multiplicación ("*"). Multiplica sus dos operandos.
- División ("/"). Divide el primer operando por el segundo.
- División entera ("//"). Al resultado de la división se le quitan los decimales.
- Resto ("%"). Devuelve el resto de dividir el primer operando por el segundo.
- Exponenciación ("**"). Eleva el primer operando al segundo.

Como operadores de comparación se encuentran:

- Igual ("=="). Devuelve True si ambos operandos son iguales.
- Distinto ("!="). Devuelve True si ambos operandos son diferentes.
- Menor, menor o igual, mayor y mayor o igual ("<", "<=", ">" y ">="). Devuelve True si el primer operando es menor, menor o igual, mayor, mayor o igual que el segundo, respectivamente. En el caso de los números, dichas comparaciones son intuitivas. Si lo que se cotejan son cadenas de caracteres, estas lo hacen letra por letra, según su código ASCII; es decir, que la comparación no es realmente lexicográfica, ya que el código de una letra minúscula es mayor que el de la misma letra en mayúsculas.

> ⓘ ASCII (*American Standard Code for Information Interchange* - Código Estándar Americano para el Intercambio de Información) es un sistema de codificación de caracteres alfanuméricos que asigna a cada uno de ellos un número. Los códigos ASCII coinciden con los Unicode (https://unicode-table.com/es/). En realidad, son un subconjunto de estos.

Por último, están los operadores lógicos:

- AND ("and"). Devuelve `True` si ambos operandos son `True`.
- OR ("or"). Devuelve `True` si alguno de sus operandos es `True`.
- NOT ("not"). Devuelve `True` si su único operando es `False`, y viceversa.

Además de los operadores anteriores, el operador de asignación ("=") evalúa la expresión que hay a su derecha y almacena el valor obtenido en la variable situada a su izquierda. Existen diferentes variantes de operadores de asignación, pero los más usados son "+=" y "-=", que asignan a la variable situada a la izquierda el resultado de sumarle o restarle, respectivamente, el valor de la expresión de la parte derecha.

En la siguiente imagen, se muestra el resultado de la ejecución de diferentes sentencias de asignación:

12.6 ESTRUCTURAS DE CONTROL

Las estructuras de control son las que gobiernan el flujo de ejecución de las sentencias de un programa. Estas se pueden clasificar de la siguiente forma:

- Condicionales. Permiten la ejecución de diferentes bloques de sentencias con base en el resultado de la evaluación de expresiones de comparación y/o lógicas. En Python, la única sentencia condicional es `if … else`.
- Bucles. Ejecutan un bloque de sentencias de forma reiterada, hasta que se cumpla una condición. En este caso, hay dos sentencias: `while` y `for`.

Veamos en detalle cada una de ellas.

12.6.1 if...else

La sentencia if...else tiene la siguiente sintaxis:

```
if(condición lógica):
    ...
else:
    ....
```

Esta sentencia evalúa la expresión que hay entre paréntesis. Si esta fuera cierta, se ejecutaría el bloque de sentencias que tiene debajo. En caso contrario, se ejecutarían las del bloque else (si lo tuviera).

> *i* Recuerde que Python usa el sangrado para establecer los límites de un bloque. Por eso, deberá prestar especial atención a que se haga de forma correcta. De lo contrario, se provocarían errores de ejecución.

Veamos un ejemplo de uso de esta sentencia condicional:

```
x = 10
y = 20

if x > y:
    print(str(x) + " es mayor que " + str(y))
else:
    print(str(x) + " es menor o igual que " + str(y))
```

El resultado puede verlo a continuación:

```
IDLE Shell 3.13.1                                        —   □   ×
File  Edit  Shell  Debug  Options  Window  Help
    Python 3.13.1 (tags/v3.13.1:0671451, Dec  3 2024, 19:06:28) [MSC v.1942 64 bit (
    AMD64)] on win32
    Type "help", "copyright", "credits" or "license()" for more information.
>>>
    ===== RESTART: C:\Users\Tomas\Documents\Python3\anexo\sentenciasControl.py =====
    10 es menor o igual que 20
>>>
```

Pruebe a modificar los valores de las variables x e y para comprobar el correcto funcionamiento del programa. Además, observe la operación de *casting* realizada con los números para poder formar el texto que se muestra en pantalla.

Modifique el programa anterior para que ahora devuelva mensajes diferentes dependiendo de si uno de los números es menor, mayor, o igual al otro. El código sería el siguiente:

```
x = 20
y = 20

if x > y:
    print(str(x) + " es mayor que " + str(y))
else:
    if x < y:
        print(str(x) + " es menor que " + str(y))
    else:
        print(str(x) + " es igual que " + str(y))
```

Como puede apreciar, se ha anidado una sentencia if...else dentro de otra. De esta forma, si x no fuera mayor que y, se comprobaría si es menor. Si no se cumpliera esta segunda condición, necesariamente ambos números serían iguales.

> ℹ️ Se ha aprovechado para modificar el valor de la variable x, con el fin de comprobar que se ejecuta la sentencia que forma parte del último else.

```
IDLE Shell 3.13.1                                           —    □    ×
File  Edit  Shell  Debug  Options  Window  Help
    Python 3.13.1 (tags/v3.13.1:0671451, Dec  3 2024, 19:06:28) [MSC v.1942 64 bit (
    AMD64)] on win32
    Type "help", "copyright", "credits" or "license()" for more information.
>>>
    ==== RESTART: C:\Users\Tomas\Documents\Python3\anexo\sentenciasControl.py =====
    10 es menor o igual que 20
>>>
    ==== RESTART: C:\Users\Tomas\Documents\Python3\anexo\sentenciasControl.py =====
    20 es igual que 20
>>>
```

Para estos casos, Python permite simplificar el código de la siguiente manera:

```
x = 20
y = 20

if x > y:
    print(str(x) + " es mayor que " + str(y))
elif x < y:
    print(str(x) + " es menor que " + str(y))
else:
    print(str(x) + " es igual que " + str(y))
```

Ahora, si se cumpliera la condición de algún `elif`, se ejecutaría el bloque de sentencias correspondiente, y se dejaría de intentar el resto.

Cuando el bloque de sentencias `if` o `else` consta únicamente de una sentencia, esta se puede poner en la misma línea. Por eso, el siguiente código es equivalente al anterior:

```
x = 20
y = 20

if x > y: print(str(x) + " es mayor que " + str(y))
elif x < y: print(str(x) + " es menor que " + str(y))
else: print(str(x) + " es igual que " + str(y))
```

> *i*
>
> El bloque de sentencias de un `if` nunca puede estar vacío. Por ello, si la lógica del programa así lo requiriera, debería incluir la sentencia:
>
> ```
> pass
> ```
>
> Aunque dicha sentencia no hace nada, evita que se produzca un error. Por lo general, se usa de forma provisional cuando todavía no se ha definido el bloque de sentencias que tendría que haber en la posición que ahora ocupa dicha sentencia. De esta forma, se puede seguir probando el resto de código del programa.

Una condición lógica puede estar formada por operadores de comparación, por operadores lógicos o por una mezcla de ambos; por ejemplo, imagine que un concesionario de compraventa de coches de segunda mano solo adquiere aquellos con menos de diez años de antigüedad de las marcas "BMW" y "Mercedes." Suponiendo que las variables `edad` y `marca` almacenaran la antigüedad y el fabricante de un vehículo, la condición lógica que expresaría dicho enunciado sería:

```
(edad < 10) and (marca == "BMW" or marca == "Mercedes")
```

Para que la condición se cumpla, lo que hay a derecha e izquierda del operador `and` debe ser `True`. El operando izquierdo será cierto cuando el coche tenga menos de diez años. El segundo será cierto cuando su marca sea BMW o Mercedes. Compruébelo, modificando los valores de las variables que intervienen en el siguiente programa:

```
edad = 9
marca = "Mercedes"

if (edad < 10) and (marca == "BMW" or marca == "Mercedes"):
    print("Te compro el " + marca + " de " + str(edad) + " años")
else:
    print("No compro ese tipo de coches")
```

12.6.2 while

De las sentencias con las que se pueden formar bucles, empezará estudiando while, cuya sintaxis es la siguiente:

while(*condición lógica*):

...

En esta estructura de control, lo primero que se hace es evaluar la condición. Si su valor fuera False, no se entraría en el bucle. En caso contrario, se ejecutarían las sentencias que contiene y se volvería a evaluar de nuevo la condición. Si su valor fuera False, se saldría del bucle. De no ser así, se ejecutarían de nuevo las sentencias en una nueva iteración, repitiendo así el ciclo.

Para comprobarlo, escriba y ejecute el siguiente código:

```
numero_iteraciones = 3
numero_iteracion = 1

while numero_iteracion <= numero_iteraciones :
    print("Iteración número " + str(numero_iteracion))
    numero_iteracion += 1
```

En dicho programa, la variable `numero_iteraciones` determina un número de iteraciones, mientras que `numero_iteracion` lleva la cuenta de la que está en curso. Ambas variables se utilizarán en la condición del bucle `while`, para controlar que se realicen las iteraciones establecidas.

Como puede observar en la siguiente imagen, se producen las tres iteraciones previstas:

Al igual que en las sentencias `if...else`, la condición lógica puede contener cualquier expresión que combine tanto operadores de comparación como operadores lógicos. Además, dentro del bucle, se pueden utilizar dos sentencias especiales:

- `break`. Fuerza la salida el bucle.
- `continue`. Evita que se ejecuten el resto de las sentencias del bucle actual y vuelve a evaluarse la condición inicial.

Para demostrar el uso de ambas sentencias, observe el siguiente código:

```
numero_iteracion = 0

while True :
    numero_iteracion += 1
    if numero_iteracion == 5 : break
    if numero_iteracion%2 == 0 : continue
    print("Iteración número " + str(numero_iteracion))
```

En este programa, el bucle `while` tiene como condición el valor `True`, por lo que podría estar ejecutándose indefinidamente. La única forma de salir sería con una sentencia `break`; en concreto, cuando la condición de la primera sentencia `if` verifique que se han realizado cinco iteraciones.

La condición de la segunda sentencia `if` comprueba si dicho número es par. Para ello, se utiliza el operador "%", que devuelve 0 si el número es divisible por dos. En ese caso, se comenzaría un nuevo bucle sin ejecutar la siguiente sentencia, que es la que muestra en la *shell* el número de iteración.

Por lo tanto, la ejecución de este programa solo mostrará el número de las interacciones impares (hasta cinco), tal como se puede ver a continuación:

```
IDLE Shell 3.13.1                                             —  □  ×
File  Edit  Shell  Debug  Options  Window  Help
    Python 3.13.1 (tags/v3.13.1:0671451, Dec  3 2024, 19:06:28) [MSC v.1942 64 bit (
    AMD64)] on win32
    Type "help", "copyright", "credits" or "license()" for more information.
>>>
    ===== RESTART: C:\Users\Tomas\Documents\Python3\anexo\sentenciasControl.py =====
    Iteración número 1
    Iteración número 3
>>>
```

12.6.3 for

La siguiente estructura de control con la que se pueden crear bucles es for, utilizada generalmente para recorrer los elementos de un rango, lista, tupla, conjunto, diccionario o *string*. De momento, solo conoce el último tipo de datos, por lo que únicamente podrá utilizarlo para desplazarse por los caracteres que componen una cadena. Compruébelo ejecutando el siguiente programa, con el que se escriben los caracteres de un texto en líneas separadas:

```
cadena = "HOLA"
for caracter in cadena:
    print(caracter)
```

```
IDLE Shell 3.13.1                                             —  □  ×
File  Edit  Shell  Debug  Options  Window  Help
    Python 3.13.1 (tags/v3.13.1:0671451, Dec  3 2024, 19:06:28) [MSC v.1942 64 bit (
    AMD64)] on win32
    Type "help", "copyright", "credits" or "license()" for more information.
>>>
    ===== RESTART: C:\Users\Tomas\Documents\Python3\anexo\sentenciasControl.py =====
    H
    O
    L
    A
>>>
```

i

Por defecto, la función print() escribe un retorno de carro al final del texto pasado como argumento. Para evitar este comportamiento, añada como segundo argumento: end="". De esta forma, si en el ejemplo anterior quisiera que los caracteres se escribieran en la misma línea, debería sustituir la sentencia:

```
print(caracter)
```
por:
```
print(caracter, end="")
```

Al igual que en los bucles creados con `while`, también podrá usar las sentencias `break` y `continue`. Para comprobarlo, en el siguiente código de ejemplo, se crea una cadena a partir de otra, a la que se quitan los espacios en blanco hasta que encuentra un punto ignorando, de este modo, el texto que hay a continuación:

```
cadena = "Primera frase. Segunda frase"
nueva_cadena = ""

for caracter in cadena:
    if caracter == "." : break
    elif caracter == " " : continue
    nueva_cadena += caracter

print(nueva_cadena)
```

Cuando lo que se quiere es ejecutar un número determinado de iteraciones, se deben usar rangos, los cuales se crean con la función:

```
range(número)
```

Dicha función devuelve una serie de números consecutivos, que empieza por el cero y termina en el anterior, al que se pasa como argumento.

Esta función también se puede llamar con dos argumentos:

```
range(nº inicial, nº final)
```

En este caso, el primer argumento es el número inicial del que partiría la secuencia y el segundo es el final.

La última forma de llamar a esta función es:

```
range(nº inicial, nº final, incremento)
```

Ahora, el tercer argumento establece el incremento con el que se irán generando los números de la secuencia.

Precisamente, con el fin de ver las secuencias de números generadas por las distintas formas de llamar a dicha función, se va a utilizar un bucle `for` para cada una de ellas:

```
print("Elementos del rango creado con la sentencia range(2)")
for i in range(2):
    print(i)


print("Elementos del rango creado con la sentencia range(1, 3)")
for i in range(1, 3):
    print(i)


print("Elementos del rango creado con la sentencia range(1, 5, 2)")
for i in range(1, 5, 2):
    print(i)
```

En el primer `for`, la secuencia empieza por el número 0 y acaba en el inmediatamente anterior al incluido como argumento de la función `range()`, es decir, el 0 y el 1, ya que el 2 quedaría excluido. En el segundo `for`, la secuencia empieza por 1, que es el valor del primer argumento de la función. En el último `for`, la secuencia también empieza por 1, pero los números se cuentan de dos en dos, ya que así se ha especificado en el tercer argumento.

12.7 ESTRUCTURAS DE DATOS

Hasta ahora, los tipos de datos que ha visto estaban formados por un único valor (número, cadena o booleano). Pero Python tiene otros tipos formados por varios valores. En concreto:

- Listas. Sus elementos están ordenados e indexados, y pueden ser modificados. Además, admite que estén duplicados.

- Tuplas. Sus elementos están ordenados e indexados, pero no pueden ser modificados. Al igual que en el caso anterior, estos pueden estar duplicados.

- Conjuntos. Sus elementos no están ordenados ni indexados. Además, no puede haber miembros duplicados.

- Diccionarios. Sus elementos no están ordenados, pero sí indexados. Al igual que en los conjuntos, no puede haber miembros duplicados, aunque pueden modificarse.

> *i* Las listas, las tuplas y los rangos (estudiados con los bucles `for`) son secuencias de datos; es decir, sus elementos se almacenan en un orden preciso.

Veamos en detalle las características de cada uno de estos tipos de datos.

12.7.1 Listas

Una lista es una colección ordenada de elementos (una secuencia) a los que se accede por su posición (índice). La forma de representarla es encerrando sus miembros entre corchetes. A continuación, puede ver cómo se crea una lista de frutas:

```
lista_frutas = ["pera", "manzana", "naranja", "cereza"]
```

> *i* Las listas son equivalentes a los *arrays* de otros lenguajes. Sin embargo, su flexibilidad es mucho mayor, ya que los elementos pueden ser de diferentes tipos. Además, no es necesario establecer su tamaño al declararlas.

La forma de acceder a los elementos de una lista es por su posición (índice), que empieza por 0. Así, por ejemplo, la sentencia para acceder a la primera fruta de la lista anterior sería:

```
primera_fruta = lista_frutas[0]
```

También se pueden usar índices negativos. En ese caso, -1 correspondería al último elemento de la lista, -2 al penúltimo, y así sucesivamente. En consecuencia, para obtener la última fruta de la lista, debería emplearse la sentencia:

```
utlima_fruta = lista_frutas[-1]
```

 La forma de trabajar con listas le va a resultar familiar, ya que es similar a la de las cadenas.

También se pueden indicar rangos de índices, en cuyo caso el resultado sería otra lista con los elementos correspondientes a los índices del rango (excluyendo el último). Si no se pusiera el índice inicial, se empezaría por el primer elemento. Si faltara el final, el resultado contendría los elementos comprendidos entre el inicial y el último de la lista.

A continuación, se muestran los resultados de la ejecución de diferentes sentencias de este tipo, sobre la lista utilizada de ejemplo:

```
IDLE Shell 3.13.1                                              —    □    ×
File  Edit  Shell  Debug  Options  Window  Help
    Python 3.13.1 (tags/v3.13.1:0671451, Dec  3 2024, 19:06:28) [MSC v.1942 64 bit (
    AMD64)] on win32
    Type "help", "copyright", "credits" or "license()" for more information.
>>> lista_frutas = ["pera", "manzana", "naranja", "cereza"]
>>> lista_frutas[0]
    'pera'
>>> lista_frutas[-1]
    'cereza'
>>> lista_frutas[0:2]
    ['pera', 'manzana']
>>> lista_frutas[:2]
    ['pera', 'manzana']
>>> lista_frutas[1:3]
    ['manzana', 'naranja']
>>> lista_frutas[1:]
    ['manzana', 'naranja', 'cereza']
>>>
```

A diferencia de una cadena, las listas permiten que se modifique el valor de sus elementos. Por lo tanto, si en la lista de ejemplo quisiera que el primer elemento fuera "melocotón" (en vez de "pera"), solo tendría que ejecutar la sentencia:

```
lista_frutas[0] = "melocotón"
```

Si deseara agregar un elemento al final de la lista, se usaría el método:

lista . append (*elemento*).

Si quisiera agregarlo en una posición determinada, el método sería:

lista.`insert`(*posición, elemento*)

Para borrar un elemento de la lista, se emplea el método:

lista.`remove`(*elemento*)

 Si hubiera elementos repetidos, se borraría el primero de ellos.

Si lo que desea es borrarlo por su posición, utilice este otro método:

lista.`pop`(*posición*)

 Si no indicara ninguna posición, se borraría el último elemento de la lista.

El método que borra todos los elementos de una lista es:

lista.`clear`().

La siguiente imagen muestra un ejemplo de ejecución de los métodos anteriores sobre la misma lista de ejemplo:

```
IDLE Shell 3.13.1                                            —   □   ×
File  Edit  Shell  Debug  Options  Window  Help
    Python 3.13.1 (tags/v3.13.1:0671451, Dec  3 2024, 19:06:28) [MSC v.1942 64 bit (
    AMD64)] on win32
    Type "help", "copyright", "credits" or "license()" for more information.
>>> lista_frutas = ["pera", "manzana", "naranja", "cereza"]
>>> lista_frutas[0] = "melocotón"
>>> lista_frutas
    ['melocotón', 'manzana', 'naranja', 'cereza']
>>> lista_frutas.append("pera")
>>> lista_frutas
    ['melocotón', 'manzana', 'naranja', 'cereza', 'pera']
>>> lista_frutas.insert(1, "kiwi")
>>> lista_frutas
    ['melocotón', 'kiwi', 'manzana', 'naranja', 'cereza', 'pera']
>>> lista_frutas.pop(0)
    'melocotón'
>>> lista_frutas
    ['kiwi', 'manzana', 'naranja', 'cereza', 'pera']
>>> lista_frutas.remove("kiwi")
>>> lista_frutas
    ['manzana', 'naranja', 'cereza', 'pera']
>>> lista_frutas.clear()
>>> lista_frutas
    []
>>>
```

La longitud de una lista la puede conocer con la función:

`len`(*lista*).

El siguiente programa utiliza la función anterior en un bucle `for` para recorrer los diferentes elementos de una lista:

```
lista_frutas = ["pera", "manzana", "naranja", "cereza"]

for indice in range(len(lista_frutas)):
    fruta = lista_frutas[indice]
    print(fruta)
```

El bucle `for` se ejecutará siguiendo los valores de un rango, cuya secuencia tiene tantos números como elementos haya en la lista `lista_frutas` (empezando por 0). Los valores de dicho rango se usarán como índice para extraer los elementos de la lista, que se mostrarán en pantalla con la sentencia `print()`:

> (i) Observe que, en las cadenas, `len()` es un método, mientras que, en este caso, se trata de una función. Más adelante se estudiarán en detalle ambos conceptos de programación.

De todas formas, Python proporciona un método más adecuado para desplazarse por los elementos de una lista, que es utilizar la palabra clave `in`:

```
lista_frutas = ["pera", "manzana", "naranja", "cereza"]

for fruta in lista_frutas:
    print(fruta)
```

Con esta palabra clave, también es posible saber si un elemento se encuentra en una lista. Así, por ejemplo, en el siguiente programa se detecta si `lista_frutas` contiene la fruta cuyo nombre se asigna a la variable `fruta`:

```
lista_frutas = ["pera", "manzana", "naranja", "cereza"]
fruta = "manzana"

if fruta in lista_frutas:
    print("La " + fruta + " es una de las frutas de la lista")
else:
    print("La " + fruta + " no es una de las frutas de la lista")
```

```
IDLE Shell 3.13.1                                          —  □  ×
File  Edit  Shell  Debug  Options  Window  Help
    Python 3.13.1 (tags/v3.13.1:0671451, Dec  3 2024, 19:06:28) [MSC v.1942 64 bit (
    AMD64)] on win32
>>> Type "help", "copyright", "credits" or "license()" for more information.

    =========== RESTART: C:\Users\Tomas\Documents\Python3\anexo\listas.py ===========
    La manzana es una de las frutas de la lista
>>>
```

Al igual que en la concatenación de cadenas, la forma de unir listas se realiza mediante el operador "+":

```
IDLE Shell 3.13.1                                          —  □  ×
File  Edit  Shell  Debug  Options  Window  Help
    Python 3.13.1 (tags/v3.13.1:0671451, Dec  3 2024, 19:06:28) [MSC v.1942 64 bit (
    AMD64)] on win32
    Type "help", "copyright", "credits" or "license()" for more information.
>>> lista1 = [1, 2]
>>> lista2 = [3, 4]
>>> lista3 = lista1 + lista2
>>> lista3
    [1, 2, 3, 4]
>>>
```

Si lo que se pretende es añadir los elementos de una lista a otra, deberá utilizar el método:

lista1.extend(*lista2*)

En la siguiente imagen, puede ver un ejemplo de uso de este método:

```
IDLE Shell 3.13.1                                          —  □  ×
File  Edit  Shell  Debug  Options  Window  Help
    Python 3.13.1 (tags/v3.13.1:0671451, Dec  3 2024, 19:06:28) [MSC v.1942 64 bit (
    AMD64)] on win32
    Type "help", "copyright", "credits" or "license()" for more information.
>>> lista1 = [1, 2]
>>> lista2 = [3, 4]
>>> lista1.extend(lista2)
>>> lista1
    [1, 2, 3, 4]
>>>
```

¿Cómo se podría crear una lista idéntica a otra? Seguramente esté pensando en usar la sentencia:

```
lista1 = lista2
```

Sin embargo, dicha asignación no copia los elementos de una lista a otra, sino su referencia. Eso significa que ambas variables "apuntan" a la misma lista, por lo que cualquier cambio en una de ellas se verá reflejado en la otra. Esta circunstancia se observa a continuación donde, después de asignar lista1 a lista2, al añadir el valor 3 a la primera, se comprueba que también se encuentra en la segunda:

La forma correcta de hacer una copia de una lista es con un bucle como este:

```
for elemento in lista1:
    lista2.append(elemento)
```

Vea un ejemplo donde se demuestra que ahora sí existen realmente dos listas idénticas e independientes:

```
lista1 = [1, 2]
lista2 = []

for elemento in lista1:
    lista2.append(elemento)

lista2.append(3)

print("elementos de lista1: " + str(lista1))
print("elementos de lista2: " + str(lista2))
```

En dicho programa se crea una lista (lista1) con dos elementos (los números 1 y 2). A continuación, se crea otra lista vacía (lista2) a la que se van añadiendo, uno a uno, los elementos de la primera. Para ello se utiliza un bucle `for` que los va recorriendo y añadiendo con el método `append()`. Para terminar, se añade el número 3 a la segunda lista. Al visualizar los elementos de cada una de ellas, se observa que esta vez dicho número solo se encuentra en la lista donde se ha añadido, no en la otra:

```
IDLE Shell 3.13.1                                              —    □    ✕
File  Edit  Shell  Debug  Options  Window  Help
      Python 3.13.1 (tags/v3.13.1:0671451, Dec  3 2024, 19:06:28) [MSC v.1942 64 bit (
      AMD64)] on win32
      Type "help", "copyright", "credits" or "license()" for more information.
>>>
      ========== RESTART: C:\Users\Tomas\Documents\Python3\anexo\listas.py ==========
      elementos de lista1: [1, 2]
      elementos de lista2: [1, 2, 3]
>>>
```

Por suerte, Python permite simplificar este proceso de copia, sustituyendo el bucle `for` por el método `copy()`:

lista2 = *lista1*`.copy()`

Otro método que puede resultar de gran utilidad es:

lista`.sort()`

Se emplea para ordenar los elementos de una lista, tal como puede ver a continuación:

```
IDLE Shell 3.13.1                                              —    □    ✕
File  Edit  Shell  Debug  Options  Window  Help
      Python 3.13.1 (tags/v3.13.1:0671451, Dec  3 2024, 19:06:28) [MSC v.1942 64 bit (
      AMD64)] on win32
      Type "help", "copyright", "credits" or "license()" for more information.
>>>  lista = [1, 5, 2, 4, 3]
>>>  lista.sort()
>>>  lista
      [1, 2, 3, 4, 5]
>>>  lista = ["bellota", "zanahoria", "almendra", "ala"]
>>>  lista.sort()
>>>  lista
      ['ala', 'almendra', 'bellota', 'zanahoria']
>>>
```

Al principio de este apartado, se comentó lo parecido que resulta el manejo de listas y cadenas de texto. Por eso, conviene que conozca un práctico método que permite convertir cadenas en listas. Se trata de:

cadena`.split(`*separador*`)`,

Si se invocara sin argumentos, devolvería como resultado una lista con las palabras de un texto. Si lo hiciera con un carácter (o cualquier texto, en general), este se utilizaría como separador para identificar las diferentes partes que componen la cadena.

En la siguiente imagen, puede ver algunos ejemplos sencillos de uso del método `split()`:

```
IDLE Shell 3.13.1                                              —    □    ×
File  Edit  Shell  Debug  Options  Window  Help
      Python 3.13.1 (tags/v3.13.1:0671451, Dec  3 2024, 19:06:28) [MSC v.1942 64 bit (
      AMD64)] on win32
      Type "help", "copyright", "credits" or "license()" for more information.
>>>   frase = "Esto es un frase"
>>>   frase.split()
      ['Esto', 'es', 'un', 'frase']
>>>   diccionario = "nombre:Tomás:teléfono:123456"
>>>   diccionario.split(":")
      ['nombre', 'Tomás', 'teléfono', '123456']
>>>
```

> ℹ️ Cuando se llama a este método sin argumentos, el carácter separador utilizado por defecto es el espacio.

> ℹ️ Las listas tienen muchas más funciones que las aquí descritas. Si quiere conocerlas todas, consulte https://docs.python.org/3/library/stdtypes. html#sequence-types-list-tuple-range.

12.7.2 Tuplas

Las tuplas son secuencias ordenadas de elementos, pero, a diferencia de las listas, son inmutables; es decir, no se pueden modificar una vez creadas. La forma de declarar una tupla es encerrando sus elementos entre paréntesis, como en el siguiente ejemplo:

```
tupla_frutas = ("pera", "manzana", "naranja", "cereza")
```

Al igual que en las listas, para acceder a los elementos de una tupla, se utiliza un índice, que puede ser positivo o negativo. En la siguiente imagen puede ver un par de ejemplos:

```
IDLE Shell 3.13.1                                              —    □    ×
File  Edit  Shell  Debug  Options  Window  Help
      Python 3.13.1 (tags/v3.13.1:0671451, Dec  3 2024, 19:06:28) [MSC v.1942 64 bit (
      AMD64)] on win32
      Type "help", "copyright", "credits" or "license()" for more information.
>>>   tupla_frutas = ("pera", "manzana", "naranja", "cereza")
>>>   tupla_frutas[0]
      'pera'
>>>   tupla_frutas[-1]
      'cereza'
>>>
```

Como se acaba de comentar, las tuplas son inmutables, por lo que no podrá modificar su contenido. Por ese motivo, si tratara de ejecutar la siguiente sentencia para modificar el valor del primer elemento, provocaría un error:

```
tupla_frutas[0] = "melocotón"
```

```
IDLE Shell 3.13.1                                          —   □   ×
File  Edit  Shell  Debug  Options  Window  Help
     Python 3.13.1 (tags/v3.13.1:0671451, Dec  3 2024, 19:06:28) [MSC v.1942 64 bit (
     AMD64)] on win32
     Type "help", "copyright", "credits" or "license()" for more information.
>>>  tupla_frutas = ("pera", "manzana", "naranja", "cereza")
>>>  tupla_frutas[0] = "melocotón"
     Traceback (most recent call last):
       File "<pyshell#1>", line 1, in <module>
         tupla_frutas[0] = "melocotón"
     TypeError: 'tuple' object does not support item assignment
>>>
```

Tampoco se pueden añadir o borrar elementos de una tupla. Si necesitara realizar este tipo de operaciones, tendría que convertirla necesariamente en una lista con la función `list()`, tal como se muestra a continuación:

```
IDLE Shell 3.13.1                                          —   □   ×
File  Edit  Shell  Debug  Options  Window  Help
     Python 3.13.1 (tags/v3.13.1:0671451, Dec  3 2024, 19:06:28) [MSC v.1942 64 bit (
     AMD64)] on win32
     Type "help", "copyright", "credits" or "license()" for more information.
>>>  tupla_frutas = ("pera", "manzana", "naranja", "cereza")
>>>  lista_frutas = list(tupla_frutas)
>>>  lista_frutas[0] = "melocotón"
>>>  lista_frutas
     ['melocotón', 'manzana', 'naranja', 'cereza']
>>>
```

i Observe cómo, una vez convertida la tupla en una lista, los elementos aparecen encerrados entre corchetes (en vez de paréntesis).

Por el contrario, si lo que quiere es convertir una lista en una tupla, utilice la función `tuple()`.

12.7.3 Conjuntos

Un conjunto es una colección de datos que no están ordenados ni indexados. Se declara encerrando sus elementos entre llaves, como en la siguiente sentencia:

```
conjunto_frutas = {"pera", "manzana", "naranja", "cereza"}
```

Este tipo de datos trata de simular el concepto matemático de los conjuntos.

Puesto que los elementos de un conjunto no están ordenados, no es posible saber la posición que ocupa cada uno de ellos.

A diferencia de las listas y las tuplas, los conjuntos no están indexados, por lo que no podrá acceder a sus elementos usando su posición. Lo que sí podrá hacer es recorrerlos con un bucle `for`, utilizando la palabra clave `in`:

```
conjunto_frutas = {"pera", "manzana", "naranja", "cereza"}

for fruta in conjunto_frutas:
    print(fruta)
```

También podrá emplear la palabra clave `in` en la condición de una sentencia `if`, para saber si un elemento se encuentra en un conjunto:

```
conjunto_frutas = {"pera", "manzana", "naranja", "cereza"}
fruta = "manzana"

if fruta in conjunto_frutas:
    print("La " + fruta + " es una de las frutas del conjunto")
```

El número de elementos del conjunto lo daría la función:

```
len(conjunto)
```

Aunque no se puedan modificar los elementos de un conjunto, sí es posible añadir otros nuevos, con los métodos:

```
conjunto.add(elemento)
```

```
conjunto.update(lista de elementos)
```

Con el primero se agrega un solo elemento al conjunto, mientras que con el segundo se añade una lista.

Para borrar un elemento, se pueden usar los métodos:

```
conjunto.remove(elemento)
```

```
conjunto.discart(elemento)
```

La diferencia entre `remove()` y `discart()` es que el primero provoca un error en caso de que no exista el elemento para eliminar y el otro no.

La forma de eliminarlo todo sería invocando el método:

conjunto.clear().

En la siguiente imagen puede ver cómo se crea el conjunto conjunto_frutas con un solo elemento ("pera"). A continuación, se agrega "manzana" y, posteriormente, se incorpora la lista ["naranja", "cereza"]. Recuerde que, en un conjunto, sus elementos no están ordenados, por lo que se añaden en cualquier posición. Posteriormente, se borra el elemento "naranja" y, por último, se borran todos los elementos del conjunto:

```
IDLE Shell 3.13.1                                                    —   □   ×
File  Edit  Shell  Debug  Options  Window  Help
    Python 3.13.1 (tags/v3.13.1:0671451, Dec  3 2024, 19:06:28) [MSC v.1942 64 bit (
    AMD64)] on win32
    Type "help", "copyright", "credits" or "license()" for more information.
>>> conjunto_frutas = {"pera"}
>>> conjunto_frutas.add("manzana")
>>> conjunto_frutas
    {'manzana', 'pera'}
>>> conjunto_frutas.update(["naranja", "cereza"])
>>> conjunto_frutas
    {'naranja', 'cereza', 'manzana', 'pera'}
>>> conjunto_frutas.remove("naranja")
>>> conjunto_frutas
    {'cereza', 'manzana', 'pera'}
>>> conjunto_frutas.clear()
>>> conjunto_frutas
    set()
>>>
```

La forma de unir conjuntos es diferente a como se hacía en las listas o en las tuplas, ya que ahora no se emplea el operador "+" sino el método:

conjunto1.union(*conjunto2*)

Dicho método crea un nuevo conjunto compuesto por los elementos ambos. Si no se pretende crear un nuevo conjunto, sino añadir los elementos de uno en los de otro, el método que usar será:

conjunto1.update(*conjunto2*)

Como resultado de la ejecución de este método, al primer conjunto (*conjunto1*) se le habrían añadido los elementos del segundo (*conjunto2*), tal como puede comprobar a continuación:

```
IDLE Shell 3.13.1                                                    —   □   ×
File  Edit  Shell  Debug  Options  Window  Help
    Python 3.13.1 (tags/v3.13.1:0671451, Dec  3 2024, 19:06:28) [MSC v.1942 64 bit (
    AMD64)] on win32
    Type "help", "copyright", "credits" or "license()" for more information.
>>> conjunto_frutas1 = {"pera", "manzana"}
>>> conjunto_frutas2 = {"naranja", "cereza"}
>>> conjunto_frutas1.update(conjunto_frutas2)
>>> conjunto_frutas1
    {'naranja', 'cereza', 'pera', 'manzana'}
>>>
```

En cualquier momento, un conjunto se puede convertir en una lista o una tupla (y viceversa). Para ello, tendrá que utilizar las funciones de *casting* `list()`, `tuple` y `set()`.

A continuación, puede ver cómo se convierte un conjunto en una tupla y en una lista y cómo se revierte, en cada caso, el proceso para volver a transformarlo en un conjunto:

```
IDLE Shell 3.13.1                                          —    □    ×
File  Edit  Shell  Debug  Options  Window  Help
      Python 3.13.1 (tags/v3.13.1:0671451, Dec  3 2024, 19:06:28) [MSC v.1942 64 bit (
      AMD64)] on win32
      Type "help", "copyright", "credits" or "license()" for more information.
>>>   conjunto = {1, 2 , 3, 4}
>>>   tupla = tuple(conjunto)
>>>   tupla
      (1, 2, 3, 4)
>>>   conjunto = set(tupla)
>>>   conjunto
      {1, 2, 3, 4}
>>>   lista = list(conjunto)
>>>   lista
      [1, 2, 3, 4]
>>>   conjunto = set(lista)
>>>   conjunto
      {1, 2, 3, 4}
>>>
```

12.7.4 Diccionarios

Los diccionarios son una colección de elementos desordenados, pero, a diferencia de los conjuntos, pueden indexarse y modificarse. Además, cada uno de estos elementos está formado por un par clave-valor, en el que la clave será el índice que permita acceder al valor del elemento (a diferencia de las secuencias, en las que los índices son la posición que ocupan).

A continuación, puede ver un ejemplo de creación de un diccionario, en el que se almacena el nombre, la raza, el sexo y la edad de mi perro:

```
mi_perro = {
    nombre: "Snoppy",
    raza: "Beagle",
    sexo: "macho",
    edad: 10
}
```

Para acceder a los datos de esta estructura (como, por ejemplo, el nombre de mi perro), se utilizaría la sentencia:

```
mi_perro["nombre"]
```

De forma alternativa, podría usar el método `get()`, por lo que la expresión equivalente sería:

```
mi_perro.get("nombre")
```

Las claves pueden ser de cualquier tipo de datos.

En los diccionarios es posible modificar el valor de sus elementos. Por eso, si quisiera cambiar la edad de mi perro, escribiría la sentencia:

```
mi_perro["edad"] = 9
```

La siguiente imagen muestra el resultado de la ejecución de estas sentencias en la *shell* de Python:

```
IDLE Shell 3.13.1                                                  —   □   ×
File  Edit  Shell  Debug  Options  Window  Help
      Python 3.13.1 (tags/v3.13.1:0671451, Dec  3 2024, 19:06:28) [MSC v.1942 64 bit ( ^
      AMD64)] on win32
      Type "help", "copyright", "credits" or "license()" for more information.
>>>   mi_perro = {
...       "nombre": "Snoppy",
...       "raza": "Beagle",
...       "sexo": "macho",
...       "edad": 10
...   }
>>>   mi_perro["nombre"]
      'Snoppy'
>>>   mi_perro["edad"] = 9
>>>   mi_perro
      {'nombre': 'Snoppy', 'raza': 'Beagle', 'sexo': 'macho', 'edad': 9}
>>>
```

A diferencia de los valores, las claves son únicas (no se pueden repetir) e inmutables (no se pueden modificar una vez creadas).

Para recorrer las claves de un diccionario, se utiliza la palabra clave `in` en un bucle `for`. Compruébelo escribiendo y ejecutando el siguiente programa:

```
mi_perro = {
    "nombre": "Snoppy",
    "raza": "Beagle",
    "sexo": "macho",
    "edad": 10
}

for clave in mi_perro:
    print(clave)
```

A continuación, se muestra el resultado obtenido:

```
IDLE Shell 3.12.3                                          —    □    ×
File  Edit  Shell  Debug  Options  Window  Help
      Python 3.12.3 (tags/v3.12.3:f6650f9, Apr  9 2024, 14:05:25) [MSC v.1938 64 bit (
      AMD64)] on win32
      Type "help", "copyright", "credits" or "license()" for more information.
>>>
      = RESTART: C:\Users\Tomas\Documents\Python3\anexo\diccionarios.py
      nombre
      raza
      sexo
      edad
>>>
```

Si lo que quiere es desplazarse por los valores, en vez de por los índices, llame al método values() del diccionario en el bucle for, tal como puede ver a continuación:

```
for valor in mi_perro.values():
    print(valor)
```

```
IDLE Shell 3.12.3                                          —    □    ×
File  Edit  Shell  Debug  Options  Window  Help
      Python 3.12.3 (tags/v3.12.3:f6650f9, Apr  9 2024, 14:05:25) [MSC v.1938 64 bit (
      AMD64)] on win32
      Type "help", "copyright", "credits" or "license()" for more information.
>>>
      = RESTART: C:\Users\Tomas\Documents\Python3\anexo\diccionarios.py
      Snoppy
      Beagle
      macho
      10
>>>
```

Y, si busca tanto las claves como los valores, el método que debería usar en el bucle for sería items(), como se aprecia en este otro ejemplo:

```
for clave, valor in mi_perro.items():
    print(clave + " : " + str(valor))
```

```
IDLE Shell 3.12.3                                          —    □    ×
File  Edit  Shell  Debug  Options  Window  Help
      Python 3.12.3 (tags/v3.12.3:f6650f9, Apr  9 2024, 14:05:25) [MSC v.1938 64 bit (
      AMD64)] on win32
      Type "help", "copyright", "credits" or "license()" for more information.
>>>
      = RESTART: C:\Users\Tomas\Documents\Python3\anexo\diccionarios.py
      nombre : Snoppy
      raza : Beagle
      sexo : macho
      edad : 10
>>>
```

Dentro de la sentencia `print()` se hace una operación de *casting* con el valor porque la edad es un número; eso provocaría un error al intentar concatenarlo con la clave, que es una cadena.

También se puede emplear la palabra clave `in` para saber si existe una clave, como en este nuevo ejemplo, que mostraría en la *shell* el nombre del perro (valor) si existiera la clave en la que se guarda:

```
if "nombre" in mi_perro:
    print("Mi perro tiene nombre. Se llama " + mi_perro["nombre"])
else: print("Mi perro todavía no tiene nombre")
```

Para conocer el número de elementos (pares clave-valor) de un diccionario, se dispone de la función:

`len(`*diccionario*`)`

La forma de añadir un elemento (para clave-valor) a un diccionario sería similar a la de las listas, en la que ahora se utiliza la clave como índice; por ejemplo, en esta sentencia se agrega mi nombre al diccionario que contiene los datos de mi perro (`mi_perro`):

```
mi_perro["dueño"] = "Tomás"
```

Si la clave ya existiera, lo que se estaría haciendo sería modificar su valor.

Para borrar un elemento de un diccionario, se usan los métodos:

diccionario`.pop(`*clave*`)`

diccionario`.popitem()`

Con el primero se borra el elemento cuya clave se indica como argumento, mientras que, con el segundo, se elimina el último insertado. Para vaciar por completo el diccionario, se emplea el método:

diccionario`.clear()`.

En la siguiente imagen, puede ver un ejemplo de ejecución de estos métodos:

Si lo que pretende es copiar un diccionario, deberá utilizar la función:

```
dict(diccionario)
```

Por ejemplo, si quisiera tener una copia de los datos "mi perro", la sentencia que tendría que escribir sería:

```
copia_mi_perro = dict(mi_perro)
```

Los datos de cada uno de los elementos de un diccionario pueden ser de cualquier tipo, incluso otros diccionarios. Para demostrarlo, escriba el siguiente programa:

```
yo = {
    "nombre" : "Tomás",
    "NIF" :  1234567,
    "dirección" : "Madrid"
}

mi_perro = {
    "nombre": "Snoppy",
    "raza": "Beagle",
    "sexo": "macho",
    "edad": 10,
    "dueño": yo
}
```

```
print("---DATOS DEL PERRO---")
for clave_perro, valor_perro in mi_perro.items():
    if clave_perro == "dueño" :
        print("---DATOS DEL DUEÑO---")
        for clave_dueño, valor_dueño in valor_perro.items():
            print(clave_dueño + ":" + str(valor_dueño))
    else : print(clave_perro + ":" + str(valor_perro))
```

En primer lugar, se declara un diccionario con mis datos (yo). Luego, se crea otro con los de mi perro (mi_perro). En este último, como aspecto destacable, puede observar que la clave dueño tiene como valor el diccionario creado previamente con mis datos personales (yo). De esta forma, ambos diccionarios quedarían ligados o, lo que es lo mismo, yo quedaría vinculado a mi perro.

Luego, el bucle for recorre todos los elementos del diccionario mi_perro para mostrarlos en la *shell*. Dentro se utiliza una sentencia de control if para que, en el caso de que la clave del elemento sea dueño, como su valor es a su vez un diccionario, se muestren también sus elementos (pares clave-valor), recorriéndolos con un bucle for similar al anterior.

El resultado de la ejecución de este programa lo puede ver a continuación:

```
IDLE Shell 3.12.3                                          —    □    ×
File  Edit  Shell  Debug  Options  Window  Help
    Python 3.12.3 (tags/v3.12.3:f6650f9, Apr  9 2024, 14:05:25) [MSC v.1938 64 bit (
    AMD64)] on win32
    Type "help", "copyright", "credits" or "license()" for more information.
>>>
    = RESTART: C:\Users\Tomas\Documents\Python3\anexo\diccionarios.py
    ---DATOS DEL PERRO---
    nombre:Snoppy
    raza:Beagle
    sexo:macho
    edad:10
    ---DATOS DEL DUEÑO---
    nombre:Tomás
    NIF:1234567
    dirección:Madrid
>>>
```

Por último, es importante indicar que, con la función de *casting* dict(), es posible convertir listas, tuplas o conjuntos a diccionarios. Para ello, cada uno de los elementos de estos tipos de datos deben ser, a su vez, tuplas de dos elementos (el primero de los cuales representaría la clave y el segundo, el valor).

12.8 ENTRADA DE DATOS DE USUARIO

Además de sacar información por la consola, Python también puede recoger desde allí información de usuario. Para ello, se utiliza la función:

```
input(texto)
```

El argumento de esta función contiene el texto con el que se solicita la información. A continuación, puede ver un sencillo código de ejemplo que muestra cómo se usa:

```
nombre = input("¿Cómo te llamas? ")
print("Encantado de conocerte, " + nombre)
```

```
IDLE Shell 3.13.1                                              —    □    ×
File  Edit  Shell  Debug  Options  Window  Help
     Python 3.13.1 (tags/v3.13.1:0671451, Dec  3 2024, 19:06:28) [MSC v.1942 64 bit (
     AMD64)] on win32
     Type "help", "copyright", "credits" or "license()" for more information.
>>>
     ====== RESTART: C:\Users\Tomas\Documents\Python3\anexo\entrada_usuario.py ======
     ¿Cómo te llamas? Tomás
     Encantado de conocerte, Tomás
>>>
```

Cuando el intérprete ejecuta una función `input()`, detiene la ejecución del programa, hasta que el usuario introduce un dato, que devuelve como cadena de caracteres (aunque sea un número).

12.9 EL DEPURADOR DE CÓDIGO DE PYTHON

El IDLE de Python viene con un depurador integrado, con el que se puede controlar el flujo de ejecución de las sentencias de un programa y analizar el valor que toman las variables en cada momento.

Para activar el depurador, seleccione la opción "Debugger" del menú "Debug" en la ventana de la *shell*.

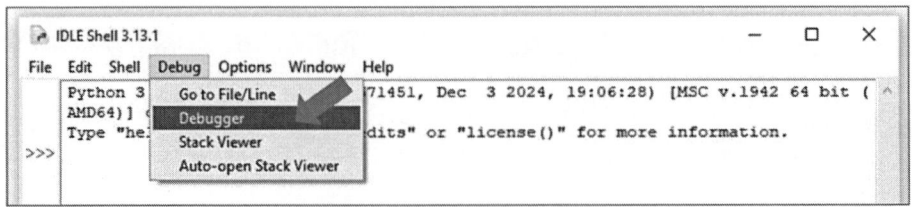

Aparecerá el mensaje "[DEBUG ON]". Si despliega de nuevo el menú, comprobará que dicha opción tiene ahora un *check* que indica que está activado:

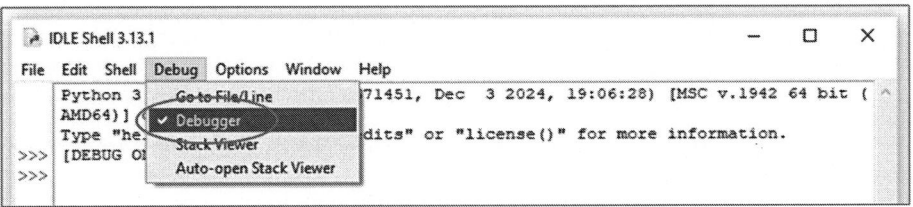

> *i*
>
> Si volviera a seleccionar la opción "Debugger", el depurador se desactivaría (y aparecería el mensaje "[DEBUG OFF]").

Además, se abrirá una ventana desde la que podrá controlar el funcionamiento del depurador y ver los resultados de la ejecución de un programa:

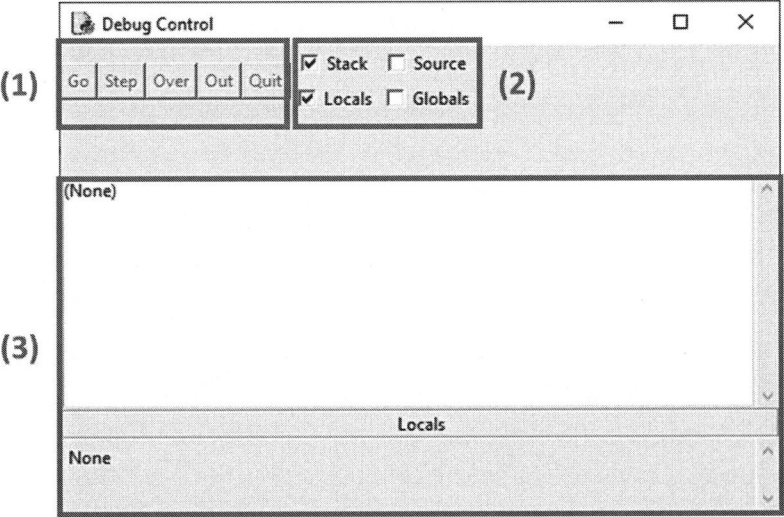

Dicha ventana se compone de tres secciones claramente diferenciadas:

1. Botones de control del comportamiento del depurador. Permiten ejecutar el programa línea a línea, pararlo en puntos concretos establecidos en el editor, etc. Se explicarán en detalle a continuación

2. Casillas de verificación, con las que se establece la información mostrada durante el proceso de depuración. Podrán ser: la secuencia de sentencias que se vayan ejecutando ("Stack"), el valor de las variables locales ("Locals") o el de las globales ("Globals"). Marcando la opción "Source", podrá ver seleccionada en el editor de código (con fondo gris) la sentencia en la que está parada la ejecución del programa en cada momento.

3. Área en la que se muestra la información indicada en la sección anterior.

Los botones de control del depurador realizan las siguientes tareas:

- Go. Ejecuta el código normalmente, hasta que se alcanza un punto de interrupción (se describe más adelante) o se solicita información al usuario.

- Step. Ejecuta la siguiente sentencia. Si se tratara de la llamada a una función, el depurador entraría en la función, y se pararía en la primera sentencia.

- Over. Ejecuta la siguiente sentencia. Si se tratara de la llamada a una función, la ejecutaría, y se pararía en la siguiente sentencia.

- Out. Si se encuentra dentro de una función, ejecuta normalmente su código hasta que finaliza, y se para en la siguiente sentencia desde la que se llamó.

- Quit. Detiene la ejecución del programa.

En la primera de las opciones, se indicaba que la ejecución del programa se realiza de la manera habitual, hasta que se encuentra un punto de interrupción. Estos se establecen en el editor de código, pulsando con el botón derecho del ratón en la línea donde se quiere parar la ejecución y seleccionando la opción "Set Breakpoint."

i

> Para quitar un punto de interrupción, pulse con el botón derecho del ratón en la sentencia que lo tenga y, en el menú desplegable que aparece, seleccione la opción "Clear Breakpoint."

i

> Los puntos de interrupción no se guardan con el código. Por ese motivo, si sale del editor, al volver a cargarlo, no tendrá ninguno.

Con el fin de demostrar lo sencillo que resulta el manejo del depurador, desarrollará un programa que pregunte al usuario cuál es la suma de dos números generados aleatoriamente. Dependiendo de si acierta o no, mostrará en la *shell* el mensaje correspondiente.

El código de dicho programa es el siguiente:

```
from random import randint

numero1 = randint(1, 10)
numero2 = randint(1, 10)
numero = numero1 + numero2

respuesta = input("Cuánto es " + str(numero1) +
                " + " + str(numero2) + "? ")

if respuesta == numero:
    print("¡Correcto!")
else:
    print("No es correcto, la respuesta es " + str(numero))
```

La primera sentencia todavía no la ha estudiado. De momento, solo necesita saber que se utiliza para importar la función `randint()` del módulo random:

```
from random import randint
```

Las siguientes sentencias generan dos números aleatorios (`numero1` y `numero2`) usando dicha función:

```
numero1 = randint(1, 10)
numero2 = randint(1, 10)
```

A continuación, se calcula la suma de dichos números, que será el valor por el que se pregunte al usuario con la sentencia `input()`:

```
numero = numero1 + numero2
respuesta = input("Cuánto es " + str(numero1) +
                " + " + str(numero2) + "? ")
```

Las últimas sentencias muestran en la *shell* el mensaje correspondiente, dependiendo de si el usuario ha acertado, o no, la respuesta:

```
if respuesta == numero:
    print("¡Correcto!")
else:
    print("No es correcto, la respuesta es " + str(numero))
```

Ahora, ejecute el programa. Tal como puede ver en la siguiente imagen, el comportamiento esperado no es el correcto.

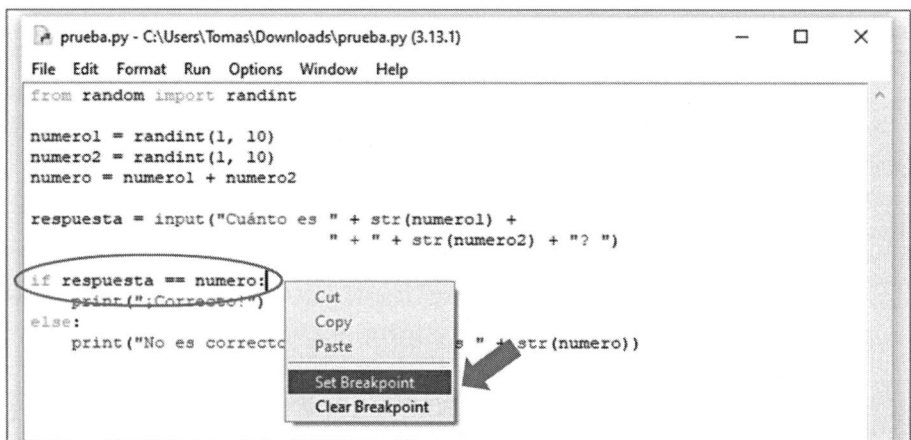

Para entender lo que ha pasado, active el depurador seleccionando la opción "Debugger" del menú "Debug" en la *shell*. A las casillas de verificación que están marcadas por defecto añada "Source". De esa forma, en el editor de código, podrá ver la línea en la que está parada la ejecución del programa en cada momento.

Añada también un punto de interrupción en la sentencia de control `if`:

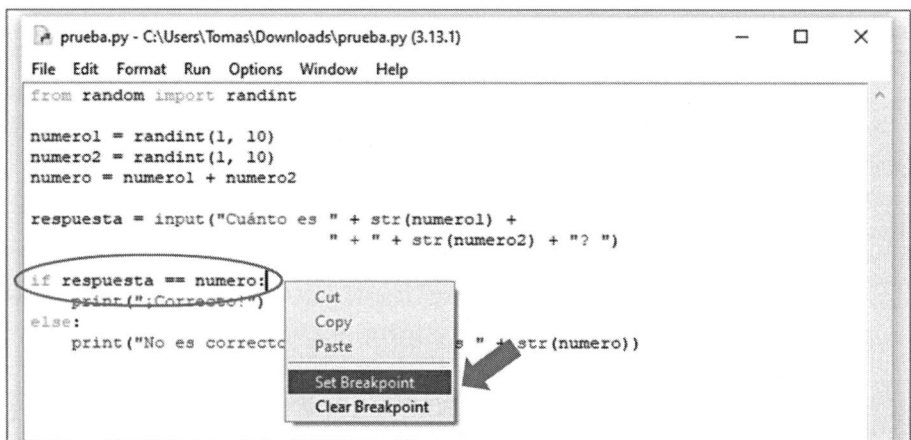

Ejecute de nuevo el programa y, cuando se pare en la primera sentencia (la que tiene el `import`), pulse el botón "Go" del depurador para que empiece a ejecutar las siguientes hasta llegar al `if` donde incluyó el punto de interrupción. De esta forma, una vez introducida la respuesta correcta a la pregunta que se hace, el programa quedará parado allí. En ese momento, pulse el botón "Step". Comprobará que no se ejecuta la sentencia que hay a continuación (como era de esperar), sino la del bloque `else`:

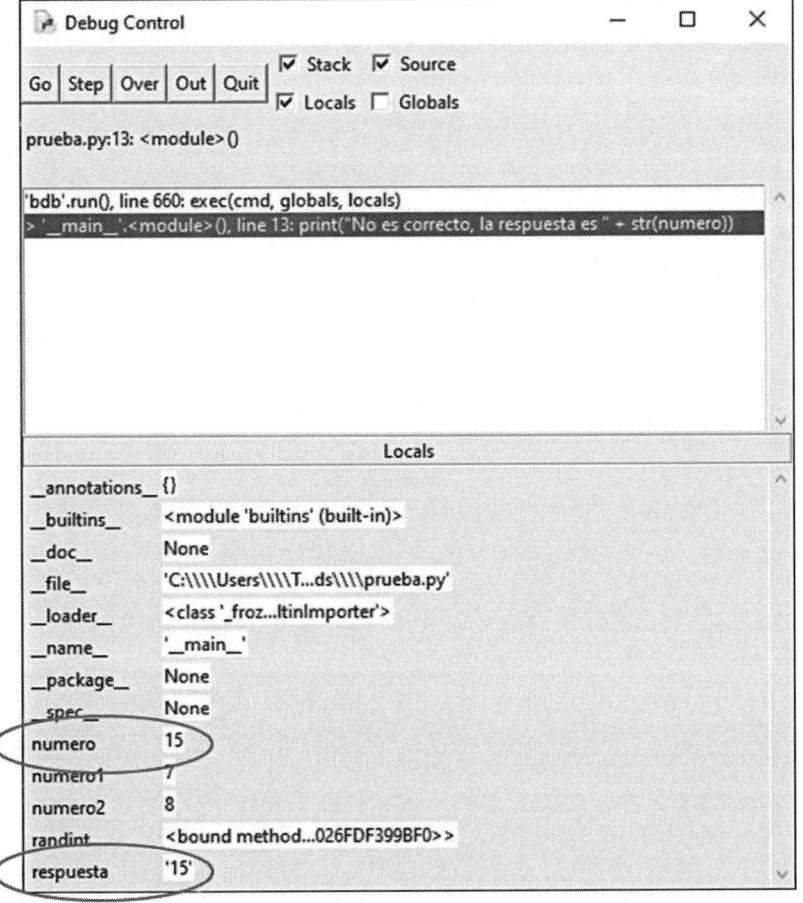

¿Qué ha pasado? La respuesta la puede ver en la sección "Locals" del depurador. Como puede observar en la siguiente imagen, la variable respuesta tiene el valor '13', lo que significa que es un string, mientras que número es de tipo entero. Por lo tanto, al comparar '13' con 13, la condición no se ha cumplido, y se ejecuta la sentencia del bloque else.

Para resolver el problema, solo tiene que sustituir la sentencia

```
respuesta = input("Cuánto es " + str(numero1) + " + " + str(numero2) + "? ")
```

por esta otra, en la que se añade una operación de *casting* para convertir la respuesta devuelta por la función `input()` en un número entero:

```
respuesta = int(input("Cuánto es " + str(numero1) +
                    " + " + str(numero2) + "? "))
```

Vuelva a ejecutar el código. Verá cómo ahora el programa se comporta según lo esperado.

12.10 FUNCIONES

En programación, una función es un conjunto de sentencias que realizan una tarea concreta dentro de un programa. Su objetivo es estructurar el código, dividiéndolo en partes más manejables, además de favorecer su reutilización. Los datos que pueda necesitar una función para realizar la tarea serán pasados como argumentos. Finalizada la ejecución, devolverá un resultado.

La sintaxis para definir una función es:

```
def función(argumento, ...):

    ...

    return valor
```

Como puede ver, una función se define poniendo la palabra clave `def` delante del nombre de la función. Después, se incluyen los argumentos entre paréntesis. Los dos puntos que hay a continuación (":") marcan el bloque de sentencias que componen la función, una de las cuales deberá ser `return`, si se devuelve un resultado tras su ejecución.

i La convención de nombrado de funciones es la misma que la de variables. Por eso, se escriben empezando por minúsculas y, en caso de constar de más de una palabra, se juntan con guiones bajos.

Una función puede tener cero o más argumentos de entrada y devolver cero o más resultados; por ejemplo, la siguiente función no tiene argumentos ni devuelve resultado alguno:

```
def hola():
    print("Hola desde mi primera función")


hola()
```

El programa anterior consta únicamente de la declaración de una función (que lo único que hace es mostrar un mensaje de saludo en la *shell*) y la sentencia con la que se invoca:

```
IDLE Shell 3.13.1                                          —    □    ✕
File  Edit  Shell  Debug  Options  Window  Help
    Python 3.13.1 (tags/v3.13.1:0671451, Dec  3 2024, 19:06:28) [MSC v.1942 64 bit ( ⌃
    AMD64)] on win32
    Type "help", "copyright", "credits" or "license()" for more information.
>>>
    ========= RESTART: C:\Users\Tomas\Documents\Python3\anexo\funciones.py =========
    Hola desde mi primera función
>>>
```

Recuerde que Python es un lenguaje interpretado, lo que implica que el programa se ejecuta línea a línea. Por ese motivo, y a diferencia de los programas compilados, las funciones se deben declarar antes de ser invocadas. De lo contrario, no serían reconocidas, y eso provocaría un error de ejecución.

La siguiente función es una modificación de la anterior, a la que se ha añadido un argumento con el que se indica el nombre de la persona a la que quiere saludarse:

```
def hola(nombre):
    print("Hola " + nombre)


nombre = input("¿Cómo te llamas? ")
hola(nombre)
```

```
IDLE Shell 3.13.1                                          —    □    ✕
File  Edit  Shell  Debug  Options  Window  Help
    Python 3.13.1 (tags/v3.13.1:0671451, Dec  3 2024, 19:06:28) [MSC v.1942 64 bit ( ⌃
    AMD64)] on win32
    Type "help", "copyright", "credits" or "license()" for more information.
>>>
    ========= RESTART: C:\Users\Tomas\Documents\Python3\anexo\funciones.py =========
    ¿Cómo te llamas? Tomás
    Hola Tomás
>>>
```

401

Las funciones deben llamarse exactamente con los mismos argumentos con los que se declararon, salvo que tengan valores por defecto. Vea el siguiente ejemplo, en el que ahora se invoca la función hola() dos veces: la primera sin argumentos y la segunda con el nombre introducido por el usuario:

```
def hola(nombre = ""):
    if nombre == "" : print("Hola")
    else : print("Hola " + nombre)


hola()
nombre = input("¿Cómo te llamas? ")
hola(nombre)
```

Como puede observar, la función hola() se ha modificado para que el argumento nombre tenga por defecto el valor "anónimo". El if que se ha añadido dentro discrimina el valor de dicho argumento para saludar con un simple "Hola" (si la función se hubiera invocado sin argumentos) o incluyendo el nombre de la persona. Es importante enfatizar el hecho de que, si no se hubiera establecido un valor por defecto, se hubiera producido un error de ejecución al invocarla sin argumentos:

```
IDLE Shell 3.13.1                                          —   □   ×
File  Edit  Shell  Debug  Options  Window  Help
      Python 3.13.1 (tags/v3.13.1:0671451, Dec  3 2024, 19:06:28) [MSC v.1942 64 bit (
      AMD64)] on win32
      Type "help", "copyright", "credits" or "license()" for more information.
>>>
      ========= RESTART: C:\Users\Tomas\Documents\Python3\anexo\funciones.py =========
      Hola
      ¿Cómo te llamas? Tomás
      Hola Tomás
>>>
```

i

Los argumentos con valores por defecto deben ser los últimos de la función.

Hasta ahora, a las funciones las ha llamado incluyendo los mismos argumentos y en el mismo orden con el que fueron declaradas (excepto si tenían un valor por defecto). Por ese motivo, a estos argumentos se los llama "posicionales". Pero hay otra forma de invocar una función, con la que los argumentos no tienen que incluirse en el mismo orden. Se trata de la siguiente:

función (argumento=valor, ...)

En contraposición al tipo de argumentos anterior, a estos se los conoce por el término inglés *keyword* (los otros eran *positional*).

Para terminar de entender cómo se usan, se analizará el código del siguiente programa:

```python
def datos(nombre, direccion, telefono):
    if nombre == "" : print("No tengo tu nombre")
    else : print("Hola " + nombre)
    if direccion != "" : print("Vives en  "+direccion)
    else : print("No tengo tu dirección")
    if telefono != "" : print("Tu teléfono es "+telefono)
    else : print("No tengo tu teléfono")


nombre = input("¿Cómo te llamas? ")
direccion = input("¿Cuál es tu dirección? ")
telefono = input("¿Cuál es tu número de teléfono? ")


datos(telefono=telefono, nombre=nombre, direccion=direccion)
```

La función `datos()` muestra en la *shell* el nombre del usuario, su dirección y su teléfono, pasados como argumentos. Si el valor de alguno de ellos fuera la cadena vacía, indicaría que no tiene el dato correspondiente.

Con las sentencias `input()` que hay a continuación, se obtienen dichos datos. Si el usuario pulsara retorno de carro, el valor obtenido sería la cadena vacía.

La última sentencia invoca la función `datos()`, pero, en esta ocasión, cada valor va precedido por el nombre del argumento correspondiente. Por ese motivo, el orden con el que se han incluido en la llamada a la función no coincide con el orden con el que fueron declarados (cualquier otra combinación sería válida). Aun así, tal como puede ver en la siguiente imagen, el resultado es el correcto:

El nombre de las variables no tiene por qué coincidir con el de los argumentos de la función. Naturalmente, esta forma de invocar una función puede hacerse también con argumentos que tengan valores por defecto. En ese caso, no sería obligatorio incluirlos en la llamada.

En este último ejemplo, se define una función que tiene como argumento de entrada una lista de números y devuelve como resultado el máximo de todos ellos:

```python
def maximo(lista):
    max = 0
    for x in lista:
        if x > max:
            max = x
    return max

lista = [1, 5, 2, 7, 3]
max = maximo (lista)
print("El máximo de " + str(lista) + " es " + str(max))
```

En primer lugar, se declara la función que obtiene el valor máximo, dentro de la que inicialmente se establece con el valor 0. Luego, se recorren todos los elementos de la lista pasada como argumento y, si el valor de alguno de ellos fuera mayor que el máximo encontrado hasta el momento, se convertiría en el nuevo máximo. De esta forma, cuando se llegue al final de la lista, se devolverá el mayor de todos ellos con la sentencia `return`.

A continuación, se crea una lista y se invoca la función anterior utilizándola como argumento. Una vez devuelto el resultado, se muestra en la *shell*:

```
IDLE Shell 3.13.1                                            —    □    ×
File  Edit  Shell  Debug  Options  Window  Help
    Python 3.13.1 (tags/v3.13.1:0671451, Dec  3 2024, 19:06:28) [MSC v.1942 64 bit (
    AMD64)] on win32
    Type "help", "copyright", "credits" or "license()" for more information.
>>>
    ========= RESTART: C:\Users\Tomas\Documents\Python3\anexo\funciones.py =========
    El máximo de [1, 5, 2, 7, 3] es 7
>>>
```

La sentencia `return` puede devolver varios valores.

Antes de finalizar esta sección, es interesante que conozca la existencia de las funciones lambda. Este tipo especial de funciones, a las que también se las llama "anónimas", porque no tienen nombre, se componen de una única expresión. Su sintaxis es la siguiente:

```
lambda argumento, ...: expresión
```

Como puede observar, los argumentos no van entre paréntesis. El resultado devuelto es el de la evaluación de la expresión.

Una función lambda se puede asignar a una variable, a través de la cual se le haría referencia; por ejemplo, imagine que desea tener una función que multiplique dos números. Su código podría ser el siguiente:

```python
def multiplica(x, y):
    return x*y
```

Escrito en una sola línea, sería:

```python
def multiplica(x, y): return x*y
```

O como una función lambda:

```python
multiplica = lambda x, y : x*y
```

Este tipo de funciones, al poder asignarse a variables, se suelen utilizar como argumentos de otras funciones, aunque también pueden formar parte de su propio código, tal como se muestra en el siguiente ejemplo:

```python
def escalar(numero):
    return lambda multiplicador : multiplicador * numero


doblar = escalar(2)
triplicar = escalar(3)


numero = int(input("Escriba un número: "))


numero_doblado = doblar(numero)
numero_triplicado = triplicar(numero)


print("El doble de "+str(numero)+ " es "+str(numero_doblado))
print("El triple de "+str(numero)+ " es "+str(numero_triplicado))
```

Lo primero que se hace es declarar la función `escalar()`, cuyo resultado es el devuelto por una función lambda, en la que se multiplica el argumento de entrada de la función lambda por el de la función en la que se encuentra.

A continuación se declaran dos variables, que en realidad son dos funciones declaradas a partir de `escalar()`. Una vez que se ha recogido el número introducido por el usuario, se invocan las funciones `doblar()` y `triplicar()` utilizando dicho número como argumento de entrada. El resultado devuelto por cada una de ellas se muestra en pantalla, demostrando así esta forma tan curiosa de obtener el doble y el triple de un número utilizando funciones lambda:

```
IDLE Shell 3.13.1                                               —    □    ×
File  Edit  Shell  Debug  Options  Window  Help
      Python 3.13.1 (tags/v3.13.1:0671451, Dec  3 2024, 19:06:28) [MSC v.1942 64 bit (
      AMD64)] on win32
      Type "help", "copyright", "credits" or "license()" for more information.
>>>
      ========= RESTART: C:\Users\Tomas\Documents\Python3\anexo\funciones.py =========
      Escriba un número: 5
      El doble de 5 es 10
      El triple de 5 es 15
>>>
```

12.11 ALCANCE DE LAS VARIABLES

En un programa anterior, en el que se obtenía el máximo de una lista de valores, habrá visto que, tanto en el código principal como en el que componía la función `máximo()`, se utilizaba la variable `max`. En realidad, se trata de dos variables diferentes que tienen el mismo nombre. Eso es debido a que una variable solo es accesible (existe) dentro del bloque de código en el que se ha creado. Por eso, la variable `max` que hay dentro de la función es diferente de la variable `max` del programa principal.

A las variables que se crean dentro de un bloque de sentencias (como el de una función) se las conoce como "variables locales." Las que forman parte del programa principal son las "variables globales", que podrían utilizarse incluso dentro de las funciones, tal como puede comprobar con el siguiente código:

```
x = 100

def mi_funcion():
    print(x)

mi_funcion()
print(x)
```

En este programa se crea la variable x con el valor 100, que se muestra en la *shell*, tanto desde el programa principal como desde la función `mi_funcion()`. Observe que, en este último caso, dicha variable no se pasa como argumento ya que, al ser global, puede accederse a su valor desde dentro de la función:

```
IDLE Shell 3.13.1                                          —    □    ×
File  Edit  Shell  Debug  Options  Window  Help
    Python 3.13.1 (tags/v3.13.1:0671451, Dec  3 2024, 19:06:28) [MSC v.1942 64 bit (
    AMD64)] on win32
    Type "help", "copyright", "credits" or "license()" for more information.
>>>
    ========= RESTART: C:\Users\Tomas\Documents\Python3\anexo\funciones.py =========
    100
    100
>>>
```

Cuando el nombre de una variable local y global coinciden, Python crea variables diferentes utilizando, en ese caso, la local (es lo que sucedió con la variable max en el programa anterior). Esto puede dar lugar a errores derivados de suponer que la modificación del valor de una variable global dentro de una función tendría efecto fuera de esta. Para tratar de entenderlo mejor, vea el siguiente ejemplo:

```
funcion_ejecutada = False

def mi_funcion():
    funcion_ejecutada = True
    print("Dentro de la función: " + str(funcion_ejecutada))

mi_funcion()
print("Después de ejecutar la función: " + str(funcion_ejecutada))
```

En este programa, primero se crea la variable `funcion_ejecutada` con el fin de saber si se ha ejecutado o no la función que se declara más abajo. Su valor es inicialmente `False`, ya que todavía no se ha invocado.

Dentro de la declaración de la función `mi_funcion()` se asigna el valor `True` a dicha variable, lo que indicaría que se ha ejecutado (o eso podría suponer), y se muestra en la *shell* su valor.

Inmediatamente después de haber declarado esta función, se invoca. Por último, se muestra el valor de la variable `funcion_ejecutada` en la *shell*.

El resultado lo puede ver a continuación:

```
IDLE Shell 3.13.1                                                    —    □    ×
File  Edit  Shell  Debug  Options  Window  Help
     Python 3.13.1 (tags/v3.13.1:0671451, Dec  3 2024, 19:06:28) [MSC v.1942 64 bit (
     AMD64)] on win32
>>>  Type "help", "copyright", "credits" or "license()" for more information.

     ========= RESTART: C:\Users\Tomas\Documents\Python3\anexo\funciones.py =========
     Dentro de la función: True
     Después de ejecutar la función: False
>>>
```

Como puede comprobar, la variable `funcion_ejecutada` toma el valor `True` dentro de la función y `False` fuera de ella. El motivo es que, en realidad, se trata de dos variables con el mismo nombre: una global y otra local a la función. Por eso, una vez ejecutada esta función, la variable local desaparece y queda únicamente la global, cuyo valor sigue siendo `False`, ya que no se ha modificado en ninguna sentencia del flujo principal del programa.

Entonces, ¿qué habría que hacer si se quisiera modificar el valor de una variable global dentro de una función? Declararla con la palabra clave `global`, para evitar que se cree una variable local con dicho nombre. Así, modificando ligeramente el código del programa anterior, dentro de `mi_funcion()` se podrá modificar el valor de la variable `funcion_ejecutada`, que ahora sería única:

```python
funcion_ejecutada = False

def mi_funcion():
    global funcion_ejecutada
    funcion_ejecutada = True
    print("Dentro de la función: " + str(funcion_ejecutada))

mi_funcion()
print("Después de ejecutar la función: " + str(funcion_ejecutada))
```

```
IDLE Shell 3.13.1                                                    —    □    ×
File  Edit  Shell  Debug  Options  Window  Help
     Python 3.13.1 (tags/v3.13.1:0671451, Dec  3 2024, 19:06:28) [MSC v.1942 64 bit (
     AMD64)] on win32
>>>  Type "help", "copyright", "credits" or "license()" for more information.

     ========= RESTART: C:\Users\Tomas\Documents\Python3\anexo\funciones.py =========
     Dentro de la función: True
>>>  Después de ejecutar la función: False

     ========= RESTART: C:\Users\Tomas\Documents\Python3\anexo\funciones.py =========
     Dentro de la función: True
     Después de ejecutar la función: True
>>>
```

ⓘ Si declara una variable como global en una función, tiene el mismo alcance que si lo hubiera hecho en el programa principal.

12.12 CLASES Y OBJETOS

En informática —y, en concreto, en programación orientada a objetos—, las clases se utilizan para representar cualquier entidad o concepto que deba manejar un programa; por ejemplo, si el programa tuviera que trabajar con información de personas, existiría una clase que las representara. Las clases pueden considerarse como plantillas que se utilizan para crear objetos. Siguiendo con el mismo ejemplo, estos serían todas y cada una de las personas con quienes trabajaría el programa.

> *i* A los objetos también se los llama "instancias".

Las clases se componen de un estado y un comportamiento. El estado está formado por una colección de atributos, que contienen las características comunes a todos los objetos de una clase. En el caso de la clase "persona", sus atributos podrían ser el nombre, la edad, el sexo o el DNI. Todas las personas tienen estos atributos.

> *i* A los atributos también se los llama "propiedades".

El comportamiento de los objetos de una clase lo establece un conjunto de métodos que, generalmente, modifican su estado; por ejemplo, estudiar, trabajar, etc., podrían ser métodos que definan el comportamiento de una persona.

En Python, las clases se declaran con la palabra clave `class`. Los atributos de una clase son variables y los métodos son funciones.

Veamos un primer ejemplo en el que se define la clase `Perro`:

```
class Perro:
    nombre = ""
    raza = ""

    def ladrar(self):
        print("¡Guau!")
```

Dicha clase está formada por dos atributos y un método. Los atributos indican el nombre y la raza del perro, mientras que el método simula un ladrido.

> *i* Todos los métodos deben llevar el argumento `self`, que representa al propio objeto. Más adelante, aprenderá a utilizarlo.

Una vez definida la clase, ya se podría utilizar como plantilla para crear los objetos que, siguiendo el mismo ejemplo, serían perros. Para ello, previamente habría tenido que dotarla de un método especial que permitiera hacerlo: el constructor. Dicho método se llama _init_() y se encarga de asignar valores a los atributos (o de crearlos si no existieran), así como de cualquier otra tarea de inicialización que se considerara necesaria durante la creación de la instancia (objeto) de una clase.

En el siguiente código, se ha añadido a la clase Perro un constructor que permite crear perros (objetos de la clase Perro) con el nombre y la raza indicados como argumentos:

```
class Perro:
    nombre = ""
    raza = ""

    def __init__(self, nombre, raza):
        self.raza = raza
    def ladrar(self):
        print("¡Guau!")
```

De esta forma, cualquier perro se representaría como un objeto de la clase Perro, en el que su nombre se almacenaría en el atributo nombre y su raza en raza. Para obtener o asignar el valor de un atributo, hay que acceder a él con la siguiente sintaxis:

objeto.atributo

Cuando el acceso a los atributos se realiza desde métodos del propio objeto, este se representa con la palabra clave self. Por eso, en el constructor de la clase Perro, la asignación del nombre o la raza del perro que se está creando se realiza con las sentencias:

```
self.nombre = nombre
self.raza = raza
```

Observe que no se produce ninguna ambigüedad entre el nombre de los argumentos y el de los atributos, por ir estos últimos precedidos del nombre del objeto.

Si los atributos no existieran, se crearían al asignarles un valor. Por ese motivo, el código de la clase anterior es equivalente al siguiente:

```
class Perro:
    def __init__(self, nombre, raza):
        self.nombre = nombre
        self.raza = raza
    def ladrar(self):
        print("¡Guau!")
```

Para crear un objeto, se invoca el constructor de la clase correspondiente usando la notación:

clase(argumento, ...)

Es como si el constructor de una clase fuera una función con el nombre de dicha clase. Por lo tanto, si quisiera crear un objeto que representara un perro de raza Beagle llamado Snoopy, debería ejecutar la sentencia:

```
mi_perro = Perro("Snoopy", "Beagle")
```

i Por convención, los nombres de las clases se escriben con mayúscula inicial, mientras que los de los objetos deben escribirse en minúsculas.

Una vez creado este perro, para conocer su raza, tendría que acceder al valor del atributo raza utilizando la expresión:

```
mi_perro.raza
```

Para ejecutar el método de un objeto, se emplea la notación:

objeto.método(argumento, ...)

Por eso, si quisiera provocar el ladrido de mi_perro, la sentencia utilizada sería:

```
mi_perro.ladrar()
```

i Aunque en la declaración de la clase todos los métodos deban llevar como argumento el objeto self, al invocarlos, no hace falta ponerlo (tal como ha hecho con el constructor).

A modo de resumen, juntando las líneas de código que se han ido describiendo en este apartado, obtendríamos este pequeño programa:

```python
class Perro:
    def __init__(self, nombre, raza):
        self.nombre = nombre
        self.raza = raza
    def ladrar(self):
        print("¡Guau!")


mi_perro = Perro("Snoopy", "Beagle")

print("La raza de mi perro es " + mi_perro.raza)
mi_perro.ladrar()
```

El resultado de su ejecución lo puede ver en la siguiente imagen:

Para modificar un atributo, solo tiene que acceder a él y asignarle un valor. Si dicho atributo no existiera, lo crearía. Para borrarlo, se usa la palabra clave `del`, que sirve también para borrar un objeto.

> Las estructuras de datos estudiadas anteriormente son, en realidad, clases, cuyo constructor es `list()`, `tuple()`, `set()` y `dict()` para listas, tuplas, conjuntos o diccionarios, respectivamente.

12.12.1 Herencia

Una de las características más importantes del paradigma de programación orientado a objetos es que una clase puede heredar los atributos y los métodos de otra. A la clase que hereda se la llama "clase hija", mientras que la otra es la "clase padre". Las ventajas que proporciona son muchas, entre las que destacan la reutilización y la facilidad para crear nuevo código, extendiendo clases ya existentes. Esto, a su vez, conlleva una reducción de tiempo de desarrollo y una mayor facilidad de mantenimiento.

Para crear una clase hija de otra, se usa la sintaxis:

```
class clase hija (clase padre)
```

Con el fin de practicar el mecanismo de la herencia, creará la clase Persona con los atributos nombre y DNI, además de un método que muestre en la *shell* los valores de dichos atributos:

```
class Persona:
    def __init__(self, nombre, dni):
        self.nombre = nombre
        self.dni = dni

    def mostrarAtributos(self):
        print("Nombre: " + self.nombre)
        print("DNI: " + str(self.dni))
```

Ahora, imagine que tiene que desarrollar un programa para una clínica veterinaria y que, además de trabajar con perros (representados mediante la clase Perro vista anteriormente), debe manejar información de sus dueños. Si ya dispusiera de la clase Persona para representar a un cliente, solo tendría que crear una clase hija, a la que se la agregarían los métodos y atributos específicos de un cliente de la clínica (como, por ejemplo, el perro del que es dueño, la fecha en la que acudió a la clínica, el importe de la factura, etc.).

Para empezar a practicar con el mecanismo de la herencia, va a crear la clase Cliente como hija de la clase Persona, sin añadir ningún atributo ni método específico. Como la clase Cliente hereda de la clase Persona, ambas tendrán los mismos atributos (nombre y dni), así como el método mostrarAtributos(). Eso se puede probar ejecutando el siguiente programa:

```
class Persona:
    def __init__(self, nombre, dni):
        self.nombre = nombre
        self.dni = dni
    def mostrarAtributos(self):
        print("Nombre: " + self.nombre)
        print("DNI: " + str(self.dni))

class Cliente(Persona):
    pass
```

```
yo = Cliente("Tomás", 1234)
yo.mostrarAtributos()
```

En primer lugar, se declara la clase `Persona` tal como ya conoce y, a continuación, la clase `Cliente` como hija de esta.

> *i* La sentencia `pass` se pone porque una clase no se puede definir vacía.

Luego, se crea un objeto de esta última clase, cuyo constructor tiene los mismos argumentos que el de la clase padre (nombre y DNI), ya que lo ha heredado de ella. Por último, se muestra en la *shell* el valor de dichos atributos invocando el método `mostrarAtributos()`, heredado también de la clase padre.

A continuación, puede ver el resultado de la ejecución de este programa, en el que se demuestra que el objeto `yo` de la clase `Cliente` tiene los mismos atributos y métodos que la clase `Persona`:

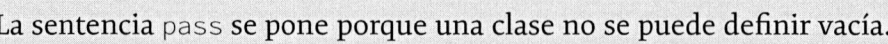

```
IDLE Shell 3.13.1                                          —   □   ×
File  Edit  Shell  Debug  Options  Window  Help
    Python 3.13.1 (tags/v3.13.1:0671451, Dec  3 2024, 19:06:28) [MSC v.1942 64 bit (
    AMD64)] on win32
    Type "help", "copyright", "credits" or "license()" for more information.
>>>
    ============ RESTART: C:\Users\Tomas\Documents\Python3\anexo\clases.py ============
    Nombre: Tomás
    DNI: 1234
>>>
```

Ahora va a modificar la clase `Cliente` para añadirle el atributo `perro`, cuyo valor será el perro del que es dueño, es decir, un objeto de la clase `Perro`. El código del programa es el siguiente:

```
class Perro:
    def __init__(self, nombre, raza):
        self.nombre = nombre
        self.raza = raza

    def ladrar(self):
        print("¡Guau!")

class Persona:
    def __init__(self, nombre, dni):
        self.nombre = nombre
        self.dni = dni
```

```python
    def mostrarAtributos(self):
        print("Nombre de la persona: " + self.nombre)
        print("DNI: " + str(self.dni))

class Cliente(Persona):
    def __init__(self, nombre, dni, perro):
        Persona.__init__(self, nombre, dni)
        self.perro = perro
    def mostrarAtributos(self):
        super().mostrarAtributos()
        print("Nombre del perro: " + self.perro.nombre)
        print("Raza: " + self.perro.raza)

mi_perro = Perro("Snoopy", "Beagle")
yo = Cliente("Tomás", 1234, mi_perro)
yo.mostrarAtributos()
```

En primer lugar, se declaran las clases `Perro` y `Persona`, que ya conoce.

Por último, se declara la clase `Cliente` como hija de la clase `Persona`. En esta ocasión, la clase `Cliente` dispone de un constructor que sustituye y complementa al de la clase padre. Lo sustituye, porque ahora este es el que se ejecuta, y no el de la clase padre. Y lo complementa porque, como parte del código de su constructor, invoca el de la clase padre para crear los atributos que hereda (`nombre` y `dni`), además del atributo específico de esta clase (`perro`).

La forma de llamar al constructor de la clase padre (`Persona`) sigue una sintaxis similar a la usada para ejecutar el método de cualquier objeto:

```python
Persona.__init__(self, nombre, dni)
```

> (i) Observe que es necesario añadir el propio objeto (`self`) como argumento.

Además de los atributos `nombre` y `dni` de la clase padre, esta nueva clase hereda el método `mostrarAtributos()`. Pero recuerde que dicho método solo muestra los valores de los atributos `nombre` y `dni`. Por lo tanto, si ahora quisiera que también presentara el nombre y la raza del perro del que es dueño, sería necesario crear un método con el mismo nombre que sustituyera al heredado. Con el fin de reutilizar el código del método original, dentro del nuevo método se llamaría al original, seguido de las sentencias que mostrarían en pantalla los atributos del perro (`raza` y `nombre`).

En este caso, para invocar el método de la clase padre, se utiliza la función `super()`:

```
super().mostrarAtributos()
```

Solo se permite invocar métodos de la clase padre, no acceder a sus atributos.

En el programa principal, primero se crea el objeto que representa mi perro (`mi_perro`); a continuación, la instancia que me representa como cliente de la clínica (`yo`) y, finalmente, se ejecuta el método `mostrarAtributos()`, que muestra en la *shell* todos los datos de que dispondría la clínica sobre mí.

El resultado de la ejecución del programa lo puede ver en esta imagen:

```
IDLE Shell 3.13.1                                               —    □    ×

File  Edit  Shell  Debug  Options  Window  Help
     Python 3.13.1 (tags/v3.13.1:0671451, Dec  3 2024, 19:06:28) [MSC v.1942 64 bit (
     AMD64)] on win32
     Type "help", "copyright", "credits" or "license()" for more information.
>>>
     ========== RESTART: C:\Users\Tomas\Documents\Python3\anexo\clases.py ==========
     Nombre de la persona: Tomás
     DNI: 1234
     Nombre del perro: Snoopy
     Raza: Beagle
>>>
```

Al emplear `super()`, no es necesario añadir `self` como argumento.

El uso del nombre de la clase padre o `super()` no es exactamente igual, ya que esta última función permite la herencia múltiple.

12.13 MÓDULOS

Los módulos, al igual que las funciones, son uno de los pilares principales de la reutilización de código en cualquier lenguaje de programación. La diferencia entre ambos conceptos es que las funciones suelen realizar tareas específicas de un programa, mientras que los módulos son de carácter general. Además, un módulo puede tener lo mismo que cualquier otro programa; es decir, puede tener funciones, variables, estructuras de datos, clases, etc. La diferencia entre un programa y un módulo radica únicamente en el hecho de que, en estos últimos, el código es reutilizable.

> ⓘ Los módulos son como las librerías en otros lenguajes de programación.

Los módulos, al igual que los programas, son ficheros con extensión ".py". Para hacer uso del contenido de un módulo (variables, funciones, clases, etc.), primero hay que importarlo:

```
import módulo
```

Posteriormente, para acceder a los elementos del módulo que se necesiten, utilice la sintaxis:

```
módulo.elemento
```

Por ejemplo, escriba el siguiente código y guárdelo con el nombre "miModulo. py":

```
variable = "Soy la variable de miModulo.py"

def funcion():
    print("Soy la función de miModulo.py")
```

Luego escriba este programa en otro fichero:

```
import miModulo

print(miModulo.variable)
miModulo.funcion()
```

En dicho programa, lo primero que se hace es importar el módulo miModulo desarrollado previamente. A continuación, se muestra en la *shell* el valor de la variable variable y se ejecuta la función funcion(), definidas en el módulo importado:

```
IDLE Shell 3.13.1                                          —   □   ×
File  Edit  Shell  Debug  Options  Window  Help
      Python 3.13.1 (tags/v3.13.1:0671451, Dec  3 2024, 19:06:28) [MSC v.1942 64 bit (
      AMD64)] on win32
      Type "help", "copyright", "credits" or "license()" for more information.
>>>
      ========== RESTART: C:\Users\Tomas\Documents\Python3\anexo\modulos.py ==========
      Soy la variable de miModulo.py
      Soy la función de miModulo.py
>>>
```

> ℹ Para encontrar un módulo, Python busca, en primer lugar, en el directorio donde está el programa que se ejecuta. Si no lo localizara, iría a la ruta contenida en la variable del sistema PYTHONPATH (si la hubiera creado) y, por último, examinaría los directorios de instalación de Python. Para saber cuáles son estos últimos, ejecute las sentencias:
>
> ```python
> import sys
> print(sys.path)
> ```

```
IDLE Shell 3.13.1                                          —   □   ×
File  Edit  Shell  Debug  Options  Window  Help
      Python 3.13.1 (tags/v3.13.1:0671451, Dec  3 2024, 19:06:28) [MSC v.1942 64 bit (
      AMD64)] on win32
      Type "help", "copyright", "credits" or "license()" for more information.
>>> import sys
>>> print(sys.path)
      ['', 'C:\\Users\\Tomas\\AppData\\Local\\Programs\\Python\\Python313\\Lib\\idleli
      b', 'C:\\Users\\Tomas\\AppData\\Local\\Programs\\Python\\Python313\\python313.zi
      p', 'C:\\Users\\Tomas\\AppData\\Local\\Programs\\Python\\Python313\\DLLs', 'C:\\
      Users\\Tomas\\AppData\\Local\\Programs\\Python\\Python313\\Lib', 'C:\\Users\\Tom
      as\\AppData\\Local\\Programs\\Python\\Python313', 'C:\\Users\\Tomas\\AppData\\Lo
      cal\\Programs\\Python\\Python313\\Lib\\site-packages']
>>>
```

> ℹ En la imagen anterior, donde pone "Tomas", aparecería el nombre de su usuario Windows.

El entorno de Python viene con una serie de módulos que pueden importarse en cualquier momento. Estos dan soluciones estandarizadas a problemas comunes de programación. Para conocer todos los que tiene disponibles, ejecute la siguiente sentencia:

```python
help('modules')
```

```
File   Edit   Shell   Debug   Options   Window   Help
       Python 3.13.1 (tags/v3.13.1:0671451, Dec  3 2024, 19:06:28) [MSC v.1942 64 bit ( ^
       AMD64)] on win32
       Type "help", "copyright", "credits" or "license()" for more information.
>>>    help('modules')

       Please wait a moment while I gather a list of all available modules...

       test_sqlite3: testing with SQLite version 3.45.3
       __future__          _testsinglephase   getopt            run
       __hello__           _thread            getpass           runpy
       __main__            _threading_local   gettext           runscript
       __phello__          _tkinter           glob              sched
       _abc                _tokenize          graphlib          scrolledlist
       _aix_support        _tracemalloc       grep              search
       _android_support    _typing            gzip              searchbase
       _ast                _uuid              hashlib           searchengine
       _asyncio            _warnings          heapq             secrets
       _bisect             _weakref           help              select
       _blake2             _weakrefset        help_about        selectors
       _bz2                _winapi            history           shelve
       _codecs             _wmi               hmac              shlex
       _codecs_cn          _zoneinfo          html              shutil
       _codecs_hk          abc                http              sidebar
       _codecs_iso2022     antigravity        hyperparser       signal
       _codecs_jp          argparse           idle              site
       _codecs_kr          array              idle_test         smtplib
       _codecs_tw          ast                idlelib           socket
       _collections        asyncio            imaplib           socketserver
       _collections_abc    atexit             importlib         sqlite3
       _colorize           autocomplete       inspect           squeezer
```

Por ejemplo, el módulo "platform" permite obtener datos del ordenador en el que se ejecutan los programas, tales como el sistema operativo:

```
import platform
```

```
print("El sistema operativo donde me ejecuto es " + platform.system())
```

En dicho programa, tras importar el módulo "platform", se llama a la función `system()`, que devuelve el tipo de sistema operativo en el que se ejecuta el programa (en mi caso, Windows):

```
IDLE Shell 3.13.1                                                    —   □   ×
File   Edit   Shell   Debug   Options   Window   Help
       Python 3.13.1 (tags/v3.13.1:0671451, Dec  3 2024, 19:06:28) [MSC v.1942 64 bit ( ^
       AMD64)] on win32
       Type "help", "copyright", "credits" or "license()" for more information.
>>>
       ========== RESTART: C:\Users\Tomas\Documents\Python3\anexo\modulos.py ==========
       El sistema operativo donde me ejecuto es Windows
>>>
```

Si el nombre del módulo fuera demasiado grande o quisiera referirse a él por otro más corto, deberá emplear la palabra clave `as`; por ejemplo, el programa anterior podría escribirse como:

```
import platform as plt

print("El sistema operativo donde me ejecuto es " + plt.system())
```

Si no quisiera importar todo lo que ofrece un módulo, sino solo aquello que le interesa, use la notación:

```
from módulo import elemento
```

Por ejemplo, si del primer módulo que creó ("miModulo") solo le interesara la función, el código del programa sería el siguiente:

```
from miModulo import funcion
funcion()
```

Observe que, en este caso, la función importada no va precedida del nombre del módulo del que se importa ("miModulo").

> ℹ️ Podría pensar en utilizar la siguiente sentencia para importar todos los elementos de un módulo sin tener que poner el nombre de este cada vez que se hace uso de alguno de ellos:
>
> ```
> from módulo import *
> ```
>
> Sin embargo, esto tiene como efecto colateral que se juntan los espacios de nombres del módulo con los de su programa. Dicho de otra forma, el espacio de nombre sería único. Es como si el código del módulo se hubiera escrito en el mismo fichero que el suyo. Por lo tanto, no podría usar los nombres manejados en dicho módulo ya que, de lo contrario, los sobrescribiría, dando lugar a comportamientos inesperados. Para conocer cuáles son dichos nombres, ejecute la función `dir()`.

Si el módulo que se quiere importar no es uno de los que trae Python ya incorporados en su entorno, previamente deberá cargarlo. Para ello, tendrá que acudir a un repositorio central llamado "PyPI" (Python Package Index). Con el fin de facilitar la descarga, instalación y administración de dichos paquetes, se utiliza la herramienta PIP (acrónimo recursivo que se puede interpretar como PIP Instalador de Paquetes o PIP Instalador de Python).

> ⓘ Aunque muchas veces se emplean los términos "módulo" y "paquete" indistintamente, un módulo se compone de un único archivo, mientras que un paquete es una colección de módulos relacionados entre sí, situados en una jerarquía de directorios.

A partir de Python 3.5, esta utilidad viene con el resto de los componentes del entorno. Para descargar e instalar módulos de terceros con ella, deberá ejecutar el siguiente comando en una ventana de símbolo del sistema:

```
pip install módulo
```

> ⓘ Tenga en cuenta que en algunas distribuciones Linux, como Ubuntu y Fedora, el comando `pip` solo funciona con Python 2, por lo que tendrá que ejecutar `pip3` (naturalmente, con permisos de administrador).

> ⓘ Para saber la versión de PIP que tiene instalada, ejecute el comando:
> ```
> python -m pip --version
> ```

En el siguiente ejemplo, se va a desarrollar un programa que requiere el módulo "tabulate", para mostrar información en formato de tabla. Como dicho módulo no forma parte del entorno Python, lo primero que tendrá que hacer es descargarlo e instalarlo, ejecutando el siguiente comando en una ventana de símbolo del sistema:

```
pip install tabulate
```

Una vez hecho esto, ya estaría en disposición de utilizarlo en cualquier programa, importándolo previamente. El siguiente código de ejemplo mostrará una tabla que contiene el nombre, la dirección y el teléfono de una lista de personas, con el encabezado correspondiente:

```
from tabulate import tabulate


cabecera = ["NOMBRE", "DIRECCIÓN", "TELÉFONO"]
datos_persona1 = ["Tomás", "Gran Vía, 10, 1ºA", "9112345"]
datos_persona2 = ["Juan", "Alcalá, 11, 2ºB", "9167890"]
datos_personas = [datos_persona1, datos_persona2]


tabla_con_formato = tabulate(datos_personas, cabecera)
print(tabla_con_formato)
```

En primer lugar, se importa el módulo "tabulate" y, en concreto, su función `tabulate()`, que es la única que se va a necesitar:

```
from tabulate import tabulate
```

Una tabla está formada por una cabecera y los datos para mostrar. La cabecera es una lista con los nombres de las columnas (`cabecera`). Los datos están contenidos en una lista cuyos elementos son las filas de dicha tabla (`datos_personas`). Cada una de estas filas es, a su vez, una lista que contiene la información de una persona (`datos_persona1` y `datos_persona2`):

```
cabecera = ["NOMBRE", "DIRECCIÓN", "TELÉFONO"]
datos_persona1 = ["Tomás", "Gran Vía, 10, 1ºA", "9112345"]
datos_persona2 = ["Juan", "Alcalá, 11, 2ºB", "9167890"]
datos_personas = [datos_persona1, datos_persona2]
```

Una vez que se tienen la cabecera y los datos, se utilizan como argumentos de la función `tabulate()`, que devuelve una cadena de texto en formato tabla. Solo quedaría mostrarlo en pantalla con el comando `print()`:

```
tabla = tabulate(datos_personas, cabecera)
print(tabla)
```

El resultado de la ejecución de este programa lo puede ver a continuación:

```
IDLE Shell 3.13.1                                                   —   □   ×
File  Edit  Shell  Debug  Options  Window  Help
        Python 3.13.1 (tags/v3.13.1:0671451, Dec  3 2024, 19:06:28) [MSC v.1942 64 bit (
        AMD64)] on win32
        Type "help", "copyright", "credits" or "license()" for more information.
>>>
        ========== RESTART: C:\Users\Tomas\Documents\Python3\anexo\modulos.py ==========
        NOMBRE      DIRECCIÓN              TELÉFONO
        --------    -----------------      ----------
        Tomás       Gran Vía, 10, 1ºA      9112345
        Juan        Alcalá, 11, 2ºB        9167890
>>>
```

> **ⓘ** Todas las posibilidades ofrecidas por la función `tabulate()` en particular —y por este módulo en general— las puede encontrar en https://pypi.org/project/tabulate/.

> **ⓘ** Cuando se importa un módulo, el intérprete crea la carpeta __pycache__, cuyo contenido se utiliza en posteriores ejecuciones para arrancar más rápido el programa. Puede ignorarlo o incluso borrarlo, en cuyo caso volvería a aparecer (a menos que suprima específicamente ese comportamiento).

12.14 THREADS

Según lo visto hasta ahora, las tareas realizadas por un programa son el resultado de la ejecución de un conjunto de sentencias de manera secuencial. El flujo de ejecución de estas sentencias sigue el orden en el que están escritas, hasta que una de ellas es `if`, `while` o `for`, momento en el que se modifica según las condiciones establecidas en dichas estructuras de control.

Sin embargo, Python es capaz de ejecutar varias tareas (secuencias de sentencias) a la vez. Para ello, crea diferentes flujos de ejecución, a los que se conoce con el nombre de *threads* ("hilos" o "subprocesos"). Su empleo permite reducir los tiempos de ejecución de un programa. Pero, para eso, se deben poder paralelizar las tareas que realiza (algo que no siempre es posible) y la máquina debe tener tantos procesadores físicos (o núcleos) como *threads*. Sin embargo, el aumento de la velocidad en la ejecución de programas no es la única ventaja de su utilización, ya que también es imprescindible cuando se realizan, por ejemplo, tareas de comunicaciones. Imagine una aplicación que tuviera que sincronizar información de clientes con la base de datos de un servidor remoto. El hecho de que las comunicaciones vayan lentas —o, incluso, se interrumpan temporalmente— no tiene por qué evitar que el usuario siga trabajando con información disponible en local. Es más, si no fuera así, ni siquiera se podría cancelar la operación que está tardando, ya que no se atendería ningún evento de interfaz (la pulsación de una tecla o el ratón), debido a que el programa está ocupado ejecutando únicamente las tareas de comunicaciones.

> *i*
>
> El paralelismo de tareas es real solo cuando cada una de ellas se ejecuta en un procesador (o núcleo) independiente. Si no fuera posible por falta de procesadores, las sentencias serían ejecutadas de forma entrelazada, dando la sensación de que lo hacen en paralelo, cuando en realidad una CPU (Central Processing Unit - Unidad Central de Proceso) solo atiende a una de ellas en un instante de tiempo.

Para ejecutar varias tareas en paralelo, deberá hacer uso del módulo *threading*, dentro del cual se encuentra la clase `Thread`, que representa un hilo de ejecución (subproceso). El constructor de esta clase no tiene argumentos obligatorios, aunque destacan dos:

```
Thread(target=función, args= argumentos)
```

En el `target` se indica el nombre de la función que se ejecutaría en paralelo con el flujo principal del programa. Si dicha función tuviera argumentos de entrada, estos se introducirían como una tupla en `args`.

Una vez creado el hilo, la forma de arrancarlo es invocando el método:

```
start()
```

A continuación, se desarrolla un programa cuyo flujo principal muestra en la *shell* el número de segundos que lleva ejecutándose. Previamente, se arranca un subproceso, que intercalará un mensaje cada dos segundos. Su código es el siguiente:

```
import time, threading

def interrumpir():
    while True:
        time.sleep(2)
        print("INTERRUMPO")
```

```
hilo = threading.Thread(target=interrumpir)
hilo.start()


segundos = 0
while True:
    print(segundos)
    segundos += 1
    time.sleep(1)
```

En primer lugar, se importan los módulos *time* y *threading*. El primero contiene la función `sleep()`, empleada para realizar temporizaciones, mientras que del segundo se utilizará la clase `Thread` para crear el subproceso que se ejecutará en paralelo con el principal:

```
import time, threading
```

A continuación, se declara la función con el código del subproceso (hilo de ejecución). Como puede observar, únicamente consta de un bucle `while` indefinido, dentro del cual se escribe en la *shell* la palabra "INTERRUMPO" cada dos segundos:

```
def interrumpir():
    while True:
        time.sleep(2)
        print("INTERRUMPO")
```

Volviendo al flujo principal, se crea el hilo de ejecución (`hilo`). Para ello, se usa el constructor de la clase `Thread`, que se asocia a la función `interrumpir()`, la cual no tiene argumentos. Esta función se ejecutará en paralelo con el resto de las sentencias del programa, una vez arrancado con el método `start()`:

```
hilo = threading.Thread(target=interrumpir)
hilo.start()
```

A partir de ese momento, el programa principal escribirá en la *shell* de forma indefinida el número de segundos que vayan transcurriendo:

```
segundos = 0
while True:
    print(segundos)
    segundos += 1
    time.sleep(1)
```

Ejecute el programa y observe el resultado obtenido. Como puede ver, cada dos segundos aparece un mensaje de interrupción entre los que llevan la cuenta del tiempo transcurrido en el flujo principal del programa:

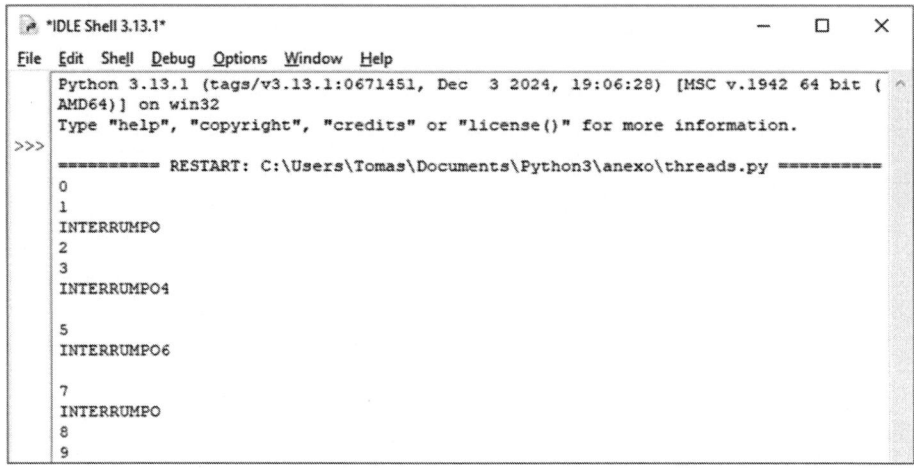

En la imagen anterior, puede observar líneas como:

```
...
INTERRUMPO4
...
INTERRUMPO6
...
```

No es que el programa funcione incorrectamente, sino que la escritura de los mensajes de ambos hilos de ejecución se ha solapado, al haber coincidido en el tiempo. En el primer caso, el flujo principal empieza a escribir primero, pero, antes de que termine (falta el retorno de carro), el subproceso `hilo` empieza a escribir su mensaje. Los retornos de carro de ambos mensajes se escriben al final, de ahí que haya una línea en blanco a continuación. En el segundo caso, el que empieza a escribir antes es el subproceso que ejecuta la función `interrumpir()`.

En este sencillo ejemplo, puede observar que no se puede asegurar el orden de ejecución de las sentencias pertenecientes a hilos de ejecución independientes. Esto provoca problemas de carreras cuando varios hilos acceden a un mismo recurso compartido (ficheros, bases de datos, etc.) para consultar y/o modificar información. La consecuencia indeseada es que se producirán resultados diferentes dependiendo de quién llegue antes al recurso —algo prácticamente imposible de predecir—. Si quiere saber cómo superar estas dificultades, visite la documentación oficial que se encuentra en https://docs.python.org/3/library/*threading*.html.

12.15 FICHEROS

Hasta ahora, toda la información obtenida o generada en los programas era mantenida en memoria. Eso significa que, una vez finalizada su ejecución, esta desaparecía. Para guardar de forma persistente datos de interés, Python ofrece una serie de funciones de manejo de ficheros que permiten su creación, borrado, lectura, escritura o modificación. Veamos cada una de ellas.

Para leer o escribir en un fichero, primero hay que abrirlo con la función:

open(*fichero, modo*)

El primer argumento es el nombre (o ruta) del fichero. El segundo es el modo de acceso, que tendrá los siguientes valores:

- 'r'. El fichero se abre en modo lectura.
- 'w'. El fichero se abre en modo escritura. Si ya existiera, el nuevo contenido sustituiría al actual.
- 'a'. El fichero se abre en modo escritura, pero, a diferencia del modo anterior, el contenido se añade a continuación del existente.

El argumento en el que se indica el modo es opcional. Si no se incluye, se considerará que el fichero se abre en modo lectura.

> Normalmente, los ficheros se abren en modo texto, lo que significa que se leen y que se escriben caracteres. Si algunos fueran especiales, como los acentos, deberá incluir un tercer argumento a la función con el tipo de codificación empleado; en concreto:
>
> encoding='utf-8'

Si un fichero se abriera en modo escritura y no existiera, se crearía. En cualquier caso, el método open() devuelve un objeto (manejador del fichero) del que destacan tres métodos. El primero devuelve el contenido del fichero como una cadena de caracteres:

manejador.read()

El segundo escribe en un fichero el texto pasado como argumento:

manejador.write(*texto*)

Una vez finalizada la lectura o escritura de un fichero, con el tercer método se cerraría:

manejador.close()

La expresión inglesa con la que se denomina un manejador es *file object*. Los ficheros con los que se trabaje podrán ser de texto (*text file*), binarios (*buffered binary file*) o, excepcionalmente, aquellos que almacenan información en bruto (*raw binary file*).

En el siguiente ejemplo, se crea un fichero con tres líneas de texto. Posteriormente, se escriben nuevas líneas, abriéndolo primero en modo "w" y, luego, en modo "a". De esta forma, podrá ver claramente el efecto producido cuando se utiliza cada uno de ellos:

```python
print ("Se crea el fichero miFichero.txt con el contenido:")
f = open("miFichero.txt", "w")
f.write("Este fichero\ncontiene tres líneas\nde texto")
f.close
f = open("miFichero.txt", "r")
print(f.read())
f.close()

print("\nAhora se sobrescribe con la siguiente frase:")
f = open("miFichero.txt", "w")
f.write("Este nuevo fichero")
f.close
f = open("miFichero.txt", "r")
print(f.read())
f.close()

print("\nPor último, se añaden dos frases más a la anterior,
       quedando finalmente:")
f = open("miFichero.txt", "a")
f.write("\ncontiene de nuevo\ntres líneas de texto")
f.close
f = open("miFichero.txt", "r")
print(f.read())
f.close()
```

En el primer bloque de sentencias se abre el fichero "miFichero.txt" en modo escritura, con la función open(). Al no existir, se crea. Una vez creado, se escribe un texto de tres líneas con el método write() del manejador devuelto por dicha función (observe las secuencias de escape "\n" que introducen los saltos de línea), y se cierra finalmente con el método close(). A continuación, se comprueba que dicho fichero contenga estas tres líneas de texto. Para ello, se abre de nuevo con la función open() en modo lectura, se lee su contenido con el método read() y se muestra en la *shell*, sin olvidar volver a cerrarlo.

> Recuerde que el método write() requiere una cadena de texto como entrada. Si quisiera escribir un número, antes debería realizar una operación de *casting* usando str().

El segundo bloque de sentencias vuelve a abrir el fichero en modo "w", por lo que sustituye las tres frases escritas inicialmente por la que se ha puesto como argumento en el método write(). El último bloque de sentencias abre el mismo fichero, pero esta vez en modo "a", por lo que todo lo que se escriba se añadirá a continuación del contenido existente.

El resultado de la ejecución de este programa puede verlo a continuación:

```
IDLE Shell 3.13.1                                          —    □    ×

File  Edit  Shell  Debug  Options  Window  Help

    Python 3.13.1 (tags/v3.13.1:0671451, Dec  3 2024, 19:06:28) [MSC v.1942 64 bit (
    AMD64)] on win32
    Type "help", "copyright", "credits" or "license()" for more information.
>>>
    ========= RESTART: C:\Users\Tomas\Documents\Python3\anexo\ficheros.py =========
    Se crea el fichero miFichero.txt con el contenido:
    Este fichero
    contiene tres líneas
    de texto

    Ahora se sobrescribe con la siguiente frase:
    Este nuevo fichero

    Por último, se añaden dos frases más a la anterior, quedando finalmente:
    Este nuevo fichero
    contiene de nuevo
    tres líneas de texto
>>>
```

También podrá observar este resultado abriendo el fichero "miFichero.txt", situado en la misma carpeta donde está el programa. En la siguiente imagen, se muestra el contenido de dicho fichero, abierto con el bloc de notas de Windows:

Otra forma de leer o escribir el contenido de un fichero es utilizando la estructura de control:

```
with manejador as:

    ...
```

Esto tiene la ventaja de que el archivo se cierra correctamente después de haber ejecutado el bloque de sentencias que lo componen, incluso aunque se produjera algún tipo de excepción. De esta forma, el código del programa anterior sería equivalente a este otro:

```
print ("Se crea el fichero miFichero.txt con el contenido:")
with open("miFichero.txt", "w") as f:
    f.write("Este fichero\ncontiene tres líneas\nde texto")
with open("miFichero.txt", "r") as f:
    print(f.read())


print("\nAhora se sobrescribe con la siguiente frase:")
with open("miFichero.txt", "w") as f:
    f.write("Este nuevo fichero")
with open("miFichero.txt", "r") as f:
    print(f.read())


print("\nPor último, se añaden dos frases más a la anterior,
    quedando finalmente:")
with open("miFichero.txt", "a") as f:
    f.write("\ncontiene de nuevo\ntres líneas de texto")
with open("miFichero.txt", "r") as f:
    print(f.read())
```

En este nuevo programa, se pretende guardar de forma persistente la información de una lista de empresas; en concreto, su nombre, la dirección social y la facturación anual. Los datos de cada empresa estarán contenidos en diccionarios, que se almacenarán en un fichero para recuperarlos posteriormente:

```python
FICHERO = "miFichero.txt"
empresa1 = {"nombre":"Empresa1", "direccion":"Suiza",
            "facturacion":1000}
empresa2 = {"nombre":"Empresa2", "direccion":"Irlanda",
            "facturacion":2000}
lista_empresas = [empresa1, empresa2]

def mostrar_datos_empresas(lista_empresas):
    for empresa in lista_empresas:
        for clave, valor in empresa.items():
            print(clave + ":" + str(valor))
        print("---")

print("Se procede a guardar los datos de las siguientes empresas")
mostrar_datos_empresas(lista_empresas)

with open(FICHERO, "w") as f:
    for empresa in lista_empresas:
        for clave, valor in empresa.items():
            f.write(clave + ":" + str(valor) + "#")
        f.write("\n")

lista_empresas_cargadas = []
f = open(FICHERO, "r")
for linea in f:
    empresa = {}
    lista_pares_clave_valor = linea.split("#")
    lista_pares_clave_valor.pop()
    for clave_valor in lista_pares_clave_valor:
        lista_clave_valor = clave_valor.split(":")
        clave = lista_clave_valor[0]
        valor = lista_clave_valor[1]
        empresa[clave] = valor
    lista_empresas_cargadas.append(empresa)

print("Se han leído los datos de la siguientes empresas")
mostrar_datos_empresas(lista_empresas_cargadas)
```

Lo primero que se hace en este programa es declarar la constante FICHERO con el nombre del fichero en el que se va a guardar la información de las empresas. Después, se crea cada uno de los diccionarios que contienen los datos de las dos empresas utilizadas de ejemplo (empresa1 y empresa2), para luego crear una lista con ambos (lista_empresas):

```
FICHERO = "miFichero.txt"
empresa1 = {"nombre":"Empresa1", "direccion":"Suiza",
           "facturacion":1000}
empresa2 = {"nombre":"Empresa2", "direccion":"Irlanda",
           "facturacion":2000}
lista_empresas = [empresa1, empresa2]
```

> *i* Por simplicidad, se utiliza una lista con los datos de dos empresas, pero el código que almacena la información valdría para cualquier número de empresas, cuyos datos podrían recogerse a través de una interfaz de usuario. Más adelante, realizará una práctica donde este tipo de información no se encuentra en el propio código, sino que se solicita al usuario.

A continuación, se declara la función encargada de mostrar en las *shell* los datos de la lista de empresas que se les pasa como argumentos. Para ello, se utilizan dos bucles for anidados. El primero recorre cada elemento de la lista (diccionario), mientras que el segundo extrae los pares clave-valor que lo forman, y los muestra en pantalla:

```
def mostrar_datos_empresas(lista_empresas):
    for empresa in lista_empresas:
        for clave, valor in empresa.items():
            print(clave + ":" + str(valor))
    print("---")
```

Una vez declarada la función anterior, ya se puede invocar para ver en la *shell* la información de la lista de empresas creada inicialmente, antes de ser guardada en el fichero:

```
mostrar_datos_empresas(lista_empresas)
```

El siguiente bloque de sentencias abre en modo escritura el fichero contenido en la constante FICHERO, dentro de una estructura de tipo with...open:

```
with open(FICHERO, "w") as f:
    …
```

Luego, con dos bucles `for` anidados, se recorren los diccionarios que contiene la lista de empresas (`lista_empresas`) y, en cada uno de ellos, sus pares clave-valor (`clave` y `valor`). Ambos bucles son similares a los de la función anterior, solo que ahora, en vez de mostrar el contenido por consola, se escriben en un fichero con el método `write()`:

```python
for empresa in lista_empresas:
    for clave, valor in empresa.items():
        f.write(clave + ":" + str(valor) + "#")
    f.write("\n")
```

El formato con el que se escriben los pares clave-valor es:

clave:valor# ... clave:valor#

Es decir, cada clave de un diccionario se separa de su valor por el carácter ":", mientras que cada par clave-valor se separa del siguiente por el carácter "#". Además, cada diccionario se escribe en una única línea, por lo que, cada vez que finaliza el segundo `for` (se han recorrido todos los pares clave-valor de un diccionario), se escribe un retorno de carro ("\n").

Una vez almacenados los datos contenidos en los diccionarios de cada una de las empresas, se procede a recuperarlos de nuevo. Para ello, se creará una nueva lista (`lista_empresas_cargadas`), en la que se irán añadiendo los diccionarios que se vayan leyendo del fichero.

Como cada diccionario se encuentra en una línea, una vez abierto en modo lectura el fichero contenido en la constante `FICHERO`, se recorren una a una con un bucle `for`:

```python
lista_empresas_cargadas = []

f = open(en modo escritura, "r")

for linea in f:
    ...
```

Dentro del bucle `for` —es decir, para cada una de las líneas de fichero—, lo primero que se hace es crear un diccionario vacío, que se irá rellenando con la información que haya en dicha línea (la correspondiente a una empresa). Luego, se obtiene la lista de pares clave-valor que contenga utilizando el método `split()`, al que se indica que utilice el carácter "#" como separador. El último de ellos se elimina con el método `pop()`, ya que realmente no es un par, sino el carácter "\n" de separación entre líneas.

```
empresa = {}
lista_pares_clave_valor = linea.split("#")
lista_pares_clave_valor.pop()
```

El contenido de `lista_pares_clave_valo` será, por lo tanto:

[*clave:valor*, ..., *clave:valor*]

Después, con un segundo bucle `for` se recorren cada uno de estos pares clave-valor, separando la clave de su valor con el método `split()`, pero esta vez usando el carácter "*:*" como separador:

```
for clave_valor in lista_pares_clave_valor:
    lista_clave_valor = clave_valor.split(":")
```

El contenido de `lista_clave_valor` tendrá el formato:

[*clave, valor*]

Como puede observar, esta lista tiene dos elementos; el primero sería la clave y el segundo, el valor de cada par.

Una vez hecho esto (todavía dentro del segundo bucle `for`), solo quedaría añadir el valor de cada clave al diccionario creado previamente (`empresa`):

```
clave = lista_clave_valor[0]
valor = lista_clave_valor[1]
empresa[clave] = valor
```

A continuación, se agrega el diccionario a la lista que contendrá la información de todas las empresas que se vayan cargando (`lista_empresas_cargadas`):

```
lista_empresas_cargadas.append(empresa)
```

La última sentencia se utiliza para mostrar en pantalla la información de la lista de empresas recuperadas del fichero y, de esta forma, comprobar que coincide con la que se almacenó previamente:

```
mostrar_datos_empresas(lista_empresas_cargadas)
```

El resultado de la ejecución del programa puede verlo en la siguiente imagen:

```
IDLE Shell 3.13.1                                          —    □    ×

File  Edit  Shell  Debug  Options  Window  Help

>>>   Python 3.13.1 (tags/v3.13.1:0671451, Dec  3 2024, 19:06:28) [MSC v.1942 64 bit (
      AMD64)] on win32
      Type "help", "copyright", "credits" or "license()" for more information.

      ========== RESTART: C:\Users\Tomas\Documents\Python3\anexo\ficheros.py ==========
      Se procede a guardar los datos de las siguientes empresas
      nombre:Empresa1
      direccion:Suiza
      facturacion:1000
      ---
      nombre:Empresa2
      direccion:Irlanda
      facturacion:2000
      ---
      Se han leido los datos de la siguientes empresas
      nombre:Empresa1
      direccion:Suiza
      facturacion:1000
      ---
      nombre:Empresa2
      direccion:Irlanda
      facturacion:2000
      ---
>>>
```

Abra con un editor de texto el archivo "miFichero.txt". Comprobará que cada línea contiene los datos del diccionario de una empresa. En ellas, los pares clave-valor están separados por el carácter "#", mientras que la clave se vincula a su valor por el carácter ":":

```
miFichero.txt: Bloc de notas                              —    □    ×

Archivo  Edición  Formato  Ver  Ayuda
nombre:Empresa1#direccion:Suiza#facturacion:1000#
nombre:Empresa2#direccion:Irlanda#facturacion:2000#
```

Para borrar un fichero, deberá utilizar la función `remove()` del módulo "os", que previamente deberá haber importado:

```
import os
os.remove("miFichero.txt")
```

Sin embargo, si no existiera el fichero, se produciría un error. Para evitarlo, se debe verificar previamente con el método `exists()` del objeto `path` contenido en el módulo "os", tal como se muestra en el siguiente código:

```
import os

if os.path.exists("miFichero.txt"):
    os.remove("miFichero.txt")
    print("Fichero borrado")
else:
    print("El fichero no existe")
```

Ejecute el programa dos veces. La primera vez le indicará que se ha borrado el fichero, mientras que, en la siguiente, le dirá que no existe:

```
IDLE Shell 3.13.1                                                          —    □    ×

File  Edit  Shell  Debug  Options  Window  Help

      Python 3.13.1 (tags/v3.13.1:0671451, Dec  3 2024, 19:06:28) [MSC v.1942 64 bit (
      AMD64)] on win32
      Type "help", "copyright", "credits" or "license()" for more information.
>>>
      ========== RESTART: C:\Users\Tomas\Documents\Python3\anexo\ficheros.py ==========
      Fichero borrado
>>>

      ========== RESTART: C:\Users\Tomas\Documents\Python3\anexo\ficheros.py ==========
>>>  El fichero no existe
>>>
```

12.16 EXCEPCIONES

Como ha visto en el último ejemplo, existen funciones o métodos que pueden provocar errores de ejecución. Dichos errores son excepciones que finalizarían de forma inesperada la ejecución del programa. En general, la última línea de estos mensajes de error indica qué ha sucedido. Compruébelo ejecutando de nuevo el programa que trataba de borrar un fichero, sin verificar antes que ese fichero exista:

```python
import os
os.remove("miFichero.txt")
```

Vea el error que se produce:

```
IDLE Shell 3.13.1                                                          —    □    ×

File  Edit  Shell  Debug  Options  Window  Help

      Python 3.13.1 (tags/v3.13.1:0671451, Dec  3 2024, 19:06:28) [MSC v.1942 64 bit (
      AMD64)] on win32
      Type "help", "copyright", "credits" or "license()" for more information.
>>>
      ========== RESTART: C:\Users\Tomas\Documents\Python3\anexo\ficheros.py ==========
      Traceback (most recent call last):
        File "C:\Users\Tomas\Documents\Python3\anexo\ficheros.py", line 2, in <module>
          os.remove("miFichero.txt")
      FileNotFoundError: [WinError 2] El sistema no puede encontrar el archivo especif
      icado: 'miFichero.txt'
>>>
```

En este caso, queda claro lo que ha sucedido: "El sistema no puede encontrar el archivo especificado: 'miFichero.txt'"; algo que ya sabía, porque lo último que hizo fue borrarlo.

Para evitar la finalización abrupta del programa, Python ofrece la estructura de control:

```
try:
    ...
except:
    ...
```

Dentro del bloque `try`, deben estar las sentencias que pueden provocar la excepción que se quiere capturar. En el bloque `except` se realizarán las tareas adecuadas una vez producido el error.

Para demostrar el funcionamiento de esta nueva estructura de control, modifique el programa utilizado para borrar el fichero "miFichero.txt" de la siguiente manera:

```
import os

try:
    os.remove("miFichero.txt")
    print("Fichero borrado")
except:
    print("El fichero no existe")
```

El método `remove()` se sitúa dentro del bloque `try`, por lo que, si el fichero no existiera, la excepción producida al tratar de borrarlo no finalizaría el programa, sino que provocaría la ejecución de las sentencias del bloque `except` (y mostraría en la *shell* un mensaje informativo).

En el programa anterior, las sentencias del bloque `except` se ejecutarían cuando se produjera cualquier error. Si solo quiere hacerlo ante cierto tipo de errores, deberá indicar cuáles son esos errores (en formato tupla, si fueran varios). Siguiendo con el mismo programa de ejemplo, como el tipo de error producido cuando no existe un fichero es `FileNotFoundError`, el código anterior podría sustituirse por:

```
import os

try:
    os.remove("miFichero.txt")
    print("Fichero borrado")
except FileNotFoundError:
    print("El fichero no existe")
except:
    print("Otro tipo de error)
```

> **ℹ** Además de los bloques `try` y `except`, existen los bloques `else` y `finally`. El primero contiene el bloque de sentencias que se ejecutarían si no se produjera la excepción, mientras que las del segundo se ejecutarían siempre (haya o no haya excepción).

> **ℹ** Todos los tipos de excepciones predefinidos en Python los puede encontrar en https://docs.python.org/3/library/exceptions.html.

12.17 PRÁCTICA. APLICACIÓN DE GESTIÓN DE CLIENTES

A continuación, va a desarrollar un programa que utilizará muchos de los conceptos estudiados hasta ahora. Se trata de una aplicación de gestión de clientes de una clínica veterinaria. Los clientes se identificarán por su nombre y su DNI. Además, estarán asociados al perro del que son dueños, cuyo nombre y raza se deben conocer.

Las operaciones que se podrán realizar sobre los clientes son las de alta, baja y modificación; es decir, se podrá crear un cliente, modificar cualquiera de sus datos o darlo de baja. Además, en cualquier momento se podrán consultar los datos de uno o de todos los clientes. Toda esta información quedará guardada de forma persistente en un fichero que, al arrancar el programa, se cargará automáticamente.

Para representar a los clientes, empleará la clase `Cliente` (hija de `Persona`), además de la clase `Perro`. Dichas clases ya las conoce, por lo que no se dará ninguna explicación adicional sobre su código, excepto que su declaración se realiza en un fichero llamado "clases.py". Su contenido, al que se accederá desde el programa principal como un módulo, es el siguiente:

```python
class Perro:
    def __init__(self, nombre, raza):
        self.nombre = nombre
        self.raza = raza

    def ladrar(self):
        print("¡Guau!")
```

```python
class Persona:
    def __init__(self, nombre, dni):
        self.nombre = nombre
        self.dni = dni

    def mostrarAtributos(self):
        print(self.nombre + "\t" + str(self.dni), end="\t")

class Cliente(Persona):
    def __init__(self, nombre, dni, perro):
        Persona.__init__(self, nombre, dni)
        self.perro = perro
    def mostrarAtributos(self):
        super().mostrarAtributos()
        print(self.perro.nombre + "\t" + self.perro.raza)
```

A continuación, y situado en el mismo directorio que este módulo, creará otro fichero llamado "gestion_clientes.py" con el código principal del programa:

```python
import clases
import os
import pickle
from tabulate import tabulate

fichero_clientes = "clientes.pkl"
datos_modificados = False
lista_clientes = []
if os.path.exists(fichero_clientes):
    with open(fichero_clientes, 'rb') as f:
        lista_clientes = pickle.load(f)

def mostrar_opciones():
    print("\n")
    print("1- Alta")
    print("2- Baja")
    print("3- Modificación")
    print("4- Consultar cliente")
    print("5- Consulta global")
```

```
    print("6- Salvar")
    print("7- Salir")
    opcion = input("Elija una opción: ")
    print("\n")
    return opcion


def obtener_cliente(dni):
    for cliente in lista_clientes:
        if cliente.dni == dni: return cliente
    return None


def alta_cliente():
    global datos_modificados

    print("Por favor, introduzca el valor de los siguientes campos")
    dni = input("DNI: ")
    if obtener_cliente(dni) == None:
        nombre_cliente = input("Nombre del cliente: ")
        nombre_perro = input("Nombre del perro: ")
        raza = input("Raza: ")

        perro = clases.Perro(nombre_perro, raza)
        cliente = clases.Cliente(nombre_cliente, dni, perro)

        lista_clientes.append(cliente)
        print("---Cliente dado de alta---")
        datos_modificados = True
    else: print("---Ya existe un cliente con el DNI " + dni + "---")


def modificacion_cliente():
    global datos_modificados

    dni = input("DNI del cliente a modificar: ")
    cliente = obtener_cliente(dni)
    if cliente == None: print("---El cliente con DNI "+dni+" no existe---")
    else:
        print("Por favor, rellene los siguientes campos")
```

```
        nombre_cliente = input("Nombre del cliente: ")
        if nombre_cliente != "": cliente.nombre = nombre_cliente
        nombre_perro = input("Nombre del perro: ")
        if nombre_perro != "":cliente.perro.nombre = nombre_perro
        raza = input("Raza: ")
        if raza != "":cliente.perro.raza = raza
        print("---Cliente modificado---")
        datos_modificados = True

def baja_cliente():
    global datos_modificados

    dni = input("DNI del cliente a dar de baja: ")
    cliente = obtener_cliente(dni)
    if cliente == None: print("---El cliente con DNI "+dni+" no existe---")
    else:
        lista_clientes.remove(cliente)
        print("---Cliente borrado---")
        datos_modificados = True

def informacion_cliente():
    dni = input("DNI del cliente a consultar: ")
    cliente = obtener_cliente(dni)
    if cliente == None:
        print("---El cliente con DNI "+dni+" no existe---")
    else:
        tabla = [[cliente.nombre, cliente.dni, cliente.perro.nombre,
                cliente.perro.raza]]
        tabla_con_formato = tabulate(tabla, ["Cliente", "DNI",
                                            "Perro", "Raza"])
        print(tabla_con_formato)

def informacion_clientes():
    tabla = []
    for cliente in lista_clientes:
        fila = [cliente.nombre, cliente.dni,
                cliente.perro.nombre, cliente.perro.raza]
        tabla.append(fila)
```

```
        tabla_con_formato=tabulate(tabla,["Cliente","DNI","Perro","Raza"])
        print(tabla_con_formato)

    def guardar():
        global datos_modificados

        with open(fichero_clientes, 'wb') as f:
            pickle.dump(lista_clientes, f)
        print("---Información de cliente guardada---")
        datos_modificados = False

    while True:
        opcion = mostrar_opciones()
        if opcion == "1": alta_cliente()
        elif opcion == "2": baja_cliente()
        elif opcion == "3": modificacion_cliente()
        elif opcion == "4": informacion_cliente()
        elif opcion == "5": informacion_clientes()
        elif opcion == "6": guardar()
        elif opcion == "7":
            if datos_modificados :
                respuesta=input("¿Quiere guardar los cambios realizados?(s/n) ")
                if respuesta == "s" : guardar()
            break
        else:print("---Opción no válida---")
```

Las primeras sentencias del programa son las encargadas de importar los módulos necesarios para su funcionamiento. El primero de ellos ("clases") es el creado anteriormente, donde se encuentra la declaración de las clases Perro y Cliente (además de Persona, de la que es hija). El siguiente módulo ("os") se utilizará para saber si existe el fichero de clientes en el que se van a almacenar sus datos de forma persistente. El módulo "pickle" se usa para guardar en un archivo cualquier tipo de datos; en su caso, una lista de instancias de la clase Cliente. Más adelante se explicará cómo utilizarlo. El último módulo ("tabulate"), del que únicamente se importa la función tabulate(), se emplea para mostrar la información de todos los clientes en forma de tabla:

```
import clases
import os
import pickle
from tabulate import tabulate
```

A continuación, se inician las variables globales. La primera (fichero_clientes) establece el nombre del fichero en el que se guarda la información de los clientes. La siguiente (datos_modificados) se utilizará para saber si ha habido cambios en los datos de clientes; es decir, si se ha hecho alguna operación de alta, baja o modificación. Inicialmente tiene el valor False y pasará a ser True cuando se realice alguna de las operaciones citadas anteriormente. De esta forma, antes de abandonar el programa, servirá para preguntar al usuario si desea guardar los cambios realizados, evitando así perderlos. La última variable (lista_clientes) almacena la lista de objetos Cliente con la que se va a trabajar, que está inicialmente vacía:

```
fichero_clientes = "clientes.pkl"
datos_modificados = False
lista_clientes = []
```

Las siguientes líneas de código sirven para cargar los datos existentes en el fichero de clientes. Para ello, previamente se comprueba que exista con el método exists() del objeto path definido en el módulo "os" (importado anteriormente):

```
if os.path.exists(fichero_clientes):

    ...
```

En ese caso, el fichero se abrirá utilizando la función open() dentro de una estructura de tipo with...as:

```
with open(fichero_clientes, 'rb') as f:

    ...
```

Le habrá llamado la atención que el modo utilizado en dicha función sea "rb". Esto indica que se va a realizar una operación de lectura sobre un fichero binario ya que, como verá más adelante, así es como se ha guardado la información de los clientes. En esta ocasión, el fichero no contiene texto, sino una lista de instancias de la clase Cliente. Por ese motivo, no se usarán los métodos read() y write() para leer o escribir, sino las funciones load() y dump() del módulo "pickle", que recuperan o guardan estructuras de datos complejas (en este caso, una lista de objetos), respectivamente.

La primera de estas funciones se utiliza al arrancar el programa para cargar la información del fichero de clientes:

```
load(manejador)
```

Dicha función toma como argumento el manejador del fichero de clientes, y devuelve como resultado la lista de objetos que contiene (en este caso, una lista de objetos de la clase `Cliente`):

```
lista_clientes = pickle.load(f)
```

A continuación, se declaran las funciones. Pero, antes de pasar a describirlas, observe las últimas líneas de código del programa:

```
while True:
    opcion = mostrar_opciones()
    if opcion == "1": alta_cliente()
    elif opcion == "2": baja_cliente()
    elif opcion == "3": modificación_cliente()
    elif opcion == "4": informacion_cliente()

    elif opcion == "5": informacion_clientes ()

    elif opcion == "6": guardar ()
    elif opcion == "7":
        if datos_modificados :
            respuesta=input("¿Quiere guardar los cambios realizados?(s/n) ")
            if respuesta == "s" : guardar ()
        break
    else:print("---Opción no válida---")
```

Se trata de un bucle `while`, cuya condición `True` indica que podría estar ejecutándose indefinidamente —a menos que se ejecute una sentencia `break`, algo que se hace cuando se elige la opción de salir del programa (la número 7).

Dentro de este bucle, las opciones de manejo de clientes se muestran en la *shell* de forma numerada con la función `mostrar_opciones()`, que espera que el usuario seleccione una de ellas, cuyo número se asigna a la variable `opcion`:

El valor de dicha opción se utiliza en la condición de una sentencia `if...elif...else` , para llamar a la función encargada de realizar la tarea correspondiente —excepto la última opción (la 7) que, tal como se comentó anteriormente, ejecuta el comando `break`, que permitirá salir del bucle `while` y, en consecuencia, finalizar el programa—. Pero, antes, se comprueba si se ha realizado algún cambio en los datos de cliente utilizando la variable `datos_modificados`. De ser cierto (esta variable tendría el valor `True`), se preguntaría al usuario si desea guardar los cambios realizados y, en caso afirmativo, los almacenaría en el fichero de clientes con la función `guardar()` (la misma que se invoca cuando se selecciona la opción 6).

La sentencia `else` se ejecutaría si el usuario no hubiera seleccionado ninguna de las siete opciones disponibles; aparecería un aviso que informaría de que la opción no es válida. Tanto en este caso como en el de las seis primeras opciones (todas menos la de salir), una vez realizadas las tareas correspondientes a cada opción, volvería a presentarse el menú.

A continuación, se describe el código de cada una de las funciones auxiliares, empezando por `mostrar_opciones()`. Como se ha comentado anteriormente, esta es la encargada de presentar en pantalla las opciones disponibles. Su código es muy sencillo, ya que estas se muestran con la función `print()`. A continuación, se queda esperando la elegida por el usuario con la función `input()`, cuyo número se devuelve en la sentencia `return`:

```python
def mostrar_opciones():
    print("\n")
    print("1- Alta")
    print("2- Baja")
    print("3- Modificación")
    print("4- Consultar cliente")
    print("5- Consulta global")
    print("6- Salvar")
    print("7- Salir")
    opcion = input("Elija una opción: ")
    print("\n")
    return opcion
```

Antes de explicar las funciones que se llamarán al seleccionar cada una de estas opciones, es necesario saber lo que hace la función `obtener_cliente()`. Esta función auxiliar —que se llama desde las que realizan las operaciones de alta, baja y modificación— toma como argumento de entrada un DNI de cliente y devuelve como salida el objeto `Cliente` que tiene dicho DNI, o `None` en caso contrario.

Para ello, se vale de un bucle `for` que recorre todos los elementos de la lista de clientes (`lista_clientes`), cada uno de los cuales es un objeto de la clase `Cliente`. Si el atributo `dni` de alguno de ellos tuviera el mismo valor que el del argumento de entrada, se devolvería dicho objeto. En caso contrario, el resultado sería el valor `None`:

```
def obtener_cliente(dni):
    for cliente in lista_clientes:
        if cliente.dni == dni: return cliente
    return None
```

> ℹ️ En Python, la palabra clave `None` se utiliza para indicar que una variable todavía no tiene valor. Recuerde que las variables se crean cuando se les asigna un valor, por lo que, si quisiera crearla sin ninguno, tendría que darle el valor `None` (único valor del tipo `NoneType`).

Una vez conocida esta función auxiliar, ya está en condiciones de entender el código de la función `alta_cliente()`, que es la responsable de dar de alta a un nuevo cliente. La primera sentencia de dicha función declara global la variable `datos_modificados`, creada al principio del programa:

```
global datos_modificados
```

Para dar de alta a un cliente, el primer dato que se pedirá al usuario de la aplicación será el DNI. Si coincidiera con el de algún cliente existente, se avisaría de este hecho y no se realizaría el alta (cada cliente debe tener un DNI único). En caso contrario, se procedería a solicitar el resto de información:

```
print("Por favor, introduzca el valor de los siguientes campos")
dni = input("DNI: ")
if obtener_cliente(dni) == None:
    …
else: print("---Ya existe un cliente con el DNI " + dni + "---")
```

Si el DNI introducido no lo tuviera ningún otro cliente, se cumpliría la condición del `if`, y se ejecutarían las sentencias que preguntarían al usuario el nombre del cliente y el del perro, además de la raza a la que el animal pertenece. Los valores de cada uno de estos atributos se obtendrían mediante la correspondiente sentencia `input()`:

```
nombre_cliente = input("Nombre del cliente: ")
nombre_perro = input("Nombre del perro: ")
raza = input("Raza: ")
```

Una vez recogida toda esa información, se crearía la instancia que representa el perro (`perro`):

```
perro = clases.Perro(nombre_perro, raza)
```

Este objeto será utilizado como dato de entrada (junto con el nombre y el DNI) para crear, a su vez, la instancia del cliente (`cliente`):

```
cliente = clases.Cliente(nombre_cliente, dni, perro)
```

Por último, este nuevo cliente se añadiría a la lista de clientes de la clínica:

```
lista_clientes.append(cliente)
```

Además, se asigna el valor `True` a la variable `datos_modificados` para indicar que se han modificado los datos de cliente. Al haberse definido como global, dicho valor podrá ser utilizado en el programa principal; en concreto, cuando el usuario seleccione la opción de salir de la aplicación, momento en el que le preguntará si quiere guardar los cambios realizados:

```
datos_modificados = True
```

En la siguiente imagen, puede ver cómo se ha dado de alta a Tomás como cliente de la clínica veterinaria:

```
"IDLE Shell 3.13.1"                                              —    □    ×
File  Edit  Shell  Debug  Options  Window  Help
     Python 3.13.1 (tags/v3.13.1:0671451, Dec  3 2024, 19:06:28) [MSC v.1942 64 bit (
     AMD64)] on win32
     Type "help", "copyright", "credits" or "license()" for more information.
>>>
     = RESTART: C:\Users\Tomas\Documents\LIBROS\Tkinter\Codigo\Anexo Python\gestion c
     lientes\gestion_clientes.py


     1- Alta
     2- Baja
     3- Modificación
     4- Consultar cliente
     5- Consulta global
     6- Salvar
     7- Salir
     Elija una opción: 1


     Por favor, introduzca el valor de los siguientes campos
     DNI: 1234
     Nombre del cliente: Tomás
     Nombre del perro: Snoopy
     Raza: Beagle
     ---Cliente dado de alta---
```

La siguiente función que se va a estudiar es `informacion_cliente()`, que muestra los datos del cliente cuyo DNI se proporciona. Por ese motivo, lo primero que se hace dentro de ella es solicitarlo con la función `input()`:

```
dni = input("DNI del cliente a consultar: ")
```

Luego, se comprueba si existe con la función `obtener_cliente()`, en cuyo caso se daría formato de tabla a sus datos mediante la función `tabulate()` del módulo "tabulate", importado al principio del programa. Como ya sabe, dicha función se puede llamar con dos argumentos. El primero es la lista de datos que mostrar y el segundo es la cabecera.

La cabecera contiene los nombres de las columnas de la tabla ("Cliente", "DNI", "Perro" y "Raza"). Los datos estarían contenidos en una tabla (`tabla`) con una única fila, en la que estarían los valores de los atributos del cliente seleccionado (`cliente`). Una vez puestos en formato tabla (`tabla_con_formato`), se presentarían en pantalla:

```
cliente = obtener_cliente(dni)
if cliente == None: print("---El cliente con DNI "+dni +" no existe---")
else:
    tabla = [[cliente.nombre, cliente.dni,
              cliente.perro.nombre, cliente.perro.raza]]
    tabla_con_formato=tabulate(tabla,["Cliente","DNI","Perro","Raza"])
    print(tabla_con_formato)
```

Más abajo se puede ver cómo consultar los datos del cliente al que acaba de dar de alta:

La otra función de consulta es `informacion_clientes()`, que se emplea para mostrar los datos de todos los clientes dados de alta en la clínica veterinaria (en vez de uno determinado). En este caso, los datos se obtienen con un bucle `for`, que recorre la lista de clientes. Para cada uno de ellos, se crea una nueva lista con los valores de sus atributos `nombre` y `dni`, junto con el `nombre` y la `raza` del perro del que es dueño. Dicha lista es asignada a la variable `fila` (los datos de un cliente se muestran en una fila), y se añade posteriormente —con el método `append()`— a la variable que representa la tabla (`tabla`):

```python
tabla = []
for cliente in lista_clientes:
    fila = [cliente.nombre, cliente.dni,
            cliente.perro.nombre, cliente.perro.raza]
    tabla.append(fila)
```

Una vez que se tienen los datos de todos los clientes, se les da formato de tabla (`tabla_con_formato`) y se muestran en pantalla:

```python
tabla_con_formato=tabulate(tabla, ["Cliente", "DNI", "Perro", "Raza"])
print(tabla_con_formato)
```

A continuación, puede ver la información de los clientes actualmente dados de alta en el sistema. Al tener solo uno, el resultado coincide con el de la consulta anterior:

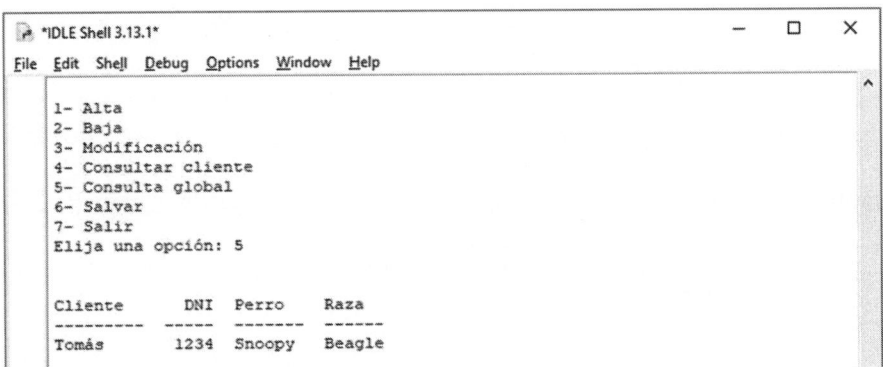

La próxima función que se va a estudiar es `modificación_cliente()`, encargada de cambiar los datos de un cliente previamente dado de alta. En dicha función, lo primero que se hace es declarar la variable `datos_modificados` como global, para que utilice la de configuración creada al principio del programa:

```
global datos_modificados
```

Luego, se pregunta por el DNI del cliente que se quiere modificar. El valor obtenido se usa como argumento de la función auxiliar `obtener_cliente()` para saber si realmente hay un cliente con dicho DNI. Si no hubiera ninguno (el valor devuelto es `None`), se avisaría al usuario de que el cliente no existe y finalizaría la función. De lo contrario, se comenzaría a pedir los datos que se quieran modificar:

```
dni = input("DNI del cliente a modificar: ")
cliente = obtener_cliente(dni)
if cliente == None: print("---El cliente con DNI "+dni+" no existe---")
else:

    ...
```

Dichos datos son: el nombre del cliente, el del perro y su raza. Si no se quisiera modificar el valor de alguno de ellos, se pulsaría retorno de carro. Eso es precisamente lo que detectan las sentencias `if`, ya que solo se modificará el valor de los atributos del cliente cuando el usuario introduzca uno nuevo:

```
print("Por favor, rellene los siguientes campos")
nombre_cliente = input("Nombre del cliente: ")
if nombre_cliente != "": cliente.nombre = nombre_cliente
nombre_perro = input("Nombre del perro: ")
if nombre_perro != "":cliente.perro.nombre = nombre_perro
raza = input("Raza: ")
if raza != "":cliente.perro.raza = raza
```

La última sentencia del bloque `else` únicamente asigna el valor `True` a la variable `datos_modificados`, con el fin de que, al salir de la aplicación, se pregunte al usuario si quiere guardar los cambios realizados:

```
datos_modificados = True
```

Para comprobar el comportamiento de esta función, modifique el nombre del perro del cliente creado inicialmente (lo llamará "Scooby"). Al consultar de nuevo la información de clientes, verá reflejado el cambio realizado:

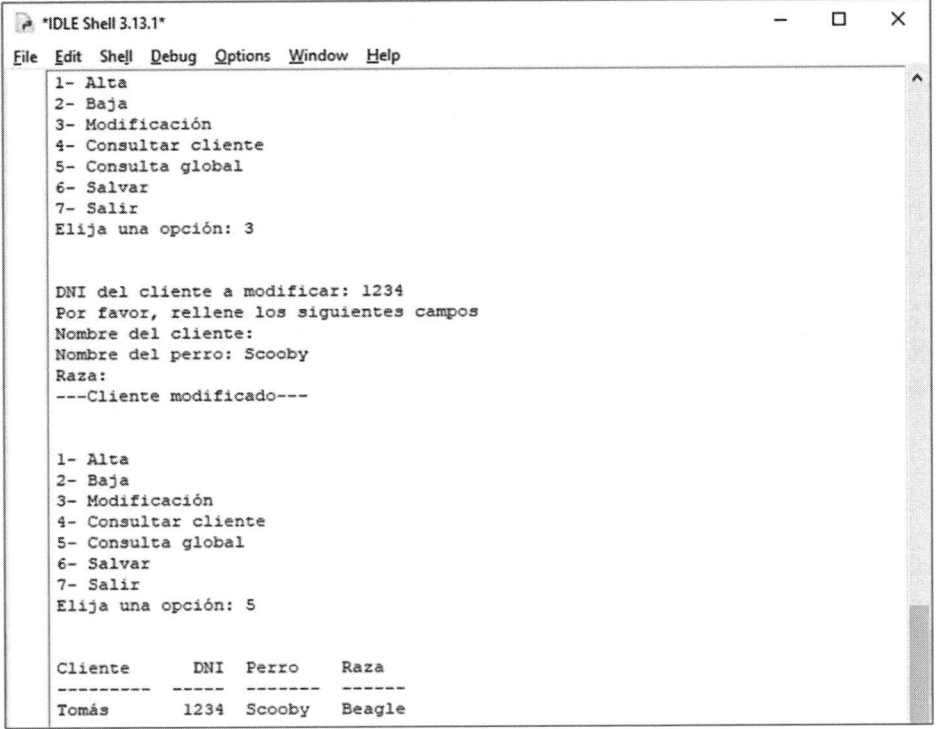

La siguiente función que se va a describir es `baja_cliente()`. Al igual que en las anteriores, se declara la variable `datos_modificados` como global:

```
global datos_modificados
```

Luego, se solicita el nombre del DNI del cliente a dar de baja y se comprueba que exista con la función `obtener_cliente()`. En caso contrario, se daría el correspondiente aviso y se saldría de la función:

```
dni = input("DNI del cliente a dar de baja: ")
cliente = obtener_cliente(dni)
if cliente == None: print("---El cliente con DNI "+dni+" no existe---")
else:
    ...
```

Si existiera el cliente, se le daría de baja con el método `remove()`:

```
lista_clientes.remove(cliente)
```

Por último, se asignaría el valor `True` a la variable `datos_modificados`, para que, al salir del programa, se pregunte al usuario si quiere salvar las modificaciones realizadas:

```
datos_modificados = True
```

Para probar esta función, cree un nuevo cliente llamado "Fernando", con DNI "5678", cuyo perro, llamado "Rin tin tin", sea un pastor alemán. Luego, consulte que realmente ha sido dado de alta:

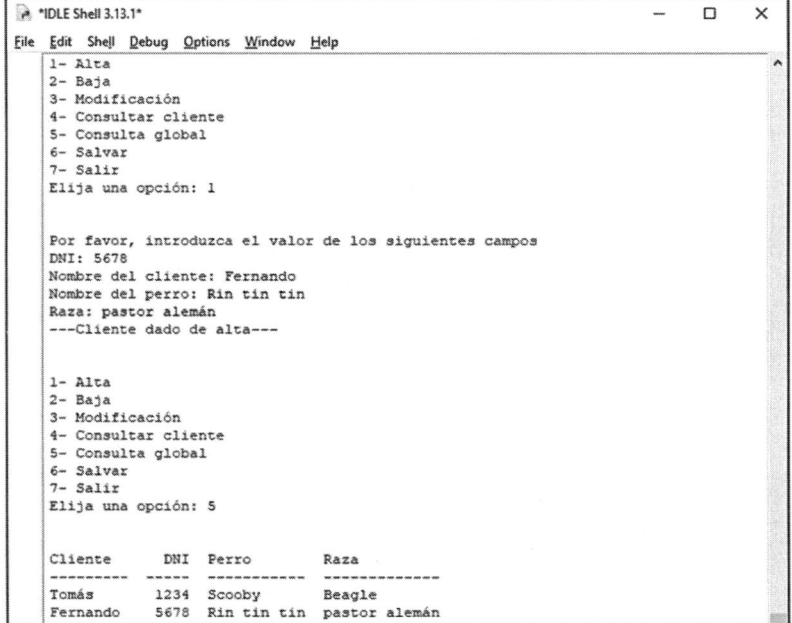

Ahora bórrelo. Al volver a consultar los clientes, ya no debería aparecer:

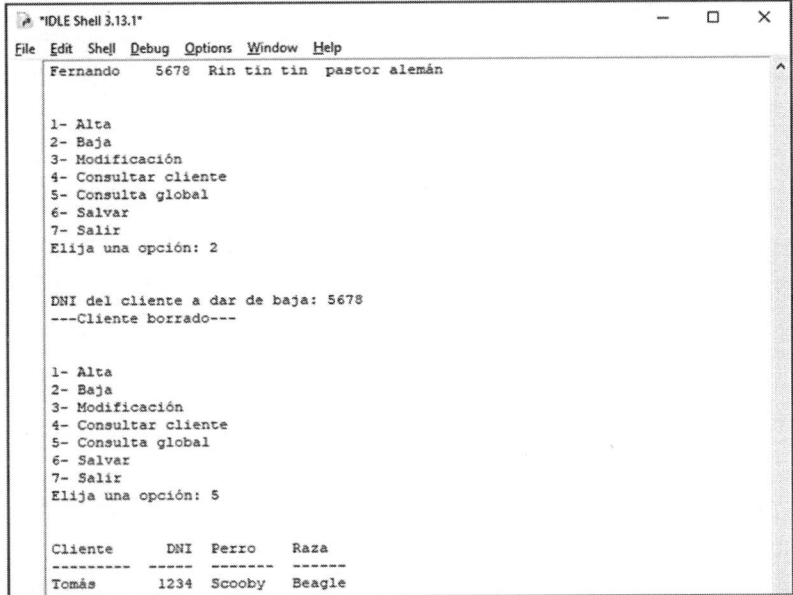

La función auxiliar `guardar()` se encarga de almacenar la lista de clientes actual en el fichero de clientes. Para ello, lo abre con la función `open()` en modo escritura binaria (su segundo argumento es "wb") dentro de una estructura `with…as`. En el bloque de sentencias de esta estructura de control, se llama a la siguiente función del módulo "pickle" importado al principio del programa:

`dump(`*datos, manejador*`)`

El primer argumento contiene la información que se pretende guardar; en este caso, una lista de objetos de la clase `Cliente` (`lista_clientes`). El segundo es el manejador del fichero en el que va a almacenar (`f`):

```
with open(fichero_clientes, 'wb') as f:
    pickle.dump(lista_clientes, f)
```

Por último, se asigna el valor `False` a la variable `datos_modificados` para que, al salir, no se pregunte al usuario si quiere guardar los cambios realizados. Es precisamente lo que acaba de hacer, por lo que ya no sería necesario:

```
datos_modificados = False
```

Para finalizar, es importante mencionar que este programa también puede ejecutarse desde una ventana de símbolo del sistema. Para ello, solo tiene que acceder al directorio en el que se encuentra, que en mi caso es "C:\Users\Tomas\Documents\Python3\gestion clientes", tal como puede ver a continuación:

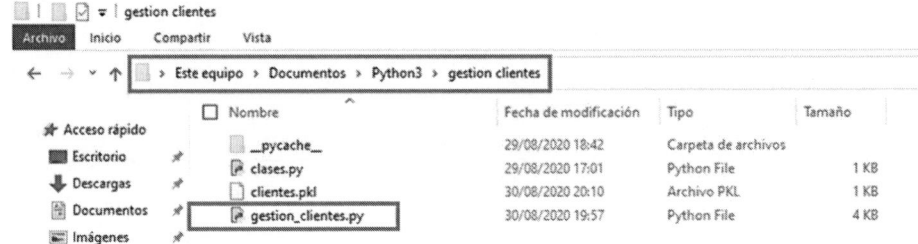

Por lo tanto, acceda a dicha carpeta con el comando cd y ejecute el programa con el comando python:

```
cd C:\Users\Tomas\Documents\Python3\gestion clientes
python gestion_clientes.py
```

El resultado obtenido puede verlo en esta imagen:

```
Símbolo del sistema - python gestion_clientes.py                    —   □   ×
Microsoft Windows [Versión 10.0.19041.630]
(c) 2020 Microsoft Corporation. Todos los derechos reservados.

C:\Users\Tomas>cd C:\Users\Tomas\Documents\Python3\gestion clientes

C:\Users\Tomas\Documents\Python3\gestion clientes>python gestion_clientes.py

1- Alta
2- Baja
3- Modificación
4- Consultar cliente
5- Consulta global
6- Salvar
7- Salir
Elija una opción: _
```

> ℹ️ La ruta completa del fichero la puede ver en la *shell* cada vez que ejecute el programa.

```
IDLE Shell 3.13.1                                                   —   □   ×
File  Edit  Shell  Debug  Options  Window  Help
    Python 3.13.1 (tags/v3.13.1:0671451, Dec  3 2024, 19:06:28) [MSC v.1942 64 bit (AMD64)]
    on win32
    Type "help", "copyright", "credits" or "license()" for more information.
>>>
    = RESTART C:\Users\Tomas\Documents\Python3\gestion clientes tkinter\gestion_clientes.py

    1- Alta
    2- Baja
    3- Modificación
    4- Consultar cliente
    5- Consulta global
    6- Salvar
    7- Salir
    Elija una opción:
```

Anexo B
UNA ÚLTIMA PRÁCTICA

La última práctica realizada en el anexo anterior permitía la gestión de clientes de una clínica veterinaria. En ella, se usaba la *shell* como interfaz en modo carácter. Pero ¿qué aspecto tendría dicha aplicación si utilizara Tkinter? Ese será el objetivo de esta nueva práctica, en la que se reutilizará gran parte del código de la anterior. Las clases definidas para el funcionamiento de la aplicación seguirán siendo las mismas, por lo que el fichero donde se declaran no sufre modificaciones ("clases.py"). El que incluía la implementación de las diferentes operaciones que se podían realizar con los clientes ("gestion_clientes.py") deberá ser retocado para eliminar aquellas sentencias en las que se invocaban las funciones `input()` y `print()`, con las que se mostraba u obtenía información a través de la *shell*. A partir de ahora, la interacción con el usuario se realizará mediante una interfaz gráfica, cuyo código se escribirá en un nuevo fichero ("interfaz_gestion_clientes.py").

El archivo con la declaración de clases era importado como un módulo desde el que se realizaba la gestión de clientes. Ahora, este será importado también como un módulo por el que tenga la interfaz de usuario. Gráficamente, se puede representar de la siguiente manera:

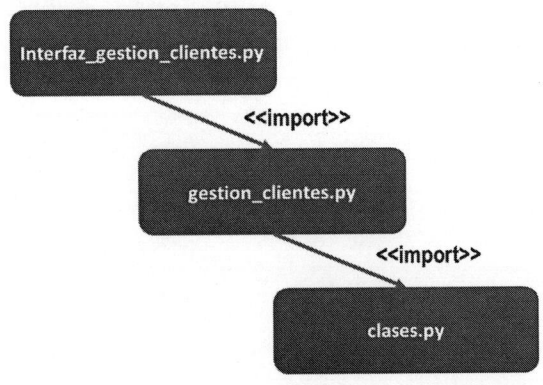

El código con la declaración de las clases no se reproduce ya que, como se acaba de comentar, no sufre cambios. El que sí lo hace es el de gestión de clientes, que se describe en el siguiente apartado.

13.1 MÓDULO GESTIÓN DE CLIENTES

Los cambios que será necesario llevar a cabo en las funciones de este módulo no afectan al proceso de datos, sino a la forma en la que se obtienen o se muestran al usuario (ya no será a través de la *shell*, sino haciendo uso de una interfaz gráfica). Por eso, donde antes se presentaban los datos con `print()` desde las propias funciones del módulo de gestión, ahora se devuelven como respuesta a las funciones del módulo de la interfaz, encargadas de mostrarlos gráficamente con Tkinter. Por el mismo motivo, lo que antes se obtenía con `input()` dentro de las funciones de este módulo de gestión, ahora son los argumentos de entrada con los que se invocan desde las funciones de la interfaz implementadas con Tkinter (de allí procede la información recogida del usuario y desde allí se invocan, dependiendo de la operación demandada por el usuario). La consecuencia directa de todo esto es que el código de estas funciones se simplifica de forma notable.

Veamos en qué se traduce esto para cada una de ellas. Pero, antes, como el archivo "gestion_clientes.py" ya no es el principal, sino un módulo auxiliar con funciones que serán llamadas desde la interfaz de usuario, este no deberá ejecutar ningún código al iniciar la aplicación que no sea la importación de las librerías y la declaración de las variables necesarias para su funcionamiento interno.

En este sentido, lo primero que se hace es eliminar la variable `datos_modificados`, utilizada para decidir cuándo hay que preguntar al usuario si desea guardar los cambios realizados antes de salir de la aplicación. Ahora, esa comprobación se hará desde la interfaz gráfica, no desde este módulo.

Además, el bucle `while` que mostraba en la *shell* las opciones de la aplicación y ejecutaba la operación correspondiente a la selección realizada por el usuario deberá eliminarse. Si lo recuerda, se trata del siguiente código:

```
while True:
    opcion = mostrar_opciones()
    if opcion == "1": alta_cliente()
    elif opcion == "2": baja_cliente()
    ...
```

Si observa, dentro del bucle se llamaba a la función `mostrar_opciones()`. Como únicamente se invoca desde aquí, esta función también se elimina.

El código resultante es el siguiente, en el que se incluyen las modificaciones aplicadas a cada una de las funciones invocadas desde la interfaz:

```python
import clases
import os
import pickle
from tabulate import tabulate

fichero_clientes = "clientes.pkl"
lista_clientes = []
if os.path.exists(fichero_clientes):
    with open(fichero_clientes, 'rb') as f:
        lista_clientes = pickle.load(f)

def obtener_cliente(dni):
    for cliente in lista_clientes:
        if cliente.dni == dni: return cliente
    return None

def alta_cliente(dni, nombre_cliente, nombre_perro, raza):
        perro = clases.Perro(nombre_perro, raza)
        cliente = clases.Cliente(nombre_cliente, dni, perro)
        lista_clientes.append(cliente)

def modificacion_cliente(cliente,nombre_cliente,nombre_perro,raza):
    cliente.nombre = nombre_cliente
    cliente.perro.nombre = nombre_perro
    cliente.perro.raza = raza
    print("---Cliente modificado---")

def baja_cliente(cliente):
    lista_clientes.remove(cliente)
    print("---Cliente borrado---")
```

```
def informacion_cliente(cliente):
    tabla = [[cliente.nombre, cliente.dni,
              cliente.perro.nombre, cliente.perro.raza]]
    tabla_con_formato=tabulate(tabla,["Cliente","DNI","Perro","Raza"])
    return tabla_con_formato


def informacion_clientes():
    tabla = []
    for cliente in lista_clientes:
        fila = [cliente.nombre, cliente.dni,
                cliente.perro.nombre, cliente.perro.raza]
        tabla.append(fila)
    tabla_con_formato=tabulate(tabla,["Cliente","DNI","Perro","Raza"])
    return tabla_con_formato


def guardar():
    with open(fichero_clientes, 'wb') as f:
        pickle.dump(lista_clientes, f)
    print("---Información de cliente guardada---")
```

Las modificaciones realizadas se irán explicando función a función, en orden de aparición, empezando por `obtener_cliente()`, que devuelve el objeto de la clase `Cliente` cuyo DNI coincide con el pasado como argumento. En caso contrario, devolvería `None`. Se trata de la única función que no sufre cambios.

La función `alta_cliente()` es la responsable de dar de alta a un nuevo cliente a partir de su DNI, su nombre, el del perro y la raza. Como dicha información la proporcionará el usuario a través de la interfaz, estos datos se pasarán como argumentos de entrada:

```
def alta_cliente(dni, nombre_cliente, nombre_perro, raza):
    perro = clases.Perro(nombre_perro, raza)
    cliente = clases.Cliente(nombre_cliente, dni, perro)
    lista_clientes.append(cliente)
```

Dentro, como puede observar, únicamente se crean las instancias de la clase `Perro` y `Cliente`, añadiendo esta última a la lista de clientes existente (`lista_clientes`). Se han eliminado, por lo tanto, las sentencias que obtenían la información de entrada de la *shell*, verificaban que el DNI fuera único y mostraban el resultado de la operación al usuario. Todo eso se hace ahora desde la interfaz de usuario.

La siguiente función es modificacion_cliente(), encargada de cambiar los datos de un cliente. Los argumentos de entrada son la instancia del cliente y los nuevos valores de sus atributos (su nombre, el del perro y su raza). Dentro, lo único que se hace es asignar dichos valores a los atributos correspondientes:

```
def modificacion_cliente(cliente,nombre_cliente,nombre_perro,raza):
    cliente.nombre = nombre_cliente
    cliente.perro.nombre = nombre_perro
    cliente.perro.raza = raza
```

A continuación, se describe la función baja_cliente(), con la que se elimina el cliente pasado como argumento. Al igual que las funciones anteriores, la diferencia con el código utilizado de base es que ya no se pregunta por el DNI del cliente ni se verifica que exista, porque eso se realiza en la interfaz gráfica. Por lo tanto, lo único que hace es borrarlo de la lista de clientes:

```
def baja_cliente(cliente):
    lista_clientes.remove(cliente)
```

En el programa utilizado de base, la función informacion_cliente() mostraba en la *shell* la información de un cliente, cuyo DNI se solicitaba al usuario. Ahora, el cliente se pasa como argumento a la función, ya que se obtiene de la interfaz gráfica. Además, su información (en formato tabla) no se muestra en la *shell*, sino que se devuelve como resultado de la función:

```
def informacion_cliente(cliente):
    tabla = [[cliente.nombre, cliente.dni,
            cliente.perro.nombre, cliente.perro.raza]]
    tabla_con_formato=tabulate(tabla,["Cliente","DNI","Perro","Raza"])
    return tabla_con_formato
```

La diferencia entre la función informacion_clientes() del programa utilizado de base y la actual es, de nuevo, que, en vez de mostrar en la *shell* la tabla con la información de todos los clientes, se devuelve como resultado para que sea la interfaz gráfica la responsable de hacerlo. Por ese motivo, el único cambio realizado ha sido sustituir la función print de la última sentencia por return:

```
def informacion_clientes():
    tabla = []
    for cliente in lista_clientes:
```

```
        fila = [cliente.nombre, cliente.dni,
                cliente.perro.nombre, cliente.perro.raza]
        tabla.append(fila)
    tabla_con_formato=tabulate(tabla,["Cliente","DNI","Perro","Raza"])
    return tabla_con_formato
```

La función responsable de guardar los datos de los clientes en disco es prácticamente la misma, por lo que no se darán explicaciones adicionales sobre ella (únicamente se elimina la sentencia en la que se asignaba el valor False a la variable datos_modificados, que ya no existe en este módulo):

```
def guardar():
    with open(fichero_clientes, 'wb') as f:
        pickle.dump(lista_clientes, f)
```

Con esta última función, se han descrito todas las que se van a invocar desde la interfaz. A continuación, se verán las responsables del nuevo aspecto de la aplicación.

13.2 INTERFAZ DE USUARIO

Para arrancar la aplicación de la clínica veterinaria, se tendrá que ejecutar el fichero "interfaz_gestion_clientes.py", que mostrará la interfaz de usuario desde la que se podrán realizar todas las operaciones de gestión de clientes. Para ello, dispone de la siguiente barra de menús:

- Archivo. Desde aquí, podrá guardar la información de clientes o salir de la aplicación.

- Operaciones. Permitirá el alta, la baja o la modificación de clientes (todas estas opciones tienen asociado un atajo de teclado). También podrá consultar información de un cliente en concreto o de todos los existentes.

- Ayuda. Muestra un manual de usuario o la versión del programa.

Debajo de los menús, habrá un área de texto donde se presentará tanto la información de clientes como el resultado de las operaciones realizadas con ellos.

En la imagen inferior, puede ver el aspecto de esta interfaz:

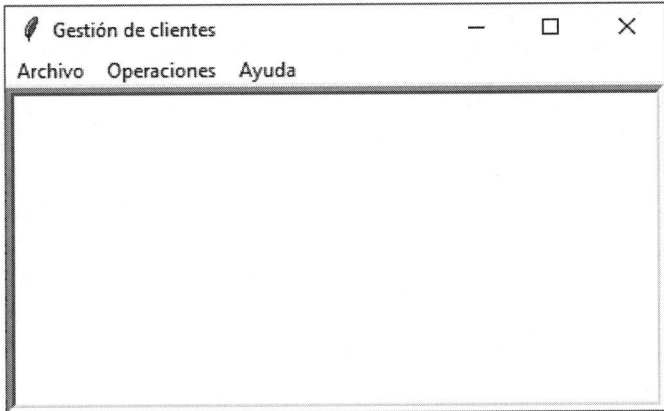

Si tratara de matar la ventana o seleccionara la opción "Salir" del menú "Archivo" y hubiera realizado cambios en datos de clientes, antes de cerrar la aplicación, le preguntaría si quiere guardar dichas modificaciones.

El código de este módulo es el siguiente:

```python
from gestion_clientes import *
from tkinter import Tk, Label, Entry, Button, Menu, Text, PhotoImage,
                    Scrollbar, messagebox, Toplevel


datos_modificados = False


def mostrar_resultado_operacion(mensaje):
    area_texto.configure(state="normal")
    area_texto.delete(1.0, "end")
    area_texto.insert(1.0, mensaje)
    area_texto.configure(state="disabled")


#-----------------------------------------------------------------
#-------- FUNCIONES GESTIÓN DE BOTONES -------
#-----------------------------------------------------------------


def aceptar_alta():
    global datos_modificados

    dni = dni_entry.get()
    nombre_cliente = nombre_cliente_entry.get()
```

```
        nombre_perro = nombre_perro_entry.get()
        raza = raza_entry.get()
        cliente = obtener_cliente(dni)

        if cliente != None:
            dni_entry.delete(0, "end")
            dni_entry.focus()
        else:
            alta_cliente(dni, nombre_cliente, nombre_perro, raza)
            datos_modificados = True
            ventana_auxiliar.destroy()
            cliente = obtener_cliente(dni)
            tabla_cliente = informacion_cliente(cliente)
            mostrar_resultado_operacion("Cliente dado de alta
                                    correctamente\n\n"+
                                    tabla_cliente)
    def aceptar_baja():
        global datos_modificados

        dni = dni_entry.get()
        cliente = obtener_cliente(dni)
        if cliente == None:
            dni_entry.delete(0, "end")
            dni_entry.focus()
        else:
            baja_cliente(cliente)
            datos_modificados = True
            ventana_auxiliar.destroy()
            mostrar_resultado_operacion("Cliente dado de baja correctamente")

    def aceptar_modificacion():
        global datos_modificados

        dni = dni_entry.get()
        nombre_cliente = nombre_cliente_entry.get()
        nombre_perro = nombre_perro_entry.get()
        raza = raza_entry.get()
```

```python
    cliente = obtener_cliente(dni)
    modificacion_cliente(cliente, nombre_cliente, nombre_perro, raza)

    datos_modificados = True
    ventana_auxiliar.destroy()
    tabla_cliente = informacion_cliente(cliente)
    mostrar_resultado_operacion("Cliente modificado
                                correctamente\n\n"+tabla_cliente)

def aceptar_dni_modificacion():
    global nombre_cliente_entry, nombre_perro_entry, raza_entry

    dni = dni_entry.get()
    cliente = obtener_cliente(dni)
    if cliente == None:
        dni_entry.delete(0, "end")
        dni_entry.focus()
    else:
        dni_entry.configure(state="disabled")

        nombre_cliente_label = Label(ventana_auxiliar,
                                     text="Nombre cliente:")
        nombre_cliente_entry = Entry(ventana_auxiliar, bd=5,
                                     highlightcolor="red",
                                     highlightthickness=2)
        nombre_perro_label = Label(ventana_auxiliar,
                                   text="Nombre perro:")
        nombre_perro_entry = Entry(ventana_auxiliar, bd=5,
                                   highlightcolor="red",
                                   highlightthickness=2)
        raza_label = Label(ventana_auxiliar, text="Raza:")
        raza_entry = Entry(ventana_auxiliar, bd=5,
                           highlightcolor="red", highlightthickness=2)

        nombre_cliente_entry.insert(0, cliente.nombre)
        nombre_perro_entry.insert(0, cliente.perro.nombre)
        raza_entry.insert(0, cliente.perro.raza)

        boton_aceptar.configure(command=aceptar_modificacion)
```

```
            nombre_cliente_label.grid(row=2, column=1, sticky= "W",
                                   padx=10, pady=10)
            nombre_cliente_entry.grid(row=2, column=2, padx=10)
            nombre_perro_label.grid(row=3, column=1, sticky= "W",
                                   padx=10, pady=10)
            nombre_perro_entry.grid(row=3, column=2, padx=10)
            raza_label.grid(row=4, column=1, sticky= "W",
                               padx=10, pady=10)
            raza_entry.grid(row=4, column=2, padx=10)
            boton_aceptar.grid(row=5, column=1,
                               padx=10, pady=10, sticky= "W")
            boton_cancelar.grid(row=5, column=2,
                               padx=10, pady=10, sticky= "E")


    def aceptar_consulta_cliente():
        dni = dni_entry.get()
        cliente = obtener_cliente(dni)
        if cliente == None:
            dni_entry.delete(0, "end")
            dni_entry.focus()
        else:
            tabla_cliente = informacion_cliente(cliente)
            mostrar_resultado_operacion(tabla_cliente)
            ventana_auxiliar.destroy()


    def cancelar():
        ventana_auxiliar.destroy()


    #------------------------------------------------------------------
    #-------- FUNCIONES GESTIÓN DE OPCIONES ------
    #------------------------------------------------------------------


    def alta():
        global ventana_auxiliar, dni_entry, nombre_cliente_entry,
               nombre_perro_entry, raza_entry

        ventana_auxiliar = Toplevel()
        ventana_auxiliar.title("Alta cliente")
        ventana_auxiliar.resizable(False, False)
```

```
    dni_label = Label(ventana_auxiliar, text="DNI:")
    dni_entry = Entry(ventana_auxiliar, bd=5,
                      highlightcolor="red", highlightthickness=2)
    nombre_cliente_label = Label(ventana_auxiliar,
                                 text="Nombre cliente:")
    nombre_cliente_entry = Entry(ventana_auxiliar, bd=5,
                                 highlightcolor="red",
                                 highlightthickness=2)
    nombre_perro_label=Label(ventana_auxiliar,text="Nombre perro:")
    nombre_perro_entry = Entry(ventana_auxiliar, bd=5,
                               highlightcolor="red",
                               highlightthickness=2)
    raza_label = Label(ventana_auxiliar, text="Raza:")
    raza_entry = Entry(ventana_auxiliar, bd=5,
                       highlightcolor="red", highlightthickness=2)
    boton_aceptar = Button(ventana_auxiliar, text="ACEPTAR",
                           command=aceptar_alta)
    boton_cancelar = Button(ventana_auxiliar, text="CANCELAR",
                            command=cancelar)


    dni_label.grid(row=1, column=1, sticky= "W", padx=10, pady=10)
    dni_entry.grid(row=1, column=2, padx=10)
    nombre_cliente_label.grid(row=2, column=1, sticky= "W",
                              padx=10, pady=10)
    nombre_cliente_entry.grid(row=2, column=2, padx=10)
    nombre_perro_label.grid(row=3, column=1, sticky= "W",
                            padx=10, pady=10)
    nombre_perro_entry.grid(row=3, column=2, padx=10)
    raza_label.grid(row=4,column=1,sticky= "W",padx=10,pady=10)
    raza_entry.grid(row=4, column=2, padx=10)
    boton_aceptar.grid(row=5,column=1,padx=10,pady=10,sticky="W")
    boton_cancelar.grid(row=5,column=2,padx=10,pady=10,sticky="E")

def baja():
    global ventana_auxiliar, dni_entry

    ventana_auxiliar = Toplevel()
    ventana_auxiliar.title("Baja cliente")
    ventana_auxiliar.resizable(False, False)
```

```python
        dni_label = Label(ventana_auxiliar, text="DNI:")
        dni_entry = Entry(ventana_auxiliar, bd=5,
                          highlightcolor="red", highlightthickness=2)
        boton_aceptar = Button(ventana_auxiliar, text="ACEPTAR",
                               command=aceptar_baja)
        boton_cancelar = Button(ventana_auxiliar, text="CANCELAR",
                                command=cancelar)

        dni_label.grid(row=1, column=1, sticky= "W", padx=10, pady=10)
        dni_entry.grid(row=1, column=2, padx=10)
        boton_aceptar.grid(row=2,column=1,padx=10,pady=10,sticky="W")
        boton_cancelar.grid(row=2,column=2,padx=10,pady=10,sticky="E")


    def modificacion():
        global ventana_auxiliar, dni_entry, boton_aceptar, boton_cancelar

        ventana_auxiliar = Toplevel()
        ventana_auxiliar.title("Modificación cliente")
        ventana_auxiliar.resizable(False, False)

        dni_label = Label(ventana_auxiliar, text="DNI:")
        dni_entry = Entry(ventana_auxiliar, bd=5,
                          highlightcolor="red", highlightthickness=2)
        boton_aceptar = Button(ventana_auxiliar, text="ACEPTAR",
                               command=aceptar_dni_modificacion)
        boton_cancelar = Button(ventana_auxiliar, text="CANCELAR",
                                command=cancelar)

        dni_label.grid(row=1, column=1, sticky= "W", padx=10, pady=10)
        dni_entry.grid(row=1, column=2, padx=10)
        boton_aceptar.grid(row=2,column=1,padx=10,pady=10,sticky="W")
        boton_cancelar.grid(row=2,column=2,padx=10,pady=10,sticky="E")


    def consulta_cliente():
        global ventana_auxiliar, dni_entry

        ventana_auxiliar = Toplevel()
        ventana_auxiliar.title("Consulta cliente")
        ventana_auxiliar.resizable(False, False)
```

```
        dni_label = Label(ventana_auxiliar, text="DNI:")
        dni_entry = Entry(ventana_auxiliar, bd=5,
                            highlightcolor="red", highlightthickness=2)
        boton_aceptar = Button(ventana_auxiliar, text="ACEPTAR",
                                command=aceptar_consulta_cliente)
        boton_cancelar = Button(ventana_auxiliar, text="CANCELAR",
                                command=cancelar)

        dni_label.grid(row=1, column=1, sticky= "W", padx=10, pady=10)
        dni_entry.grid(row=1, column=2, padx=10)
        boton_aceptar.grid(row=2,column=1,padx=10,pady=10,sticky="W")
        boton_cancelar.grid(row=2,column=2,padx=10,pady=10,sticky="E")

def consulta_clientes():
    tabla_clientes = informacion_clientes()
    mostrar_resultado_operacion(tabla_clientes)

def guardar_clientes():
    global datos_modificados

    guardar()
    mostrar_resultado_operacion("Clientes almacenados correctamente")
    datos_modificados = False

def salir():
    if datos_modificados:
        if messagebox.askyesno("Salir", "¿Desea guardar los cambios
                                antes de salir?"):
            guardar()
    root.destroy()

def manual_usuario():
    messagebox.showinfo("Manual de usuario", "En construcción...")

def acerca_de():
    messagebox.showinfo("Acerca de...", "Versión 1.0")
```

```
#-------------------------------------------------------------------
#-------- FUNCIONES GESTIÓN DE EVENTOS -------
#-------------------------------------------------------------------

def eventos_menu(evento):
    tecla = evento.char
    if tecla == "a":alta()
    elif tecla == "b":baja()
    elif tecla == "m":modificacion()


#-------------------------------------------------------------------
#----------------- VENTANA PRINCIPAL ------------------
#-------------------------------------------------------------------

root = Tk()
root.title("Gestión de clientes")
root.minsize(400, 200)

barra_menus = Menu()
root.config(menu=barra_menus)
area_texto = Text(state="disabled", padx=10, pady=10, bd=5)
scrollbar = Scrollbar(command=area_texto.yview)
area_texto.config(yscrollcommand = scrollbar.set)

menu_archivo = Menu(tearoff=0)
menu_archivo.add_command(label="Guardar",
                         command=guardar_clientes)
menu_archivo.add_separator()
img = PhotoImage(file="../imagenes/salir.gif")
menu_archivo.add_command(label="Salir", image=img,
                         compound="left", command=salir)
barra_menus.add_cascade(label="Archivo", menu=menu_archivo)

menu_operaciones = Menu(tearoff=0)
menu_operaciones.add_command(label="Alta", accelerator="Alt-a",
                             command=alta)
menu_operaciones.add_command(label="Baja", accelerator="Alt-b",
                             command=baja)
```

```
menu_operaciones.add_command(label="Modificación",
                             accelerator="Alt-m",
                             command=modificacion)
menu_operaciones.add_separator()
menu_operaciones.add_command(label="Consulta cliente",
                             command=consulta_cliente)
menu_operaciones.add_command(label="Consulta global",
                             command=consulta_clientes)
barra_menus.add_cascade(label="Operaciones",
                        menu=menu_operaciones)


menu_ayuda = Menu(tearoff=0)
menu_ayuda.add_command(label="Manual de usuario",
                       command=manual_usuario)
menu_ayuda.add_command(label="Acerca de...",
                       command=acerca_de)
barra_menus.add_cascade(label="Ayuda", menu=menu_ayuda)

area_texto.pack(expand=True, fill="both", side = "left")
scrollbar.pack(side = "right", fill = "y")

root.bind("<Alt-KeyPress>", eventos_menu)

root.protocol("WM_DELETE_WINDOW", salir)

root.mainloop()
```

En primer lugar, se importa todo lo necesario para el funcionamiento del programa. Del módulo gestion_clientes, descrito anteriormente, se importa todo. Del paquete Tkinter, se importa la clase Tk, con la que se va a crear la ventana principal, así como Label y Entry, para componer los campos de los formularios, junto con Button, para los botones "ACEPTAR" y "CANCELAR" de cada uno de ellos. Dichos formularios se mostrarán en ventanas independientes de la principal, de ahí la necesidad de importar también la clase Toplevel. Con Menu, se creará la barra de menús y, con Text (junto con Scrollbar), el área de texto situado debajo, donde se dará la información solicitada de los clientes o el resultado de las operaciones ejecutadas. El icono de la opción "Salir" del menú "Archivo" estará contenido en un objeto de la clase PhotoImage, clase que también deberá ser importada. Por último, del módulo *messagebox,* se usará la función que permita abrir las ventanas informativas asociadas a las opciones del menú "Ayuda":

```
from gestion_clientes import *
from tkinter import Tk, Label, Entry, Button, Menu, Text, PhotoImage,
    Scrollbar, messagebox, Toplevel
```

Solo se declara una variable de configuración, que tomará el valor True cuando se realice alguna operación de alta, baja o modificación de usuarios. Será la que se consulte antes de cerrar la aplicación, para preguntar al usuario si quiere guardar los cambios realizados:

```
datos_modificados = False
```

Saltando la declaración de las funciones, que se irán describiendo según se necesiten, se encuentran las sentencias responsables de crear la ventana principal (root), a la que se asigna un título y se configura para que no pueda tener un tamaño inferior a 400 × 200 píxeles:

```
root = Tk()
root.title("Gestión de clientes")
root.minsize(400, 200)
```

Luego, se crean los *widgets* que contiene, empezando por la barra de menús (barra_menus), que se asigna como valor de la opción menu con el método config():

```
barra_menus = Menu()
root.config(menu=barra_menus)
```

Después, se crea el área de texto (area_texto) y la barra de *scroll*. Si no recuerda cómo se vincula una barra de *scroll* a un *widget*, consulte el apartado donde se explicaba la clase Scrollbar. Para que no se pueda escribir en el área de texto, esta se deshabilita asignando el valor "disabled" a la opción state:

```
area_texto = Text(state="disabled", padx=10, pady=10, bd=5)
scrollbar = Scrollbar(command=area_texto.yview)
area_texto.config(yscrollcommand = scrollbar.set)
```

Las siguientes sentencias son las que componen las entradas de cada uno de los menús de la barra superior. En primer lugar, se encuentran las del menú "Archivo" (menu_archivo) que, al igual que el resto de los menús, se crea asignando el valor 0 a la opción tearoff, para que no aparezca la línea de puntos en la parte superior (aquella que, al pulsarla, mostraría las opciones en una ventana independiente de la principal).

Este menú consta de dos entradas ("Guardar" y "Salir"), separadas por una línea creada con el método `add_separator()`. La segunda entrada tiene asociada un pequeño icono, motivo por el que se crea una instancia de la clase `PhotoImage` (`img`), en cuyo constructor se emplea la opción `file`, para indicar la ruta del archivo donde se almacena. Al añadir esta entrada al menú "Archivo" con el método `add_command()`, se incluyen las opciones `image` y `compound` para mostrarlo a la izquierda de la etiqueta.

Como sabe, con la opción `label` se establece la etiqueta de cada entrada y con `command` la función que se ejecutará cuando se seleccione (se irán describiendo progresivamente).

La última sentencia de este bloque invoca el método `add_cascade()` para añadir el menú "Archivo" a la barra de menús:

```
menu_archivo = Menu(tearoff=0)
menu_archivo.add_command(label="Guardar",
                         command=guardar_clientes)
menu_archivo.add_separator()
img = PhotoImage(file="../imagenes/salir.gif")
menu_archivo.add_command(label="Salir", image=img,
                         compound="left", command=salir)
barra_menus.add_cascade(label="Archivo", menu=menu_archivo)
```

En la siguiente imagen puede ver el aspecto de este menú:

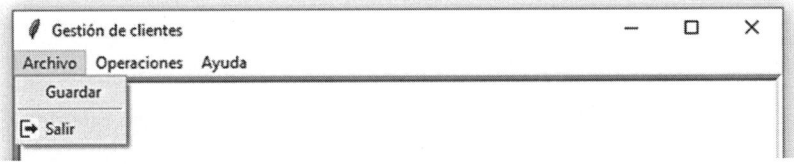

A continuación, aparecen las sentencias encargadas de crear el menú "Operaciones". Los métodos y opciones utilizados son los mismos del menú anterior, por lo que no se dará ninguna explicación adicional. Lo único relevante es que las opciones "Alta", "Baja" y "Modificación" tendrán asociados atajos de teclado; lo puede ver reflejado en la opción `accelerator` de los métodos `add_command()` correspondientes:

```
menu_operaciones = Menu(tearoff=0)
menu_operaciones.add_command(label="Alta", accelerator="Alt-a",
                             command=alta)
menu_operaciones.add_command(label="Baja", accelerator="Alt-b",
                             command=baja)
```

```
menu_operaciones.add_command(label="Modificación",
                             accelerator="Alt-m",

command=modificacion)
menu_operaciones.add_separator()
menu_operaciones.add_command(label="Consulta cliente",

command=consulta_cliente)
menu_operaciones.add_command(label="Consulta global",

command=consulta_clientes)
barra_menus.add_cascade(label="Operaciones",
                        menu=menu_operaciones)
```

Más abajo puede ver cómo quedaría este menú:

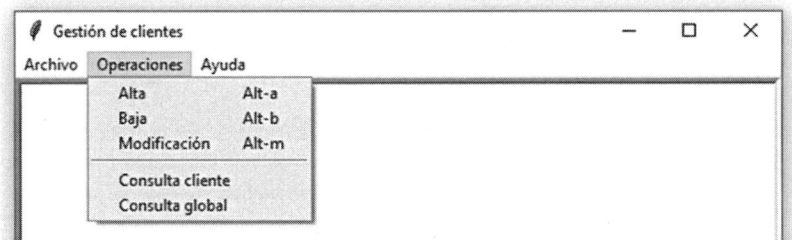

El último menú que se construye es el de "Ayuda". Tendrá dos opciones: una para mostrar el manual de usuario ("Manual de usuario") y otra para conocer la versión de la aplicación ("Ayuda"):

```
menu_ayuda = Menu(tearoff=0)
menu_ayuda.add_command(label="Manual de usuario",
                       command=manual_usuario)
menu_ayuda.add_command(label="Acerca de...",
                       command=acerca_de)
barra_menus.add_cascade(label="Ayuda", menu=menu_ayuda)
```

Dicho menú se vería así:

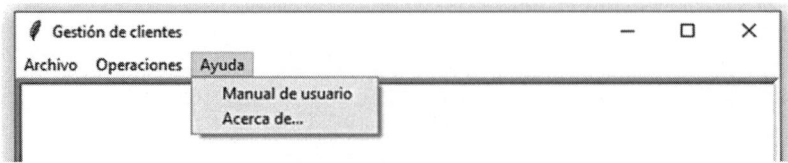

Las dos sentencias siguientes añaden el área de texto en la ventana principal, con la barra de *scroll* a la derecha (opción `side`). El resto de las opciones permiten que el área de texto ocupe toda el área de la ventana (aunque esta cambie de tamaño). La barra de *scroll* lo hará únicamente en sentido vertical:

```
area_texto.pack(expand=True, fill="both", side = "left")
scrollbar.pack(side = "right", fill = "y")
```

Después de las sentencias que sitúan los *widgets* en la ventana principal, se encuentran las relacionadas con la gestión de eventos. La primera es la que llama al método `bind()`, con el que se capturan todos los producidos al pulsar la tecla Alt junto con cualquier otra. En ese momento, se ejecutará la función `eventos_menu()`, que estudiará a continuación. Será la que realice las mismas opciones que al seleccionar las entradas "Alta", "Baja" y "Modificación" del menú "Operaciones". Recuerde que son las que tienen asociadas los atajos de teclado Alt-a, Alt-b y Alt-m:

```
root.bind("<Alt-KeyPress>", eventos_menu)
```

La siguiente sentencia invoca el método `protocol()` de la ventana principal. Su primer argumento permite atrapar el evento generado al tratar de matar la ventana principal (`WM_DELETE_WINDOW`), con objeto de ejecutar la función `salir()`. Será desde la que se compruebe si hay cambios sin guardar, con el fin de abrir la ventana emergente en la que se pregunte al usuario si quiere guardarlos antes de cerrar la aplicación:

```
root.protocol("WM_DELETE_WINDOW", salir)
```

La última sentencia es la que permite que se pueda responder a todos los eventos, tanto a aquellos capturados con las dos sentencias anteriores como a los atendidos de forma estándar por los *widgets* de la interfaz (pulsación de un botón, selección de la entrada de un menú, etc.):

```
root.mainloop()
```

Como se acaba de comentar, los eventos producidos al pulsar la tecla Alt junto con cualquier otra provocarán la ejecución de la función `eventos_menu()`. Al ser un controlador de eventos, esta función tiene como argumento un objeto de la clase `Event`, en cuyo atributo `char` quedaría almacenada la tecla pulsada (`tecla`). En función de su valor, se llamaría a la misma función que si se hubiera seleccionado la opción "Alta", "Baja" o "Modificación" del menú "Archivo"; es decir, `alta()`, `baja()` o `modificacion()`:

```
def eventos_menu(evento):
    tecla = evento.char
    if tecla == "a":alta()
    elif tecla == "b":baja()
    elif tecla == "m":modificacion()
```

> (i) La función `salir()`, invocada cuando se trate de cerrar la ventana, se explicará en el siguiente apartado.

Llegó el momento de describir las funciones que gobiernan el funcionamiento de la interfaz, que se han agrupado por menús:

- Funciones del menú "Archivo"

- Funciones del menú "Operaciones"

- Funciones del menú "Ayuda"

En los siguientes apartados se estudiará cada una de ellas. Sin embargo, antes, es necesario que conozca la función auxiliar `mostrar_resultado_operacion()`, que se llama desde varias de ellas. Su objetivo es mostrar, en el área de texto, la información pasada como argumento (`mensaje`). Podrán ser datos de clientes o el resultado de una operación. Como no se permite editar dicha área, antes de empezar a escribir en ella, deberá habilitarse asignando el valor `"normal"` a la opción `state` con el método `configure()`. Una vez realizada la escritura, se volverá a deshabilitar dando el valor `"disabled"` a dicha opción. Antes de escribir cualquier información, se borra toda la que hubiera previamente con el método `delete()` para, después, añadir el texto pasado como argumento utilizando el método `insert()`:

```
def mostrar_resultado_operacion(mensaje):
    area_texto.configure(state="normal")
    area_texto.delete(1.0, "end")
    area_texto.insert(1.0", mensaje)
    area_texto.configure(state="disabled")
```

13.2.1 Funciones del menú "Archivo"

El menú "Archivo" tiene dos entradas ("Guardar" y "Salir"), que llaman a las funciones `guardar_clientes()` y `salir()` (respectivamente).

Lo primero que hace la función que guarda los datos de clientes es declarar global la variable de configuración `datos_modificados` (utilizada por otras funciones), ya que se le va a asignar el valor `False`. Como sabe, se utiliza para preguntar al usuario si quiere guardar los cambios antes de salir de la aplicación (si no lo hubiera hecho previamente). Puesto que ese es el propósito de esta función, no tendría sentido volver a hacerlo.

Para guardar los datos, se llama a la función `guardar()` del módulo `gestion_clientes`, que los almacena en el fichero de gestión de clientes de la aplicación. Finalizada su ejecución, muestra un mensaje informativo en el área de texto con la función auxiliar `mostrar_resultado_operacion()`:

```
def guardar_clientes():
    global datos_modificados

    guardar()
    mostrar_resultado_operacion("Clientes almacenados correctamente")
    datos_modificados = False
```

Por su parte, la función `salir()` comprueba si ha habido cambios en los datos de los clientes (la variable `datos_modificados` tiene el valor `True`). De ser así, mostraría una ventana en la que se preguntaría al usuario si quiere guardar los cambios antes de salir. Para ello, se llama a la función `askyesno()` del módulo *messagebox*. Si pulsara el botón "Aceptar", esta función devolvería `True`, por lo que se ejecutaría la función `guardar()` del módulo `gestion_clientes`. En cualquier caso, siempre se cerraría la ventana principal con el método `destroy()`:

```
def salir():
    if datos_modificados:
        if messagebox.askyesno("Salir", "¿Desea guardar los cambios
                               antes de salir?"):
            guardar()
    root.destroy()
```

13.2.2 Funciones del menú "Operaciones"

Las entradas del menú "Operaciones", como indica su nombre, permiten realizar las operaciones de gestión de clientes de la clínica veterinaria; en concreto, darlos de alta, de baja o modificar sus datos. También podrá consultarse la información de un cliente concreto o de todos.

La primera que se va a estudiar es la de alta de clientes, que se inicia seleccionando la entrada "Operaciones" → "Alta", o pulsando Ctrl-a. En ambos casos, se ejecuta la función `alta()`, en la que lo primero que se hace es declarar como globales todas aquellas variables que se usarán desde otra función; en concreto, la que se invoque al pulsar el botón "ACEPTAR" del formulario (más adelante entenderá el motivo). Se trata de las que almacenan la ventana en la que se muestra el formulario de alta y cada uno de sus campos de entrada:

```
def alta():
    global ventana_auxiliar, dni_entry, nombre_cliente_entry,
            nombre_perro_entry, raza_entry
```

El siguiente bloque de sentencias crea la ventana emergente del formulario de alta (`ventana_auxiliar`) como un objeto de la clase `Toplevel`. Luego, se le da un título y se impide que pueda redimensionarse:

```
ventana_auxiliar = Toplevel()
ventana_auxiliar.title("Alta cliente")
ventana_auxiliar.resizable(False, False)
```

Las sentencias que hay a continuación crean todos los *widgets* del formulario; en concreto, los campos en los que se va a introducir el DNI y el nombre del cliente, así como los del perro y su raza (`dni_entry`, `nombre_cliente_entry`, `nombre_perro_entry`, `raza_entry`), precedidos por sus correspondientes etiquetas (`dni_label`, `nombre_cliente_label`, `nombre_perro_label` y `raza_label`). Naturalmente, no pueden faltar los botones para aceptar o cancelar la información introducida (`boton_aceptar` y `boton_cancelar`).

Preste especial atención al hecho de que el primer argumento del constructor de todos ellos es la ventana auxiliar que se acaba de crear (no la ventana principal). Además, es importante destacar que en los campos de entrada se establece un marco rojo de dos píxeles de grosor, que indica claramente aquel que tiene el foco en todo momento (opciones `highlightcolor` y `highlightthickness`):

```
dni_label = Label(ventana_auxiliar, text="DNI:")
dni_entry = Entry(ventana_auxiliar, bd=5,
                highlightcolor="red", highlightthickness=2)
nombre_cliente_label=Label(ventana_auxiliar,text="Nombre cliente:")
nombre_cliente_entry = Entry(ventana_auxiliar, bd=5,
                        highlightcolor="red",
                        highlightthickness=2)
nombre_perro_label=Label(ventana_auxiliar, text="Nombre perro:")
nombre_perro_entry=Entry(ventana_auxiliar, bd=5,
                    highlightcolor="red",highlightthickness=2)
```

```
raza_label = Label(ventana_auxiliar, text="Raza:")
raza_entry = Entry(ventana_auxiliar, bd=5,
                    highlightcolor="red", highlightthickness=2)
boton_aceptar = Button(ventana_auxiliar, text="ACEPTAR",
                    command=aceptar_alta)
boton_cancelar = Button(ventana_auxiliar, text="CANCELAR",
                    command=cancelar)
```

Las últimas sentencias se encargan de situar cada uno de estos *widgets* en la posición correcta. Para ello, se utiliza el gestor de geometría *grid*. Las opciones utilizadas son de sobra conocidas por usted ya que, a lo largo de las prácticas del libro, ha visto múltiples formularios como este. Por ese motivo, no se darán explicaciones adicionales:

```
dni_label.grid(row=1, column=1, sticky= "W", padx=10, pady=10)
dni_entry.grid(row=1, column=2, padx=10)
nombre_cliente_label.grid(row=2, column=1, sticky= "W",
                    padx=10, pady=10)
nombre_cliente_entry.grid(row=2, column=2, padx=10)
nombre_perro_label.grid(row=3, column=1, sticky= "W",
                    padx=10, pady=10)
nombre_perro_entry.grid(row=3, column=2, padx=10)
raza_label.grid(row=4, column=1, sticky= "W", padx=10, pady=10)
raza_entry.grid(row=4, column=2, padx=10)
boton_aceptar.grid(row=5,column=1,padx=10,pady=10,sticky="W")
boton_cancelar.grid(row=5,column=2,padx=10,pady=10,sticky="E")
```

En la siguiente imagen, puede ver el aspecto de este formulario:

Los botones "ACEPTAR" y "CANCELAR" tienen asociadas las funciones `aceptar_alta()` y `cancelar()`, respectivamente. Se empezará describiendo esta última ya que, además de ser la más sencilla, es común al resto de los formularios de la aplicación. Observando su código, verá que lo único que hace es cerrar la ventana donde se mostraba el formulario:

```
def cancelar():
    ventana_auxiliar.destroy()
```

La función `aceptar_alta()` es la que realmente desencadena las acciones necesarias para dar de alta al cliente. En ella, lo primero que se hace es declarar como global la variable `datos_modificados` que, como sabe, se utiliza para preguntar al usuario si quiere guardar los cambios realizados al salir de la aplicación (en caso de no haberlos guardado previamente). Por lo tanto, si no hubiera habido problemas al dar de alta el nuevo cliente, se asignaría el valor `True` a esta variable:

```
def aceptar_alta():
    global datos_modificados
```

Las siguientes sentencias recogen con el método `get()` los datos con los que se pretende dar de alta al usuario (`dni`, `nombre_cliente`, `nombre_perro` y `raza`), introducidos en los campos de entrada del formulario:

```
dni = dni_entry.get()
nombre_cliente = nombre_cliente_entry.get()
nombre_perro = nombre_perro_entry.get()
raza = raza_entry.get()
```

Como sabe, no puede haber dos clientes con el mismo DNI. Para evitarlo, se llama a la función `obtener_cliente()` del módulo `gestion_clientes`, que devolverá `None` en caso de que no exista ningún cliente con el DNI pasado como argumento. Dicho resultado se utilizará en la condición de una sentencia `if`, de forma que, si ya hubiera un cliente con dicho DNI, se borraría el contenido de este campo, y se pondría el foco sobre él. Así, se llamaría la atención del usuario para que introdujera el correcto:

```
cliente = obtener_cliente(dni)
if cliente != None:
    dni_entry.delete(0, "end")
    dni_entry.focus()
```

Si, por el contrario, no hubiera ningún usuario con ese DNI, se haría efectiva el alta usando la función `alta_cliente()` del módulo de gestion_usuarios. Después, tal como se adelantó, se asignaría el valor True a la variable global datos_modificados y se cerraría la ventana del formulario. Por último, se mostraría un mensaje informativo junto con los datos del nuevo cliente. Para ello, se utiliza la función obtener_cliente() del módulo gestion_usuarios, con el fin de obtener la instancia que representa el cliente que se acaba de crear. Este se utilizará como argumento de entrada de la función informacion_cliente() del mismo módulo, que devolverá los datos del cliente en formato tabla, presentándolos en el área de texto con la función auxiliar mostrar_resultado_operacion().

```
else:
    alta_cliente(dni, nombre_cliente, nombre_perro, raza)
    datos_modificados = True
    ventana_auxiliar.destroy()
    cliente = obtener_cliente(dni)
    tabla_cliente = informacion_cliente(cliente)
    mostrar_resultado_operacion("Cliente dado de alta
                        correctamente\n\n"+tabla_cliente)
```

(i) Se estará preguntando por qué se vuelve a llamar a la función obtener_cliente() en este bloque de sentencias. El motivo es que la primera vez que se invocó no existía el cliente (eso es lo que se trataba de verificar).

La siguiente imagen muestra el alta del primer usuario de la aplicación:

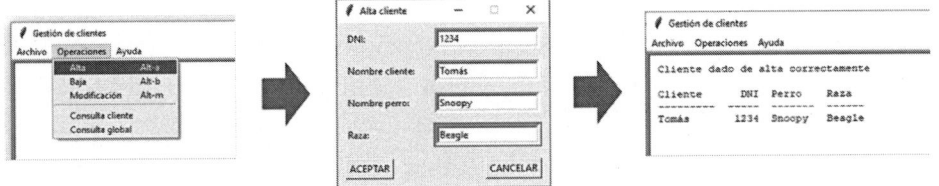

Aunque al dar de alta a un cliente se muestran sus datos, la entrada de menú "Operaciones" → "Consulta cliente" permitirá verlos en cualquier momento. Dicha entrada está asociada a la función consulta_cliente(), dentro de la cual lo primero que se hace es declarar como globales las variables que se usarán desde otra función; en concreto, la que se invoque al pulsar el botón "ACEPTAR" del formulario. Se trata de aquellas que contienen la ventana en la que se solicita el DNI del cliente (ventana_auxiliar) y el campo de entrada en el que se introduce (dni_entry):

```
def consulta_cliente():
    global ventana_auxiliar, dni_entry
```

Luego, se crea la ventana en la que se solicita el DNI, se le asigna un título y se evita que pueda redimensionarse:

```
ventana_auxiliar = Toplevel()
ventana_auxiliar.title("Consulta cliente")
ventana_auxiliar.resizable(False, False)
```

A continuación, se crean los *widgets* del formulario que, en este caso, son la etiqueta y el campo donde se introduce el DNI (dni_label y dni_entry), además de los consabidos botones "ACEPTAR" y "CANCELAR" (boton_aceptar y boton_cancelar). Observe que el primer argumento de los constructores de estos *widgets* es la ventana auxiliar en la que se va a mostrar el formulario (ventana_auxiliar), no la principal. Es importante destacar también que las opciones highlightcolor y highlightthickness del campo de entrada crearán un marco rojo de dos píxeles de grosor cuando tenga el foco:

```
dni_label = Label(ventana_auxiliar, text="DNI:")
dni_entry = Entry(ventana_auxiliar, bd=5,
                  highlightcolor="red", highlightthickness=2)
boton_aceptar = Button(ventana_auxiliar, text="ACEPTAR",
                       command=aceptar_consulta_cliente)
boton_cancelar = Button(ventana_auxiliar, text="CANCELAR",
                        command=cancelar)
```

Por último, dichos *widgets* se sitúan en la ventana creada anteriormente usando el gestor de geometría *grid*. Las opciones utilizadas en el método grid() son de sobra conocidas por usted, por lo que no se añadirá ninguna explicación adicional:

```
dni_label.grid(row=1, column=1, sticky= "W", padx=10, pady=10)
dni_entry.grid(row=1, column=2, padx=10)
boton_aceptar.grid(row=2,column=1,padx=10,pady=10,sticky="W")
boton_cancelar.grid(row=2,column=2,padx=10,pady=10,sticky="E")
```

El aspecto del formulario de consulta es el siguiente:

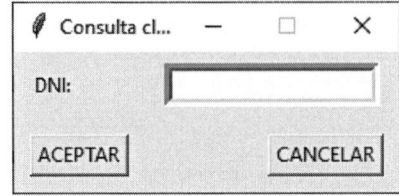

Las funciones que se llaman cuando se pulsan los botones "ACEPTAR" y "CANCELAR" son `aceptar_consulta_cliente()` y `cancelar()`, respectivamente. La última se explicó anteriormente, ya que es común a todos los formularios, por lo que solo se describirá la primera. En ella, se obtiene el DNI del usuario con el método `get()` del campo donde se introdujo. Dicho DNI será el argumento de entrada de la función `obtener_cliente()` del módulo `gestion_clientes`. Recuerde que esta función devuelve el objeto `Cliente` que tiene dicho DNI, o `None` en caso de no existir:

```
dni = dni_entry.get()
cliente = obtener_cliente(dni)
```

A continuación, se comprueba que realmente exista el cliente. La forma de hacerlo es utilizando el valor devuelto por la función anterior (`cliente`) en la condición de una sentencia `if`. Si este fuera `None`, no existiría; por lo que, al igual que se hizo en el formulario de alta, se borraría el contenido del campo y se pondría el foco sobre él para que el usuario introdujera otro que fuera correcto:

```
if cliente == None:
    dni_entry.delete(0, "end")
    dni_entry.focus()
```

Si el DNI fuera correcto, se obtendría la información del cliente en formato tabla con la función `informacion_cliente()` del módulo `gestion_clientes`. Luego, se mostraría en el área de texto con la función auxiliar `mostrar_resultado_operacion` y, finalmente, se cerraría la ventana donde se introdujo el DNI:

```
else:
    tabla_cliente = informacion_cliente(cliente)
    mostrar_resultado_operacion(tabla_cliente)
    ventana_auxiliar.destroy()
```

La siguiente imagen muestra el resultado de la consulta de los datos del cliente dado de alta anteriormente:

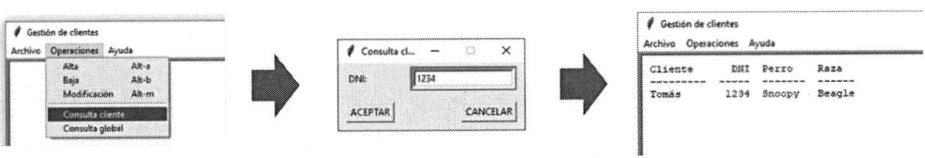

Siguiendo con las operaciones de consulta, también sería posible obtener la información de todos los clientes de la clínica veterinaria. La entrada del menú que habría que seleccionar para ello sería "Operaciones" → "Consulta global", que invocaría la función consulta_clientes(). El código de dicha función es muy sencillo, ya que lo único que hace es llamar a la función informacion_clientes() del módulo gestion_clientes, la cual devuelve una tabla con la información de todos los clientes. A continuación, se llama a la función auxiliar mostrar_resultado_operacion(), para verla reflejada en el área de texto de la aplicación:

```
def consulta_clientes():
    tabla_clientes = informacion_clientes()
    mostrar_resultado_operacion(tabla_clientes)
```

Más abajo, se muestra el resultado de la ejecución de dicha operación. Previamente, se ha dado de alta a un nuevo cliente, tal como puede apreciarse:

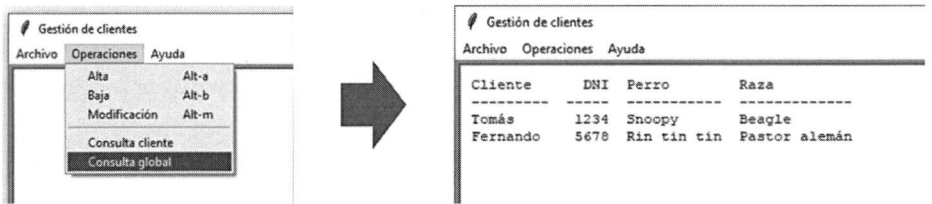

La siguiente operación que se va a describir es aquella que permite modificar cualquier dato de un cliente (excepto el DNI). Para iniciarla, se deberá seleccionar la entrada "Operaciones" → "Modificación", o pulsar las teclas Ctrl-m. En ambos casos, se invoca la función modificacion(), en la que lo primero que se hace es declarar como globales todos los *widgets* que componen el formulario, además de la ventana que los contiene. Como verá más adelante, este formulario inicial se ampliará con nuevos campos en otra función, por lo que se deberá poder acceder a todos los *widgets* (incluso los botones) de este formulario inicial:

```
def modificacion():
    global ventana_auxiliar, dni_entry, boton_aceptar, boton_cancelar
```

Como viene siendo habitual, lo primero que se hace es crear la ventana donde se muestra el formulario, asignarle un título y evitar que pueda redimensionarse:

```
ventana_auxiliar = Toplevel()
ventana_auxiliar.title("Modificación cliente")
ventana_auxiliar.resizable(False, False)
```

Luego, se crean los *widgets* del formulario, es decir, la etiqueta y el campo donde se introducirá el DNI del cliente que modificar (dni_label y dni_entry), así como los botones "ACEPTAR" y "CANCELAR" (boton_aceptar y boton_cancelar):

```
dni_label = Label(ventana_auxiliar, text="DNI:")
dni_entry = Entry(ventana_auxiliar, bd=5,
                    highlightcolor="red", highlightthickness=2)
boton_aceptar = Button(ventana_auxiliar, text="ACEPTAR",
                    command=aceptar_dni_modificacion)
boton_cancelar = Button(ventana_auxiliar, text="CANCELAR",
                    command=cancelar)
```

Una vez creados los *widgets,* se muestran en la ventana que se acaba de crear con el gestor de geometría *grid*:

```
dni_label.grid(row=1, column=1, sticky= "W", padx=10, pady=10)
dni_entry.grid(row=1, column=2, padx=10)
boton_aceptar.grid(row=2,column=1,padx=10,pady=10,sticky="W")
boton_cancelar.grid(row=2,column=2,padx=10,pady=10,sticky="E")
```

El aspecto de este formulario es similar al de consulta (excepto por el título de la ventana):

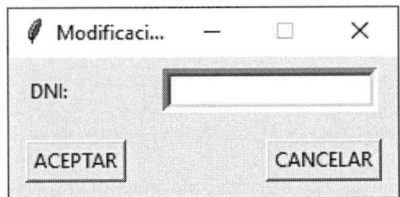

Cuando se pulsen los botones "ACEPTAR" y "CANCELAR", se llamará a las funciones aceptar_dni_modificacion() y cancelar(), respectivamente. La última es común a todos los formularios, por lo que se expondrá únicamente la primera. En ella, se declaran como variables globales los campos de entrada con los que se va a ampliar el formulario inicial (solo tenía el campo DNI), a cuyo contenido se tendrá que acceder desde otra función (la verá próximamente):

```
def aceptar_dni_modificacion():
    global nombre_cliente_entry, nombre_perro_entry, raza_entry
```

Como para modificar los datos de un cliente el DNI introducido debe coincidir con uno de los existentes, lo primero que se hace es comprobar si realmente es así. Para ello, como viene siendo habitual, se obtiene dicho DNI del campo correspondiente con el método `get()`, que se incluye como argumento de la función `obtener_cliente()` del módulo `gestion_clientes`. El resultado de esta función se utiliza en la condición de una sentencia `if`. Si no existiera ningún cliente con dicho DNI (su valor es `None`), se borraría el contenido del campo y se pondría el foco sobre él, para que el usuario introdujera uno correcto:

```
dni = dni_entry.get()
cliente = obtener_cliente(dni)
if cliente == None:
    dni_entry.delete(0, "end")
    dni_entry.focus()
```

Si el cliente existiera, se ejecutarían las sentencias del bloque `else`, la primera de las cuales deshabilita el campo donde se introdujo el DNI. Se puede modificar cualquier dato de un cliente menos ese, ya que es el que lo identifica:

```
dni_entry.configure(state="disabled")
```

A continuación, se añaden al formulario inicial las etiquetas y campos donde deberá introducirse el nombre del cliente, el del perro y su raza. Observe que el primer argumento del constructor de todos estos *widgets* es la ventana auxiliar donde se van a mostrar (`ventana_auxiliar`):

```
nombre_cliente_label = Label(ventana_auxiliar, text="Nombre cliente:")
nombre_cliente_entry=Entry(ventana_auxiliar, bd=5,

highlightcolor="red",highlightthickness=2)
nombre_perro_label = Label(ventana_auxiliar, text="Nombre perro:")
nombre_perro_entry=Entry(ventana_auxiliar, bd=5,

highlightcolor="red",highlightthickness=2)
raza_label = Label(ventana_auxiliar, text="Raza:")
raza_entry = Entry(ventana_auxiliar, bd=5,
                   highlightcolor="red", highlightthickness=2)
```

Una vez creados los campos de texto, se rellenan con los datos actuales del cliente (`cliente`). Para ello, se obtiene el valor de sus atributos, que se añaden al campo correspondiente con el método `insert()`. Recuerde que el atributo `perro` de un cliente tiene como valor un objeto de la clase `Perro` que, a su vez, tiene los atributos `nombre` y `raza`:

```
nombre_cliente_entry.insert(0, cliente.nombre)
nombre_perro_entry.insert(0, cliente.perro.nombre)
raza_entry.insert(0, cliente.perro.raza)
```

La siguiente sentencia modifica el nombre de la función invocada cuando se pulsa el botón "ACEPTAR". Tenga en cuenta que está reutilizando el formulario creado en una función anterior en el que, al pulsar dicho botón, se invocó la función que se está describiendo. Ahora, aunque se trate del mismo botón, deberá llamar a otra función diferente, `aceptar_modificacion()`:

```
boton_aceptar.configure(command=aceptar_modificacion)
```

Una vez creados los nuevos *widgets* del formulario, se sitúan en la ventana auxiliar con el gestor de geometría *grid*. Observe que se vuelven a colocar los botones procedentes del formulario original (no así el campo del DNI), ya que se tienen que desplazar hacia abajo las filas ocupadas por los nuevos campos. Las opciones utilizadas para llamar al método `grid()` son similares a las de formularios anteriores, por lo que no se dará ninguna explicación adicional:

```
nombre_cliente_label.grid(row=2, column=1, sticky= "W",
                          padx=10, pady=10)
nombre_cliente_entry.grid(row=2, column=2, padx=10)
nombre_perro_label.grid(row=3, column=1, sticky= "W",
                        padx=10, pady=10)
nombre_perro_entry.grid(row=3, column=2, padx=10)
raza_label.grid(row=4, column=1, sticky= "W", padx=10, pady=10)
raza_entry.grid(row=4, column=2, padx=10)
boton_aceptar.grid(row=5,column=1,padx=10,pady=10,sticky= "W")
boton_cancelar.grid(row=5,column=2,padx=10,pady=10,sticky= "E")
```

El aspecto del formulario resultante lo puede ver más abajo. Verá que se ha introducido el DNI válido de un cliente:

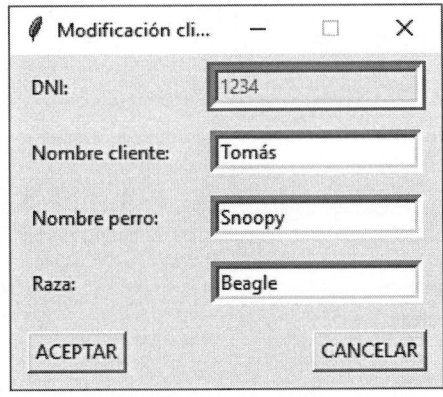

En este formulario, el usuario completará únicamente los campos que quiera modificar, y dejará el resto tal como están. Una vez hecho esto, pulsará el botón "ACEPTAR", que invoca la función `aceptar_modificacion()`. Dicha función declara como global la variable `datos_modificados` ya que, al alterar los datos de un cliente, deberá asignarle el valor `True`. Recuerde que esta es la variable utilizada para preguntar al usuario si quiere guardar los cambios realizados en el momento de salir de la aplicación (en caso de no haberlo hecho previamente):

```
def aceptar_modificacion():
    global datos_modificados
```

Dentro de esta función, se emplea el método `get()` para obtener los valores de todos los campos del formulario:

```
dni = dni_entry.get()
nombre_cliente = nombre_cliente_entry.get()
nombre_perro = nombre_perro_entry.get()
raza = raza_entry.get()
```

A continuación, se llama a la función `modificacion_cliente()` del módulo `gestion_clientes` para hacer efectiva dicha modificación. Como su primer argumento es el objeto cliente sobre el que se va a realizar la modificación, previamente se invoca la función `obtener_cliente()` del mismo módulo para obtenerlo a partir de su DNI:

```
cliente = obtener_cliente(dni)
modificacion_cliente(cliente, nombre_cliente, nombre_perro, raza)
```

Después, tal como se comentó anteriormente, se asigna el valor `True` a la variable `datos_modificados`:

```
datos_modificados = True
```

Luego, se cierra la ventana del formulario:

```
ventana_auxiliar.destroy()
```

Por último, se muestra un mensaje informativo junto con los nuevos datos del cliente, una vez modificados. Para ello, se llama a la función `informacion_cliente()` del módulo `gestion_clientes`, con el fin de obtenerlos en formato tabla y, luego, a la función auxiliar `mostrar_resultado_operacion()`, para presentarlos en el área de texto:

```
tabla_cliente = informacion_cliente(cliente)
mostrar_resultado_operacion("Cliente modificado
                              correctamente\n\n"+tabla_cliente)
```

En la siguiente imagen, puede ver cómo se modifica la raza del perro del segundo cliente dado de alta:

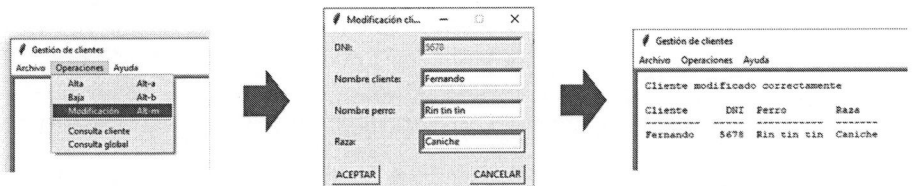

Para comprobarlo, a continuación se hace una consulta global, donde puede verse reflejado el cambio realizado:

```
  Gestión de clientes

Archivo   Operaciones   Ayuda


  Cliente      DNI   Perro          Raza
  ---------    ----- ------------   -------
  Tomás        1234  Snoopy         Beagle
  Fernando     5678  Rin tin tin    Caniche
```

La última operación de gestión de clientes que queda por analizar es la de baja. Se invoca seleccionando la entrada "Operaciones" → "Baja", o pulsando Ctrl-b. Esto provocará la ejecución de la función `baja()`. No se va a reproducir su código porque es similar al de la función `consulta_cliente()`. Las únicas diferencias son el título de la ventana auxiliar donde se solicita el DNI del cliente y la función a la que se llamará cuando se pulse el botón "ACEPTAR"; en este caso, `aceptar_baja()`.

El aspecto del formulario de baja es el siguiente:

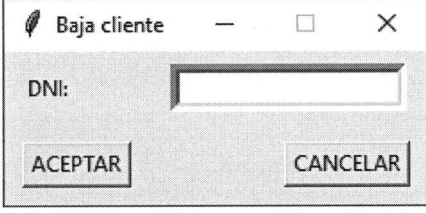

Puesto que se van a modificar datos de un cliente, lo primero que se hace en `aceptar_baja()` es declarar como global la variable `datos_modificados`.

Se le asignará el valor `True` para preguntar al usuario si quiere guardar los cambios realizados antes de salir de la aplicación (en caso de no haberlo hecho previamente):

```
def aceptar_baja():
    global datos_modificados
```

Para dar de baja a un cliente, este debe existir. Esto se comprueba con la función `obtener_cliente()` del módulo `gestion_clientes`. Recuerde que el valor devuelto será `None` si no hubiera ninguno con el DNI pasado como argumento, obtenido previamente del campo de texto del formulario con el método `get()`:

```
dni = dni_entry.get()
cliente = obtener_cliente(dni)
```

Si no hubiera ningún cliente con dicho DNI, se borraría el contenido del campo en el que se introdujo, y se pondría el foco sobre él para que el usuario incluyera otro diferente:

```
if cliente == None:
    dni_entry.delete(0, "end")
    dni_entry.focus()
```

En caso contrario, se procedería a dar de baja al cliente con la función `baja_cliente()` del módulo `gestion_clientes`. Luego, se asignaría el valor `True` a la variable `datos_modificados`, tal como se indicó anteriormente. Por último, se cerraría la ventana con el formulario y se mostraría en el área de texto el resultado de la operación mediante la función auxiliar `mostrar_resultado_operacion()`:

```
else:
    baja_cliente(cliente)
    datos_modificados = True
    ventana_auxiliar.destroy()
    mostrar_resultado_operacion("Cliente dado de baja correctamente")
```

En la siguiente imagen se ve el proceso de borrado del último cliente creado en la aplicación:

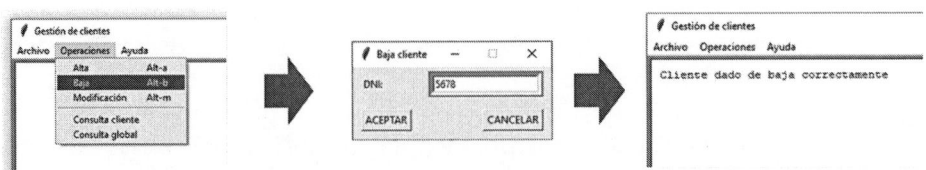

Para comprobarlo, posteriormente se realiza una consulta global, donde se comprueba que ya no aparece:

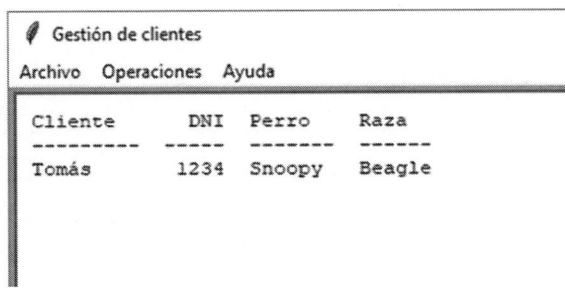

13.2.3 Funciones del menú "Ayuda"

El menú "Ayuda" se compone de dos opciones: "Manual de usuario" y "Acerca de…". En ambas, lo único que se hace es llamar a la función showinfo() del módulo *messagebox*, para mostrar una ventana con la información solicitada:

```
def manual_usuario():
    messagebox.showinfo("Manual de usuario", "En construcción...")


def acerca_de():
    messagebox.showinfo("Acerca de...", "Versión 1.0")
```